CONTENTS

차례

PART

I

선사

PART

II

고대

시험시간

시험 종류	시간	내용	소요시간
심화	10:00~10:10	오리엔테이션(시험 시 주의 사항)	10분
	10:10~10:15	신분증 및 수험표 확인(감독관)	5분
	10:15~10:20	문제지 배부	5분
	10:20~11:40	시험 실시 (50문항)	80분
기본	10:00~10:10	오리엔테이션(시험 시 주의 사항)	10분
	10:10~10:15	신분증 및 수험표 확인(감독관)	5분
	10:15~10:20	문제지 배부	5분
	10:20~11:30	시험 실시 (50문항)	70분

인증결과의 활용

▶ 2012년부터 한국사능력검정시험 2급 이상 합격자에 한해 인사혁신처에서 시행하는 5급 공무원 공개경쟁채용시험 및 외교관 후보자 선발시험에 응시 자격 부여

▶ 2013년부터 한국사능력검정시험 3급 이상 합격자에 한해 교원임용시험 응시 자격 부여

▶ 국비유학생, 해외파견 공무원 선발 시 국사 시험을 한국사능력검정시험(3급 이상 합격)으로 대체

▶ 2014년도부터 한국사능력검정시험 2급 이상 합격자에 한해 인사혁신처에서 시행하는 지역인재 7급 견습직원 선발시험에 추천자격 요건 부여

▶ 2015년부터 공무원 경력경쟁채용시험에 가산점 부여

▶ 2018년부터 군무원 공개경쟁채용시험에서 국사 과목을 한국사능력검정시험으로 대체

▶ 2021년부터 7급 국가(지방)공무원 공개경쟁채용시험에서 한국사과목을 한국사능력검정시험으로 대체

▶ 2022년부터 순경공채, 경찰간부후보생 등 경찰채용 필기시험 한국사과목을 한국사능력검정시험으로 대체

▶ 일부 공기업 및 민간기업의 직원 채용이나 승진 시 반영

▶ 일부 대학의 수시 모집 및 육군 · 해군 · 공군 · 국군간호사관학교 입시 가산점 부여

　　※ 인증서 유효기간은 인증서를 요구하는 각 기관에서 별도로 정함

한국사 능력검정시험 안내

목적

‣ 우리역사에 대한 관심을 확산·심화시키는 계기를 마련하고 균형 잡힌 역사의식을 갖도록 함
‣ 한국사 전반에 걸쳐 역사적 사고력을 평가하여 역사 교육의 올바른 방향 제시
‣ 역사학습을 통해 고차원적 사고력과 문제해결능력을 육성함으로써 학생 및 일반인들의 학습능력 향상에 도움을 주도록 함

응시대상

| 대한민국 국민(재외동포 포함), 한국사에 관심 있는 외국인 |

인증등급

| 성적에 따라 인증 등급을 3개로 나누어 인증 |

시험 종류	인증등급	급수 인증 기준	평가 수준	문항수
심화	1급	80점 이상	대학교 교양 및 전공 학습, 고등학교 심화 수준	50문항 (5지 택1)
	2급	70점 이상 80점 미만		
	3급	60점 이상 70점 미만		
기본	4급	80점 이상	중·고등학교 학습, 초등학교 심화 수준	50문항 (4지 택1)
	5급	70점 이상 80점 미만		
	6급	60점 이상 70점 미만		

※ 배점 : 100점 만점(문항별 1 ~ 3점 차등 배점)

평가내용

| 선택형(객관식) 50문항 |

시험 종류	평가 내용
심화	**한국사 심화과정**으로서 한국사에 대한 체계적인 이해를 바탕으로 한국사의 주요 사건과 개념을 종합적으로 이해하고, 역사 자료를 분석하고 해석하는 능력, 한국사의 흐름 속에서 시대적 상황 및 쟁점을 파악하는 능력
기본	**한국사 기본과정**으로서 기초적인 역사 상식을 바탕으로 한국사의 필수 지식과 기본적인 흐름을 이해하는 능력

02 주요 내용이 자연스럽게 반복되는 체계적 구성

한국사능력검정시험은 복습이 핵심입니다. 한국사능력검정시험을 준비할 때 한 달 이상의 기간을 잡고 들어가시는 분들은 거의 없을 것이라고 생각합니다. 2주 내지는 3주 안에 단기 합격을 노리고 준비하실 것입니다. 따라서 이런 단기 레이스에서 중요한 것은 빠른 시간 안에 반복을 하는 것입니다.

저희 교재는 이런 반복에 특화된 여러 콘텐츠를 마련했습니다.

대단원이 마감될 때마다 단원별로 자주 빈출되었거나 중요도가 높은 OX 선지를 10여 개 가량 제공해서 본문 내용을 다시 복습할 수 있도록 했습니다.

또한 기출선지 모아보기를 통해서 빈출 주제에서 자주 등장하는 선지를 모아서 확인해보고 이를 통해 다시 한 번 복습을 할 수 있도록 했습니다.

여기에 그치지 않고 별책 부록으로 압축 선지와 지면 관계상 본문에서는 제외되었지만 중요하다고 판단된 사료들을 모아놓은 1급 완성을 위한 사료집을 제공해서 또다시 복습을 할 수 있는 자료도 마련했습니다.

그래서 이 책을 따라서 공부하기만 해도 강의를 통해 1회독, 본문 내용 정독을 통해 2회독, 문제 풀이를 통해 3회독, 기출선지 모아보기를 통해 4회독, 핵심 기출 OX 선지를 통해 5회독, 마지막으로 별책 부록의 OX 선지와 사료를 통해서 6회독 할 수 있도록 구성했습니다.

03 필요 없는 내용 과감히 삭제, 학습 부담 줄이기

필요 없는 내용은 과감히 삭제했습니다. 시중의 한국사능력검정시험 교재들을 보면 시험 문제에서는 거의 나오지 않는 부분도 실려 있는 경우가 많습니다. 물론 출제를 장담하는 것은 출제진만이 알 수 있는 영역이긴 하지만, 안타깝게도 수험생들에게는 시간이 없습니다. 거의 출제되지 않는 부분까지 보는 것은 시간 낭비에 가깝습니다.

그래서 저희 교재는 본문 내용을 구성할 때 필요 없거나 출제가 되지 않는 부분은 과감히 삭제하고 정말 필요한 내용들만 집어넣어서 공부의 부담감을 덜어내기 위해 노력했습니다.

본문 내용을 최대한 슬림하게 만들면서도 필요한 사료나 주요 내용은 압축적으로 보기 좋게 모아놓은 교재로 공부하는 것이 합격으로 가는 지름길입니다.

▲ FEATURE

이 교재만의 특징

01 ◥ 빅데이터에 기반한 '정답 키워드' 중심의 본문 구성

자주 나오는 키워드가 중요한 것이 아니라 '정답으로'자주 나오는 키워드가 중요합니다. 한국사능력검정 시험은 지금까지 무려 60회가 넘게 출제되면서 누적된 문제만 3,000문제가 넘습니다. 그래서 선지에서 자주 등장했던 키워드를 데이터화해서 제공하는 교재는 사실 이미 시중에 많습니다.

그러나 자주 출제된 키워드를 보는 것만이 능사는 아닙니다. 정말 중요한 것은 '정답으로' 많이 활용된 선지를 찾는 것입니다.

예를 들어 초기 철기 시대의 특징 중 하나인 '세형동검'은 선지 빈출도만 놓고 보면 선사 시대에서 top 5 안에 들 정도입니다. 그러나 안타깝게도 초기 철기 시대는 한국사능력검정시험 초기에만 종종 나왔고 개편 이후로는 단 한 번도 출제된 적이 없습니다.

하지만 여전히 시중의 교재들은 빈출 키워드라는 이름하에 '세형동검'이 중요한 것처럼 노출을 하고 있습니다. 이런 것들은 데이터만 보는 것의 전형적인 오류입니다. 중요한 것은 '어떤 키워드가 정답을 찾는 키워드로 언급되고 있는가?' 입니다.

저희 교재는 이런 문제를 반복하지 않기 위해 우선 최신 트렌드를 반영한다는 의도에서 최근 3개년 동안 출제된 선지와 자료를 모두 모아서 빈출된 키워드 위주로 데이터를 구축했습니다. 그리고 그 중에서도 이렇게 정답으로 자주 출제된 키워드들만을 모아서 교재에 빨간색 및 검정색 볼드 처리를 해서 무엇이 중요한 키워드인지를 눈으로 잘 구분할 수 있도록 구성했습니다.

이는 철저히 데이터에 기반한 판단으로 중요도 표시를 한 것이지 단순히 수능이나 내신, 그리고 기타 시험에서 강조되는 내용이라서 빨간색으로 중요도 표시를 한 것이 아님을 강조드립니다.

뿐만 아니라 선지만큼이나 중요한 것이 바로 자료입니다. 자료에서 어떤 키워드를 제시했는가 또한 데이터로 모아서 마찬가지로 중요도 표시에 반영을 했습니다. 공부하실 때는 전체적인 흐름으로 보시되 중요도 표시가 되어있는 것들 위주로 정리를 하신다면 빠른 합격을 이루실 겁니다.

PREFACE

머리말

2006년에 한국사능력검정시험이 처음 생겨난 이후로 지금까지 무려 17년이 지났습니다. 대통령이 무려 4번이나 바뀔 정도로 기나긴 시간이 지나는 동안 한국사능력검정시험은 명실상부 한국사를 공인하는 가장 권위 있는 시험으로 자리매김했습니다. 그리고 무엇보다도 각종 시험이나 공기업에서도 한국사능력검정 시험 자격증을 기본 소양으로 요구하는 경우가 많아졌습니다. 그래서인지 저희 주변에서도 한국사능력 검정시험을 알게 모르게 응시하는 사람들이 상당히 많습니다.

그러나 간혹 주변에서 '하필 내가 응시한 회차의 난이도가 어려워서 시험에 떨어졌다'는 사례를 주변에서 심심찮게 많이 들을 수 있었습니다. 그럴 때마다 참 안타까우면서도 이해가 되지 않았습니다.

"한국사능력검정시험이 시작된 지 10년이 넘었으니 많은 문제와 데이터가 누적되어 있을 것이고, 시중에 좋은 교재들도 많을 텐데 왜 떨어지는 사람들은 여전히 많은 걸까?"

그런 의문으로 주변 교재들을 본 결과, 물론 좋고 훌륭한 교재들이 없진 않았으나 저의 생각보다 그렇게 많지는 않다는 결론이 났습니다. 무엇보다 일반적인 중고등학교 내신 문제집 요약 버전에 불과한 책들이 많았으며 한국사능력검정시험에 특화된 교재는 더더욱 적었습니다. 그래서 더 늦기 전에 한국사능력검정 시험에 특화된 교재 하나를 출판해야겠다는 생각이 들었습니다.

이 책은 그런 고민이 모여서 만들어진 책입니다. 한국사능력검정시험을 데이터화하되, 단순히 수집 · 편 집하여 제시하는 것이 아니라 좀 더 출제에 근접한 방식으로 데이터화했습니다. 정답 선지로 자주 등장한 선지들, 자료에 자주 등장한 선지와 사료들, 매력적인 오답으로 제시된 선지들을 주로 모아서 본문에 반 영했습니다. 여기에 더해서 어떻게 하면 반복과 복습을 효율적으로 수행할 수 있도록 제시할 수 있을까도 고민한 끝에 압축 OX 선지와 기출선지 모아보기 등의 여러 복습 시스템 방식을 교재에 반영했습니다.

출제 데이터를 반영한다는 것은 단순히 숫자를 제시하는 것이 아닙니다. 그 출제 횟수를 바탕으로 가장 합격에 근접할 수 있는 텍스트를 구축하는 것입니다. 단언컨대, 이 책이 그 어떤 책들보다도 가장 한국사 능력검정시험의 출제 성향과 데이터를 잘 반영한 압축 교재라고 장담할 수 있습니다.

마지막으로 이 책이 세상에 나오기까지 사소한 디자인 하나하나까지 신경 써서 도와주신 박문각 출판사 관계자분들과 내용 검수를 맡아준 노범석 역사연구실 직원분들에게 감사의 말씀을 올립니다. 그리고 무 엇보다 이 책이 한국사능력검정시험 합격은 물론이고, 이를 통해 여러분들의 미래 계획에 작은 도움이 될 수 있기를 바랍니다. 한능검 합격, 모두 파이팅!

집필진 노범석, 정현우 올림

박문각
한국사능력검정시험
노범석 원샷 한능검

심화 1 / 2 / 3

초판인쇄 | 2023. 5. 15.   **초판발행** | 2023. 5. 19.   **편저자** | 노범석

발행인 | 박 용   **발행처** | (주)박문각출판   **등록** | 2015년 4월 29일 제2015-000104호

주소 | 06654 서울시 서초구 효령로 283 서경 B/D 4층   **팩스** | (02)584-2927

전화 | 교재 주문·내용 문의 (02)6466-7202

저자와의
협의하에
인지생략

이 책의 무단 전재 또는 복제 행위를 금합니다.

정가 22,000원   ISBN 979-11-6987-289-8

박문각
한국사능력검정시험

별책 시험장 끝장노트   노범석·정현우 공저

브랜드만족
1위
박문각

20
24

노범석
원샷
한능검

심화 1 / 2 / 3

동영상강의 www.pmg.co.kr

한능검 빅데이터로 한방에 끝!

무료 동영상 강의   맛보기 20강 (www.pmg.co.kr) | ▶ 유튜브 전강의 동영상 제공

PMG 박문각

시험 직전 10점 올려주는 압축 OX 선지

테마 1 구석기/신석기 시대

01 구석기 시대에는 주로 동굴이나 강가의 막집에서 살았다. ⬜ O 62회

02 구석기 시대에는 주먹도끼, 찍개 등을 제작하였다. ⬜ O 60회

03 신석기 시대에는 빗살무늬 토기를 제작하여 식량을 저장하였다. ⬜ O 60회

04 신석기 시대에는 농경과 목축을 시작하여 식량을 생산하였다. ⬜ O 51회

05 신석기 시대에는 가락바퀴와 뼈바늘을 이용하여 옷을 만들었다. ⬜ O 51회

테마 2 청동기/초기 철기 시대

01 청동기 시대에는 고인돌, 돌널무덤 등을 만들었다. ⬜ O 56회

02 청동기 시대에는 반달 돌칼을 사용하여 곡물을 수확하였다. ⬜ O 60회

03 청동기 시대에는 계급이 없는 평등한 공동체 생활을 하였다. ⬜ ✕ 45회
　 ↳ 구석기/신석기 시대

04 청동기 시대에는 거푸집을 사용하여 세형동검을 제작하였다. ⬜ ✕ 54회
　 ↳ 초기 철기 시대

05 초기 철기 시대에는 정착 생활이 시작되면서 움집이 나타났다. ⬜ ✕ 39회
　 ↳ 신석기 시대

테마 3 고조선

01 고조선은 사회 질서를 유지하기 위해 범금 8조를 만들었다. ⬜ O 60회

02 고조선은 왕 아래 상, 대부, 장군 등의 관직을 두었다. ⬜ O 58회

03 고조선은 연의 장수 진개의 공격을 받았다. ⬜ O 57회

04 위만 조선은 한 무제의 공격으로 멸망하였다. ⬜ O 62회

05 위만 조선은 부왕, 준왕 등 강력한 왕이 등장하여 왕위를 세습하였다. ⬜ ✕ 49회
　 ↳ 단군 조선

테마 4 여러 나라의 성장

01 부여는 도둑질한 자에게 12배를 변상하게 하였다. ◯ 58회

02 고구려는 동맹이라는 제천 행사를 열었다. ◯ 58회

03 옥저는 특산물로 단궁, 과하마, 반어피가 유명하였다. ✕ 61회
　└▶ 동예

04 동예는 여러 가(加)들이 별도로 사출도를 주관하였다. ✕ 61회
　└▶ 부여

05 삼한은 무천이라는 제천 행사를 열었다. ✕ 59회
　└▶ 동예

테마 5 고구려의 성립과 발전

01 고국천왕 때 을파소의 건의로 진대법을 실시하였다. ◯ 60회

02 광개토대왕 때 영락이라는 독자적 연호를 사용하였다. ◯ 60회

03 광개토대왕 때 도읍을 국내성에서 평양으로 옮겼다. ✕ 56회
　└▶ 장수왕

04 장수왕 때 백제의 한성을 공격하여 개로왕을 전사시켰다. ◯ 45회

테마 6 백제의 성립과 발전

01 고이왕 때 내신좌평 등 6좌평의 관제를 정비하였다. ◯ 60회

02 근초고왕 때 고흥에게 서기를 편찬하게 하였다. ◯ 62회

03 개로왕이 관산성 전투에서 피살되었다. ✕ 54회
　└▶ 성왕

04 무령왕 때 지방에 22담로를 두어 왕족을 파견하였다. ◯ 56회

05 성왕 때 사비로 천도하고 국호를 남부여로 고쳤다. ◯ 45회

테마 7 신라의 성립과 발전

01 내물왕 때 마립간이라는 칭호를 처음 사용하였다.　　　　　　　　　　　O　62회

02 지증왕 때 건원이라는 독자적인 연호를 사용하였다.　　　　　　　　　　X　60회
　　　└▶법흥왕
03 법흥왕이 금관가야를 병합하였다.　　　　　　　　　　　　　　　　　　O　58회

04 진흥왕 때 병부와 상대등을 설치하였다.　　　　　　　　　　　　　　　X　62회
　　　└▶법흥왕
05 진흥왕 때 거칠부에게 국사를 편찬하도록 하였다.　　　　　　　　　　　O　60회

테마 8 삼국의 대외 항쟁과 삼국 통일

01 백제 멸망~백강 전투 사이에 사찬 시득이 기벌포에서 당군을 격파하였다.　X　58회
　　　└▶백강 전투 이후
02 살수 대첩~고구려 멸망 사이에 연개소문이 정변을 일으켜 권력을 장악하였다.　O　49회

03 안시성 전투~사비성 함락 사이에 안승이 보덕국 왕에 봉해졌다.　　　　　X　55회
　　　└▶사비성 함락 이후
04 계백의 항전~안승이 금마저 왕에 봉해진 사이에 복신과 도침이 부여풍을 왕으로 세웠다.　O　62회

05 연개소문은 살수에서 수의 군대를 막아냈다.　　　　　　　　　　　　　X　59회
　　　└▶을지문덕

테마 9 가야/삼국의 통치 체제

01 가야는 박, 석, 김의 3성이 교대로 왕위를 계승하였다.　　　　　　　　　X　45회
　　　└▶신라
02 금관가야는 덩이쇠를 화폐처럼 사용했다.　　　　　　　　　　　　　　　O　62회

03 대가야는 후기 가야 연맹을 주도하였다.　　　　　　　　　　　　　　　O　43회

04 고구려는 욕살, 처려근지 등의 지방관을 두었다.　　　　　　　　　　　O　59회

05 신라는 화백 회의에서 국가의 중대사를 논의하였다.　　　　　　　　　　O　60회

테마 10 통일 신라의 발전과 쇠퇴

01 신문왕은 인재 양성을 위해 국학을 설치하였다. (O) 60회

02 신문왕은 김흠돌을 비롯한 진골 세력을 숙청하였다. (O) 54회

03 신문왕 때 관료전이 지급되고 녹읍이 폐지되었다. (O) 61회

04 최치원은 진성여왕에게 시무 10여 조를 올렸다. (O) 52회

05 진성여왕 때 완도에 청해진을 설치해 해상 무역을 장악하였다. (X) 56회
　　└▶ 신라 하대 흥덕왕

테마 11 발해의 성립과 발전

01 대조영은 고구려 유민을 이끌고 동모산에서 나라를 건국하였다. (O) 56회

02 무왕은 장문휴를 보내 등주를 공격하였다. (O) 61회

03 발해는 교육 기관으로 주자감을 두었다. (O) 57회

04 발해는 왕족인 부여씨와 8성의 귀족이 지배층을 이루었다. (X) 57회
　　└▶ 백제

05 발해는 5경 15부 62주의 지방 행정 제도를 갖추었다. (O) 56회

테마 12 고대의 경제

01 통일 신라는 완도에 청해진을 설치하여 해상 무역을 전개하였다. (O) 30회

02 신라는 울산항, 당항성 등이 국제 무역항으로 번성하였다. (O) 56회

03 발해는 솔빈부의 말이 특산물로 수출되었다. (O) 61회

04 발해는 시장을 감독하는 관청인 동시전이 있었다. (X) 39회
　　└▶ 신라

05 민정 문서는 세금 수취를 위해 3년마다 작성되었다. (O) 54회

테마 13 고대의 사회

01 고구려는 빈민을 구제하기 위해 진대법을 시행하였다. ☐ O 62회

02 고구려는 왕족인 부여씨와 8성의 귀족이 지배층을 이루었다. ☐ X 37회
   ↳ 백제

03 백제는 경당을 설치하여 학문과 무예를 가르쳤다. ☐ X 37회
   ↳ 고구려

04 신라는 골품에 따라 관등 승진의 제한이 있었다. ☐ O 61회

05 6두품은 신라에서 승진에 제한을 받았으며, 득난이라고도 불렀다. ☐ O 58회

테마 14 고대의 불교 · 학문 · 사상

01 자장은 황룡사 9층 목탑의 건립을 건의하였다. ☐ O 61회

02 의상은 현세의 고난에서 구제받고자 하는 관음 신앙을 강조하였다. ☐ O 41회

03 원효는 무애가를 지어 불교 대중화에 기여하였다. ☐ O 61회

04 도의는 9산 선문 중의 하나인 가지산문을 개창하였다. ☐ O 62회

05 설총은 진성 여왕에게 시무책 10여 조를 올렸다. ☐ X 62회
   ↳ 최치원

테마 15 고대의 고분과 과학 기술

01 풍납동 토성은 판축 기법을 활용하여 성벽을 쌓은 백제 토성이다. ☐ O 60회

02 굴식 돌방무덤은 중국 남조의 영향을 받아 축조되었다. ☐ X 51회
   ↳ 무령왕릉

03 무령왕릉은 벽과 천장에 벽화를 그리기도 하였다. ☐ X 31회
   ↳ 굴식 돌방무덤

04 돌무지덧널무덤은 도굴이 어려워 금관, 유리잔 등 많은 껴묻거리가 출토되었다. ☐ O 31회

05 김유신묘는 무덤의 둘레돌에 12지 신상을 새겼다. ☐ O 36회

테마 16 고대의 문화재

01 미륵사지 석탑은 복원 과정에서 금제 사리 봉안기가 나왔다.   ⟨ O ⟩ 29회

02 불국사 3층 석탑은 내부에서 무구정광대다라니경이 발견되었다.   ⟨ O ⟩ 27회

03 쌍봉사 철감선사 승탑은 기단과 탑신에 불상이 돋을새김으로 표현되어 있다.   ⟨ X ⟩ 27회
   └▶ 진전사지 3층 석탑

04 공산성에는 웅진 시기의 궁궐터가 남아 있다.   ⟨ O ⟩ 29회

05 능산리 고분군에서 백제 금동 대향로가 발굴되었다.   ⟨ O ⟩ 41회

테마 17 고려의 성립과 체제 정비

01 궁예는 오월에 사신을 보내고 검교태보의 직을 받았다.   ⟨ X ⟩ 52회
   └▶ 견훤

02 공산 전투 → 고창 전투 → 신라 멸망 → 일리천 전투   ⟨ O ⟩ 46회

03 태조는 정계와 계백료서를 지어 관리의 규범을 제시하였다.   ⟨ O ⟩ 54회

04 광종은 호족 세력을 견제하기 위해 노비안검법을 실시하였다.   ⟨ O ⟩ 59회

05 성종은 12목을 설치하고 지방관을 파견하였다.   ⟨ O ⟩ 62회

테마 18 고려의 통치 제도

01 도병마사는 원 간섭기에 도평의사사로 명칭이 바뀌었다.   ⟨ O ⟩ 53회

02 국자감은 유학을 비롯하여 율학, 서학, 산학을 교육하였다.   ⟨ O ⟩ 54회

03 어사대는 소속 관원이 낭사와 함께 서경권을 행사하였다.   ⟨ O ⟩ 53회

04 정방은 최우에 의해 설치되어 인사 행정을 처리하였다.   ⟨ O ⟩ 59회

05 과거제도의 시행에 따라 지공거와 합격자 사이에 좌주와 문생 관계가 형성되었다.   ⟨ O ⟩ 62회

01 숙종은 별무반을 편성하여 여진의 침입에 대비하였다. $\boxed{\text{O}}$ 53회

02 이자겸의 난~개경 환도 사이에 묘청의 난이 일어났다. $\boxed{\text{O}}$ 61회

03 서희가 외교 담판을 벌여 강동 6주를 확보하였다. $\boxed{\text{O}}$ 59회

04 현종 때 거란이 침입하여 왕이 나주까지 피난하였다. $\boxed{\text{O}}$ 60회

05 거란과의 항쟁에서 별무반을 조직하고 동북 9성을 축조하였다. $\boxed{\times}$ 58회
　　└▶ 여진

01 몽골과의 항쟁에서 고려는 강화도로 도읍을 옮겨 장기 항전을 준비하였다. $\boxed{\text{O}}$ 59회

02 삼별초는 최씨 무신 정권의 군사적 기반이었다. $\boxed{\text{O}}$ 54회

03 몽골과의 항쟁에서 다인철소의 주민들이 충주에서 항전하였다. $\boxed{\text{O}}$ 62회

04 최충헌 집권기에 만적이 개경에서 노비를 모아 반란을 도모하였다. $\boxed{\text{O}}$ 45회

05 개경 환도 이후 김윤후가 처인성에서 몽골군을 격퇴하였다. $\boxed{\times}$ 57회
　　└▶ 개경 환도 이전

01 대마도 정벌~조선 건국 사이에 조준 등의 건의로 과전법이 제정되었다. $\boxed{\text{O}}$ 58회

02 공민왕 때 신돈이 전민변정도감의 설치를 건의하였다. $\boxed{\text{O}}$ 60회

03 원 간섭기에는 변발과 호복이 지배층을 중심으로 유행하였다. $\boxed{\text{O}}$ 45회

04 공민왕은 정동행성 이문소를 폐지하였다. $\boxed{\text{O}}$ 56회

05 공민왕 때 유인우, 이자춘 등이 쌍성총관부를 수복하였다. $\boxed{\text{O}}$ 54회

테마 22 고려의 경제

01 태조는 개국 공신에게 역분전을 지급하였다. ☐ O 60회

02 고려는 상평통보를 발행하였다. ☐ X 47회
  └▶ 조선 후기

03 고려 시대 때 송상이 전국 각지에 송방을 두었다. ☐ X 61회
  └▶ 조선 후기

04 고려 시대 때는 수도에 시전을 감독하는 경시서가 설치되었다. ☐ O 41회

05 고려 시대 때 예성강 하구의 벽란도가 국제 무역항으로 번성하였다. ☐ O 56회

테마 23 고려의 사회

01 무신 집권기에는 결혼도감을 통해 공녀가 징발되었다. ☐ X 31회
  └▶ 원 간섭기

02 고려는 상평창을 설치하여 물가를 조절하였다. ☐ O 40회

03 고려는 혜민국을 마련하여 병자에게 약을 지급하였다. ☐ O 48회

04 고려는 구제도감을 설립하여 백성을 구호하였다. ☐ O 40회

05 고려는 기금을 모아 그 이자로 빈민을 구제하는 제위보를 운영하였다. ☐ O 48회

테마 24 고려의 불교·학문·사상

01 지눌은 교장도감을 설치하여 불교 경전 주석서를 편찬하였다. ☐ X 53회
  └▶ 의천

02 지눌은 불교 개혁을 주장하며 수선사 결사를 제창하였다. ☐ O 62회

03 삼국사기에는 고조선의 건국 이야기가 서술되었다. ☐ X 59회
  └▶ 삼국유사

04 삼국유사는 유교 사관에 입각하여 기전체 형식으로 저술하였다. ☐ X 61회
  └▶ 삼국사기

05 동명왕편은 고구려 건국 시조의 일대기를 서사시로 표현하였다. ☐ O 54회

테마 26 조선의 건국과 체제 정비

01 정도전은 불씨잡변을 지어 불교를 비판하였다. ◯ 56회

02 태조 때 왕위 계승을 둘러싸고 왕자의 난이 발생하였다. ◯ 60회

03 태종은 4군 6진을 개척하여 영토를 확장하였다. ✕ 54회
　　└▶세종

04 세조 때 성삼문 등이 단종의 복위를 꾀하였다. ◯ 61회

05 성종 때 국가의 기본 법전인 경국대전이 완성되었다. ◯ 58회

테마 27 조선의 통치 체제

01 의정부는 반역죄, 강상죄 등을 범한 중죄인을 다스렸다. ✕ 56회
　　└▶의금부

02 사헌부는 5품 이하의 관리 임명에 대한 서경권을 행사하였다. ◯ 62회

03 홍문관은 은대, 후원이라고도 불리었다. ✕ 61회
　　└▶승정원

04 홍문관은 학술 기관으로 경연을 관장하였다. ◯ 60회

05 향교는 중앙에서 교수나 훈도를 파견하기도 하였다. ◯ 56회

테마 28 사림의 대두와 붕당의 형성

01 무오사화는 조의제문이 발단이 되어 김일손 등이 처형되었다. ◯ 54회

02 기묘사화 때 위훈 삭제를 주장한 조광조 일파가 제거되었다. ◯ 59회

03 기묘사화는 윤원형 일파가 정국을 주도한 시기에 발생하였다. ✕ 61회
　　└▶을사사화

04 성희안 일파가 반정을 통해 연산군을 몰아냈다. ◯ 61회

05 무오사화 → 갑자사화 → 을사사화 → 기묘사화 ✕ 48회
　　└▶무오사화 → 갑자사화 → 기묘사화 → 을사사화

테마 29 | 조선 전기의 대외 관계와 임진왜란

01 세종 때 이종무가 왜구의 근거지인 쓰시마섬을 정벌하였다. ◯ 59회

02 여진을 상대로 한성에 동평관을 두어 무역을 허용하였다. ✕ 59회
　└→ 일본

03 임진왜란 도중 김시민이 진주성에서 적군을 크게 무찔렀다. ◯ 47회

04 정유재란 때 신립이 탄금대에서 배수의 진을 치고 저항하였다. ✕ 41회
　└→ 임진왜란

05 휴전 회담의 결렬로 정유재란이 시작되었다. ◯ 62회

테마 30 | 조선 전기의 경제

01 조선 시대에는 경기 지역에 한하여 과전법이 실시되었다. ◯ 47회

02 조선 시대 때 관수관급제가 시행되었다. ◯ 62회

03 직전법은 수신전, 휼양전 등의 명목으로 세습되는 토지를 폐지하였다. ◯ 54회

04 세종 때 풍흉에 따라 전세를 9등급으로 차등과세하였다. ◯ 54회

05 조선은 기근에 대비하기 위해 구황촬요를 간행하여 보급하였다. ◯ 62회

테마 31 | 조선 전기의 사회

01 서원은 풍기 군수 주세붕이 처음 세웠다. ◯ 54회

02 수군, 나장은 양인이지만 천역을 담당하는 신량역천으로 분류되었다. ◯ 40회

03 향약은 풍속 교화와 향촌 자치의 역할을 하였다. ◯ 37회

04 향리는 호장, 기관, 장교, 통인 등으로 분류되었다. ◯ 34회

05 서원은 매향 활동을 하면서 각종 불교 행사를 주관하였다. ✕ 35회
　└→ 향도

테마 32　조선 전기의 문화

01　태종 때 세계 지도인 혼일강리역대국도지도가 제작되었다.　　　　　　○ 62회

02　태종 때 주자소가 설치되어 계미자가 주조되었다.　　　　　　○ 59회

03　세종 때 우리 풍토에 맞는 농법을 소개한 농사직설이 간행되었다.　　　　　　○ 43회

04　이황은 기대승과 사단칠정 논쟁을 전개하였다.　　　　　　○ 60회

05　**이황**은 해주 향약을 시행하여 향촌 교화를 위해 노력하였다.　　　　　　× 60회
　　└▶ 이이

테마 33　광해군과 통치 체제의 변화

01　훈련도감은 포수, 사수, 살수의 삼수병으로 편제되었다.　　　　　　○ 58회

02　비변사는 임진왜란을 거치면서 국정 전반을 총괄하였다.　　　　　　○ 61회

03　선조 때 서인 세력이 폐모살제를 이유로 반정을 일으켰다.　　　　　　× 58회
　　└▶ 광해군
04　광해군 때 전통 한의학을 집대성한 동의보감이 완성되었다.　　　　　　○ 61회

05　광해군 때 이괄이 반란을 일으켜 도성을 장악하였다.　　　　　　× 60회
　　└▶ 인조

테마 34　호란과 북벌운동(+예송논쟁)

01　이괄의 난 때 왕이 도성을 떠나 공산성으로 피난하였다.　　　　　　○ 41회

02　병자호란 때 임경업이 백마산성에서 항전하였다.　　　　　　○ 60회

03　병자호란의 결과 소현 세자와 봉림 대군 등이 청에 인질로 끌려갔다.　　　　　　○ 53회

04　효종 때 나선 정벌을 위하여 조총 부대를 파견하였다.　　　　　　○ 54회

05　현종 때 자의대비의 문제로 예송이 전개되었다.　　　　　　○ 60회

테마 35 환국과 탕평책

01 숙종 때 수도 방위를 위하여 금위영을 창설하였다. ☐ ○ 58회

02 갑술환국의 결과 송시열이 관직을 삭탈당하고 유배되었다. ☐ × 57회
└▶기사환국

03 영조는 속대전을 편찬하여 통치 제도를 정비하였다. ☐ ○ 58회

04 정조 때 초계문신제가 시행되었다. ☐ ○ 56회

05 정조는 통치 체제를 정비하기 위해 대전통편을 간행하였다. ☐ ○ 62회

테마 36 세도 정치와 조선 후기 대외 관계

01 세도 정치기에 왕실의 외척인 안동 김씨 가문이 권력을 장악하게 되었다. ☐ ○ 25회

02 철종 때 박규수의 건의로 삼정이정청이 설치되었다. ☐ ○ 58회

03 임진왜란 이후 포로 송환을 위하여 유정을 회답 겸 쇄환사로 파견하였다. ☐ ○ 58회

04 숙종 때 백두산 정계비를 세워 국경을 정하였다. ☐ ○ 58회

05 임진왜란 이후 막부의 요청에 따라 통신사를 파견하였다. ☐ ○ 55회

테마 37 수취 체제의 개편

01 영정법에 따라 일부 부유한 양민에게 선무군관포를 징수하였다. ☐ × 54회
└▶균역법

02 공납의 폐단을 시정하기 위해 대동법이 실시되었다. ☐ ○ 62회

03 대동법에 따라 관청에 필요한 물품을 납부하는 공인이 등장하였다. ☐ ○ 57회

04 균역법에 따라 재정을 보충하기 위해 지주에게 결작이 부과되었다. ☐ ○ 57회

05 균역법에 따라 어염세, 선세 등이 국가 재정으로 귀속되었다. ☐ ○ 57회

테마 38 상품 화폐 경제의 발달

01 조선 후기에는 감자, 고구마 등의 작물이 재배되었다.   ⬚ O   60회

02 조선 후기에는 덕대가 광산을 전문적으로 경영하였다.   ⬚ O   59회

03 조선 후기에는 담배, 면화, 생강 등 상품 작물을 널리 재배하였다.   ⬚ O   61회

04 조선 후기에는 육의전을 제외한 시전 상인의 금난전권이 폐지되었다.   ⬚ O   62회

05 송상이 전국 각지에 송방을 설치하였다.   ⬚ O   58회

테마 39 신분제와 향촌질서의 변화

01 중인은 잡과를 통해 선발되었다.   ⬚ O   58회

02 중인은 조선 후기 시사(詩社)를 조직해 위항 문학 활동을 하였다.   ⬚ O   45회

03 서얼은 조선 후기에 통청 운동으로 청요직 진출을 시도하였다.   ⬚ O   58회

04 서얼은 규장각 검서관에 등용되기도 하였다.   ⬚ O   35회

테마 40 조선 후기의 사회 변혁

01 홍경래의 난은 서북인에 대한 차별에 반발하여 일어났다.   ⬚ O   54회

02 임술 농민 봉기는 삼정이정청이 설치되는 계기가 되었다.   ⬚ O   59회

03 임술 농민 봉기 때 박규수가 안핵사로 파견되었다.   ⬚ O   53회

04 신해박해는 이승훈, 정약용 등이 연루되어 처벌되었다.   ⬚ ×   38회
  └▶ 신유박해

05 홍경래의 난~임술 농민 봉기 사이에 최제우가 동학을 창시하였다.   ⬚ O   53회

테마 41 성리학의 변질과 실학의 대두

01 정약용은 성호사설에서 한전론의 실시를 주장하였다. ✕ 58회
  ↳ 이익

02 정약용은 경세유표를 저술하여 국가 제도의 개혁 방향을 제시하였다. ○ 58회

03 박지원은 의산문답에서 중국 중심의 세계관을 비판하였다. ✕ 58회
  ↳ 홍대용

04 김정희는 북한산비가 진흥왕 순수비임을 처음으로 밝혔다. ○ 59회

05 유득공은 서얼 출신으로 규장각 검서관에 기용되었다. ○ 62회

테마 43 흥선 대원군의 정책

01 흥선 대원군은 당백전을 발행하여 경복궁 건설 비용에 충당하였다. ○ 62회

02 흥선 대원군은 통치 체제를 정비하기 위해 대전통편을 간행하였다. ✕ 62회
  ↳ 대전회통

03 병인양요 때 한성근 부대가 문수산성에서 항전하였다. ○ 61회

04 신미양요 이후 오페르트가 남연군 묘 도굴을 시도하였다. ✕ 61회
  ↳ 신미양요 이전

05 신미양요의 결과 종로를 비롯한 전국 각지에 척화비가 건립되었다. ○ 54회

테마 44 개항과 불평등 조약 체결

01 강화도 조약의 영향으로 부산, 원산, 인천 항구가 개항되었다. ○ 62회

02 조청 상민 수륙 무역 장정은 방곡령 시행에 대한 규정을 명시하였다. ✕ 53회
  ↳ 1883년에 체결된 개정 조일 통상 장정

03 프랑스와 조약을 체결하여 천주교 포교가 허용되었다. ○ 54회

04 조미 수호 통상 조약은 최혜국 대우를 최초로 규정하였다. ○ 59회

05 조일 무역 규칙은 양곡의 수출을 허용하고 관세를 설정하지 않았다. ○ 38회

01 영선사는 조선책략을 처음으로 소개하였다. ⊗ 52회
  ↳ 2차 수신사

02 최익현이 주도하여 영남 만인소를 올렸다. ⊗ 56회
  ↳ 이만손

03 영선사는 기기창 설립의 계기가 되었다. ◯ 52회

04 보빙사는 민영익, 홍영식, 서광범 등이 참여하였다. ◯ 52회

05 초기 개화 정책으로 개화 정책을 담당하는 통리기무아문이 설치되었다. ◯ 54회

01 임오군란은 청군의 개입으로 종결되었다. ◯ 60회

02 임오군란은 일본 공사관에 경비병이 주둔하는 계기가 되었다. ◯ 55회

03 임오군란은 구식 군인에 대한 차별 대우가 발단이 되어 일어났다. ◯ 61회

04 갑신정변의 결과 조청 상민 수륙 무역 장정이 체결되었다. ⊗ 56회
  ↳ 임오군란

05 갑신정변의 결과 청과 일본 사이에 톈진 조약이 체결되었다. ◯ 60회

01 동학 농민 운동은 백산에 모여 4대 강령을 선포하였다. ◯ 58회

02 1차 갑오개혁은 과거제를 폐지하였다. ◯ 56회

03 2차 갑오개혁은 공사 노비법을 혁파하였다. ⊗ 59회
  ↳ 1차 갑오개혁

04 을미개혁은 건양이라는 연호를 제정하였다. ◯ 62회

05 청일 전쟁은 제물포 조약의 체결로 이어졌다. ⊗ 60회
  ↳ 임오군란

테마 48 대한제국과 독립 협회

01 독립 협회는 러시아의 절영도 조차 요구를 저지하였다. ☐ O ☐ 56회

02 독립 협회는 한성 사범 학교 관제를 반포하였다. ☐ X ☐ 59회
    └▶ 2차 갑오개혁

03 대한제국은 대한국 국제를 반포하였다. ☐ O ☐ 60회

04 대한제국은 양전 사업을 실시하여 지계를 발급하였다. ☐ O ☐ 56회

05 대한제국은 중추원 개편을 통해 의회 설립을 추진하였다. ☐ X ☐ 61회
    └▶ 독립 협회

테마 49 국권 피탈 과정

01 을사늑약~정미 7조약의 체결 사이에 영국이 러시아를 견제하기 위해 거문도를 불법 점령하였다. ☐ X ☐ 53회
    └▶ 을사조약 체결 이전

02 을사조약은 통감부가 설치되는 계기가 되었다. ☐ O ☐ 59회

03 을사조약에 대한 저항으로 나철이 5적 처단을 위해 자신회를 조직하였다. ☐ O ☐ 59회

04 대한제국 군대 해산의 배경은 정미 7조약의 체결이었다. ☐ O ☐ 58회

05 정미 7조약이 체결된 이후 고종이 헤이그 만국 평화 회의에 특사를 파견하였다. ☐ X ☐ 54회
    └▶ 정미 7조약 체결 이전

테마 50 항일 의병과 애국 계몽 운동

01 을미의병 때 민종식이 이끄는 의병 부대가 홍주성을 점령하였다. ☐ O ☐ 59회

02 정미의병 때 13도 창의군이 서울 진공 작전을 전개하였다. ☐ O ☐ 53회

03 보안회는 안창호, 양기탁 등이 비밀결사로 조직하였다. ☐ X ☐ 62회
    └▶ 신민회

04 신민회는 대성 학교와 오산 학교를 세워 민족 교육을 실시하였다. ☐ O ☐ 54회

05 신민회는 일제가 조작한 105인 사건으로 조직이 해체되었다. ☐ O ☐ 60회

테마 51 열강의 경제 침탈과 경제적 구국 운동

01 일본과 방곡령 관련 조항이 포함된 통상 장정을 체결하였다. 〇 27회

02 화폐 정리 사업은 재정 고문 메가타의 주도로 시행되었다. 〇 60회

03 미국은 울릉도 삼림 채벌권을 가져갔다. ✕ 52회
└▶ 러시아

04 국채 보상 운동은 김광제 등의 발의로 시작되었다. 〇 54회

05 국채 보상 운동은 대한매일신보의 후원을 받아 전국으로 확산되었다. 〇 56회

테마 52 언론의 발달과 근대 문물의 수용

01 한성순보는 납으로 만든 활자를 사용해 박문국에서 발행하였다. 〇 60회

02 스크랜튼은 여성 교육 기관인 이화 학당을 설립하였다. 〇 62회

03 베델이 대한매일신보를 창간하였다. 〇 60회

04 주시경은 국문 연구소의 연구 위원으로 활동하였다. 〇 61회

05 기독교 선교사 아펜젤러는 배재 학당을 세워 신학문 보급에 기여하였다. 〇 59회

테마 53 일제의 식민 통치 체제와 경제 수탈

01 1910년대에는 회사 설립 시 총독의 허가를 받도록 하는 회사령을 공포하였다. 〇 61회

02 1910년대에는 조선 태형령이 시행되었다. 〇 55회

03 1920년대에는 근대적 토지 소유권 확립을 명분으로 토지 조사 사업을 시행하였다. ✕ 58회
└▶ 1910년대

04 1920년대에는 조선 사상범 예방 구금령을 공포하였다. ✕ 59회
└▶ 1937년 이후

05 1930년대 이후에는 황국 신민 서사의 암송이 강요되었다. 〇 57회

테마 54 3·1 운동과 대한민국 임시 정부

01 3·1 운동은 대한민국 임시 정부 수립의 계기가 되었다. ○ 37회

02 대한민국 임시 정부는 이륭 양행에 교통국을 설치하여 국내와 연락을 취하였다. ○ 61회

03 대한민국 임시 정부는 한·일 관계 사료집을 편찬하고 독립신문을 발행하였다. ○ 62회

04 조소앙은 삼균주의를 바탕으로 건국 강령을 기초하였다. ○ 58회

05 대한민국 임시 정부는 외교 활동을 펼치기 위해 구미 위원부를 설치하였다. ○ 62회

테마 55 국내의 항일 독립 투쟁

01 박상진은 대한 광복회를 조직하여 친일파를 차단하였다. ○ 62회

02 6·10 만세 운동은 신간회 중앙 본부가 진상 조사단을 파견하여 지원하였다. ✕ 55회
　↳ 광주 학생 항일 운동

03 6·10 만세 운동은 순종의 인산일을 기회로 삼아 추진되었다. ○ 55회

04 신간회는 정우회 선언의 영향으로 결성되었다. ○ 61회

05 광주 학생 항일 운동은 시위를 준비하는 과정에서 사회주의자들이 대거 검거되었다. ✕ 61회
　↳ 6·10 만세 운동

테마 56 국외의 무장 독립 투쟁(+의열 투쟁)

01 서간도에서 신흥 강습소를 세워 독립군을 양성하였다. ○ 59회

02 북간도에서 권업회가 조직되어 권업신문을 창간하였다. ✕ 58회
　↳ 연해주

03 미주에서 박용만의 주도로 대조선 국민 군단이 창설되었다. ○ 61회

04 북로 군정서는 홍범도 부대와 연합하여 청산리에서 일본군과 교전하였다. ○ 61회

05 의열단은 조선 혁명 선언을 행동 강령으로 삼았다. ○ 55회

06 이봉창이 일왕의 행렬에 폭탄을 투척하였다. ⬜ O 61회

07 한국 독립군은 총사령 양세봉의 지휘 아래 활동하였다. ⬜ X 60회
  ↳조선 혁명군

08 한국 독립군이 대전자령 전투에서 일본군을 격퇴하였다. ⬜ O 59회

09 조선 의용대는 중국 관내에서 결성된 최초의 한인 무장 부대였다. ⬜ O 58회

10 한국광복군은 영국군의 요청으로 인도·미얀마 전선에서 활동하였다. ⬜ O 54회

테마 57 실력 양성 운동 & 사회 각 계층의 운동

01 방정환은 어린이 등의 잡지를 발간하여 소년 운동을 주도하였다. ⬜ O 56회

02 근우회는 민족주의 계열과 사회주의 계열의 여성들이 연합하였다. ⬜ O 52회

03 1930년대 이후 강주룡은 임금 삭감에 저항하여 을밀대 지붕에서 농성하였다. ⬜ O 60회

04 물산 장려 운동은 '한민족 1천만이 한 사람이 1원씩'이라는 구호를 내세웠다. ⬜ X 34회
  ↳민립 대학 설립 운동
05 물산 장려 운동은 자작회, 토산 애용 부인회 등이 활동하였다. ⬜ O 61회

테마 58 민족 문화 수호 운동

01 신채호는 한국독립운동지혈사에서 독립 투쟁 과정을 정리하였다. ⬜ X 41회
  ↳박은식
02 백남운은 독사신론을 저술하여 민족주의 사학의 기반을 마련하였다. ⬜ X 56회
  ↳신채호
03 백남운은 조선사회경제사에서 식민 사학의 정체성론을 반박하였다. ⬜ O 60회

04 천도교는 개벽, 신여성 등의 잡지를 발행하였다. ⬜ O 56회

05 1920년대에 나운규가 제작한 영화 아리랑이 처음 개봉되었다. ⬜ O 40회

테마 59 대한민국 수립과 6·25 전쟁

01 여운형은 좌우 합작 7원칙을 발표하였다. ⬜ O ⬜ 56회

02 김구는 정읍에서 남한만의 단독 정부 수립을 주장하였다. ⬜ X ⬜ 54회
   ↳ 이승만

03 김구는 분단을 막기 위해 남북 협상에 참석하였다. ⬜ O ⬜ 54회

04 1차 미·소 공동위원회 개최~2차 미·소 공동위원회 개최 사이에 좌우 합작 위원회가 ⬜ O ⬜ 60회
   좌우 합작 7원칙을 발표하였다.

05 4·3 사건은 희생자들의 명예 회복을 위해 특별법이 제정되었다. ⬜ O ⬜ 53회

테마 60 이승만 정부와 4·19 혁명

01 이승만 정부는 평화 통일론을 주장한 진보당의 조봉암을 제거하였다. ⬜ O ⬜ 53회

02 이승만 정부 때 대통령의 임기를 7년 단임제로 정하였다. ⬜ X ⬜ 60회
   ↳ 전두환 정부

03 이승만 정부 때 정부에 비판적이던 경향신문이 폐간되었다. ⬜ O ⬜ 61회

04 4·19 혁명은 3·15 부정 선거에 항의하는 시위에서 비롯되었다. ⬜ O ⬜ 37회

05 장면 내각 때 내각 책임제를 채택하였다. ⬜ O ⬜ 60회

테마 61 박정희 정부와 전두환 정권

01 박정희 정부 때 굴욕적인 대일 외교에 반대하는 6·3 시위가 일어났다. ⬜ O ⬜ 54회

02 박정희 정부 때 평화 통일론을 주장한 진보당의 조봉암이 구속되었다. ⬜ X ⬜ 45회
   ↳ 이승만 정부

03 유신헌법은 대통령에게 국회 해산권을 부여하였다. ⬜ O ⬜ 60회

04 전두환 정권 때 신민당사에서 YH 무역 노동자들이 농성을 하였다. ⬜ X ⬜ 59회
   ↳ 박정희 정부

05 6월 민주 항쟁은 유신 체제가 붕괴되는 계기가 되었다. ⬜ X ⬜ 53회
   ↳ 6월 민주 항쟁은 전두환 정부 시기다

01 노태우 정부 때 양성평등의 실현을 위해 호주제가 폐지되었다.   × 54회
    ↳ 노무현 정부

02 김영삼 정부 때 진실·화해를 위한 과거사 정의 위원회가 처음으로 출범하였다.   × 56회
    ↳ 김대중 정부

03 김영삼 정부 때 금융 거래의 투명성을 확보하고자 금융 실명제가 실시되었다.   ○ 58회

04 김대중 정부 때 경제적 취약 계층을 위한 국민 기초 생활 보장법이 시행되었다.   ○ 61회

05 노무현 정부 때 친일 반민족 행위 진상 규명 위원회가 출범하였다.   ○ 59회

---

01 이승만 정부 때 원조 물자를 가공하는 삼백 산업이 발달하였다.   ○ 60회

02 박정희 정부 때 제1차 경제 개발 5개년 계획이 추진되었다.   ○ 56회

03 1970년대 때 농촌 근대화를 표방한 새마을 운동이 전개되었다.   ○ 60회

04 김대중 정부 때 대통령 긴급 명령으로 금융 실명제가 실시되었다.   × 52회
    ↳ 김영삼 정부

05 노무현 정부 때 칠레와 자유 무역 협정(FTA)을 체결하였다.   ○ 54회

---

01 박정희 정부 때 7·4 남북 공동 성명을 발표하였다.   ○ 62회

02 전두환 정권 때 남북 이산가족 고향 방문단의 교환 방문을 최초로 실현하였다.   ○ 59회

03 노태우 정부 때 6·15 남북 공동 선언이 발표되었다.   × 61회
    ↳ 김대중 정부

04 김대중 정부 때 북방 외교를 추진하여 중국 등 사회주의 국가들과 수교하였다.   × 60회
    ↳ 노태우 정부

05 노무현 정부 때 10·4 남북 공동 선언을 발표하였다.   ○ 57회

테마 65 지역사(+ 간도·독도)

01 개성은 조선 형평사 창립총회가 개최된 곳이다. ✕ 57회
 └▶전주

02 의주에서 만상이 근거지로 삼아 청과의 무역을 전개하였다. ○ 53회

03 전주에서 동학 농민군이 정부와 화해하는 약조를 맺었다. ○ 53회

04 **전주**-유계춘이 백낙신의 수탈에 맞서 봉기한 지역을 검색한다. ✕ 60회
 └▶진주

05 **제주도**-프랑스군이 외규장각 도서를 약탈한 장소를 살펴본다. ✕ 59회
 └▶강화도

테마 67 세시 풍속

01 단오에는 앵두로 화채를 만들어 먹었다. ○ 33회

02 칠석에는 창포를 삶은 물로 머리를 감았다. ✕ 33회
 └▶단오

03 한가위에는 진달래꽃으로 화전 부치기를 했다. ✕ 35회
 └▶삼짇날

04 동지에는 햇곡식을 빻아 송편 빚어 먹기를 했다. ✕ 30회
 └▶추석

05 삼짇날에는 새알심 넣어 팥죽 만들기를 했다. ✕ 22회
 └▶동지

1급 완성을 위한 **마법 사료**

1 선사시대

테마 4 여러나라의 성장

옥저의 가족 공동묘

장사 지낼 때는 큰 나무로 곽을 만드는데, …… **가매장**을 하여 겨우 시체가 덮일 만큼만 묻었다가 가죽과 살이 썩으면 이내 뼈를 취하여 곽 속에 넣는다. 집안 모두가 **하나의 곽에 함께** 들어간다.

– 『삼국지』 위서 동이전

사료 요약
옥저의 풍습 중 하나인 **가족 공동묘**를 묘사하고 있는 사료

변한의 특산물, 철

나라에서 **철**이 생산되는데 한, 예, 왜인들이 와서 사간다. 시장에서의 매매는 **철**로 이루어져 마치 중국에서 돈을 사용하는 것과 같으며, 낙랑과 대방의 두 군에도 공급하였다.

– 『삼국지』 위서 동이전

사료 요약
삼한 중 하나인 **변한**의 특징에 대해서 설명하고 있는 사료

동예의 풍습

• 대군장은 없고 **후, 읍군, 삼로**의 관직이 있어서 하호를 통치하였다. 그 나라의 노인들은 옛날부터 스스로 "고구려와 같은 종족이다."라고 한다.
• 해마다 10월이면 하늘에 제사 지내는데, 주야로 술 마시며 노래 부르고 춤추니 이를 **무천**이라 한다.

– 『삼국지』 위서 동이전

사료 요약
동예의 풍습과 특징에 대해서 설명하고 있는 사료

2 고대

테마 5 고구려의 성립과 발전

고국원왕이 전사하다

왕 41년 겨울 10월에 백제 **근초고왕**이 군사 3만 명을 이끌고 **평양성**을 공격해 왔다. 왕이 군대를 내어 막다가 화살에 맞아 돌아가셨다.

– 『삼국사기』

> **사료 요약**
> 백제 근초고왕의 공격으로 고구려 고국원왕이 전사한 과정을 묘사한 사료

광개토대왕의 영토 확장

영락 9년(399) 기해에 백제가 서약을 어기고 왜와 화통하므로, 왕은 평양으로 순수해 내려갔다. …… 영락 10년(400) 경자에 **보병과 기병 5만**을 보내, 신라를 구원하게 하였다. …… 관군이 이르자 **왜적**이 물러가므로, 뒤를 급히 추격하여 **임나가라**의 종발성에 이르렀다. 성이 곧 귀순하여 복종하므로, 순라병을 두어 지키게 하였다. 신라를 공격하니 **왜구**는 위축되어 궤멸되었다.

– 광개토 대왕릉 비문, 기해년조 · 경자년조 기사

> **사료 요약**
> 왜와 백제가 연합하여 신라를 침공하자 신라의 요청을 받은 **광개토대왕**이 왜·백제 연합군을 공격하여 몰아냄과 동시에 **금관가야**까지 공격하는 상황을 묘사한 사료

테마 7 신라의 성립과 발전

신라의 국호 제정

신들의 생각으로는 신(新)은 '덕업이 날로 새로워진다.'는 뜻이고 나(羅)는 '사방을 망라한다.'는 뜻이므로, 이를 국호로 삼는 것이 마땅하다고 여겨집니다. …… 이제 여러 신하들이 한마음으로 삼가 **신라국 왕이라는 칭호**를 올립니다."라고 하니, 왕이 이에 따랐다.

– 『삼국사기』

> **사료 요약**
> 지증왕의 업적을 다룬 사료

지증왕의 우산국 정복

왕 13년 여름 6월, **우산국**(于山國)이 항복해 와 해마다 토산물을 공물로 바치기로 하였다. …… 이찬 **이사부**(異斯夫)가 하슬라주 군주(軍主)가 되어 이르기를, 나무 사자를 많이 만들어 전선(戰船)에 나누어 싣고 그 나라의 해안에 이르러 거짓으로 말하기를, "너희가 만약 항복하지 않으면 이 사나운 심승을 풀어 밟아 죽이겠다."라고 하니, (그) 나라 사람들이 두려워하며 곧 항복하였다.

– 『삼국사기』

> **사료 요약**
> 지증왕의 업적을 다룬 사료

법흥왕의 금관가야 정복

금관국(金官國)의 왕 김구해(金仇亥)가 왕비와 세 아들, 즉 큰 아들은 노종(奴宗)이라 하고, 둘째 아들은 무덕(武德)이라 하고, 막내 아들은 무력(武力)이라 하였는데, (이들과) 함께 나라의 재산과 보물을 가지고 와 항복하였다. 왕이 예로써 그들을 대우하고 높은 관등을 주었으며 본국을 식읍으로 삼도록 하였다. 아들 무력은 벼슬이 각간(角干)에 이르렀다.

- 『삼국사기』

▶사료 요약

신라 법흥왕 때 금관가야가 항복하는 내용을 서술한 사료

진흥왕의 대가야 정복

가을 9월 대가야가 반란을 일으키자 (진흥)왕이 이사부에 명하여 그들을 토벌하게 하였는데, (이때) 사다함이 그를 보좌하였다. …… 이사부가 군사를 이끌고 그곳에 이르자 일시에 모두 항복하였다.

- 『삼국사기』

▶사료 요약

신라 진흥왕 때 대가야를 정복하는 내용을 서술한 사료

테마 8   삼국의 대외 항쟁과 삼국 통일

나·당 동맹의 체결

당 태종이 김춘추에게 (나에게) 할 말이 있는가 하기에 김춘추가 말하였다. "신의 나라는 바다 모퉁이에 치우쳐 있으면서도 천자의 조정을 섬긴 지 여러 해가 되었습니다. 그런데 백제는 강하고 교활하여 여러 번 침략을 해왔는데, …… 만약 폐하께서 당나라 군사를 빌려 주어 흉악한 것을 잘라 없애지 않는다면 우리나라 인민은 모두 포로가 될 것이며, 산 넘고 바다 건너 행하는 조회도 다시는 바랄 수 없을 것입니다."라고 하였다. 태종이 매우 옳다고 여겨서 군사 출동을 허락하였다.

- 『삼국사기』

▶사료 요약

김춘추가 당 태종에게 요청하여 두 나라가 나·당 동맹을 체결하는 사료

김유신과 당나라 소정방의 갈등

소정방이 부총관 김인문 등과 함께 기벌포에 도착하여 백제 군사와 마주쳤다. …… 소정방은 신라군이 늦게 왔다는 이유로 군문에서 신라 독군 김문영의 목을 베고자 하니, 김유신이 군사들 앞에 나아가 "황산 전투를 보지도 않고 늦게 온 것을 이유로 우리를 죄주려 하는구나. 죄도 없이 치욕을 당할 수는 없으니, 결단코 먼저 당나라 군사와 결전을 한 후에 백제를 쳐야겠다."라고 말하였다.

- 『삼국사기』

▶사료 요약

황산벌 전투 직후에 신라와 당나라가 만나는 과정을 서술한 사료

고구려 부흥 운동이 일어나다

고구려의 대장(大長) 검모잠이 무리를 거느리고 반란을 일으켜 고장(高藏)의 외손(外孫) 안승을 세워 왕으로 삼았다. 고간과 이근행을 보내 이를 토벌케 하고, 남은 무리를 불러들이도록 하였다. 그러자 안승이 검모잠을 죽이고 신라로 달아났다.

▶사료 요약

검모잠과 안승의 고구려 부흥 운동을 다룬 사료

테마 9 가야/삼국의 통치 체제

백제의 정사암 회의

호암사에는 **정사암**이라는 바위가 있다. 나라에서 장차 재상을 뽑을 때에 후보 3~4명의 이름을 써서 상자에 넣고 봉해 바위 위에 두었다가 얼마 후에 가지고 와서 열어 보고 그 이름 위에 도장이 찍혀 있는 사람을 재상으로 삼았다. 이런 이유로 정사암(政事巖) 이라 하였다.

－『삼국유사』

사료 요약

백제의 **정사암 회의**에 대해 묘사 하고 있는 사료

테마 11 발해의 성립과 발전

발해 무왕의 당나라 등주 공격

개원 20년 **무예**가 장수 **장문휴**를 보내 해적을 이끌고 등주자사(登州刺史) 위준을 공격하자, 당이 문예를 보내 병사를 징발하여 토벌하게 하였다. 이어 김사란을 신 라로 보내 병사를 일으켜 발해 남쪽 국경을 공격하게 하였다.

－『신당서』

사료 요약

발해 **무왕**이 **장문휴**를 보내 **당나 라**를 **선제공격**하는 것과 관련된 사료

발해의 고구려 계승 의식

갑인(甲寅)일에 천황이 중궁(中宮)에 나아갔는데, 고제덕 등이 왕의 교서(教書)와 방물(方物)을 바쳤다. 그 교서에서 말하기를, "**무예**(武藝)가 아룁니다. 무예는 황송 스럽게도 대국(大國)을 맡아 외람되게 여러 번(蕃)을 함부로 총괄하며, **고려의 옛 땅을 회복**하고 **부여의 습속**(習俗)을 가지고 있습니다. 그러나 다만 너무 멀어 길이 막히고 끊어졌습니다. 어진 이와 가까이하며 우호를 맺고 옛날의 예에 맞추어 사신 을 보내어 이웃을 찾는 것이 오늘에야 비롯하게 되었습니다."

－『속일본기』

사료 요약

발해 무예가 **일본**에 보낸 국서로, 발해의 **고구려 계승 의식**을 알 수 있는 사료

테마 14 고대의 불교 · 학문 · 사상

원효의 일심사상

부처님의 넓고, 크고, 깊은 가르침의 끝이 없는 의미를 종합하고자 이 논을 풀어 설 명하고자 한다. …… 이 논의 뜻이 이미 이와 같으니 벌리면 한량없고 가이없는 부 처님의 가르침은 결국 **일심**(一心)의 법을 중심으로 삼는다.

－『대승기신론소』

사료 요약

원효의 행적을 다룬 사료

원효의 불교 대중화

원효가 이미 계율을 잃어버려 설총을 낳은 이후 속인의 옷으로 바꾸어 입고 스스로 **소성거사**(小姓居士)라고 하였다. 우연히 광대들이 놀리는 큰 박을 얻었는데 그 모양이 괴이하였다. 그 모양대로 도구를 만들어 『화엄경』의 "일체 무애인(無㝵人)은 한 길로 생사를 벗어난다."라는 문구에서 그 이름을 따와서 **무애**라고 하며 이내 노래를 지어 세상에 퍼뜨렸다.

– 『삼국유사』

▶ 사료 요약

원효의 행적을 다룬 사료

의상의 화엄일승법계도

하나 안에 일체요, 많음 안에 하나이며 / 하나가 곧 일체요, 많음이 곧 하나이다. / 한 티끌 속에 시방을 머금고 / 일체의 티끌 속 또한 이와 같다.

– 『화엄일승법계도』

▶ 사료 요약

의상이 저술한 『화엄일승법계도』의 내용 중 일부이다.
↳ 내용 자체를 눈에 익혀두는 것이 핵심!

국학의 설립과 독서삼품과의 실시

국학은 예부(禮部)에 속하였는데, **신문왕** 2년(682)에 설치하였다. 경덕왕이 대학감(大學監)으로 고쳤으나 혜공왕이 옛 이름대로 하였다. …… 여러 학생이 글을 읽어 **세 등급**으로 벼슬길에 나아갔는데, 『춘추좌씨전』이나 또는 『예기』 또는 『문선』을 읽어 능히 그 뜻을 통달하고 아울러 『논어』와 『효경』에도 밝은 자를 상(上)으로 하였고, 『곡례(曲禮)』· 『논어』· 『효경』을 읽은 자를 중(中)으로 하였고, 『곡례』· 『효경』을 읽은 자를 하(下)로 하였다.

– 『삼국사기』

▶ 사료 요약

신문왕 때 설립된 **국학**과 원성왕 때 실시된 **독서삼품과**를 다루고 있는 사료

테마 15 고대의 고분과 과학 기술

무령왕릉 지석에 나타난 도교

을사년(乙巳年) 8월 12일 **영동대장군**(寧東大將軍) 백제 **사마왕**(斯麻王)은 상기의 금액으로 매주(賣主)인 토왕(土王), 토백(土伯), 토부모(土父母), 상하 2,000석 이상의 여러 관리에게 문의하여 남서 방향의 토지를 매입해서 능묘(陵墓)를 만들었기에 문서를 작성하여 명확한 증험으로 삼으며 모든 율령(律令)에 구애받지 않는다.

– 무령왕릉 지석

▶ 사료 요약

백제 **무령왕릉** 지석의 내용으로 도교사상의 영향을 보여준다.

3 고려

테마 17 고려의 성립과 체제 정비

태조의 거란 강경책(만부교 사건)

거란에서 사신을 파견하여 낙타 50필을 보냈다. 왕은 거란이 일찍이 발해와 화목하다가 갑자기 의심하여 맹약을 어기고 멸망시켰으니, 매우 무도하다고 생각하여 드디어 교빙을 끊고 사신 30인을 섬으로 유배 보냈으며, **낙타**는 **만부교** 아래에 매어두니 모두 굶어 죽었다.

― 『고려사』

▶ **사료 요약**

고려 태조 때 거란의 화친을 거절한 만부교 사건을 다룬 사료

최승로의 시무 28조

• 태조께서 나라를 통일한 후에 군현에 수령을 두고자 하였으나, 대개 초창기에 일이 번다하여 미처 이 일을 시행할 겨를이 없었습니다. 청컨대 **외관**(外官, 지방관)을 두소서.
• 봄에는 **연등**을 설치하고 겨울에는 **팔관**을 베풀어 사람을 많이 동원하고 노역이 심하오니, 원컨대 **이를 감하여** 백성이 힘 펴게 하소서.
• 불교를 행하는 것은 **수신의 근본**이며, 유교를 행하는 것은 **치국의 근원**이니, 수신은 내생을 위한 것이며, 치국은 곧 오늘의 일입니다. 오늘은 지극히 가깝고 내생은 지극히 먼 것인데, 가까움을 버리고 지극히 먼 것을 구함은 또한 잘못이 아니겠습니까?

― 시무 28조

▶ **사료 요약**

최승로가 고려 성종에게 바친 시무 28조의 일부

테마 19 문벌 귀족 사회와 대외 관계(거란·여진)

이자겸의 난(인종)

• **이자겸**과 **척준경**이 왕을 위협하여 남궁으로 거처를 옮기게 하고 안보린, 최탁 등 17인을 죽였다. 이 외에도 죽인 군사가 헤아릴 수 없을 정도였다.
• 왕이 어느 날 홀로 한참 통곡하였다. 이자겸의 **십팔자**(十八子)가 왕이 된다는 비기(秘記)가 원인이 되어 왕위를 찬탈하려고 독약을 떡에 넣어 왕에게 드렸던 바, 왕비가 은밀히 왕에게 알리고 떡을 까마귀에게 던져주었더니 그 까마귀가 그 자리에서 죽었다.

― 『고려사』

▶ **사료 요약**

이자겸의 난과 인종과 이자겸의 갈등을 보여주는 사료

이자겸의 현실적 금나라(여진) 사대론

금(金)을 섬기는 일의 가부를 의논하게 하니 모두 불가(不可)하다고 하였다. 유독 **이자겸**과 **척준경**만이 말하기를, "금이 과거 소국(小國)일 때는 요(遼)와 우리나라를 섬겼습니다. 그러나 지금 금이 급격하게 세력을 일으켜 요와 송(宋)을 멸망시켰으며, …… 나날이 강대해지고 있습니다. …… 게다가 작은 나라가 큰 나라를 섬기는 것은 선왕의 도리이니, 사신을 보내어 먼저 예를 갖추고 위문하는 것이 옳습니다."라고 하니, 왕이 그 말을 따랐다.

― 『고려사』

▶ **사료 요약**

이자겸이 금나라(여진)에 사대할 것을 주장하는 사료

정중부·이의방의 무신 정변

사료 요약
무신 정변 당시의 상황을 다룬 사료

- 이의방과 이고가 정중부를 따라가 몰래 말하기를, "오늘날 문신들은 득의양양하여 술을 취하도록 마시고 음식을 배불리 먹는데, 무신들은 모두 굶주리고 고달프니 이것을 어찌 참을 수 있습니까."라고 하였다.
- 날이 저물어 어가가 보현원 근처에 당도하자 이고와 이의방이 먼저 가서 왕의 명령이라 둘러대며 순검군을 집합시켰다. …… 왕의 사저에 난입해 10여 명을 죽인 후, 사람을 시켜 길에서, "무릇 **문신의 관을 쓴 자**는 비록 서리(胥吏)라 할지라도 **모조리 죽여 씨를 말려라!**"라고 고함을 치게 했다.

– 『고려사』

최우의 강화 천도에 대한 반발

사료 요약
몽골과의 항쟁 당시 최우의 강화 천도와 관련된 사료

"개경은 태조 때부터 역대로 지켜 온 것이 무려 200여 년이 되었습니다. 성이 견고하고 군사와 양식이 풍족하기 때문에 힘을 합하여 지켜서 사직을 호위해야 마땅할 것인데, 이를 버리고 장차 도읍할 땅이 어디 있겠습니까?"라고 하였다. **최우**가 성을 지킬 계책을 물었으나 김세충은 대답하지 못하였다. …… 김세충을 끌어내어 목을 베었다.

– 『고려사』

몽골의 2차 침입 때 김윤후의 활약

사료 요약
몽골과의 항쟁 당시 김윤후의 활약상을 설명한 사료

김윤후는 고종 때 사람이다. (그는) 일찍이 승려가 되어 백현원에 살았는데 몽골병이 오자 처인성으로 난을 피하였다. 몽골의 원수(元帥) **살례탑**이 와서 처인성을 공격하자 김윤후가 그를 활로 쏴 죽였다. 왕이 그 공을 가상히 여겨 상장군을 제수하였으나 …… 굳이 사양하고 받지 않았다. 이에 (훨씬 낮은 계급인) 섭낭장(攝郞將)으로 고쳐 제수하였다. 뒤에 (그는) **충주산성 방호별감**이 되었다. 몽골병이 와서 성을 포위한 지 무릇 70여 일 만에 군량미가 거의 다 떨어졌다. 김윤후가 사졸을 설득하고 독려하여 말하기를 …… 드디어 관노(官奴)의 명부를 가져다 불살라 버리고 또 빼앗은 소와 말을 나누어 주니 사람들이 다 죽음을 무릅쓰고 적진에 나아갔다.

– 『고려사』

삼별초의 항쟁

사료 요약
몽골과의 항쟁 당시 삼별초의 항쟁과 관련된 사료

(원종) 11년에 수도를 개경으로 다시 옮기면서 방(榜)을 붙여 일정한 기일 내에 모두 돌아가라고 재촉하였는데, **삼별초**가 딴 마음이 있어 복종하지 않았다. …… 배중손과 노영희는 삼별초를 이끌고 시랑(市廊)에 모여서 **승화후(承化侯) 온(溫)**을 협박하여 왕으로 삼고 관부를 설치했는데 …… 적은 진도로 들어가서 근거로 삼고 인근 고을들을 노략질하였으므로 왕이 **김방경**에게 명령하여 토벌케 하였는데 …… 적은 모두 처자를 버리고 멀리 도망쳤으며 적장 **김통정**은 패잔병을 거느리고 **탐라(제주도)**로 들어갔다.

– 『고려사』

테마 21　원 간섭기와 공민왕&대외 관계

공민왕의 반원자주정책(쌍성총관부 탈환)

동북면 병마사 유인우가 **쌍성을 함락**하였다. 총관 조소생과 천호 탁도경은 도주하고 화, 등, 장, 정, 예, 고, 문, 의 등 각 주와 선덕, 원흥, 영인, 요덕, 정변 등 여러 진을 수복하였다. 고종 무오년에 원나라에 빼앗겼던 함주 이북의 지방을 수복한 것이다.

ㅡ『고려사』

▶ 사료 요약

공민왕은 반원 자주 정책의 일환으로 쌍성총관부를 공격하여 철령 이북 땅을 수복하였다.

신돈과 전민변정도감

신돈이 **전민변정도감**(田民辨正都監)을 두기를 청하고 "종묘, 학교, 창고, 사원 등의 토지와 세업전민(世業田民)을 호강가(豪强家)가 거의 다 빼앗아 차지하고는 혹 이미 돌려주도록 판결난 것도 그대로 가지고 있으며, 혹 양민을 노예로 삼고 있다. 이제 전민변정도감을 두어 고치도록 하니, 잘못을 알고 스스로 고치는 자는 죄를 묻지 않을 것이나, 기한이 지나 일이 발각되는 자는 엄히 다스릴 것이다."

ㅡ『고려사』

▶ 사료 요약

공민왕은 신돈을 등용하여 전민변정도감을 설치하고 권문세족들이 부당하게 뺏은 토지와 노비를 원 소유주에게 돌려주거나 양민으로 해방시켰다.

이성계의 황산 대첩

한 적장이 나이 겨우 15, 16세 되었는데, 골격과 용모가 단정하고 고우면서도 매우 사납고 용맹스러웠다. 흰 말을 타고 창을 마음대로 휘두르면서 달려 부딪치는데 그가 가는 곳마다 쓰러져 감히 대적하는 사람이 없었다. 군사들은 **아기발도**(阿其拔都)라 부르면서 서로 그를 피하였다. **이성계**는 그가 용감하고 날랜 것을 아껴서 두란(豆蘭)에게 명해 사로잡고자 하였다. 이성계가 말하기를, "내가 투구의 정자(頂子)를 쏘아 투구를 벗길 것이니 그대가 즉시 쏘아라."하고는, 드디어 말을 채찍질해 뛰게 하여 투구를 쏘아 정자를 바로 맞혔다.

ㅡ『태조실록』

▶ 사료 요약

이성계가 활약했던 황산 대첩을 설명하고 있는 사료

테마 24　고려의 불교 · 사상·학문

의천의 천태종 개창

의천은 **국청사**의 주지로 있으면서 처음으로 **천태교**를 강의하였다. 이 천태교는 옛날에 이미 우리나라에 전해졌으나 점차 쇠퇴하였다. 의천은 천태교를 다시 일으켜 진흥시킬 뜻을 가진 뒤로 일찍이 하루도 마음에서 잊은 적이 없었다.

ㅡ『고려사』

▶ 사료 요약

고려 숙종 때 활약한 승려인 **의천**과 관련된 사료

지눌의 돈오점수

자기의 본성을 보면, 이 성품에는 본래 번뇌가 없다. 번뇌가 없는 지혜의 성품은 본래 스스로 갖추어져 있어서 모든 부처와 털끝만큼도 다르지 않다. 이를 **돈오**(頓悟)라고 한다. …… 본래의 성품이 부처와 다르지 않음을 깨달았지만 오랜 세월의 습기는 갑자기 제거하기 어렵다. 따라서 그 깨달음에 의지해 닦고 점차 익혀 공(功)을 이루고, 오랫동안 성태(聖胎)를 기르면 성(聖)을 이루게 된다. 이를 **점수**(漸修)라고 한다.

　　　　　　　　　　　　　　　　　　　　　　　　　　　　　－「목우자수심결」

사료 요약

고려 원 간섭기 때 활약한 승려인 **지눌**의 사상을 담은 사료

삼국사기를 편찬하는 이유

신 부식은 아뢰옵니다. 옛날에는 여러 나라들도 각각 **사관을 두어** 일을 기록하였습니다. …… 성상 폐하께서는 …… 옛날의 사서(史書)를 두루 읽으시고 "오늘날의 학사 대부가 5경·제자의 책이나 진(秦)·한(漢) 역대의 역사에 대해서는 혹 널리 통하여 자세히 설명하는 자가 있으나, 우리나라 사실에 대해서는 도리어 그 처음과 끝을 까마득히 알지 못하니 매우 한탄스러운 일이다. 하물며 **신라 고구려 백제가 나라를 세우고 정립**하여 능히 예의로써 중국과 통한 까닭으로 범엽의 한서나 송기의 당서에는 모두 열전이 있으나 국내(중국)는 상세하고 국외(우리나라)는 소략하게 써서 자세히 실리지 않은 것이 적지 않고 옛 기록에는 **문자가 거칠고 잘못되고** 사적이 빠져 없어진 것이 많으므로 …… 마땅히 삼장을 갖춘 인재를 구하여 능히 일관된 역사를 완성하여 만대에 물려주어, 해와 별처럼 밝게 해야 하겠다."라고 하셨습니다.

　　　　　　　　　　　　　　　　　　　　　　　　　　　　　－「삼국사기」

사료 요약

김부식이 쓴 「삼국사기」의 서문

테마 26　조선의 건국과 체제 정비

경국대전 서문

세조께서 일찍이 말씀하시기를 "우리 조종의 심후하신 인덕과 크고 아름다운 규범이 훌륭한 전장에 퍼졌으니 『경제육전』의 원전(元典)·속전(續典)과 등록이며, 또 여러 번 내린 교지가 있어, 법이 아름답지 않은 것이 아니지만, 관리들이 재주가 없고 어리석어 제대로 받들어 행하지 못한다. …… " …… 책이 완성되자 나누어 **6권으로 만들어** 바치니 『경국대전』이라고 이름을 내리셨다. **형전과 호전**은 이미 반포하여 시행했으나 나머지 4전은 미처 교정을 못했는데, 갑자기 승하하시니 성상(성종)께서 선왕의 뜻을 이어 받들어 마침내 하던 일을 끝마치게 하고 널리 반포하였다.

　　　　　　　　　　　　　　　　　　　　　　　　　　　　　－「경국대전」

사료 요약

조선 성종 때 편찬된 『경국대전』의 서문

테마 27 조선의 통치 체제

삼사의 역할

- **사헌부**: 시정을 논하여 바르게 이끌고, 모든 관원을 살피며, 풍속을 바로잡고, 원통하고 억울한 일을 밝히며, 건방지고 거짓된 행위를 금하는 등의 일을 맡는다.
- **사간원**: 임금에게 간언하고, 정사의 잘못을 논박하는 직무를 관장한다.
- **홍문관**: 궁궐 안에 있는 경적(經籍)을 관리하고, 문서를 처리하며, 왕의 자문에 대비한다. 모두 경연(經筵)을 겸임한다.

– 『경국대전』

> **사료 요약**
>
> 조선의 **삼사**(사헌부, 사간원, 홍문관)에 대해 설명하고 있는 사료
> ↳ **특별한 키워드보다는 역할에 대해 숙지하는 것이 핵심!**

테마 28 사림의 대두와 붕당의 형성

연산군을 몰아내다(중종반정)

박원종 등이 궐문 밖에 진군하여 대비(大妃)에게 아뢰기를, "지금 임금이 도리를 잃어 정치가 혼란하고, 민생은 도탄에 빠지고, 종사는 위태롭습니다. **진성대군**은 대소 신민의 촉망을 받은 지 이미 오래이므로, 이제 추대하고자 하오니 감히 대비의 분부를 여쭙니다."라고 하였다.

– 『조선왕조실록』

> **사료 요약**
>
> 중종반정에 대해 설명하고 있는 사료

조광조의 개혁 정책(중종)

- **소격서**는 본래 이단이며 예(禮)에도 어긋나는 것이니 비록 수명을 빌고자 해도 복을 얻을 수 없습니다. 소비가 많고 민폐도 커서 나라의 근본을 손상시키니 어찌 애석하지 않겠습니까.
- 지방에서는 감사와 수령이, 서울에서는 홍문관과 육경(六卿), 대간이 등용할 만한 사람을 천거하여, 대궐에 모아놓고 친히 대책으로 시험한다면 인물을 많이 얻을 수 있을 것입니다. 이는 이전에 우리나라에서 하지 않았던 일이요, 한(漢)나라 **현량과**의 뜻을 이은 것입니다.

– 『중종실록』

> **사료 요약**
>
> 조광조의 개혁 정책에 대해 설명하고 있는 사료

정여립 모반 사건(선조)

적신(賊臣) **정여립**은 널리 배우고 많이 기억하여 경전(經傳)을 통달하였으며 의논이 과격하며 드높아 바람처럼 발하였다. 이이(李珥)가 그 재간을 기특하게 여겨 맞이하고 소개하여 드디어 청현직에 올려서 이름이 높아졌더니, 이이가 죽은 뒤에 정여립은 도리어 그를 비방하니 임금이 미워하였다. 정여립은 벼슬을 버리고 전주에 돌아가 나라에서 여러 번 불러도 나가지 않고, 향곡(鄕曲)에서 세력을 키워 가만히 역적을 도모하다가 일이 발각되자 자살하였다.

– 『연려실기술』

> **사료 요약**
>
> 정여립 모반 사건에 대해 언급하고 있는 사료

과전법

경기는 사방의 근본이니 마땅히 과전을 설치하여 사대부를 우대한다. 무릇 경성에 거주하여 왕실을 시위(侍衛)하는 자는 직위의 고하에 따라 과전을 받는다. 토지를 받은 자가 죽은 후, 그의 아내가 자식이 있고 수신하는 자는 남편의 과전을 모두 물려받고, 자식이 없이 **수신**하는 자의 경우는 반을 물려받는다. 부모가 모두 사망하고 그 자손이 유약한 자는 **휼양전**으로 아버지의 과전을 전부 물려받고, 20세가 되면 본인의 과에 따라 받는다.

– 「고려사」

사료 요약

조선 전기에 실행된 과전법에 대해 설명하고 있는 사료

삼강행실도 서문

중국으로부터 우리 동방에 이르기까지 고금의 서적에 있는 것을 찾아보지 않은 것이 없이 하여 **효자·충신·열녀**로 뚜렷이 기술할 만한 사람 각각 110명을 뽑아서 전면에는 그림을 그리고 후면에는 그 사실을 기록했으며, 아울러 시(詩)까지 써 놓았다. …… 충신과 열녀의 시도 문신들로 하여금 나누어 짓게 하여, 편찬이 끝나자 **삼강행실도**란 이름을 내리고 주자소(鑄字所)로 하여금 발간해서 영구히 전하게 하였다.

– 「삼강행실도」

사료 요약

조선 **세종** 때 편찬된 『삼강행실도』의 서문

칠정산 서문

왕께서 정흠지, **정초, 정인지** 등에게 명하여 **중국 역법을 연구**하여 묘리를 터득하게 하였다. 자세히 규명되지 않는 것은 왕께서 몸소 판단을 내리시어 모두가 분명히 밝혀지게 되었다. 또 『태음통궤』(달의 운행 도수를 추산하는 법을 기록한 책)와 『태양통궤』(태양의 도수를 추산하는 법을 기록한 책)를 중국에서 얻었는데 그 법이 이것과 약간 달랐다. 이를 바로 잡아서 **내편**을 만들었다.

– 「칠정산」

사료 요약

조선 세종 때 역사상 최초로 서울을 기준으로 천체운동을 계산하여 편찬된 『칠정산』 내편의 서문

농사직설 서문

지금 우리 왕께서도 …… 여러 지방의 풍토가 같지 않아 심고 가꾸는 방법이 지방에 따라서 차이가 있기 때문에 옛 글의 내용과 모두 같을 수가 없었다. 이에 각 도의 감사들에게 명령하시어, 주·현의 **노농(老農)을 방문**하여 그 땅에서 몸소 시험한 결과를 자세히 듣게 하시었다. 또 신 **정초(鄭招)**에게 명하시어 말의 순서를 보충케 하시고, 변효문(卞孝文) 등이 검토해 살피고 참고하게 하여, …… 한 편의 책을 만들었다.

– 「세종실록」

사료 요약

조선 세종 때 조선 농민들의 경험을 토대로 편찬된 『농사직설』의 서문

국조오례의 서문

우리 세종(世宗) 장헌대왕(莊憲大王)에 이르러서는 문치(文治)가 태평에 도달하여, 마침 천재일우(千載一遇)의 기회를 맞이하였다. 이에 예조 판서 신 허조(許稠, 1369~1439)에게 명하여 여러 제사의 **차례 및 길례 의식**을 상세히 정하도록 하고, 또 집현전 유신들에게 명하여 **오례** 의식을 상세히 정하도록 하셨다.

ー『국조오례의』

▶ **사료 요약**

조선 성종 때 편찬된 『국조오례의』의 서문

테마 34　호란과 북벌운동(+예송논쟁)

훈련도감의 설치

왕이 비망기로 전교하였다. "… **적의 난리를 겪는 2년** 동안 군사 한 명을 훈련시키거나 무기 하나를 수리한 것이 없이, 명의 군대만을 바라보며 적이 제 발로 물러가기만을 기다렸으니 불가하지 않겠는가. … 과인의 생각에는 따로 **훈련도감**을 설치하여 합당한 인원을 차출해서 장정을 뽑아 날마다 활을 익히기도 하고 **조총**을 쏘기도 하여 모든 무예를 훈련시키도록 하고 싶으니, 의논해서 처리하라."라고 하였다.

ー『선조실록』

▶ **사료 요약**

임진왜란 휴전 시기에 훈련도감의 설치를 선포하는 사료

테마 35　환국과 탕평책

기사환국(숙종)

임금이 말하기를, "**송시열**은 산림의 영수로서 나라의 형세가 험난한 때에 감히 **원자(元子)**의 명호를 정한 것이 너무 이르다고 하였으니, 삭탈관작하고 성문 밖으로 내쳐라. 반드시 송시열을 구하려는 자가 있겠지만, 그런 자는 비록 대신이라 하더라도 용서하지 않을 것이다."라고 하였다.

ー『숙종실록』

▶ **사료 요약**

기사환국의 결과 송시열에게 엄벌을 내리는 내용의 사료

영조의 탕평교서

붕당의 폐해가 요즈음보다 심각한 적이 없었다. 처음에는 예절 문제로 분쟁이 일어나더니, 이제는 한쪽이 다른 쪽을 역적으로 몰아붙이고 있다. …… 우리나라는 땅이 좁고 인재도 그리 많은 것이 아닌데, 근래에 들어 인재를 등용할 때 같은 붕당의 인사들만 등용하고자 하며, 조정의 대신들이 서로 상대 당을 공격하면서 반역인가 아닌가로 문제를 집중하니 모두가 동의할 수 있는 정책이 나오지 못하고, 정책의 옳고 그름을 판단하기 어렵다. …… 이제 유배된 사람들의 잘잘못을 다시 살피도록 하고, 관리의 임용을 담당하는 관리들은 탕평의 정신을 잘 받들어 직무를 수행하도록 하라.

ー『영조실록』

▶ **사료 요약**

영조의 탕평 교서
ㄴ▶영조라는 것을 기억하는 것이 핵심!

대동법의 확대 건의 상소(효종)

김육이 아뢰었다. "······ 대동법(大同法)은 역(役)을 고르게 하여 백성을 편안케 하니 실로 시대를 구할 수 있는 좋은 계책입니다. ······ 다만 탐욕스럽고 교활한 아전이 그 명목이 간단함을 싫어하고 모리배(牟利輩)들이 **방납(防納)**하기 어려움을 원망하여 반드시 헛소문을 퍼뜨려 교란시킬 것입니다. ······ 호서에는 미처 시행하지 못하였습니다. 지금 마땅히 이 도에서 시험해야 하는데, ······ 이 법의 시행을 **부호들이 좋아하지 않습니다.** 국가에서 영(令)을 시행하는 데 있어서 마땅히 소민(小民)들의 바람을 따라야 합니다.

－『효종실록』

▶사료 요약
김육이 **대동법**의 확대 실시를 건의하는 사료

설점수세제의 시행

호조 판서 서영보가 아뢰길, "전국 각 도에 **금을 몰래 채취하는 무리**가 없는 곳이 없으니, 지금 비록 엄히 막고 있으나 영원히 막을 수는 없습니다. 여러 도의 금이 생산되는 곳에는 **금점(金店) 설치**를 허락하고 은점(銀店)의 예에 따라 호조에서 관리하여 세금을 거두면 편리할 것입니다."라고 하니, 왕이 대신의 의견을 들은 후 허락하였다.

－『효종실록』

▶사료 요약
조선 후기에 민간을 광산 개발에 참여시키는 **설점수세제**의 시행을 건의하는 사료

조선 후기 도고의 성장

그(허생)는 안성의 한 주막에 자리잡고서 밤, 대추, 감, 배, 귤 등의 과일을 모두 사들였다. 허생이 과일을 도거리로 사 두자, 온 나라가 잔치나 제사를 치르지 못할 지경에 이르렀다. 따라서 과일 값은 크게 폭등하였다. 허생은 이에 10배의 값으로 과일을 되팔았다. 이어서 허생은 그 돈으로 곧 칼, 호미, 삼베, 명주 등을 사 가지고 제주도로 들어가 말총을 모두 사들였다. 말총은 망건의 재료였다. 얼마 되지 않아 망건 값이 10배나 올랐다. 이렇게 하여 허생은 50만 냥에 이르는 큰돈을 벌었다.

－ 박지원, 「허생전」

▶사료 요약
박지원의 허생전에 나온 조선 후기 **도고**(독점 상인)의 예시
↳ 조선 후기라는 시기 파악이 중요!

테마 40 　조선 후기의 사회 변혁

황사영의 백서 사건(천주교 박해)

좌포장 임율(任嵂)과 우포장 신응주(申應周)가 사학죄인 **황사영**의 흉서(凶書)를 가지고 합문(閤門) 밖에 나오니, 들여보내라고 명하여 살펴본 후에 국청에 내리었다. 죄인 황사영은 사족으로서 사술(邪術)에 미혹됨이 가장 심한 자였는데, 성명을 바꾸고 혹은 토굴에 숨어서 종적을 감추어 반년이 지나기에 이르렀다. 포도청에서 은밀히 염탐하여 지금에야 제천 땅에서 붙잡아 그의 문서를 수색하니 **백서(帛書)**가 있는데, 장차 북경의 천주당에 통하려고 한 것이었다.

－『순조실록』

［사료 요약］
황사영 백서 사건과 관련된 심문 내용

홍경래의 난

보잘 것 없는 나, 소자(순조)가 어린 나이로 어렵고 큰 유업을 계승하여 지금 12년이나 되었다. 그러나 나는 덕이 부족하여 위로는 천명(天命)을 두려워하지 못하고 아래로는 민심에 답하지 못하였으므로, 밤낮으로 잊지 못하고 근심하며 두렵게 여기면서 혹시라도 선대왕께서 물려주신 소중한 유업이 잘못되지 않을까 걱정하였다. 그런데 지난번 **가산(嘉山)의 토적(土賊)**이 변란을 일으켜 **청천강 이북**의 수많은 생명이 도탄에 빠지고 어육(魚肉)이 되었으니 나의 죄이다.

－『비변사등록』

［사료 요약］
홍경래의 난과 관련된 사료

테마 41 　성리학의 변질과 실학의 대두

이익의 한전론

국가는 마땅히 일가(一家)의 생활에 맞추어 재산을 계산해서 한전(限田) 몇 부(負)를 한 가구의 영업전으로 하여 당나라의 제도처럼 한다. 그러나 땅이 많다고 해서 빼앗아 줄이지 않으며, 못 미친다고 해서 더 주지 않는다. 돈이 있어 사고자 하는 자는 비록 천백결(結)이라도 허락해 주고 땅이 많아서 팔고자 하는 자는 영업전 몇 부 외에는 허락하여 준다.

－『곽우록』

［사료 요약］
이익의 **한전론**을 담은 사료

테마 43 　흥선 대원군의 정책

흥선 대원군의 세도 정치 척결

대원군이 집권한 후 어느 공회석상에서 음성을 높여 여러 대신들을 향해 말하기를 "나는 천리를 끌어다 지척을 삼겠으며, 태산을 깎아 내려 평지를 만들고, 또한 남대문을 3층으로 높이려 하는데, 공들은 어떠시오."라고 물었다. 대저 천리지척이라는 말은 종친을 높인다는 뜻이요, 남대문 3층이란 말은 남인을 천거하겠다는 뜻이요, 태산을 평지로 만들겠다는 말은 노론을 억압하겠다는 의사이다.

－『매천야록』

［사료 요약］
흥선 대원군 집권 이후 정책의 방향성을 담고 있는 사료
↳ 사료 내용 자체를 숙지하는 것이 핵심!

대원군의 서원 철폐

대원군이 영을 내려서 나라 안 서원을 죄다 허물고 **서원**의 유생들을 쫓아 버리도록 하였다. …… 대원군이 크게 노하여 말하기를 "진실로 백성에게 해되는 것이 있으면 비록 **공자가 다시 살아난다 하더라도** 나는 용서하지 않겠다. 하물며 서원은 우리나라 선유를 제사하는 곳인데 지금에는 **도둑의 소굴**로 됨에 있어서랴."하였다. …… 이 때문에 백성들이 춤추고 칭송하는 소리가 천지를 진동하였다.

– 「근세조선정감」

사료 요약

흥선 대원군의 서원 정리와 관련된 사료

테마 44 개항과 불평등 조약 체결

개정 조·일 통상 장정(1883)

제37관 조선국에서 가뭄과 홍수, 전쟁 등의 일로 인해 국내에 양식이 결핍될 것을 우려하여 일시 **쌀 수출을 금지**하려고 할 때에는 **1개월** 전에 지방관이 일본 영사관에게 통지하여 미리 그 기간을 항구에 있는 일본 상인들에게 전달하여 일률적으로 준수하는 데 편리하게 한다.

제42관 현재나 앞으로 조선 정부에서 어떠한 권리와 특전 및 혜택과 우대를 다른 나라 관리와 백성에게 베풀 때는 일본국 관리와 백성도 마찬가지로 일체 그 혜택을 받는다.

사료 요약

개정 조·일 통상 장정의 내용 중 일부

테마 45 위정척사와 개화 운동

영남 만인소

중국은 우리가 신하로서 섬기는 바이며 해마다 옥과 비단을 내는 수레가 요동과 계주를 이었습니다. 신의와 절도를 지키고 속방의 직분을 충분히 지킨 지 벌써 2백년이나 되었습니다. …… 일본은 우리에게 매어 있던 나라입니다. …… 그들은 이미 우리 땅을 잘 알고 있으니, …… 그들이 우리의 허술함을 알고 쳐들어오면 장차 이를 어떻게 막겠습니까? 미국은 우리가 본래 모르던 나라입니다. 잘 알지 못하는데 공연히 타인의 권유로 불러들였다가 그들이 재물을 요구하고 우리의 약점을 알아차려 어려운 청을 하거나 과도한 경우를 떠맡긴다면 장차 이에 어떻게 응할 것입니까? 러시아는 본래 우리와 혐의가 없는 나라입니다. 공연히 남의 말만 듣고 틈이 생기게 된다면 우리의 위신이 손상될 뿐만 아니라 만약 이를 구실로 침략해 온다면 장차 이를 어떻게 막을 것입니까?

– 이만손 등, 영남 만인소

사료 요약

이만손 등이 올린 **영남 만인소**의 주요 내용

↳ 위정척사운동의 대표로 기억!

테마 46 임오군란과 갑신정변

유길준의 중립화론

지금 우리나라의 지리는 아시아의 인후에 처해 있어서 그 위치는 유럽의 **벨기에**와 같고, 중국에 조공하던 지위는 터키에 조공하던 불가리아와 같다. …… 이를 가지고 논한다면, 우리나라가 아시아의 **중립국**이 된다면 실로 러시아를 방어하는 큰 기틀이고 또한 아시아의 여러 대국이 서로 보전하는 정략이 될 수 있다. …… 오직 중립 한 가지만이 진실로 우리나라를 지키는 방책이다.

– 유길준 전서

▶사료 요약

갑신정변 이후 유길준이 주장한 **중립화론**의 내용 중 일부

테마 47 동학 농민 운동과 갑오·을미개혁

동학 농민 운동의 시작(고부 민란)

민중이 곳곳에 모여서 말하되 "났네 났어, 난리가 났어", "에이 참, 잘 되었지. 그냥 이대로 지내서야 백성이 한 사람이라도 남아 있겠는가?"하며 그날이 오기만 기다리더라. …… 결의된 내용은 아래와 같다.

1. **고부성**을 격파하고 군수 **조병갑**을 효수할 것
2. 군기창과 화약고를 점령할 것
3. 군수에게 아첨하여 인민의 재물을 빼앗은 탐학한 아전을 공격하여 징계할 것
4. 전주영을 함락하고 서울로 바로 향할 것

– 사발통문

▶사료 요약

1894년 1월에 있었던 **고부 농민 봉기** 당시 발표된 **사발통문**의 일부

테마 48 대한 제국과 독립 협회

독립 협회의 활동

천운이 돌아 이제 대조선국이 독립국이 되어 세계만방으로 어깨를 겨루니 이는 우리 대군주 폐하의 위덕이 떨침이요, …… 그러나 아직까지 기념할 실적이 없으므로 이에 공공의 의견으로 독립 협회를 발기하여 전 영은문 유지에 **독립문**을 새로이 세우고 전 모화관을 새로 고쳐 **독립관**이라 하여 옛날의 치욕을 씻고 후인의 표준을 만들고자 함이요, 그 부근의 땅에 독립 공원을 이루어 …… 이에 알리니 헤아려 보조금을 다소간에 뜻에 따라 보내고 본회 회원에 참여할 뜻이 있으면 그것을 나타내 주기를 바란다.

– 「대조선 독립 협회 회보」

▶사료 요약

독립 협회를 널리 알리는 사료

을미의병

머리를 깎이고 의복 제도를 바꾸니 나라의 풍속은 오랑캐로 변하였구나. **국모를 시해**하고 임금을 협박하니 갑오, **을미의 원수**를 아직 갚지 못하였다. …… 저들이 이 강산을 빼앗아 영원히 살겠다는 생각은 일찍이 볼 수 없었던 일이다. 저들의 죄를 세자면 하늘도 미워할 것이니 우리 국민 된 자 모두가 일어나서 저들을 죽일 의무가 있는 것이다. …… 무릇 의병을 일으킴에 응모한 우리 충의의 지사들은 모두 마음을 다져 먹고 나라에 보답할 뜻을 가졌다.

– 이강년의 을미의병 봉기문

> **사료 요약**
>
> 을미의병 당시 봉기문 중 일부

서울 진공 작전(정미의병)

군사장은 미리 군비를 신속하게 정돈하여 철통과 같이 함에 한 방울의 물도 샐 틈이 없는지라. 이에 전군에 명령을 전하여 일제히 진군을 재촉하여 동대문 밖으로 진격하여 …… 3백 명을 인솔하고 선두에 서서 **동대문** 밖 삼십 리의 지점에 나아가 전군이 와서 모이기를 기다려 일거에 서울을 공격하여 들어오기로 꾀하더니 …… 이때 사기를 고무하여 서울 진공의 명령을 내리니 그 목적은 서울에 들어와서 통감부를 처부수고 항복을 받아 저들의 소위 **신협약 등을 파기**하여 대대적 활동을 기도함이다.

– 「대한매일신보」

> **사료 요약**
>
> 정미의병 당시 서울 진공 작전와 관련된 사료

대한매일신보

신문으로는 대한매일신보, 황성신문, 기타 여러 가지 신문이 있었으나, 제일 환영을 받기는 **영국인 베델**이 경영하는 **대한매일신보**였다. 당시 정부의 잘못과 시국 변동을 여지없이 폭로하였다. 관 쓴 노인도 사랑방에 앉아서 이 신문을 보면서 혀를 툭툭 차고 각 학교 학생들은 주먹을 치고 통론하였다.

– 「별건곤」

> **사료 요약**
>
> 대한매일신보에 대해 설명하고 있는 사료

문화 통치의 본질

생각건대, 장래의 운동은 **작년 봄 행해진 만세 소요** 같은 어린애 장난 같은 것은 아닐 것이고, 근저(根底) 있고 실력 있는 조직적 운동일 것이라는 점을 오늘날 미리 깨닫지 않으면 안 된다. …… 우리들은 어떠한 방책으로 이 경향을 이용하여, 오히려 일선 병합(日鮮倂合)의 대정신, 대이상인 **일선동화**(日鮮同化)로 돌아오게 할 수 있을까? 그렇지만 이 방책은 다른 것이 아니다. 위력을 동반한 **문화 운동** 이것뿐이다.

– 사이토 마코토의 조선 민족 운동에 대한 대책

> **사료 요약**
>
> 1920년대 **문화 통치**의 일환으로 **친일파 양성**을 도모하는 사료

테마 54 3·1 운동과 대한민국 임시 정부

기미 독립 선언서(3·1 운동)

오등은 이에 아(我) 조선의 독립국임과 조선인의 자유민임을 선언하노라. 이로써 세계만방에 고하여 인류 평등의 대의를 극명하며, 이로써 자손만대에 고하여 민족 자존의 정권을 영유하게 하노라. 반만년 역사의 권위를 장하여 이를 선언함이며, 2천만 민중의 충성을 합하여 이를 표명함이며, 민족의 항구여일(恒久如一)한 자유 발전을 위하여 이를 주장함이며, 인류적 양심으로 발로에 기인한 세계 개조의 대기운에 순응 병진하기 위하여 이를 제기함이니, ……

[공약 3장]
1. 금일 오인의 이 거사는 정의, 인도, 생존, 존영을 위하는 민족적 요구이니, 오직 자유적 정신을 발휘할 것이요, 결코 배타적 감정으로 일주하지 말라.
1. 최후의 한 사람까지, 최후의 한 순간까지 민족의 정당한 의사를 쾌히 발표하라.
1. 일체의 행동은 가장 질서를 존중하여 오인의 주장과 태도로 하여금 어디까지든지 광명정대하게 하라.

– 기미 독립 선언서

> **▶ 사료 요약**
> 3·1 운동 당시 발표된 **기미 독립 선언서**
> ↳ 내용 자체를 눈에 익혀두기!

테마 56 국외의 무장 독립 투쟁(+ 의열 투쟁)

봉오동 전투

6월 7일 상오 7시 북간도에 주둔한 아군 7백은 북로 사령부 소재지인 **왕청현 봉오동**을 향하여 행군하다가 뜻하지 않게 같은 곳을 향하는 적군 3백을 발견하였다. 아군을 지휘하던 **홍범도**, 최진동 두 장군은 즉시 적을 공격하였다. 급사격으로 적 1백 20명의 사상자를 내게 하고 도주하는 적을 즉시 추격하여 현재 전투 중에 있다.

– 『독립신문』

> **▶ 사료 요약**
> 봉오동 전투를 묘사하고 있는 사료

이봉창의 투탄 의거(한인 애국단)

아침 일찍 프랑스 공무국에서 비밀리에 통지가 왔다. 과거 10년간 프랑스 관헌이 나(김구)를 보호하였으나, 이번에 나의 부하가 **일왕에게 폭탄을 던진 것**에 대해서는 일본의 체포 및 인도 요구를 거절할 수 없다는 것이다. 중국 국민당 기관지 『국민일보』는 "한국인이 일왕을 지격했으나 불행히도 맞지 않았다."라고 썼다.

– 『백범일지』

> **▶ 사료 요약**
> 한인 애국단의 단원 **이봉창**의 의거를 묘사하고 있는 사료

조선 의용대의 성립

중국에서 활동하고 있는 우리 조선 혁명자들은 이 정의로운 전쟁에 직접 참가하기 위해, 나아가 중국 항전을 조국 독립 쟁취의 기회로 삼기 위해 **조선 민족 전선 연맹**'의 기치 아래 일치단결하였다. …… **조선 의용대**의 임무는 매우 중대하다 할 수 있다. 우리는 식민지 노예가 되기를 원하지 않는 천백만 조선 동포의 민족적 각성을 일깨우고 이들을 조선 의용대의 깃발 아래 결집시키기 위해 노력할 것이다.

– 조선 의용대 성립 선언문

> **▶ 사료 요약**
> 조선 의용대의 성립 선언문 중 일부

한국광복군의 성립

대한민국 임시 정부는 대한민국 원년(1919)에 정부가 공포한 군사 조직법에 의거하여 **중화민국 총통 장제스 원수**의 특별 허락으로 중화민국 영토 내에서 광복군을 조직하고 대한민국 22년 9월 17일, **한국광복군** 총사령부를 창설함을 이에 선언한다. …… 공동의 적인 일본 제국주의자들을 타도하기 위하여 연합군의 일원으로 항전을 계속한다. …… 우리들은 한·중 연합 전선에서 우리 스스로의 부단한 투쟁을 감행하여 동아시아를 비롯한 아시아 민중들의 자유와 평등을 쟁취할 것을 약속하는 바이다.

– 한국광복군 선언문

▶ **사료 요약**

한국광복군의 성립 선언문 중 일부

테마 57 실력 양성 운동 · 사회 각 계층의 운동

물산 장려 운동

이와 같이 우리가 우리의 쓰는 모든 물건을 집과 땅과 몸뚱이까지 팔아서 남에게 공급을 받으면서도 우리가 여전히 우리 강산에 몸을 붙이고 집을 지키어 살아갈 수가 있을까. …… 우리는 이와 같은 견지에 서서 우리 **조선 사람의 물산을 장려**하기 위하여 조선 사람은 조선 사람이 지은 것을 사 쓰고, 둘째 조선 사람은 단결하여 **그 쓰는 물건을 스스로 제작**하여 공급하기를 목적하노라. 이와 같은 각오와 노력이 없이 어찌 조선 사람이 그 생활을 유지하고 그 사회를 발전할 수가 있으리오.

– 조선 물산 장려회

▶ **사료 요약**

조선 물산 장려회 취지문

테마 59 대한민국의 수립과 6·25 전쟁

좌·우 합작 7원칙

1. 조선의 민주 독립을 보장한 모스크바 3국 외상 회의 결정에 의하여 남북을 통한 **좌·우 합작**으로 민주주의 임시 정부를 수립할 것
2. **미·소 공동 위원회 속개를 요청**하는 공동 성명을 발표할 것
3. 토지 개혁에 있어 몰수, 유조건 몰수, 체감 매상 등으로 토지를 농민에게 무상으로 나누어 줄 것
4. 친일파 및 민족 반역자를 처리할 조례를 본 합작 위원회의 입법 기구에 제안하여 입법 기구로 하여금 심리 결정하여 실시케 할 것

▶ **사료 요약**

좌·우 합작 위원회에서 발표한 좌·우 합작 7원칙 내용 중 일부

테마 60 이승만 정부와 4·19 혁명

진보당 사건

이 사건은 '평화 통일'을 주장하는 조봉암이 제3대 대통령 선거에서 200여만 표 이상을 얻어 이승만 정권에 위협적인 정치인으로 부상하자 조봉암이 이끄는 진보당의 민의원 총선 진출을 막고 조봉암을 제거하려는 이승만 정권의 의도가 작용하여 서울시경이 조봉암 등 간부들을 국가변란으로 체포하여 조사하였고, 민간인에 대한 수사권이 없는 육군 특무대가 조봉암을 간첩 혐의로 수사에 나서 재판을 통해 처형에 이르게 한 것으로 인정되는 비인도적, 반인권적 인권 유린이자 정치 탄압 사건이다.

– 진보당 조봉암 사건 결정 요지

> **▶ 사료 요약**
>
> 1958년에 일어난 **진보당 사건**에 대한 사료
> ↳ 사료 내용 자체를 숙지하는 것이 핵심!

테마 63 현대의 경제

농지 개혁법

제5조 1. 법령 및 조약에 의하여 몰수 또는 국유로 된 농지, 소유권의 명의가 분명치 않은 농지는 정부에 귀속한다.
　　　2. 농가 아닌 자의 농지, 자경하지 않는 자의 농지, 3정보를 초과하는 부분의 농지, 과수원 등 다년성 식물 재배 토지를 **3정보 이상** 자영하는 자의 소유인 식물 재배 이외의 농지는 정부가 매수한다.

제12조 농지의 분배는 농지의 종목, 등급 및 농가의 능력 기타에 기준한 점수제에 의거하되 1가구당 총 경영 면적 3정보를 초과하지 못한다.

> **▶ 사료 요약**
>
> 이승만 정부가 1949년 6월에 제정한 **농지 개혁법** 내용

KB010050

박문각
한국사능력검정시험

노범석 원샷 한능검

별책 시험장 끝장노트

 2022 한국 브랜드 만족지수 1위
교육(교육서비스)부문 1위

 2021 대한민국 소비자 선호도 1위
교육부문 1위 선정

 2020 한국 산업의 1등
브랜드 대상 수상

 2019 한국 우수브랜드평가대상
교육브랜드 부문 수상

 2018 대한민국 교육산업 대상
교육서비스 부문 수상

 2017 대한민국 고객만족
브랜드 대상 수상

 2017 한국소비자선호도 1위
브랜드 대상 수상

 2016 한국 소비자
만족지수 1위 선정

 브랜드스탁 BSTI
브랜드 가치평가 1위

 박문각
공무원
유튜브

 노범석
네이버 카페

 노범석
홈페이지

PMG 박문각 www.pmg.co.kr 교재문의 02-6466-7202 동영상강의 문의 02-6466-7201

PART

III

고려

PART

IV

조선 전기

CONTENTS

차례

PART V

조선 후기

PART VI

근대

PART
VII

일제 강점기

PART
VIII

현대

PART
IX

기타

ANALYSIS
한능검 최근 3개년 출제 경향 분석

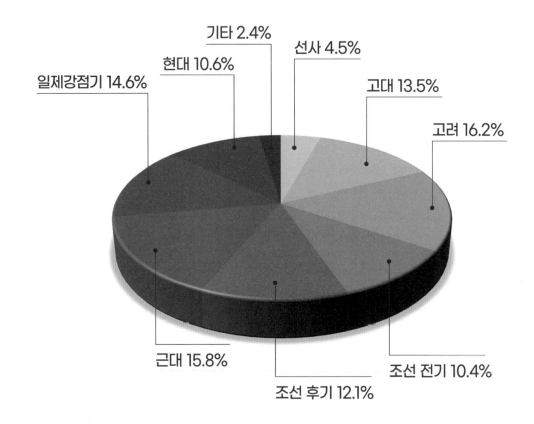

기타 2.4%
선사 4.5%
현대 10.6%
고대 13.5%
일제강점기 14.6%
고려 16.2%
근대 15.8%
조선 전기 10.4%
조선 후기 12.1%

구분	한능검 빅데이터 완벽 분석
선사	매회 2~3문제 가량 출제되고 있다. 출제비중은 적지만 늘 빠지지 않고 고정적으로 등장하는 주제인 선사 시대와 여러 나라가 포진하고 있다.
고대	매회 6~7문제 가량 출제되고 있다. 정치사의 비중이 압도적으로 높고 문화를 제외하면 전반적인 출제 난이도는 낮은 편이 특징이다.
고려	매회 7~10문제 가량 출제되고 있다. 순서나열 문제의 비중이 높고, 고대와 마찬가지로 정치사의 비중이 높지만 경제·사회·문화사의 비중도 적지 않은 편이다. 최근 들어 계속 출제 비율이 높아지고 있다.
조선 전기	매회 4~8문제 가량 출제되고 있다. 문화의 출제 비중이 다른 시대에 비해 높은 편이다. 또한 출제되는 개념들이 반복적으로 출제되는 경향이 가장 강한 시대이기 때문에 문화를 제외하면 난이도가 낮은 편이다.
조선 후기	매회 3~6문제 가량 출제되고 있다. 정치와 경제·사회·문화의 출제 비중이 비슷한데, 정치사의 난이도가 약간 높은 편이다.
근대	매회 6~8문제 가량 출제되고 있다. 분야도 골고루 나오고 있으며 출제비중도 높은 파트이기 때문에 합격을 위해서는 반드시 공략해야 한다.
일제강점기	매회 6~8문제 가량 출제되고 있다. 시간의 순서를 묻는 문제가 자주 출제되기 때문에 난이도가 다소 높은 편에 속한다. 근대와 마찬가지로 합격을 위해서는 반드시 공략이 필요하다.
현대	매회 4~6문제씩 출제되고 있다. 출제비중이 낮다는 이유로 포기하는 경우가 종종 있는 단원이지만, 실제로는 약 10%에 가까운 비중을 보인다. 오히려 내용 대비 출제 비율은 높은 편이고, 그마저도 반복적인 사건들이 많이 등장하는 편이기 때문에 충분히 공략이 가능하다.
기타	세시 풍속과 지역사 문제들로 구성되어 있다. 매회 많으면 2문제, 적으면 1문제 가량 출제된다. 최근 들어서는 세시 풍속은 거의 출제되지 않는 대신 지역사가 간헐적으로 1~2문제 출제되고 있다.

구분	빈출키워드
선사	**테마01** 동굴이나 강가의 막집, 주먹도끼, 가락바퀴, 농경과 정착 **테마03** 8조법, 우거왕, 부왕과 준왕 **테마02** 비파형 동검, 반달돌칼, 거푸집 **테마04** 책화, 가족공동묘, 영고, 서옥제, 사출도, 단궁 · 과하마 · 반어피
고대	**테마05** 평양성, 왜를 격퇴, 개로왕이 전사, 평양 천도 **테마11** 일본에 국서, 장문휴 · 등주, 주자감 **테마06** 22담로, 남부여, 관산성 전투, 한강유역 수복 **테마12** 청해진, 솔빈부 **테마07** 우산국, 화랑도, 거칠부, 북한산 순수비 **테마13** 빈공과 **테마08** 살수대첩, 연개소문 정변, 황산벌 · 계백, 검모잠 · 안승 **테마14** 화엄일승법계도, 부석사, 무애가 **테마09** 덩이쇠, 낙랑과 왜 중계무역, 대성동 고분군, 지산동 고분군 **테마15** 무령왕릉 **테마10** 김흠돌의 난, 원종과 애노, 최치원과 시무 10조 **테마16** 미륵사지 석탑, 정림사지 5층 석탑, 금동대향로, 금동 연가 7년명 여래 입상
고려	**테마17** 마진 · 철원, 후당과 오월, 금산사 유폐, 일리천 전투, 흑창, 과거제, 12목, 노비안검법, 최승로와 시무 28조 **테마21** 일본 원정, 기철 숙청, 위화도 회군 **테마18** 도평의사사, 7재 **테마22** 삼한통보, 해동통보, 건원중보, 경시서, 벽란도, 활구 **테마19** 양규, 강감찬, 나성, 동북9성, 서경 천도, 이자겸 **테마23** 변발과 호복, 구제도감 · 구급도감 **테마20** 정중부, 봉사 10조, 정방, 삼별초 **테마24** 천태종, 수선사 결사, 정혜쌍수 · 돈오점수, 만권당 **테마25** 직지심체요절, 관촉사 석조 미륵보살 입상
조선 전기	**테마26** 불씨잡변, 칠정산, 계유정난, 경국대전 **테마30** 경기 지역(과전법) **테마27** 대사헌, 서경권, 왕명 출납, 대성전 · 명륜당 **테마31** 주세붕 **테마28** 조의제문, 폐비 윤씨, 현량과, 외척 다툼 **테마32** 원각사지 10층 석탑, 해인사 장경판전 **테마29** 행주 대첩, 한산도 대첩, 명량 해전, 평양성 전투
조선 후기	**테마33** 상비군 · 조총, 비변사, 인조반정, 이괄의 난 **테마38** 송방, 전황 **테마34** 정묘호란, 나선 정벌, 북벌 운동 **테마39** 시사, 통청 운동 **테마35** 환국, 왕자의 명호, 탕평비, 청계천, 신해통공, 초계문신제 **테마40** 정주성, 서북 지역 차별, 박규수, 백낙신, 이승훈 · 정약용 **테마36** 공노비 해방, 기유약조 **테마41** 여전론, 의산문답, 열하일기, 양반전, 진흥왕 순수비 **테마37** 공인, 공납, 1년에 1필 **테마42** 단원 김홍도, 법주사 팔상전
근대	**테마43** 사창제, 서원철폐, 양헌수, 덕산 묘지, 어재연, 척화비 **테마48** 헌의 6조, 만민공동회, 중추원 의회, 지계, 원수부 **테마44** 부산 외 2곳, 신헌, 최혜국 대우 **테마49** 헤이그 특사, 안중근, 통감 **테마45** 영남 만인소, 조선책략, 통리기무아문, 기기창, 민영익 · 홍영식 **테마50** 13도 창의군, 서울 진공 작전, 대성 · 오산학교, 안창호 · 이승훈, 태극 서관, 105인 사건 **테마43** 구식 군인 차별, 제물포 조약, 한성조약, 우정총국, 거문도 점령 **테마51** 메가타, 국채 보상 운동 **테마47** 황토현 · 황룡촌 전투, 전주 화약, 우금치, 김홍집 총재, 을미사변, 건양 **테마52** 전차, 베델, 양기탁, 덕원, 헐버트
일제강점기	**테마53** 태형, 회사령, 토지 조사 사업, 사이토, 징용 · 징병제, 중일 전쟁, 조선사상범예방구금령 **테마56** 조선 혁명 선언, 김원봉, 상하이 의거, 대한 광복군 정부, 대한 독립군, 대전자령, 쌍성보, 지청천, 관내 결성 최초의 한인 부대, 국내 진공 작전 **테마54** 제암리 학살, 국민 대표 회의, 삼균주의 **테마57** 어린이, 천도교, 강주룡, 물산 장려 운동 **테마55** 순종 인산일, 민족 유일당, 신간회, 광주 학생 항일 운동 **테마58** 신채호, 백남운, 조선어 학회, 중광단, 윤동주
현대	**테마59** 여운형, 모스크바 3상 회의, 좌 · 우 합작 위원회, 반민족 행위 처벌법, 정전협정 **테마62** 공산권 국가 수교, 국민 기초 생활 보장법 **테마60** 발췌 개헌, 중임 제한 철폐, 3 · 15 부정 선거 **테마63** 경부 고속 국도, 금융 실명제, 외환 위기 **테마61** 한일 협정, 3선 연임, 통일 주체 국민 회의, 5 · 18 광주 민주화 운동, 프로 스포츠 출범, 4 · 13 호헌 조치, 5년 단임 직선제 **테마64** 남북 조절 위원회, 남북 기본 합의서, 유엔 공동 가입, 6 · 15 남북 공동 선언, 10 · 4 남북 공동 선언
기타	

4.5%

선사

매회 2~3문제 가량 출제되고 있다.
출제비중은 적지만 늘 빠지지 않고 고정적으로 등장하
는 주제인 선사 시대와 여러 나라가 포진하고 있다.

빈출 키워드

테마 01 동굴이나 강가의 막집, 주먹도끼,
가락바퀴, 농경과 정착,
테마 02 비파형 동검, 반달돌칼, 거푸집
테마 03 8조법, 우거왕, 부왕과 준왕
테마 04 책화, 가족공동묘, 영고, 서옥제, 사출도,
단궁·과하마·반어피

선사

합격
기준 **박문각**

www.pmg.co.kr

구석기/신석기 시대

1 구석기 시대(B.C 70만년~)

도구	뗀석기	동물의 뼈 또는 **뗀석기**를 이용하여 도구 제작
	종류	**주먹도끼**✦·찍개·찌르개·밀개·**슴베찌르개**✦
경제		어로, 사냥, 채집 생활 ➡ 이동생활
주거		주로 동굴이나 바위그늘, 강가의 막집에서 거주
사회		무리를 지어 사냥감을 찾아다님, 계급이 없는 평등한 공동체 생활
예술		고래와 물고기를 새긴 조각품 제작(주술적 의미)
유적지		경기 연천 전곡리, 충남 공주 석장리, 평남 검은모루 동굴, 충북 단양 수양개 등

┗➡ 아슐리안형 주먹도끼 발견

2 신석기 시대(B.C 8000년경부터~) 농경의 시작

(1) 도구

간석기✦	돌을 갈아서 제작, 주로 **농**기구로 사용(돌괭이, 돌보습, **돌**낫, 갈돌, 갈판)
사냥도구	돌도끼, 돌화살촉, 돌창
수공업	가락바퀴✦, 뼈바늘✦ ➡ 실을 뽑아 옷을 만드는 도구로 사용
토기	식량 조리 및 저장 용도로 사용, **이른 민무늬 토기**·빗살무늬 토기✦가 대표적

┗➡ 청동기 시대는 민무늬 토기!

(2) 경제·사회적 모습

농경	조·보리·수수·콩 등을 재배
주거	• **농경**✦과 목축의 시작에 따른 정착 생활 시작 • **움집의 등장**: 강가·바닷가 근처에 제작
사회	씨족 중심 공동체 생활 ➡ 폐쇄적 사회, **구석기와 마찬가지로 평등한 공동체 생활**

(3) 원시 신앙

① 애니미즘: 태양 등의 자연물이나 자연 현상에도 정령이 있다고 믿는 신앙

② 샤머니즘: 영혼이나 하늘을 인간과 연결시켜 주는 존재인 무당과 그 주술을 믿는 신앙

③ 토테미즘: 자기 부족의 기원을 특정한 동식물과 연관시켜 이를 믿는 신앙

(4) 예술: 동물과 여성을 새긴 조각품, 조개껍데기 가면✦ 등을 제작

(5) 주요 유적지: 서울 암사동, 부산 동삼동, 황해도 봉산 지탑리, 제주 고산리 등

✦ 주먹도끼

✦ 슴베찌르개

주로 구석기 시대 후기 유적지에서 출토되고 있다. 아래 부분에 막대기를 연결하여 창의 용도로 사용하였다.

✦ 간석기

✦ 가락바퀴와 뼈바늘

가운데 홈에 막대기를 끼워서 실을 뽑는 용도로 사용하였다.

✦ 빗살무늬 토기

신석기 시대의 대표적인 토기로 주로 밑면이 뾰족한 것이 특징이다.

✦ 농경의 시작

구석기 시대 이후 해빙기가 찾아오면서 지구의 기온이 내려갔다. 이로 인하여 농경이 가능해지게 됐다.

✦ 조개껍데기 가면

제사나 주술의 용도로 사용된 것으로 보인다.

청동기/초기 철기 시대

1 청동기 시대(B.C 2000년 or B.C 1500년~) 계급의 출현

✦ 비파형 동검

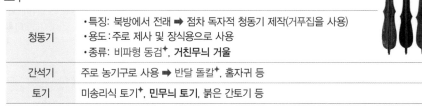

✦✦(1) 도구

청동기	•특징: 북방에서 전래 ➡ 점차 독자적 청동기 제작(거푸집을 사용) •용도 : 주로 제사 및 장식용으로 사용 •종류: 비파형 동검✦, 거친무늬 거울
간석기	주로 농기구로 사용 ➡ 반달 돌칼✦, 홈자귀 등
토기	미송리식 토기✦, 민무늬 토기, 붉은 간토기 등

✦ 반달 돌칼

곡식의 이삭을
자르는 용도로
사용했다.

✦ 미송리식 토기

손잡이가 달려
있는 것이 특
징이다.

(2) 경제·사회적 모습

경제	일부 지역에서 벼농사 시작
사회	•농업 생산력의 향상 ➡ 사유재산 등장 ➡ 잉여 생산물의 축적으로 인하여 빈부 차이 ➡ 계급의 발생 •권력을 가진 군장의 출현 ➡ 정복 전쟁을 통한 부족 국가 발생
주거	강가를 벗어나 산간 지역으로 이동, 배산임수에 위치

(3) 무덤

✦ 고인돌

① 고인돌✦: 지배층의 무덤으로 고인돌 축조 ➡ 계급의 발생을 보여줌
② 기타: 돌무지무덤, 돌널무덤

(4) 주요 유적지: 여주 흔암리, **부여 송국리**✦, 의주 미송리 등

└➤ 빈출 유적지!   └➤ 미송리식 토기 출토

✦ 부여 송국리 유적

청동기 시대의 대표적인 유적지로,
집 주변에 방어 및 의례의 목적으로
환호를 두르고 목책을 설치했다. 또
한 송국리식 토기라고 불리는 토기
들이 출토되었다.

2 초기 철기 시대 중국과 교류

✦ 거푸집

(1) 도구

└➤ 비파형 동검도 거푸집으로 제작함

청동기	독자적 청동기의 발전 ➡ 거푸집✦으로 세형동검✦(한국식 동검) 제작, 잔무늬 거울
철기	철제 무기, **철제 농기구 사용**(쟁기, 쇠스랑 등)
토기	덧띠 토기, 검은 간토기 등

✦ 세형동검

(2) 경제·사회적 모습

경제	철제 농기구의 보급 ➡ 벼농사의 발달, **우경의 시작**(깊이갈이), 수리시설 축조
사회	연맹 국가의 등장, 활발한 정복활동
주거	온돌시설과 부뚜막 등장

✦ 명도전과 반량전

(3) 무덤: 널무덤, 독무덤 등

(4) 중국과의 교류

① 화폐 출토: **명도전**✦, **반량전**✦, **오수전**, 화천 등의 중국 화폐 사용
② 붓 출토: 경남 창원 다호리 유적에서 발견, 한자 사용 추측

✦ 울주 반구대 암각화

3 청동기/초기 철기 시대의 예술

(1) 예술품: 청동으로 만든 의식용 도구, 동물 모양의 장식품
(2) 바위그림: 울주 반구대 암각화✦(풍요, 다산)

고래와 동물 등을 그림으로 사냥과
고기잡이의 성공을 기원하였음을
알 수 있다.

매회 1번에 위치하고 있다. 선사 시대의 문제 유형은 항상 시대의 특징을 묻는 방식으로 구성되어 있다. 따라서 각 시대의 특징을 키워드 위주로 정리해서 이 시대가 어떤 시대인지를 파악해 낼 수만 있다면 대비하는 데는 전혀 문제가 없다. 전반적인 난이도 또한 매우 낮아서 1점 위주로만 출제되는 편이다. 한편, 한능검 시험이 대중화된 이후로는 철기 시대는 선지로만 등장하고 단 한 차례도 단독으로 출제된 적이 없다.

01
●59회 1번

밑줄 그은 '이 시대'의 생활 모습으로 옳은 것은? [1점]

충청북도 청주시 오송읍에서 주먹도끼, 찍개 등 이 시대의 대표적 유물인 뗀석기가 다수 발굴되었습니다. 이번 발굴로 청주시 일대에 이 시대의 유적이 다수 분포되어 있음을 알 수 있습니다.

청주시 오송읍에서 뗀석기 다수 발굴

① 철제 무기로 정복 활동을 벌였다.
② 주로 동굴이나 막집에서 거주하였다.
③ 명도전을 이용하여 중국과 교역하였다.
④ 반달 돌칼을 사용하여 벼를 수확하였다.
⑤ 빗살무늬 토기를 제자하여 식량을 저장하였다.

문제 및 키워드 분석
주먹도끼 · 찍개 · 뗀석기 등의 키워드를 통해서 구석기 시대임을 유추해 낼 수 있다. 선사 시대는 위의 문제처럼 자료 내에서 키워드를 많이 제공하기 때문에 난이도가 낮은 편이다.

정답 분석
② 구석기 시대 때는 이동 생활을 주로 하였기 때문에 동굴이나 막집에서 많이 거주하였다.

선지 분석
①, ③ 초기 철기 시대에 대한 설명이다.
④ 청동기 시대 때 반달 돌칼로 이삭을 잘라 곡식을 수확하였다.
⑤ 신석기 시대 때 토기가 최초로 등장하였다. 빗살무늬 토기는 신석기 시대를 대표하는 토기이다.

02
●61회 1번

(가) 시대의 생활 모습으로 옳은 것은? [1점]

강원도 양양군 오산리에서 (가) 시대 마을 유적이 발굴되었습니다. 약 8천 년 전에 형성된 집터에서는 (가) 시대를 대표하는 유물인 빗살무늬 토기와 덧무늬 토기를 비롯하여 이음낚시, 그물추 등이 출토되었습니다.

① 주로 동굴이나 막집에 거주하였다.
② 고인돌, 돌널무덤 등을 축조하였다.
③ 명도전을 이용하여 중국과 교역하였다.
④ 농경과 목축을 통하여 식량을 생산하였다.
⑤ 비파형 동검과 거친무늬 거울 등을 제작하였다.

문제 및 키워드 분석
빗살무늬 토기, 덧무늬 토기 등을 통해서 신석기 시대임을 유추할 수 있다. 빗살무늬 토기는 신석기 시대를 대표하는 토기이기 때문에 반드시 알아두어야 한다. **양양군 오산리 유적** 또한 신석기 시대를 대표하는 유적지 중 하나이다.

정답 분석
④ 신석기 시대에 들어와 농경과 목축을 시작하여 식량을 생산하는 경제 활동을 전개하였다.

선지 분석
① 구석기 시대에 대한 설명이다.
②, ⑤ 청동기 시대에 대한 설명이다.
③ 초기 철기 시대에 대한 설명이다.

03

● 45회 1번

(가) 시대의 생활 모습으로 옳은 것은? [1점]

> 부여 송국리에서는 비파형 동검, 거푸집 등 (가) 시대의 대표적인 유물이 출토되었고, 다수의 집터 등 마을 유적과 고인돌이 남아 있습니다. 부여 송국리 유적이 선사 문화 체험 교육장으로 적극 활용될 수 있도록 많은 관심이 요구됩니다.

부여 송국리 유적, 교육 시설로 적극 활용 필요

① 주로 동굴이나 막집에 거주하였다.
② 철제 농기구를 제작하여 사용하였다.
③ 소를 이용한 깊이갈이가 일반화되었다.
④ 계급이 없는 평등한 공동체 생활을 하였다.
⑤ 반달 돌칼을 사용하여 곡물을 수확하였다.

문제 및 키워드 분석
비파형 동검과 고인돌을 통해서 청동기 시대임을 알 수 있다. 이외에도 **부여 송국리 유적** 역시 청동기 시대의 대표적 유적지이기 때문에 알아두면 유용한 키워드가 될 수 있다.

정답 분석
⑤ 반달 돌칼은 청동기 시대에 사용된 농경 도구이다. 벼를 베어 추수를 하는 용도로 사용되었다.

선지 분석
① 동굴이나 막집에 거주한 것은 구석기 시대의 사실이다.
② 철제 농기구는 초기 철기 시대부터 사용되었다.
③ 깊이갈이가 일반화된 것은 고려 시대이다.
④ 구석기 · 신석기 시대의 사회 모습에 대한 설명이다.

04

● 41회 1번

(가) 시대의 생활 모습으로 옳은 것은? [1점]

> 이곳 여주 흔암리 선사 유적은 (가) 시대 한강 유역의 대표적인 유적입니다. 여기에서 확인된 20여 기의 집자리에서는 민무늬 토기, 반달 돌칼 등이 출토되었습니다. 특히 토기 안에서는 탄화된 쌀·겉보리·조·수수가 발견되어 이 시대에 벼농사가 이루어졌음을 알 수 있습니다.

① 주로 동굴이나 강가의 막집에서 살았다.
② 계급이 없는 평등한 공동체 생활을 하였다.
③ 오수전, 화천 등의 중국 화폐를 사용하였다.
④ 많은 인력을 동원하여 고인돌을 축조하였다.
⑤ 실을 뽑기 위해 가락바퀴를 처음 사용하였다.

문제 및 키워드 분석
여주 흔암리 유적, 민무늬 토기, 반달 돌칼 등의 키워드를 통해서 청동기 시대임을 알 수 있다.

정답 분석
④ 고인돌은 청동기 시대 때 지배층을 위해 축조된 무덤이다. 고인돌을 만들기 위해서는 수많은 인력이 필요했기 때문에 고인돌은 당시 지배층의 정치 권력과 경제력을 보여주고 있다.

선지 분석
① 동굴이나 막집에 거주한 것은 구석기 시대의 사실이다.
② 구석기 또는 신석기 시대의 사실이다.
③ 초기 철기 시대의 일부 유적지에서 오수전과 화천 등 중국의 화폐들이 출토되었다.
⑤ 가락바퀴는 신석기 시대 때 처음으로 등장한 유물이다.

고조선

△ 고조선의 세력 범위
정확한 영역에 대해서는 아직 논란이 있지만, 대체적으로 비파형 동검·거친무늬 거울·북방식 고인돌·미송리식 토기의 출토 범위와 일치하는 편이다.

1 고조선의 성립과 발전

(1) 성립
　① 건국: 단군왕검, 기원전 2333년(『삼국유사』, 『동국통감』)에 건국했다고 전해짐
　② 건국이념: 홍익인간(弘益人間: 널리 세상을 이롭게 하다)
　③ 단군 신화: **청동기 문화**를 바탕으로 고조선이 성립된 역사적 사실 반영

> **단군신화**
> 환인의 아들 환웅이 천하를 다스리고 인간 세상을 구원하고자 하는 생각이 있었다. 환웅은 3천의 무리를 이끌고 태백산 꼭대기 신단수 밑에 내려와 … 곰과 범이 이것을 받아서 먹고 근신하기 삼칠일 만에 곰은 여자의 몸이 되고, 범은 삼가지 못하여 사람이 되지 못하였다. … 환웅이 이에 잠깐 변하여 결혼해서 아들을 낳으니 이를 단군왕검이라 하고 나라 이름을 조선이라고 하였다.　　　－『삼국유사』

✮ (2) 단군 조선의 발전 및 변천 과정
　① 발전: 부왕·준왕의 활약, 왕 아래 **상·대부·장군** 등의 관직을 둠
　② 연나라와의 대립
　　㉠ **연나라**와 대립할 정도로 성장
　　㉡ 연나라 장수 진개의 공격으로 요동 지역을 상실하고 대동강으로 이동

💡 위만의 유입

> 연왕 노관이 한(漢)을 배반하여 흉노로 들어가자, **위만(滿)**도 망명하였다. 무리 천여 명을 모아 상투를 틀고 오랑캐 복장을 하고서 동쪽으로 도망하여 변경을 지나 패수를 건너 진(秦)의 옛 땅인 상하장에 살았다.
> 　　　－『한서』 조선전

(3) 위만 조선의 성립과 멸망
　① 유이민의 이동: 중국 진·한 교체기에 **위만**이 고조선으로 이동, 세력 확대
✮✮ ② 위만 조선 성립과 발전

성립(B.C 194년)	**준왕을 몰아내고** 위만이 왕이 됨, 단군 조선을 계승
특징	철기의 본격적 수용, **중계무역으로 번성**(한반도 진국 – 위만 조선 – 한나라)
대외 관계	흉노와 연계하여 한과 대립

　③ 멸망(B.C.108년)
　　㉠ 배경: 중계무역 독점에 대한 한의 불만, 조선상 역계경의 간언 ➡ 받아들여지지 않음
　　㉡ 경과: 섭하 사건⁺ ➡ 한 무제의 침입 ➡ 우거왕이 항전했으나 멸망
　　㉢ 결과: 한이 고조선의 옛 땅에 4개의 군현⁺ 설치

✦ 섭하 사건
고조선을 방문한 한나라의 사신 섭하가 귀국 중에 고조선의 장수를 살해하자, 위만이 군대를 보내 섭하를 살해한 사건이다. 한 무제의 고조선 침공에 직접적 원인이 되었다.

✦ 한사군
고조선 멸망 이후 한나라가 설치한 낙랑, 임둔, 진번, 현도 4개의 군현을 말한다.

2 고조선의 사회

(1) 8조법(범금 8조): 생명존중, 농경사회, 사유재산제와 계급 사회, 형벌의 존재 등이 확인 가능

> **8조법**
> … (고조선에서는) 백성들에게는 금하는 법 8조를 만들었다. 그것은 대개 **사람을 죽인 자는 즉시 죽이고**, 남에게 상처를 입힌 자는 곡식으로 갚는다. 도둑질을 한 자는 노비로 삼는다. 용서받고자 하는 자는 한 사람마다 50만 전을 내야 한다. 이러해서 백성들은 도둑질을 하지 않아 대문을 닫고 사는 일이 없었다.　　　－『한서』 지리지

(2) 변화: 한 군현 설치 후 법이 60개조로 늘어남 ➡ 풍속이 각박해짐

테마 3 문항별 빅데이터 분석 🎁

고조선의 출제 패턴은 고조선이라는 나라의 특징을 묻거나, 가끔씩 고조선과 위만조선을 구분해서 위만조선을 물어보는 문제가 나오기도 한다. 하지만 거의 대다수의 문제들은 고조선의 특징을 묻는 식으로 출제되기 때문에 이러한 유형 위주로 대비하면 크게 문제없을 것이다.

01
• 59회 2번

(가) 나라에 대한 설명으로 옳은 것은? [2점]

모시는 글

우리 역사상 최초의 국가인 (가) 을/를 건국한 단군왕검의 이야기가 뮤지컬로 탄생하였습니다.

─ 순 서 ─
1막 환웅이 신단수에 내려오다
2막 웅녀, 환웅과 혼인하다
3막 단군왕검이 나라를 세우다

• 일시: 2022년 ○○월 ○○일
　　　 오후 3시 / 오후 7시
• 장소: △△아트홀

① 무천이라는 제천 행사를 열었다.
② 신성 지역인 소도가 존재하였다.
③ 남의 물건을 훔쳤을 때는 12배로 갚게 하였다.
④ 왕 아래, 상가, 대로, 패자 등의 관직이 있었다.
⑤ 전국 7웅 중 하나인 연과 대립할 만큼 강성하였다.

문제 및 키워드 분석
단군왕검의 이야기, 우리 역사상 최초의 국가, 개천 등의 키워드를 통해서 고조선임을 어렵지 않게 유추할 수 있다.

정답 분석
⑤ 고조선에 대한 설명이다. 고조선은 영역을 크게 확장해 나갈 때쯤, 중국은 춘추전국 시대를 맞이하고 있었다. 당시 중국에는 전국 7웅이라 불리는 7개의 강대국들이 있었는데, 그 중 하나가 연나라였고 이 연나라와 고조선이 국경을 마주하고 있었다. 즉 두 나라가 서로 대립할 정도로 고조선이 발전했음을 알 수 있는 대목이다.

선지 분석
① 동예에서는 무천이라는 제천행사가 있었다.
② 삼한에 대한 설명이다.
③ 부여와 고구려에 존재했던 1책 12법에 대한 설명이다.
④ 고구려에 대한 설명이다.

02
• 44회 2번

밑줄 그은 '이 나라'에 대한 설명으로 옳은 것은? [2점]

누선장군 양복이 병사 7천 명을 거느리고 먼저 왕검성에 이르렀다. 이 나라의 우거왕이 성을 지키고 있다가 양복의 군사가 적음을 알고 곧 성을 나와 공격하자, 양복의 군사가 패배하여 흩어져 달아났다. 한편 좌장군 순체는 패수 서군을 공격하였지만 이를 깨뜨리고 나아가지 못하였다. 한 무제는 두 장군이 이롭지 못하다 생각하고, 이에 위산으로 하여금 군사의 위엄을 갖추고 가서 우거왕을 회유하도록 하였다.

① 정사암에 모여 재상을 선출하였다.
② 10월에 동맹이라는 제천 행사를 열었다.
③ 읍락 간의 경계를 중시하는 책화가 있었다.
④ 제사장인 천군과 신성 지역인 소도가 있었다.
⑤ 사회 질서를 유지하기 위해 범금 8조를 두었다.

문제 및 키워드 분석
키워드는 **우거왕**이다. 우거왕은 고조선에서만 등장하는 왕이기 때문에 우거왕을 통해서 바로 고조선으로 접근하여 정답을 찾아나가면 된다. 제시문의 상황은 중국 한 무제의 침공에 고조선이 맞서고 있는 상황으로, 이후 고조선은 한나라의 포위 공격을 견뎌내지 못하고 멸망하게 된다.

정답 분석
⑤ 고조선에 대한 설명이다. 문헌상으로 고조선은 범금 8조를 두었다고 하지만 실제로 내려오는 것은 3가지 밖에 없다.

선지 분석
① 정사암에서 재상을 선출한 나라는 백제다.
② 동맹은 고구려에서 개최된 제천 행사이다.
③ 동예는 다른 부족의 영역을 침범하면 소나 말로 변상하는 책화라는 풍습이 있었다.
④ 소도라는 신성 지역을 별도로 둔 나라는 삼한이다.

여러 나라의 성장

✦ 부여
고구려의 건국 설화와 백제의 건국 설화는 서로 비슷하게 이어지는데, 이는 두 나라가 모두 부여에서 파생되었기 때문이다.

1 부여✦

(1) 위치: 만주 송화강 유역 평야 지대 ➡ 백제와 고구려의 기원

★★(2) 특징

정치	사출도	왕 아래 여러 가(加)들이 사출도를 다스림 ▸ 마가·우가·저가·구가: 각기 대사자, 사자 거느림
	정치 체제	대가들이 모여 왕을 추대 ➡ 연맹 왕국 단계에서 멸망
경제	농경과 목축 발달 ➡ 말, 주옥, 모피 등 생산	
풍속	제천 행사	12월에 영고 개최 ➡ 수렵 사회의 전통
	장례	순장이 널리 성행, 옥갑✦을 사용
	형벌	남의 물건을 훔치면 물건 값의 12배로 배상(1책 12법)
	혼인	형사취수제 ➡ 형이 죽으면 동생이 형수와 결혼
	기타풍습	소를 죽여 그 굽으로 길흉을 점치는 우제점복이 존재

✦ 옥갑

부여에서 지배층의 장례를 지낼 때 사용한 갑옷이다. 전체가 옥 또는 금으로 둘러싸여 있다.

(3) 멸망: 3세기 말 선비족의 침략으로 수도 함락 ➡ 5세기 고구려 침공으로 멸망

> **부여의 풍속**
> 정월 보름에 하늘에 제사 지낸다. 온 나라가 대회를 열고, 연일 마시고 노래하고 춤추니 **영고**라 한다. 이때 감옥을 열고 죄인을 풀어 준다. … 나라에는 군왕이 있으며 가축의 이름을 따서 벼슬 이름을 부르고 있다. 마가, 우가, 저가, 구가, 태사자, 사자 등이 있다. 제가는 **사출도**를 나누어 맡아본다. …
> ─「삼국지」 위서 동이전

△ 여러 나라의 세력 범위

2 고구려

(1) 위치: 압록강 인근 졸본 지방에서 건국

★★(2) 특징

정치	• 왕 아래 상가, 고추가 등의 대가가 존재 ➡ 각기 사자·조의·선인 등을 거느림 ▸ 관직의 명칭	
	• **제가 회의**: 대가들이 모여 국가 중대사 결정	
	• 5부족✦ 연맹을 토대로 중앙집권적 고대 국가로 성장	
경제	약탈 경제 ➡ 약탈한 물건을 보관하기 위해 집집마다 **부경**이라는 창고 설치	
풍속	제천 행사	10월에 **동맹** 개최, 국동대혈✦에서 건국 시조와 그의 어머니를 제사
	혼인	• 형사취수제: 형이 죽으면 동생이 형수와 결혼
		• 서옥제: 혼인하면 신부 집 뒤에 서옥을 짓고 살다가 자식이 자라면 남자 집으로 돌아감
	형벌	남의 물건을 훔치면 물건 값의 12배로 배상(1책 12법)

✦ 고구려의 5부족
계루부, 소노부, 절노부, 관노부, 순노부

✦ 국동대혈
고구려 수도인 국내성에서 동쪽에 위치한 큰 굴이다. 수혈이라고도 부른다.

⚲ 부여·고구려의 공동풍습
형사취수제나 1책 12법은 부여와 고구려에 공동으로 존재하였던 풍습이다.

> **고구려의 풍속**
> 나라에는 왕이 있고, 신분이 높고 낮음에 따라 각각 등급을 나눈다. 왕의 종족으로 대가는 모두 고추가로 불린다. 모든 대가들은 사자, 조의, 선인을 둔다. 나라에는 큰 창고를 설치하지 않고 대신에 집집마다 작은 창고를 만들도록 하였다. 이 창고를 이름하여 **부경**이라고 불렀다. … 감옥이 없고 범죄자가 있으면 제가들이 모여서 논의하여 사형에 처하고 처자는 노비로 삼는다. … 10월에 하늘에 제사 지낸다. 온 나라가 대회를 가지므로 **동맹**이라 한다. 그 나라의 동쪽에 큰 굴이 있는데 그것을 수혈(隧穴)이라 부른다.
> ─「삼국지」 위서 동이전

3 옥저와 동예

(1) 옥저

　　① 위치: 함경도 동해안 지방

✿✿② 특징

정치	•읍군·삼로 등으로 불리는 지배자 존재(왕이 없음) •군장 국가 단계에서 고구려에게 멸망	
경제	해산물 풍부, 고구려에 공납을 바침	
풍속	혼인	신부가 어릴 때 신랑 집에서 살다가 성인이 되면 정식 혼인(민며느리제)
	장례	사람이 죽으면 가매장하고 뼈를 추려 가족 공동 무덤에 안치(가족 공동묘✦)

옥저의 풍속

여자의 나이가 10살이 되기 전에 혼인을 약속하고, 신랑 집에서 맞이하여 장성할 때까지 기른다. (여자가) 성인이 되면 다시 여자 집으로 돌아가게 한다. 여자 집에서는 돈을 요구하는데, (신랑 집에서) 돈을 지불한 후에 다시 신랑 집으로 데리고 와서 아내로 삼는다.　　　　　　　　　　　　　　　－『삼국지』위서 동이전

✦ 가족 공동묘

장사 지낼 때는 큰 나무로 곽을 만드는데, …… 가매장을 하여 겨우 시체가 덮일 만큼만 묻었다가 가죽과 살이 썩으면 이내 뼈를 취하여 곽 속에 넣는다. 집안 모두가 하나의 곽에 함께 들어간다.
　　　　－『삼국지』위서 동이전

(2) 동예

　　① 위치: 강원도 북부 동해안 지방

✿✿② 특징

정치	군장 국가 단계에서 고구려에게 멸망	
경제	단궁·과하마·반어피가 특산물로 생산, 고구려에 공납을 바침	
풍속	제천 행사	10월에 **무천** 개최
	혼인	다른 씨족과 혼인하는 족외혼이라는 풍습 존재
	기타	다른 부족의 영역을 침범하면 소나 말 등으로 보상하는 **책화**라는 풍습 존재
	주거	움집의 바닥이 여(呂)자 또는 철(凸)자형✦

동예의 풍속

예의 풍속은 산천을 중요시하여 산과 내마다 각기 구분이 있어 함부로 들어가지 않는다. …… 부락을 함부로 침범하면 벌로 생구(노비)와 소, 말을 부과하는데, 이를 **책화**라 한다.　　　－『삼국지』위서 동이전

✦ 여(呂)자와 철(凸)자형 집터

옛 동예 지역에서 발견되는 독특한 주거 양식이다.

4 삼한

(1) 위치: 한강 이남 지역 진(辰)국 ➡ 삼한으로 발전

✿(2) 특징

정치	•**신지·읍차** 등으로 불리는 군장들 존재 •제사장인 천군이 다스리는 신성 지역인 **소도**✦ ➡ 군장 세력의 영향이 미치지 못함
경제	•철제 농기구 사용: 농업 생산력↑ •철 수출(변한): 철이 많이 생산되어 낙랑·왜 등에 수출
풍속	제천 행사　씨를 뿌리는 **5월**과 추수하는 10월에 **계절제** 개최

삼한의 풍속

귀신을 믿으며 국읍마다 한 사람을 뽑아 천신에게 제사 지내는 일을 맡아보게 하였는데 그를 **천군**이라 불렀다. 또한, 이들 여러 고을에는 각각 특정한 별읍이 있었으며, 그곳을 **소도**라고 불렀다. 큰 나무를 세우고 방울과 북을 매달아 놓고 귀신을 섬겼다. 도망꾼들이 그곳으로 도망을 가면 그를 붙잡지 않았다.　　－『삼국지』위서 동이전

✦ 소도

천군이 다스리는 신성한 구역으로, 이곳에는 설령 죄인이 들어오더라도 군대가 잡아갈 수 없었다.

🔍 마한 토실과 주구묘

주구묘란 널무덤을 가운데에 두고 주변에 도랑을 쳐서 영역을 표시한 무덤인데, 마한 지역에서 주로 발견된다.

테마 4 문항별 빅데이터 분석 🎲

거의 매회 빠지지 않고 등장하고 있는 주제이다. 여러 나라 역시 선사 시대와 비슷하게 각 나라들의 특징을 묻는 유형만이 출제되고 있다. 반복적으로 등장하는 선지들이 많기 때문에 각 나라별로 제천 행사와 사회 풍습 등 고유의 특징을 잘 구분해서 암기해둔다면 충분히 대비가 가능한 주제이다.

01

•62회 2번

(가)에 들어갈 내용으로 옳은 것은? [2점]

> 지도에 표시된 쑹화강 유역을 중심으로 성장한 이 나라는 평원과 구릉, 넓은 못이 많았습니다. 농업과 목축을 생업으로 하며 12월에 영고라는 제천 행사를 열었습니다. 이 나라에 대해 알고 있는 내용을 대화창에 올려 주세요.

ON 대화창
- 명마, 적옥 담비 가죽 등이 생산되었어요.
- 형이 죽으면 형수를 아내로 삼는다는 기록도 있어요.
- (가)

① 정사암에 모여 재상을 선출하였어요.
② 여러 가(加)가 별도로 사출도를 다스렸어요.
③ 읍락 간의 경계를 중시하는 책화가 있었어요.
④ 사회 질서를 유지하기 위해 범금 8조를 두었어요.
⑤ 제사장인 천군과 신성 지역인 소도가 존재하였어요.

02

•55회 2번

(가), (나) 나라에 대한 설명으로 옳은 것은? [2점]

> (가) 여자의 나이가 열 살이 되기 전에 혼인을 약속하고, 신랑집에서 맞이하여 장성할 때까지 기른다. 여자가 장성하면 여자 집으로 돌아가게 한다. 여자 집에서는 돈을 요구하는데, 신랑 집에서 돈을 지불한 후 다시 데리고 와서 아내로 삼는다.
>
> (나) 읍마다 우두머리가 있어 세력이 강대하면 신지라 하고, … 그 다음은 읍차라 하였다. 나라에는 철이 생산되는데 예(濊), 왜(倭) 등이 와서 사간다. 무역에서 철을 화폐로 사용한다.

① (가) - 신성 지역인 소도가 존재하였다.
② (가) - 삼로라 불린 우두머리가 읍락을 다스렸다.
③ (나) - 여러 가(加)들이 별도로 사출도를 주관하였다.
④ (나) - 단궁, 과하마, 반어피 등의 특산물이 유명하였다.
⑤ (가), (나) - 한 무제가 파견한 군대의 공격으로 멸망하였다.

문제 및 키워드 분석

쑹화강 유역, 12월에 영고, 형이 죽으면 형수를 아내로 삼는다(형사취수제) 등의 키워드를 통해서 부여임을 유추할 수 있다. 영고는 제천 행사 중 유일하게 12월에 열렸기 때문에 이것도 부여에 접근할 수 있는 요령이 될 수 있다.

정답 분석

② 부여는 왕이 다스리는 구역과 각 가(加)들이 다스리는 사출도를 중심으로 국가를 운영하였다.

선지 분석

① 백제의 정사암 회의에 대한 설명이다.
③ 책화는 동예의 풍습이다.
④ 고조선에 대한 설명이다.
⑤ 삼한에는 천군이라는 제사장이 존재했으며 이들이 신성한 구역인 소도를 다스렸다.

문제 및 키워드 분석

(가)는 옥저의 민며느리제에 대한 설명이고, (나)는 삼한 중 변한에 대한 설명이다. (가) 사료는 민며느리제를 풀어서 설명한 것이기 때문에 민며느리제를 이해하고 있으면 충분히 접근이 가능하며, (나)에서는 **신지·읍차** 등이 키워드이다.

정답 분석

② 옥저는 왕이 없는 군장 국가였기 때문에 읍군·삼로라고 불리는 군장들이 나라를 통치하였다.

선지 분석

① 삼한에 대한 설명이다. 삼한에서는 천군이라는 제사장들이 신성한 구역인 소도를 다스렸다.
③ 부여에 대한 설명이다.
④ 동예의 대표적인 특산물은 단궁·과하마·반어피이다.
⑤ 고조선에 대한 설명이다. 고조선은 한나라의 황제였던 한 무제의 공격을 받아 멸망하였다.

03
●48회 2번

밑줄 그은 '이 나라'에 대한 설명으로 옳은 것은? [2점]

> 이 나라에는 왕이 있고 벼슬로는 상가 · 대로 · 패자 · 고추가 · 주부 · 우태 · 승 · 사자 · 조의 · 선인이 있으며, 존비(尊卑)에 따라 각각 등급을 두었다. 모든 대가들도 스스로 사자 · 조의 · 선인을 두었는데, 그 명단은 모두 왕에게 보고하여야 한다. …… 범죄자가 있으면 제가들이 모여 회의하여 즉시 사형에 처하고, 그 처자는 노비로 삼는다.
>
> – 『삼국지』 동이전

① 집집마다 부경이라는 창고가 있었다.
② 12월 영고라는 제천 행사를 열었다.
③ 혼인 풍습으로 민며느리제가 있었다.
④ 읍락 간의 경계를 중시하는 책화가 있었다.
⑤ 제사장인 천군과 신성 지역인 소도가 존재하였다.

04
●45회 2번

다음 자료에 해당하는 나라에 대한 설명으로 옳은 것은? [1점]

> 대군장이 없고, 한(漢) 이래로 후(候) · 읍군 · 삼로가 있어서 하호를 통치하였다. …… 그 풍속은 산천을 중요시하여 산과 내마다 각기 구분이 있어 함부로 들어가지 않는다. 동성끼리는 결혼하지 않는다.
>
> – 『삼국지』 동이전

① 연맹 왕국으로 발전하였다.
② 낙랑과 왜에 철을 수출하였다.
③ 무천이라는 제천 행사를 열었다.
④ 혼인 풍습으로 민며느리제가 있었다.
⑤ 여러 가(加)들이 별도로 사출도를 주관하였다.

문제 및 키워드 분석

키워드는 **고추가, 사자, 조의, 선인** 등도 있지만 **제가들이 모여 회의**가 가장 중요한 키워드이다. 모두 고구려를 가리키는 키워드이다.

정답 분석

① 고구려에서는 물건을 저장하는 부경이라는 창고를 집집마다 두었다는 기록이 남아 있다.

선지 분석

② 부여의 제천 행사가 영고이다.
③ 민며느리제는 옥저의 결혼 풍습이다.
④ 책화는 동예의 사회 풍습이다.
⑤ 소도는 삼한에서 존재했던 신성 지역으로, 제사장인 천군이 이곳에서 농경과 종교에 관한 의례를 주관하였다.

문제 및 키워드 분석

읍군 · 삼로 등이 동예를 찾을 수 있는 키워드가 될 수 있다. 책화를 자료에서 키워드로 주지 않고 책화 풍습의 내용을 풀어서 설명한 것이 특징이다.

정답 분석

③ 동예에는 무천이라는 제천 행사가 존재했다.

선지 분석

① 동예는 왕이 존재하지 않았다. 따라서 연맹 왕국으로 발전하지 못했다.
② 변한 · 금관가야 등에 대한 설명이다.
④ 민며느리제는 옥저의 결혼 풍습이다.
⑤ 사출도는 부여에만 존재하였다.

01

(가) 시대의 생활 모습으로 옳은 것을 모두 고르시오.

△△ 박물관 특별전

시간을 품은 돌,
[(가)] **시대로의 여행**

초대의 글

우리 박물관에서는 찍개, 찌르개 등 뗀석기를 처음 사용한 (가) 시대 특별전을 마련하였습니다. 동아시아에 찍개 문화만 존재했다는 기존 학설을 뒤집은 연천 전곡리 출토 주먹도끼도 전시하오니 많은 관람 바랍니다.

• 기간: 2021년 ○○월 ○○일~○○월 ○○일
• 장소: △△ 박물관 특별 전시실

① 고인돌, 돌널무덤 등을 만들었다. [56회]
② 계급이 없는 평등한 공동체 생활을 하였다. [53회]
③ 반달 돌칼을 사용하여 곡식을 수확하였다. [57회]
④ 호미, 쇠스랑 등의 철제 농기구를 제작하였다. [62회]
⑤ 명도전, 반량전 등의 화폐가 유통되었다. [58회]
⑥ 비파형 동검과 서진무늬 거울 등을 제작하였다. [61회]
⑦ 농경과 목축을 시작하여 식량을 생산하였다. [56회]
⑧ 오수전, 화천 등의 중국 화폐로 교역하였다. [52회]
⑨ 주로 동굴이나 막집에서 거주하였다. [62회]
⑩ 가락바퀴와 뼈바늘을 이용하여 옷을 만들기 시작하였다. [62회]

✏️ 정답 및 해설

정답 ②, ⑨

찍개, 찌르개 등의 키워드를 통해서 (가) 시대는 구석기 시대임을 알 수 있다.

선지분석
① 청동기 시대에 대한 설명이다.
② 구석기 시대에 대한 설명이다.
③ 청동기 시대에 대한 설명이다.
④ 초기 철기 시대에 대한 설명이다.
⑤ 초기 철기 시대에 대한 설명이다.
⑥ 청동기 시대에 대한 설명이다.
⑦ 신석기 시대에 대한 설명이다.
⑧ 초기 철기 시대에 대한 설명이다.
⑨ 구석기 시대에 대한 설명이다.
⑩ 신석기 시대에 대한 설명이다.

02

밑줄 친 '이 나라'에 대한 설명으로 옳은 것을 모두 고르시오.

이 나라에는 제사장인 천군과 신성 지역인 소도가 존재했어.

5월과 10월에 하늘에 제사 지내는 풍습도 있었어.

① 혼인 풍습으로 서옥제가 있었다. [56회]
② 신지, 읍차라 불린 지배자가 있었다. [58회]
③ 연가라는 독자적인 연호를 사용하였다. [56회]
④ 12월에 영고라는 제천 행사를 열었다. [56회]
⑤ 삼로라 불린 우두머리가 읍락을 다스렸다. [55회]
⑥ 남의 물건을 훔쳤을 때는 12배로 갚게 하였다. [59회]
⑦ 철이 많이 생산되어 낙랑군 등에 수출하였다. [58회]
⑧ 살인, 절도 등의 죄를 다스리는 범금 8조가 있었다. [57회]
⑨ 백성들에게 곡식을 빌려주는 진대법을 실시하였다. [58회]
⑩ 왕 아래 상가, 대로, 패자 등의 관직이 있었다. [59회]

✏️ 정답 및 해설

정답 ②, ⑦

천군, 소도, 5월과 10월에 제사 지내는 풍습 등의 키워드를 통해서 밑줄 친 '이 나라'는 삼한임을 알 수 있다.

선지분석
① 고구려에 대한 설명이다.
② 삼한의 정치 체제에 대한 설명이다.
③ 고구려에 대한 설명이다. 연가는 고구려에서 사용된 독자적인 연호이다.
④ 부여에 대한 설명이다.
⑤ 옥저, 동예에 대한 설명이다.
⑥ 부여, 고구려의 1책 12법에 대한 설명이다.
⑦ 삼한 중 변한에 대한 설명이다.
⑧ 고조선에 대한 설명이다.
⑨ 고구려에 대한 설명이다.
⑩ 고구려에 대한 설명이다.

핵심 기출 OX 선지

테마 1

01 구석기 시대에는 주로 동굴이나 강가의 막집에서 살았다. ☐ 62회

02 구석기 시대에는 주먹도끼, 찍개 등을 제작하였다. ☐ 60회

03 구석기 시대에는 가락바퀴를 이용하여 실을 뽑았다. ☐ 58회

04 구석기 시대에는 계급이 없는 평등한 공동체 생활을 하였다. ☐ 52회

05 구석기 시대에는 소를 이용한 깊이갈이가 일반화되었다. ☐ 62회

06 신석기 시대에는 빗살무늬 토기를 제작하여 식량을 저장하였다. ☐ 60회

07 신석기 시대에는 정착 생활이 시작되면서 움집이 등장하였다. ☐ 48회

08 신석기 시대에는 농경과 목축을 시작하여 식량을 생산하였다. ☐ 51회

09 신석기 시대에는 가락바퀴와 뼈바늘을 이용하여 옷을 만들었다. ☐ 51회

10 신석기 시대에는 사냥을 위해 슴베찌르개를 처음 제작하였다. ☐ 47회

테마 2

01 청동기 시대에는 고인돌, 돌널무덤 등을 만들었다. ☐ 56회

02 청동기 시대에는 반달 돌칼을 사용하여 곡물을 수확하였다. ☐ 60회

03 청동기 시대에는 의례 도구로 청동 방울 등을 사용하였다. ☐ 54회

04 청동기 시대에는 계급이 없는 평등한 공동체 생활을 하였다. ☐ 45회

05 청동기 시대에는 거푸집을 사용하여 세형동검을 제작하였다. ☐ 54회

06 청동기 시대에는 권력을 가진 군장이 백성을 다스렸다. ☐ 29회

07 초기 철기 시대에는 쟁기, 쇠스랑 등의 철제 농기구를 사용하였다. ☐ 58회

08 초기 철기 시대에는 소를 이용한 깊이갈이가 일반화되었다. ☐ 57회

09 초기 철기 시대에는 반량전, 명도전 등의 화폐를 사용하였다. ☐ 34회

10 초기 철기 시대에는 정착 생활이 시작되면서 움집이 나타났다. ☐ 39회

테마 1
01 O
02 O
03 X (신석기 시대)
04 O
05 X (고려 시대)
06 O
07 O
08 O
09 O
10 X (구석기 시대)

테마 2
01 O
02 O
03 O
04 X (구석기/신석기 시대)
05 X (초기 철기 시대)
06 O
07 O
08 X (고려 시대)
09 O
10 X (신석기 시대)

테마 3

01 고조선은 사회 질서를 유지하기 위해 범금 8조를 만들었다. ☐ 60회

02 고조선은 왕 아래 상, 대부, 장군 등의 관직을 두었다. ☐ 58회

03 고조선은 철이 많이 생산되어 낙랑, 왜 등에 수출하였다. ☐ 56회

04 고조선은 연의 장수 진개의 공격을 받았다. ☐ 57회

05 고조선은 목지국을 압도하고 지역의 맹주로 발돋음하였다. ☐ 57회

06 위만 조선은 한 무제의 공격으로 멸망하였다. ☐ 62회

07 위만 조선은 백성들에게 곡식을 빌려주는 진대법을 시행하였다. ☐ 54회

08 위만 조선은 진국(辰國)과 한(漢) 사이에서 중계 무역을 하였다. ☐ 42회

09 위만 조선은 부왕, 준왕 등 강력한 왕이 등장하여 왕위를 세습하였다. ☐ 49회

10 위만 조선은 진번과 임둔을 복속시켜 세력을 확장하였다. ☐ 52회

테마 4

01 부여는 지방 장관으로 욕살, 처려근지 등이 있었다. ☐ 61회

02 부여는 도둑질한 자에게 12배를 변상하게 하였다. ☐ 58회

03 고구려는 제가 회의에서 나라의 중대사를 결정하였다. ☐ 54회

04 고구려는 동맹이라는 제천 행사를 열었다. ☐ 58회

05 옥저는 혼인 풍속으로 민며느리제가 있었다. ☐ 54회

06 옥저는 특산물로 단궁, 과하마, 반어피가 유명하였다. ☐ 61회

07 동예는 여러 가(加)들이 별도로 사출도를 주관하였다. ☐ 61회

08 동예는 부족 간의 경계를 중시하는 책화가 있었다. ☐ 53회

09 삼한은 제사장인 천군과 신성 지역인 소도가 있었다. ☐ 41회

10 삼한은 무천이라는 제천 행사를 열었다. ☐ 59회

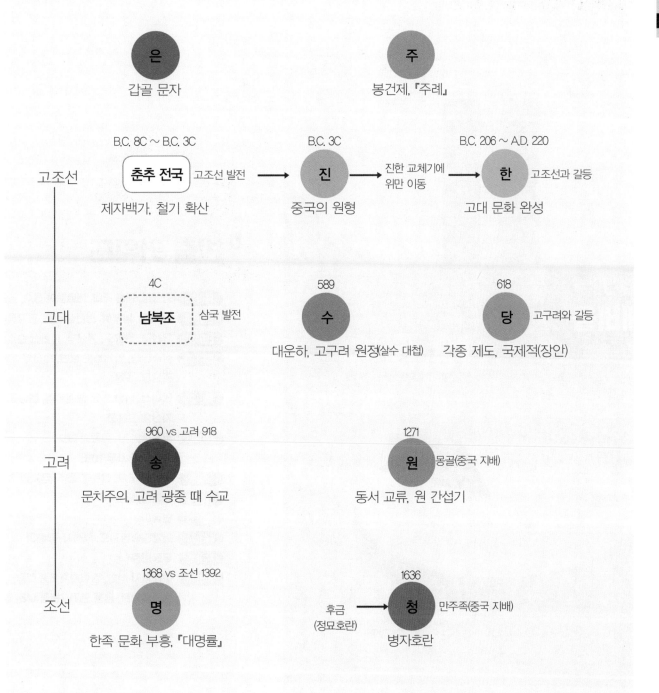

은
갑골 문자

주
봉건제, 『주례』

고조선

B.C. 8C ~ B.C. 3C
춘추 전국   고조선 발전
제자백가, 철기 확산

B.C. 3C
진
중국의 원형

진한 교체기에
위만 이동

B.C. 206 ~ A.D. 220
한   고조선과 갈등
고대 문화 완성

고대

4C
남북조   삼국 발전

589
수
대운하, 고구려 원정(살수 대첩)

618
당   고구려와 갈등
각종 제도, 국제적(장안)

고려

960 vs 고려 918
송
문치주의, 고려 광종 때 수교

1271
원   몽골(중국 지배)
동서 교류, 원 간섭기

조선

1368 vs 조선 1392
명
한족 문화 부흥, 『대명률』

후금
(정묘호란)

1636
청   만주족(중국 지배)
병자호란

13.5%

고대

매회 6~7문제 가량 출제되고 있다. 정치사의 비중이 압도적으로 높고 문화를 제외하면 전반적인 출제 난이도는 낮은 편이 특징이다.

6 빈출 키워드

고대

합격기준 **박문각**

www.pmg.co.kr

고구려의 성립과 발전

1 고구려의 성립과 발전

(1) 건국: 주몽(동명성왕)이 압록강 인근 졸본에 고구려 건국 ➡ 국내성으로 천도(유리왕)

(2) 성장

태조왕(2C)	계루부 고씨의 왕위 세습, **옥저를 복속**하고 동해안으로 진출	
고국천왕(2C)	체제 정비	•부족적 전통의 5부를 행정 단위의 5부로 개편✦ •왕위 계승의 부자 상속제 확립
	사회 시책	을파소를 국상으로 등용 ➡ 진대법✦ 실시
동천왕(3C)	중국의 서안평을 공격 ➡ 위나라 장수 관구검이 고구려를 침공하여 환도성 함락	

✦ **고구려의 5부**
고구려의 5부는 계루부, 절노부, 순노부, 관노부, 소노부로 구성 되어 있었는데 이것이 고국천왕 때 내부, 북부, 동부, 남부, 서부로 바뀌었다.

✦ **진대법**
봄에 곡식이 없을 때 빌려주었다가 가을에 추수하면 갚도록 하는 제도이다. 가난한 백성들을 구휼하는 법이었다.

(3) 발전

미천왕(4C)	요동의 **서안평** 점령, **낙랑군** 축출하고 대동강 유역으로 진출
고국원왕(4C)	백제 근초고왕의 공격으로 평양성에서 전사
✦소수림왕 (371~384)	•불교 수용: **전진 승려** 순도를 통해 불교 수용 **및 공인** •율령 반포: 중앙 집권 체제 강화 •태학 설립: 유학 교육 기관으로 태학 설치

> **고구려의 불교 수용**
> **전진 왕 부견**이 사신과 승려 순도를 보내 불상과 경전을 보내왔다. (소수림)왕이 사신을 보내 사례하고 방물(方物)을 바쳤다. 태학을 세우고 자제를 교육시켰다. ─ 『삼국사기』

2 고구려의 전성기와 쇠퇴

🏺 호우명 그릇
경주 호우총에서 발견된 그릇으로, 그릇 밑바닥에 '을묘년국강상광개토지호태왕'이라고 새겨진 글씨가 있어서 5세기 신라와 고구려의 교류 관계를 보여주는 유물이다.

✦✦(1) 광개토대왕(391~412)

① 영토 확장

만주 점령	**후연·숙신·동부여 등을 정복하고 만주와 요동 일대 장악**
백제 공격	**백제를 공격(아신왕)하여 한강 이북 지역 차지**
신라 지원	신라에 침입한 왜를 격퇴 ➡ 신라에 대한 영향력 확대

② 연호 사용: 최초의 연호로 '**영락**' 사용

△ 고구려의 전성기 영역

✦✦(2) 장수왕(412~491) 거련

✦ **광개토대왕릉비**

광개토대왕의 업적을 기리기 위해 아들인 장수왕이 세운 비석이다.

① 외교 정책

중국	중국의 남북조와 각각 외교	
남진 정책	평양 천도	평양으로 천도(427) ➡ 신라와 백제의 나·제 동맹
	한성 함락	**한강 유역 차지(475)** ➡ 백제 개로왕 살해

② 비석 건립: 광개토대왕릉비✦와 충주 고구려비✦를 설립

✦ **충주 고구려비**

고구려가 남양만까지 영토를 확장했음을 알려준다. 신라를 동이로, 신라왕을 매금왕이라고 표현한 것이 특징이다.

> **장수왕의 한강 침략**
> **고구려왕 거련**(장수왕)이 몸소 군사를 거느리고 백제를 공격하였다. **백제왕 경**(개로왕)이 아들 문주를 신라에 보내 구원을 요청하였다. … 도착하기도 전에 백제가 이미 고구려에 함락되었고, 경(慶) 역시 피살되었다. ─ 『삼국사기』

(3) 고구려의 쇠퇴: 백제와 신라의 연합 공격으로 한강 유역 빼앗김 ➡ 온달의 반격
└➡ 온달과 평강공주 이야기의 배경

백제의 성립과 발전

최근 3개년
출제 횟수
총 11 회

1 백제의 성립과 발전

(1) 건국: 온조왕이 한성에 도읍을 정함

(2) 발전

　① 고이왕(3C)

　　㉠ 영토 확장: 마한의 목지국, 낙랑·대방군 공격 ➡ 한강 유역 장악

　　㉡ 중앙 집권 체제: 중앙 6좌평제와 관등제 마련, 관복제 도입

　② 근초고왕(346~375)

대내	왕위 부자 상속제 확립, **박사 고흥**으로 하여금 「서기」 편찬
대외	•남쪽 정벌: 마한 복속으로 전라도 해안까지 확보, 가야에 영향력 행사 •평양성 공격: 고국원왕을 전사시킴(371), 황해도 일대까지 진출 •해외 진출: 중국 요서·산둥 지방·일본 규슈 지방 진출 ➡ 칠지도✛ 하사

　③ 침류왕(4C): 중국 동진 승려 마라난타를 통해서 **불교 수용(384)**

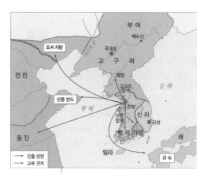
△ 백제의 전성기 영역

PART
2

2 백제의 위기와 중흥기

(1) 위기

비유왕(5C)	장수왕의 남하 정책에 맞서 신라 눌지왕과 나·제 동맹 체결(433)
개로왕(5C)	•고구려 견제를 위해 북위에 국서를 보냄 •**장수왕의 침입으로 전사** ➡ 한성 함락, 한강 유역 상실
문주왕(5C)	한강 유역 상실로 **웅진**으로 천도(475)
동성왕(5C)	신진 세력 등용으로 왕권 강화 추진, 신라 소지왕과 혼인 동맹

　　　　　　　　　　　　└▶ 충청남도 공주

(2) 중흥기

　✦① 무령왕(501~523) 사마왕이라고도 불림

대내	지방의 22담로✛에 왕족 파견 ➡ 지방 세력을 통제하면서 왕권을 강화
대외	중국 남조와 교류(무령왕릉, 양직공도)

　✦✦② 성왕(523~554) 이름은 명농

대내	•수도 천도: 수도를 사비로 천도(538), 국호를 남부여로 변경 •체제 정비: 수도는 5부·지방은 5방으로 편제, 중앙에 **22부**✛ 관청 설치
대외	•일본과 친선 관계: 왜에 노리사치계를 파견하여 불교 전파 •한강 유역 탈환: 신라 진흥왕과 연합하여 한강 유역 회복 ➡ **진흥왕의 공격으로 다시 빼앗김** •관산성 전투: 가야와 연합하여 신라 공격 ➡ 성왕 전사

> **관산성 전투**
> 백제 왕 명농(성왕)이 가야와 함께 관산성을 공격하였다. …… 신주의 군주인 김무력이 주의 군사를 이끌고 나아가 교전하였는데, 비장인 삼년산군의 고간 도도가 급히 공격하여 백제 왕을 죽였다.
> ─「삼국사기」

　③ 무왕: **익산에 미륵사 건립**, 서동요 설화✛

　④ 의자왕✛: 고구려와 친선 ➡ 신라 공격해 대야성 **비롯한 40여성 함락**(선덕여왕)

✛ 칠지도

백제 근초고왕이 왜왕에게 하사하였다고 전해지는 칼이다.

🔎 백제의 수도 천도

백제는 한강에 도읍을 하였으나, 고구려 장수왕의 침략으로 한성을 잃고 문주왕 때 웅진(공주)으로 천도하였다. 이후 성왕 때 사비(부여)로 천도하였다.

✛ 22담로

지방 세력 견제를 위해 실시한 정책으로, 일종의 행정 구역이다.

✛ 22부

22담로와는 달리 중앙 관청을 의미한다. 성왕 때 중앙 관청을 22부로 개편하여 조직을 확대하였다.

✛ 서동요 설화

서동(무왕)이 신라 진평왕의 딸 선화 공주를 차지하기 위해 신라로 가서 퍼뜨렸다는 노래이다.

✛ 의자왕

백제의 마지막 왕이다. 잦은 전쟁과 실정으로 정치가 혼란해졌고, 나·당 연합군의 공격으로 사비성이 함락됨에 따라 백제는 멸망하였다.

신라의 성립과 발전

🌀 신라의 왕호 변천
신라는 초창기에는 거서간, 2대왕 때 차차웅, 3대왕 때부터 이사금이라는 칭호를 사용하였다가, 내물왕 때 이르러 마립간이라는 칭호를 사용하였다. 신라에서 왕이라는 왕호가 사용된 것은 22대 지증왕 때의 일이다.

△ 6세기 신라의 발전

💡 단양 적성비

남한강 중상류를 차지하고 세운 비석이다.

✦ 북한산 순수비

진흥왕이 한강 유역을 장악한 이후 북한산에 세운 순수비이다. 시간이 지나면서 그 정체가 묻혀졌으나, 조선 후기 학자 김정희에 의해서 진흥왕이 세운 비석임이 고증되었다.

1 신라의 성립과 성장

(1) 건국: 진한에서 출발 ➡ 박·석·김이 교대(이사금)로 왕위 계승

(2) 성장

　① 내물 마립간(4C)

대내	왕호 변경: 최고 지배자의 칭호를 **마립간으로 개칭**, 왕위 세습(김씨)
대외	왜구 침입 ➡ 고구려 광개토대왕의 도움으로 격파 ➡ 고구려의 내정 간섭

　② 눌지 마립간(5C): **백제 비유왕과 나·제 동맹 체결**(433), 왕위 부자 상속세

　③ 소지 마립간(5C): 6촌을 행정적 6부로 개편, 백제 동성왕과 나·제 동맹 강화(혼인 동맹)

> **나·제 동맹 강화**
> 소지 마립간 15년 3월에 백제 왕 모대(동성왕)가 혼인을 청하였다. 왕은 이(벌)찬 비지의 딸을 보냈다. 　 －『삼국사기』

2 신라의 발전

(1) 6세기

★★① 지증왕(500~514)

대내	•국호를 '신라'로, 왕호는 '왕'으로 변경, 지방 주군 제도 마련, 이사부를 군주로 파견 •사회 정책: 순장 금지, 우경 장려, 상업 발달 ➡ **수도에 동시와 동시전 설치**
대외	이사부를 보내 우산국(울릉도) 복속시킴(512)

★② 법흥왕(514~540)

대내	•불교 공인: 이차돈의 순교를 계기로 불교를 공인(527) •연호 사용: '건원'이라는 독자적인 연호를 제정 •체제 정비: 병부 설치, 율령 반포, 백관의 공복 제정, 상대등 제도 마련
대외	낙동강 유역의 금관가야 병합(532)

★★③ 진흥왕(540~576)

대내	화랑도를 국가 조직으로 개편, 거칠부가 『국사』 편찬(545), 독자적 연호 사용(개국·대창)
대외	•한강 유역 확보: **관산성 전투(554)**에서 백제 물리침 ➡ 한강 장악(북한산 순수비✦) •대가야 정복: 고령의 대가야를 병합(562) ➡ 낙동강 서쪽 장악 •함경도 진출: 동해안을 따라 함경도 일대까지 진출(마운령비, 황초령비)

> **신라의 『국사』 편찬**
> 이찬 이사부가 왕에게 "나라의 역사라는 것은 임금과 신하들의 선악을 기록하여, 좋고 나쁜 것을 만대 후손들에게 보여 주는 것입니다. 이를 책으로 편찬해놓지 않는다면 후손들이 무엇을 보겠습니까?"라고 말하였다. 왕이 깊이 동감하고 대아찬 거칠부 등에게 명하여 선비들을 널리 모아 그들로 하여금 역사를 편찬하게 하였다. 　 －『삼국사기』

(2) 7세기

　① 진평왕: 원광이 「걸사표」를 지어 수나라에 보냄
　　　　　　　　　└→ 군사 지원을 청하는 글
　② 선덕여왕

　　　㉠ 정책: **첨성대**·분황사 설립, 자장의 건의로 황룡사 9층 목탑 건립

　　　㉡ 반발: 상대등 비담의 난 발발 ➡ 김춘추와 김유신 등이 진압

　③ 진덕여왕: **김춘추**의 활약으로 **나·당 동맹 체결**(648), 집사부 설치

테마 5~7 문항별 빅데이터 분석

매회 1~3문제 가량 출제되고 있다. 문제를 묻는 유형이 매우 다양하다. 순서 나열형 문제부터 국왕의 업적, 나라의 특징, 자료 추론형 문제까지 골고루 출제되고 있기 때문에 이러한 유형에 전부 대비하는 것이 필요하다. 난이도 역시 회차에 따라 들쭉날쭉한 것이 특징이다.

01

●61회 4번

다음 검색창에 들어갈 왕에 대한 설명으로 옳은 것은? [2점]

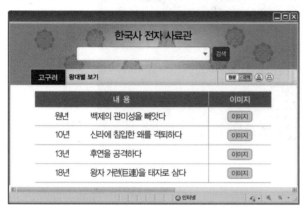

① 영락이라는 연호를 사용하였다.
② 태학을 설립하여 인재를 양성하였다.
③ 낙랑군을 축출하여 영토를 확장하였다.
④ 을파소를 등용하고 진대법을 시행하였다.
⑤ 당의 침입에 대비하여 천리장성을 축조하였다.

02

●58회 3번

다음 상황이 전개된 배경으로 옳은 것은? [2점]

① 법흥왕이 금관가야를 병합하였다.
② 장수왕이 한성을 공격하여 함락시켰다.
③ 김유신이 비담과 염종의 반란을 진압하였다.
④ 영양왕이 온달을 보내 아단성을 공격하였다.
⑤ 김춘추가 당으로 건너가 군사 동맹을 성사시켰다.

문제 및 키워드 분석
관미성, 후연 공격, 신라에 침입한 왜를 격퇴 등의 키워드를 통해서 광개토대왕임을 유추할 수 있다. **거련(巨蓮)**은 광개토대왕의 아들이었던 장수왕의 이름이다. 자주 출제되지 않는 관미성이 제시되기도 했지만 정답을 고르는 데는 크게 어렵지 않았다.

정답 분석
① 광개토대왕 때 우리나라 최초의 연호인 영락이 사용되었다.

선지 분석
② 소수림왕의 업적이다.
③ 미천왕 때 낙랑군을 축출하였다.
④ 고국천왕에 대한 설명이다.
⑤ 고구려는 영류왕 때 당의 침입에 대비하기 위해 천리장성을 짓기 시작하여 보장왕 때인 647년 완공하였다.

문제 및 키워드 분석
동성왕, 혼인, 이벌찬 비지의 딸 등의 키워드를 통해서 나·제 동맹에 대한 설명임을 알 수 있다. 1차 나·제 동맹은 백제의 비유왕과 신라의 눌지 마립간이, 2차 나·제 동맹은 백제의 동성왕과 신라의 소지 마립간이 체결하였는데 2차 동맹은 혼인을 매개로 맺어졌기 때문에 이것을 키워드로 잡으면 된다.

정답 분석
② 나·제 동맹은 고구려 장수왕의 남진 정책에 대항하여 신라와 백제가 서로 군사적으로 연합한 동맹이다. 475년 장수왕이 백제의 수도 한성을 함락시키고 개로왕을 살해하자 위기를 느낀 신라의 소지 마립간과 백제의 동성왕이 혼인 동맹을 체결하였다.

03

• 46회 4번

(가) 왕에 대한 설명으로 옳은 것은? [2점]

사진은 백제의 왕릉에서 발견된 묘지석입니다. 삼국사기를 통해 묘지석에 보이는 사마왕이 ____(가)____ 이라는 사실이 확인되었습니다. 이를 통해 이 왕릉은 백제 왕릉 중 피장자가 밝혀진 최초의 사례가 되었습니다.

영동대장군 백제 사마왕은 나이가 62세가 되는 계묘년 5월 임진일인 7일에 돌아가셨다. ……

① 금마저에 미륵사를 창건하였다.
② 윤충을 보내 대야성을 함락하였다.
③ 지방에 22담로를 두어 왕족을 파견하였다.
④ 고흥으로 하여금 서기를 편찬하게 하였다.
⑤ 동진에서 온 마라난타를 통해 불교를 수용하였다.

04

• 54회 4번

밑줄 그은 '이 왕'에 대한 설명으로 옳은 것은? [2점]

이것은 국보 제242호인 울진 봉평리 신라비로 병부를 설치하고 율령을 반포한 이 왕 때 건립되었습니다. 이 비석에는 신라 6부의 성격과 관등 체계, 지방 통치 조직과 촌락 구조 등 당시 사회상을 알려주는 내용이 담겨 있습니다.

① 이사부를 보내 우산국을 복속하였다.
② 관료전을 지급하고 녹읍을 폐지하였다.
③ 이차돈의 순교를 계기로 불교를 공인하였다.
④ 인재 등용을 위해 독서삼품과를 시행하였다.
⑤ 거칠부에게 명하여 국사를 편찬하게 하였다.

문제 및 키워드 분석
백제 사마왕이라는 것이 키워드이다. 사마왕은 무령왕을 부르는 또 다른 명칭이기 때문에 백제 무령왕에 대한 문제임을 알 수 있다. 또한 **백제 왕릉 중 피장자가 밝혀진 최초의 무덤** 또한 백제 무령왕릉에 대한 설명이다.

정답 분석
③ 무령왕은 지방에 22담로를 두고 왕족을 파견함으로써 지방의 귀족들을 견제하여 왕권을 강화하였다.

선지 분석
① 백제 무왕 때 금마저(익산)에 미륵사를 창건하였다.
② 신라의 대야성 함락은 백제 마지막 왕인 의자왕 때이다.
④ 근초고왕 때 역사서인 『서기』를 편찬하였다.
⑤ 백제 침류왕 때 불교를 수용하였다.

문제 및 키워드 분석
울진 봉평리 신라비, 병부 설치, 율령 반포 등의 키워드를 통해 신라 법흥왕임을 알 수 있다. 참고로 울진 봉평리 신라비는 신라의 법흥왕이 524년에 설립한 것으로 추정되고 있는 비석이다.

정답 분석
③ 『삼국사기』, 『삼국유사』 등에 따르면 이차돈의 순교로 법흥왕이 불교를 공인한 것으로 전해진다.

선지 분석
① 지증왕 때 이사부를 보내서 우산국을 신라의 영토로 편입하였다.
② 통일 신라 신문왕에 대한 설명이다.
④ 통일 신라 원성왕에 대한 설명이다.
⑤ 진흥왕에 대한 설명이다.

05
●46회 3번

다음 자료를 활용한 탐구 활동으로 가장 적절한 것은? [2점]

경자년에 왕이 보병과 기병 5만 명을 보내어 신라를 구원하게 하였다. [고구려군이] 남거성을 거쳐 신라성에 이르니, 그곳에 왜적이 가득하였다. 고구려군이 막 도착하니 왜적이 퇴각하였다. 그 뒤를 급히 추격하여 임나가라의 종발성에 이르니 성이 곧 항복하였다. …… 예전에는 신라 매금이 몸소 [고구려에 와서] 보고를 하며 명을 받든 적이 없었는데, …… 신라 매금이 …… 조공하였다.

① 백강 전투의 전개 과정을 살펴본다.
② 안동도호부가 설치된 경위를 찾아본다.
③ 백제가 사비로 천도한 원인을 알아본다.
④ 나·당 연합군이 결성된 계기를 파악한다.
⑤ 가야 연맹의 중심지가 이동한 배경을 조사한다.

06
●47회 3번

(가)~(다)를 일어난 순서대로 옳게 나열한 것은? [3점]

① (가) – (나) – (다)
② (가) – (다) – (나)
③ (나) – (가) – (다)
④ (나) – (다) – (가)
⑤ (다) – (나) – (가)

문제 및 키워드 분석

자료에서 뚜렷하게 드러나는 키워드는 없다. 하지만 자료 자체를 알아둘 필요가 있는 문제이다. 자료의 내용은 백제와 왜가 신라를 침공하자 신라가 고구려에게 도움을 요청하는 내용으로, 고구려 광개토대왕 때의 역사적 사실이다.

정답 분석

⑤ 신라의 구원 요청을 받은 광개토대왕이 왜와 친하게 지냈던 금관가야까지 공격을 하게 되자 금관가야가 쇠퇴하고 이후 대가야가 가야의 맹주로 떠오르게 되면서 연맹의 중심지가 이동하게 되었다.

선지 분석

① 백강 전투는 백제 부흥 운동과 관련이 있는 전투이다.
② 안동도호부 설치는 고구려 멸망과 관련 있는 내용이다.
③ 백제의 사비 천도는 성왕과 관련 있다.
④ 나·당 연합군의 결성은 삼국 통일 전쟁과 관련 있다.

문제 및 키워드 분석

전형적인 순서 나열형 문제이다. (가)는 **비유왕과 눌지왕**을 키워드로 433년의 나·제 동맹임을 알 수 있고, (나)는 **근초고왕과 고국원왕**이라는 키워드를 통해서 371년의 평양성 전투임을 알 수 있고, (다)는 **광개토대왕이 신라에 구원병을** 보낸 400년의 사실임을 알 수 있다.

정답 분석

④ (나)는 371년, (다)는 400년, (가)는 433년의 역사적 사실이다. (나) 근초고왕은 371 고구려의 평양성을 공격하여 고국원왕을 전사시켰다. (다) 광개토대왕은 신라의 요청을 받아 신라에 침입한 왜를 격퇴하였다(400). (가) 고구려의 남진 정책에 대항하여 433년 백제 비유왕과 신라 눌지마립간이 나·제 동맹을 체결하였다.

삼국의 대외 항쟁과 삼국 통일

1 고구려의 대외 항쟁

(1) 7세기 전후 대외 관계

① 중국의 변화: 수나라가 위진 남북조 시대 분열을 끝냄 ➡ 수 멸망 후 당나라의 등장

② 한반도 정세: 고구려는 돌궐·백제·왜와 결합 ⬌ 신라는 당나라와 나·당 동맹+ 체결(648)

(2) 여·수 전쟁(598~614)

① 전개: 수 양제가 113만 대군 이끌고 침공 ➡ 요동성에서 저항 ➡ 30만 별동대, 평양 파견 ➡ 을지문덕이 살수 대첩으로 크게 승리

② 결과: 수나라 멸망 ➡ 당나라 등장, 고구려도 국력 소모

여수장우중문시

귀신같은 전술은 천문을 꿰뚫었고 / 묘한 전략은 지리를 통달했구나
전쟁에서 이겨 공이 이미 높아졌으니 / 만족함을 알거든 그만함이 어떤가
 – 을지문덕이 적장 우중문에게 보낸 5언시

살수 대첩

살수(薩水)에 이르러 (적의) 군사가 반쯤 강을 건넜을 때 아군이 뒤에서 적군을 공격하니 …… 처음 군대가 요하에 이르렀을 때에는 무릇 30만 5천 명이었는데, 요동성으로 돌아간 것은 겨우 2천 7백 명이었다. – 「삼국사기」

★★(3) 여·당 전쟁

① 배경

㉠ 천리장성 축조: 고구려가 당의 침입에 대비하여 국경에 천리장성 축조

㉡ 연개소문 집권+: 영류왕을 숙청하고 연개소문이 정변을 일으켜 권력 장악(642)

② 전개: 당나라의 침공 ➡ 요동·개모·비사성 등 함락 ➡ 안시성 전투(645)에서 당 격파

③ 결과: 수·당의 침공은 막아냈으나 고구려 국력은 크게 약화

안시성 전투

여러 장수가 안시성을 공격하였다. … 밤낮으로 쉬지 않고 60일에 50만 인을 동원하여 토산을 쌓았다. … 아군 수백명이 성이 무너진 곳으로 나가 싸워서 마침내 토산을 빼앗고 주위를 깎아 이를 지켰다. – 「삼국사기」

---

2 백제·고구려의 멸망

(1) 나·당 동맹 결성(648)

① 배경: 한강 유역을 차지한 신라는 고구려와 백제+의 공격으로 위기에 처했다.

② 나·당 동맹: 김춘추의 활약으로 진덕여왕 때 나·당 연맹이 체결되었다.

(2) 백제 멸망(660)

① 실정: 의자왕의 계속되는 실정 + 무리한 전쟁

② 전개: 신라와 당나라가 나·당 연합 결성 ➡ 나·당 연합군의 백제 침공 ➡ 황산벌 전투에서 계백이 이끄는 군대 격파 ➡ **사비성 함락**과 의자왕의 항복으로 백제 멸망

✦ 나·당 동맹 결성 배경
김춘추가 고구려와의 동맹을 위해 연개소문을 만났으나, 고구려의 무리한 요구로 거절되자 이어서 당나라로 건너가서 당 태종에게 군사 지원을 요청했고 당 태종이 이를 허락하면서 나·당 동맹이 결성되었다.

💡 고구려의 선제 공격
고구려는 수나라가 침공하기 전에 영양왕 때 요서지역을 선제 공격 했으나 실패로 끝났다.

✦ 연개소문 집권
연개소문은 천리장성의 축조를 감독하면서 요동 일대의 군사권을 장악해나갔고, 이를 바탕으로 쿠데타를 일으켜 영류왕을 시해하고 권력을 장악하였다. 스스로 대막리지라고 불렀다.

✦ 백제의 대야성 공격
의자왕은 642년 신라를 공격하여 대야성 등 40여 성을 함락하였다.

황산벌 전투

의자왕은 당과 신라 군사들이 이미 백강과 탄현을 지났다는 소식을 듣고 장군 계백을 시켜 결사대 5천 명을 거느리고 황산으로 가서 신라 군사와 싸우게 하였다.   - 『삼국사기』

(3) 고구려 멸망(668)
  ① 국력 쇠퇴: 수·당 침공 막아내는 과정에서 국력 소모, 연개소문 사후 권력 쟁탈전으로
      내부 분열
  ② 전개: **나·당 연합군이 평양성 공격** ➡ 평양성 함락 ➡ 당이 평양에 **안동도호부⁺** 설치(668)

3 백제·고구려 부흥 운동

✤(1) 백제 부흥 운동

전개	복신과 도침(**주류성**) ➡ 왕자 **부여풍**을 왕으로 추대
	흑치상지가 임존성에서 부흥 운동 주도
실패	부흥 운동의 내부 분열(복신, 도침 피살)
	왜의 지원 ➡ **왜·백제 연합군이** 백강 전투(663)에서 대패

                   ➡ 당 세력의 축출 의도

✤(2) 고구려 부흥 운동

전개	검모잠(한성)과 고연무(오골성) 등이 고구려 부흥 운동 주도
	왕족 안승을 금마저(익산)에 두고 보덕국왕으로 임명(674) ➡ 신라의 지원
실패	지배층 내분으로 실패

백제 부흥 운동

유인원과 김법민은 육군을 거느려 나아가고, 유인궤와 부여 융은 수군과 군량을 실은 배를 거느리고 웅진강에서 **백강**으로 가서 육군과 합세하여 주류성으로 갔다. 백강 어귀에서 왜국 군사를 만나 네 번 싸워서 모두 이기고 그들의 배 4백 척을 불사르니 … 바닷물은 붉은 빛을 띠었다.   - 『삼국사기』

흑치상지가 좌우의 10여 명과 함께 적을 피해 본부로 돌아가 흩어진 자들을 모아 임존산을 지켰다. 목책을 쌓고 굳게 지키니 열흘 만에 귀부한 자가 3만여 명이었다. 소정방이 병사를 보내 공격하였는데, 소정방의 군대가 패하였다. 흑치상지가 본국의 2백여 성을 수복하니 소정방이 토벌할 수 없어서 돌아갔다.   - 『삼국사기』

4 나·당 전쟁과 삼국 통일

(1) 배경
  ① 당나라의 야욕: 백제에 웅진 도독부, 고구려에 안동 도호부, 신라에 계림 도독부 설치(663)
  ② 신라의 대응: 신라는 고구려·백제 유민과 결합해서 대응 준비

(2) 전개: 매소성 전투에서 당의 20만 대군 격파 ➡ 기벌포 전투에서 당의 수군 섬멸 ➡ **안동 도호부를 평양에서 요동으로 축출** ➡ 삼국 통일 완성(676)

(3) 삼국 통일의 한계와 의의
  ① 한계: 외세의 힘을 이용, 영토상 불완전 통일(대동강~원산만 이남에 한정)
  ② 의의: 당나라를 무력으로 축출(자주적), 고구려와 백제 문화 수용

✦ 안동도호부
당나라는 중국이 아닌 외부 민족을 점령하면 그 지역을 직접 지배하지 않고 도호부나 도독부를 설치하고 원래 그 지역의 지배자를 통치자로 임명하여 간접 지배했다. 고구려 지역에는 안동도호부를 설치하였다.

△ 백제·고구려 부흥 운동

테마 8 문항별 빅데이터 분석

거의 매회 빠지지 않고 출제되는 주제이다. 대개 시간의 순서를 묻는 문제가 많기 때문에 인과 관계를 중심으로 여러 사건들이 일어난 순서를 디테일하게 알아둘 필요가 있다. 간혹 의자왕·무열왕 때 일어난 사실이나 김유신, 연개소문 등 이 시기에 활약한 인물들의 업적을 묻는 문제가 출제되기도 한다.

01

●57회 7번

(가)~(다)를 일어난 순서대로 옳게 나열한 것은? [3점]

> (가) 백제의 장군 윤충이 군사를 거느리고 대야성을 공격하여 함락하였다. 이때 도독인 이찬 품석과 사지(舍知) 죽죽, 용석 등이 죽었다.
>
> (나) 신라와 당의 군사들이 의자왕의 도성을 에워싸기 위하여 소부리 벌판으로 나아갔다. 소정방이 꺼리는 바가 있어 전진하지 않자 김유신이 그를 달래서 두 나라의 군사가 용감하게 네 길로 일제히 떨쳐 일어났다.
>
> (다) 흑치상지가 도망하여 흩어진 무리들을 모으니, 열흘 사이에 따르는 자가 3만여 명이었다. …… 흑치상지가 별부장 사타상여를 데리고 험준한 곳에 웅거하여 복신과 호응하였다.

① (가) - (나) - (다)
② (가) - (다) - (나)
③ (나) - (가) - (다)
④ (나) - (다) - (가)
⑤ (다) - (나) - (가)

02

●59회 3번

(가), (나) 사이의 시기에 있었던 사실로 옳은 것은? [2점]

> (가) 대야성에서 패하였을 때 도독인 품석의 아내도 죽었는데, 바로 춘추의 딸이었다. [김춘추가] 말하기를, "신이 고구려에 사신으로 가서 군사를 청하여 백제에 원수를 갚고자 합니다."라고 하자 왕이 허락하였다.
>
> (나) 복신은 일찍이 군사를 거느렸는데, 이때 승려 도침과 함께 주류성에 근거하여 반란을 일으키고, 왜국에 있던 왕자 부여풍을 맞이하여 왕으로 세웠다.

① 당이 안동도호부를 설치하였다.
② 나·당 연합군이 사비성을 함락하였다.
③ 신라가 매소성 전투에서 승리하였다.
④ 고구려가 신라에 침입한 왜를 격퇴하였다.
⑤ 백제와 왜의 연합군이 백강 전투에서 패배하였다.

문제 및 키워드 분석

전형적인 순서 나열형 문제이다. (가)는 **윤충, 대야성을 공격**이라는 키워드를 통해서 백제 의자왕 때인 642년에 있었던 대야성 전투임을 알 수 있다. (나)는 뚜렷한 키워드는 없으나 '**의자왕의 도성을 에워싸기 위하여**'라는 표현을 통해서 백제 멸망 직전(660)의 상황임을 알 수 있다. (다)는 **흑치상지**라는 키워드를 통해서 백제 멸망 이후인 백제 부흥 운동과 관련된 상황임을 알 수 있다.

정답 분석

① (가)는 642년 대야성 함락과 관련된 내용이다. (나)는 660년 백제 멸망 직전에 나·당 연합군이 백제 사비성을 포위한 내용이고, (다)는 660년 백제 멸망 이후에 전개된 백제 부흥 운동과 관련된 내용이다.

문제 및 키워드 분석

(가)는 **대야성에서 패하였을 때, 김춘추, 신이 고구려에 사신으로 가서** 등의 표현을 통해서 642년 대야성 전투 패배 직후의 상황임을 알 수 있다. (나)는 **복신, 부여풍** 등의 키워드를 통해서 660년 이후 백제 부흥 운동에 대한 자료임을 알 수 있다. 따라서 642년~660년 사이에 일어난 역사적 사실을 고르면 된다.

정답 분석

② 사비성은 백제의 수도이므로, 해당 선지는 백제 멸망(660)에 대한 설명이다.

선지 분석

① 고구려 멸망 직후(668)에 당나라가 옛 고구려 땅에 안동도호부를 설치하였다.
③ 나·당 전쟁(676)에 대한 설명이다.
④ 고구려 광개토대왕 때(400)의 역사적 사실이다.
⑤ 백제 멸망 이후인 663년에 일어난 전투이다.

03

●44회 7번

밑줄 그은 '이 왕'의 재위 시기에 있었던 사실로 옳은 것은?

[2점]

소정방이 당의 내주에서 출발하니, 많은 배가 천 리에 이어져 물길을 따라 동쪽으로 내려왔다. …… 무열왕이 타자 법민을 보내 병선 100척을 거느리고 덕물도에서 소정방을 맞이하게 하였다. 소정방이 법민에게 말하기를, "나는 백제의 남쪽에 이르러 대왕의 군대와 만나서 이 왕의 도성을 격파하고자 한다."라고 말하였다.

① 백제가 사비로 천도하였다.
② 백제가 대야성을 점령하였다.
③ 고구려가 낙랑군을 축출하였다.
④ 신라가 매소성에서 당군을 물리쳤다.
⑤ 신라가 안승을 보덕국왕으로 임명하였다.

04

●41회 7번

다음 인물에 대한 설명으로 옳은 것은?

[1점]

역사 인물 카드

- 생몰: 595년 ~ 673년
- 가계: 수로왕의 12대손
- 생애
  - 화랑이 되어 용화 향도를 이끎
  - 비담과 염종의 반란 진압
  - 무열왕의 딸인 지소와 결혼
  - 삼국 통일에 기여

① 매소성 전투를 승리로 이끌었다.
② 관산성 전투에서 성왕을 전사시켰다.
③ 당으로 건너가 군사 동맹을 체결하였다.
④ 황산벌에서 계백이 이끄는 군대를 물리쳤다.
⑤ 임존성에서 소정방이 지휘하는 당군을 격퇴하였다.

문제 및 키워드 분석
소정방, 무열왕이라는 키워드를 통해서 삼국 통일 전쟁과 관련된 국왕임을 알아야 한다. 자료에서 백제의 도성을 격파하겠다는 내용이 나와있으므로 밑줄 친왕이 백제의 마지막 왕인 의자왕임을 알 수 있다.

정답 분석
② 백제 의자왕은 신라의 대야성을 점령하는 등 영토를 크게 확장하였다.

선지 분석
① 백제 성왕 때의 사실이다.
③ 고구려 미천왕에 대한 설명이다.
④ 백제 멸망 이후인 신라 문무왕 때의 사실이다.
⑤ 신라 문무왕 때의 사실이다.

문제 및 키워드 분석
수로왕의 12대손, 무열왕의 딸과 결혼 등을 통해서 김유신임을 알 수 있다. 김유신은 가야계 김씨 출신으로, 김춘추의 딸과 결혼함으로써 사돈 관계를 맺었다.

정답 분석
④ 김유신은 황산벌에서 계백이 이끄는 군대를 물리쳤다.

선지 분석
① 김유신은 매소성 전투가 일어나기 전인 673년에 사망했다.
② 신라 진흥왕 때인 554년의 일로, 김유신이 태어나기 전이다.
③ 김춘추에 대한 설명이다.
⑤ 임존성에서 활약하면서 백제 부흥 운동을 이끈 인물은 흑치상지이다.

가야/삼국의 통치 체제

1 가야의 성립과 쇠퇴

→ 알에서 태어남(구지봉 설화)

(1) 성립: 금관가야의 시조 김수로 왕의 난생 설화 ➡ 변한 지역에서 성장

> **김수로의 금관가야**
> 호계사의 파사석탑(婆娑石塔)은 옛날 이 고을이 금관가야의 영역이었을 때 **시조 수로왕의 왕비 허황옥**이 동한 (東漢) 건무 24년에 서역 아유타국에서 싣고 온 것이다. … 탑은 사각형에 5층인데, 그 조각은 매우 기이하다. 돌에는 희미한 붉은 무늬가 있고 그 질이 매우 연하여 우리나라에서 나는 돌이 아니다.   – 「삼국유사」

✿(2) 전기 가야 연맹(3~4세기)

　① 성립: 김해 금관가야 중심으로 성장

　② 발전: **덩이쇠를 화폐**처럼 사용, **철 수출하여 낙랑-왜를 연결하는 중계무역**

　③ 쇠퇴: 고구려 광개토대왕의 침입으로 근거지가 타격입으면서 몰락

　④ 멸망: 신라 **법흥왕**에게 멸망(532)

> **금관가야의 멸망**
> 금관국(금관가야)의 왕인 김구해가 왕비와 세 명의 아들, 즉 큰아들인 노종, 둘째 아들인 무덕, 막내아들인 무력과 함께 나라의 창고에 있던 보물을 가지고 와서 항복하였다.   – 「삼국사기」

✿(3) 후기 가야 연맹(5~6세기)

→ 가야산신 설화

　① 성립: 고령 대가야 중심으로 성립, **시조는 이진아시왕**

　② 발전: 우수한 철기 문화 바탕으로 성장, 백제·신라와 대등 ➡ 신라와의 결혼 동맹

　③ 쇠퇴: 6세기 이후 백제와 신라의 공격 ➡ 후기 가야 연맹 쇠퇴

　④ 멸망: 신라 **진흥왕**에게 멸망(562) ➡ 가야 연맹 해체, 귀족들이 신라의 진골로 편입

2 가야의 문화

(1) **철기 문화**: 철이 많이 생산 ➡ 낙랑·왜 등에 수출, 덩이쇠를 화폐처럼 사용

(2) 여러 고분군

　① **김해 대성동 고분군(금관가야)**: 다량의 덩이쇠 출토

　② **고령 지산동 고분군⁺(대가야)**: 금동관·투구 등 출토, 순장 흔적 발견

3 삼국의 통치 체제

	백제	고구려	신라
지배 집단	• **왕족은 부여씨** • **지배층은 8성 귀족들**	계루부 고씨를 비롯한 5부 출신 귀족들	경주의 6부 출신 귀족들
합좌 제도	**정사암 회의** ➡ 부여에 있는 정 사암(천정대)에 모여 재상 선출	**제가 회의** ➡ 귀족들이 모여서 나라의 중대사를 결정	**화백 회의** ➡ 귀족 대표 회의, **만장일치제로 결정**
중앙 정치 제도	• **6좌평 16관등제** • 성왕 때 22부 설치	• 대대로(막리지)가 국사 총괄 • 10여개 관등을 둠	• 상대등: 화백 회의 주관 • 17관등제: **골품제와 결합**
지방 통치 제도	• 무령왕: 왕족을 22담로에 파견 • 성왕: 수도는 5부, 지방은 5방	• 전국을 5부로 나눔 • 욕살, 처려근지 등 파견	전국을 5주로 나눔

왼쪽 여백 주석

🔎 **김해 김씨**
김해 김씨는 금관가야계 김씨의 후손들을 가리키는데, 대표적인 인물로 김유신이 있다. 김유신은 김구해의 막내아들인 김무력의 손자이다.

✦ **고령 지산동 고분군**
대가야의 대표적인 고분군으로, 다량의 덩이쇠와 판갑옷, 그리고 순장을 한 무덤이 발견되었다.

△ 가야 수레 토기　　△ 가야 갑옷

🔎 **관등제**
관등이란 관직의 등급을 가리키는 말로, 고대 국가들은 관직의 높낮이를 둠으로써 일원적인 통치 체계를 수립하였다. 고구려는 대대로 이하 10여관등, 백제는 좌평 이하 16관등, 신라는 이벌찬 이하 17관등으로 구성되었다.

🔎 **귀족 회의**
고대 국가에서는 왕권의 독주를 견제하기 위해 귀족들의 합좌 회의로 주요 정책들을 결정하였다.

📝 테마 대표 기출 풀어보기

테마 9 문항별 빅데이터 분석 📦

가야는 대개 나라의 특징을 물어보거나 관련된 문화재를 찾는 유형으로 출제되고 있다. 문화재는 가야 토기나 철제 갑옷·투구가 반복적으로 출제되고 있다. 따라서 반복되는 선지들 위주로 암기한다면 대비에는 큰 문제가 없을 것이다. 통치 체제는 단독으로 출제되지는 않고 나라의 특징을 찾을 때 선지로 제시되는 경우가 대다수이다. 예전에는 자주 출제되었지만 최근에는 출제 빈도가 많이 감소하였다.

01
● 62회 3번

(가) 나라에 대한 설명으로 옳은 것은? [2점]

> ### 길 위에서 만나는 ___(가)___ 의 역사
>
> 도시를 가로지르는 해반천을 따라 주변을 걸으면서 역사 여행을 떠나 봅시다. ___(가)___ 의 유적과 유물이 여러분을 역사 현장으로 안내할 것입니다.
>
> • 답사 일시: 2022. ○○. ○○. 09:00~16:00
> • 답사 경로
>   출발 – 봉황동 유적 – 수로왕릉 – 대성동 고분군 – 구지봉
>   – 파사석탑 – 도착

① 덩이쇠를 화폐처럼 사용하였다.
② 한 무제의 공격으로 멸망하였다.
③ 혼인 풍속으로 민며느리제가 있었다.
④ 골품에 따라 관등 승진에 제한이 있었다.
⑤ 빈민을 구제하기 위해 진대법을 시행하였다.

02
● 45회 3번

밑줄 그은 '이 나라'에 대한 설명으로 옳은 것은? [2점]

> 사진은 경상북도 고령을 중심으로 발전하였던 이 나라의 지산동 44호분입니다. 배치도를 보면 으뜸 돌방을 중심으로 30여기의 순장 돌덧널을 확인할 수 있습니다. 이 고분의 발굴을 통해 이 나라에서 행해졌던 순장의 실체가 확인되었습니다.

① 진흥왕 때 신라에 복속되었다.
② 나·당 연합군에 의해 멸망하였다.
③ 대가들이 사자, 조의, 선인을 거느렸다.
④ 빈민을 구제하기 위해 진대법을 시행하였다.
⑤ 박, 석, 김의 3성이 교대로 왕위를 계승하였다.

문제 및 키워드 분석
수로왕릉, 대성동 고분군, 구지봉 등의 키워드를 통해서 가야 중에서도 금관가야에 대한 설명임을 알 수 있다.

정답 분석
① 가야에서는 철과 쇠가 많이 생산되었기 때문에 덩이쇠를 화폐로 사용하기도 하였다. 여러 나라 중 변한에 대한 설명이지만, 가야에도 해당된다.

선지 분석
② 고조선에 대한 설명이다.
③ 옥저에 대한 설명이다.
④ 신라의 신분 제도였던 골품제에 대한 설명이다.
⑤ 진대법은 고구려 고국천왕이 실시한 빈민 구휼 제도이다.

문제 및 키워드 분석
경상북도 고령군 지산동 44호분이라는 키워드를 통해서 대가야임을 알 수 있다. 금관가야의 김해 대성동 고분군과 대가야의 고령 지산동 고분군은 가야를 대표하는 유적지로서 문제에 자주 등장하기 때문에 알아두는 것이 좋다.

정답 분석
① 대가야는 신라 진흥왕에 의해 멸망했다.

선지 분석
② 백제와 고구려에 대한 설명이다.
③ 사자, 조의, 선인 등은 고구려의 관직명이다.
④ 고구려 고국천왕 때 국상 을파소가 실시한 정책이다.
⑤ 신라의 초기 왕위 계승에 대한 설명이다.

통일 신라의 발전과 쇠퇴

1 통일 신라의 발전

(1) 중대⁺의 주요 국왕

① 무열왕(7C): 최초의 진골 출신 국왕, 이후 무열왕 직계가 왕위 계승

② 문무왕(7C)
  ㉠ 나·당 전쟁 승리로 삼국 통일 완성(매소성·기벌포 전투)
  ㉡ 지방관 감찰을 위하여 **외사정을 파견**

✦✦③ 신문왕(7C 말)

왕권 강화	• 김흠돌의 난: 진압 과정에서 귀족 세력 숙청 • 토지 제도 정비: 관료전 지급하고 녹읍 폐지 ➡ 귀족의 경제 기반 약화 • **만파식적 설화**: 나라의 태평과 왕권 강화를 상징
제도 정비	• 중앙·지방 제도: 중앙 14부(관청) 완성, 지방 9주 5소경 체제 완비 • 군사 제도: 9서당(중앙군)과 10정(지방군) 편제 • 교육 제도: 유학 교육 기관으로 국학 설립

김흠돌의 난

왕이 교서를 내리기를, "**김흠돌** 등의 악이 쌓이고 죄가 가득 차자 그들이 도모하던 역모가 세상에 드러났다. …… 잔당들을 샅샅이 찾아 모두 죽여 삼사일 안에 죄수 우두머리들을 소탕하였다. 이제 요망한 무리들이 숙청되어 근심이 없게 되었으니 소집한 병사와 말들을 돌려보내도록 하라."라고 하였다. ─ 『삼국사기』

만파식적 설화

왕이 행차에서 돌아와 대나무로 피리를 만들어 월성의 천존고(天尊庫)에 간직하였다. 이 피리를 불면, 적병이 물러가고 병이 나으며, 가뭄에는 비가 오고 장마는 개며, 바람이 잦아들고 물결이 평온해졌으므로 이를 **만파식적(萬波息笛)**이라 부르고 국보로 삼았다. ─ 『삼국사기』

④ 성덕왕(8C): **백성에게 정전 지급**(국가의 토지 지배 강화)

⑤ 경덕왕(8C)

제도 정비	• 한화 정책: 지방 행정 구역과 중앙 관직명을 **중국식으로 변경** • 기타 정책: 녹읍이 다시 부활
문화 사업	• 성덕대왕 신종⁺ 제작 ➡ 부왕(성덕왕)의 업적 기리기 위함 • **불국사와 석굴암** 건립(김대성)

경덕왕

• 왕 10년 대상(大相) 대성이 **불국사**를 처음 창건하였다.
• 왕 16년 중앙과 지방의 여러 관리들에게 매달 주던 녹봉을 없애고 다시 녹읍을 주었다. ─ 『삼국사기』

(2) 통치 체제의 정비

중앙 통치 제도		집사부 기능 강화, **위화부를 비롯해 총 14부를 둠**, 사정부(감찰 기구)
✦지방 행정 제도	9주 5소경	• 9주: 전국을 9주로 나누고 군주 파견 • 5소경: 경주의 치우친 위치 보완 위해 군사·행정상 요지에 설치
	하부 행정	촌은 토착 세력인 촌주가 다스림, 향·부곡 존재(특수 행정 구역)
	지방 통제	**상수리 제도⁺**(촌주를 경주로 보냄), **외사정 파견**(지방관 감찰)
군사 제도		• 9서당: 중앙군, 백제·고구려·말갈인들도 편성하여 민족 융합적 성격 • 10정: 지방군, 각 주에 1정씩 두고 한주에만 2정

✦ **신라 중대**

『삼국사기』에서 김부식이 신라를 구분한 방법으로 무열 직계가 왕위를 계승했던 시기를 중대라고 했다. 그 이전은 상대, 혜공왕 이후 내물 방계들이 왕위를 계승했던 시기는 하대라고 하였다.

✦ **관료전과 녹읍**

녹읍은 토지의 수조권과 함께 노동력 징발권까지 부여된 토지이고, 관료전은 수조권만이 지급된 토지이다. 신문왕은 녹읍을 폐지함으로써 귀족들의 권한을 크게 약화시켰다.

✦ **성덕대왕 신종**

경덕왕이 부왕인 성덕왕의 업적을 기리기 위해 세운 종으로, 에밀레종이라고도 부른다. 경덕왕의 뒤를 이은 혜공왕 때 완성되었다.

△ 9주 5소경

✦ **상수리 제도**

각 주의 촌주 1인을 수도에 보내 일정 기간 근무하게 한 제도로, 지방 세력의 견제를 위해 실시하였다.

2 통일 신라의 쇠퇴

(1) 하대의 혼란
① 혜공왕: 귀족들의 연이은 난으로 국왕 피살 ➡ 무열왕계 왕위 계승 종결
② 원성왕: 독서삼품과 실시 ➡ 유학의 이해 수준에 따라(3단계) 관리 채용 ➡ 실패
③ 김헌창의 난(822, 헌덕왕)
　⊙ 배경: 아버지 김주원이 왕이 되지 못한 것에 대한 반발
　⊙ 내용: **웅천주(지금의 공주)에서 반란 일으키고 국호를 장안국이라 함** ➡ 실패

> **김헌창의 난**
> 3월에 **웅천주 도독 헌창**이 아버지 주원이 왕이 되지 못함을 이유로 반란을 일으켜, 국호를 장안이라 하고 연호를 세워 경운 원년이라 하였다. 무진·완산·청·사벌의 4개 주 도독과 국원경·서원경·금관경의 사신, 여러 군현의 수령을 협박해 자기 소속으로 삼았다.　－『삼국사기』

④ **장보고의 난**
　⊙ 배경: 장보고[＋]가 청해진 대사에 임명(흥덕왕) ➡ 세력 키우고 왕위 다툼에 관여
　⊙ 내용: **딸을 왕비로 맞이하려다 귀족들 반발에 실패** ➡ 반란 일으켰으나 피살(문성왕)

(2) 진성여왕(9C 말)
① 배경: 호족들의 전국적 발호로 중앙 정부의 통치력 약화(양길, 궁예, 견훤 등)
② 농민 봉기: 원종과 애노의 난, 적고적의 난[＋] 발발
③ 해결책: 최치원이 시무 10조를 건의 ➡ 받아들여지지 않음
④ 기타: **위홍과 대구 화상이 향가 모음집인 『삼대목』 편찬**

> **원종·애노의 난**
> 진성왕 3년, 나라 안의 모든 주·군에서 공물과 부세를 보내지 않아 창고가 비고 재정이 궁핍해졌다. 왕이 관리를 보내 독촉하니 곳곳에서 도적이 벌떼처럼 일어났다. 이때 **원종, 애노** 등이 사벌주를 근거지로 반란을 일으켰다.　－『삼국사기』

3 새로운 세력 등장

(1) 6두품
① 당에서 유학하고 돌아온 6두품 출신의 일부 유학생들과 선종 승려 등
② 골품제 비판, 새로운 유교정치 이념, 과거제 실시 건의 ➡ 최치원의 시무10여 조
③ 개혁 건의가 받아들여지지 않자 반(反)신라 세력화 ➡ 지방 호족 세력과 연계

(2) 호족
① 배경: **지방에서 반독립적 세력으로 성장** ➡ 자기 근거지에 성을 쌓고 군대 보유
② 특징: 스스로 성주, 장군이라 칭함 ➡ 각 지방의 행정권·군사권·경제적 지배력 장악
③ 성장: 6두품과 결탁하여 반(反)신라 세력 형성, 사상적으로 선종과 풍수지리 수용

(3) 선종과 풍수지리
① 선종: 실천과 수행 중시 ➡ 교종과 대립 ➡ 호족들의 지지
② 풍수지리: 경주 중심의 사상 탈피 ➡ 호족들의 지지

✦ 장보고
본명은 **궁복**이다. 흥덕왕 때 청해진 대사에 임명되어 해상 무역을 주도했다. 당나라에는 견당사, 일본에는 회역매매사 등을 파견했다. 문성왕에게 자신의 딸을 시집보내려 귀족들의 반대로 무산되자 반란을 모색하다가 암살되었다.

✦ 적고적의 난
붉은 바지를 입은 도적 떼라고 해서 적고적이라고 부른다.

테마 10 문항별 빅데이터 분석

고대사 내에서 출제율이 매우 높은 주제이다. 국왕의 업적을 묻는 문제가 자주 출제되지만, 중대와 하대를 구분하여 하대 시기에 있었던 사실을 묻는 문제가 출제되기도 한다. 신문왕·진성여왕·김헌창의 난·최치원 등 주요 국왕들의 업적과 사건을 중심으로 정리하면 크게 어렵지 않은 주제이다.

01

•62회 8번

(가)에 들어갈 내용으로 옳은 것은? [2점]

한국사 웹툰 기획안		
제목	○○왕, 왕권을 강화하다	
구성 내용	1화	진골 귀족 김흠돌의 반란을 진압하다.
	2화	국학을 설치하여 인재를 양성하다.
	3화	9주를 정비하여 지방 통치 체제를 갖추다.
	4화	(가)
주의 사항	자료에 기반하여 제작한다.	

① 관료전을 지급하여 녹읍을 폐지하다.
② 마립간이라는 칭호를 처음 사용하다.
③ 이사부를 보내 우산국을 복속시키다.
④ 화랑도를 국가적 조직으로 개편하다.
⑤ 이차돈의 순교를 계기로 불교를 공인하다.

02

•55회 9번

밑줄 그은 '이 시기'에 있었던 사실로 옳은 것은? [3점]

이곳은 명주군왕(溟州郡王) 김주원의 묘야. 그의 아들 김헌창은 아버지가 왕위에 오르지 못한 것에 불만을 품고 반란을 일으켰어.

김주원과 김헌창의 삶을 통해 혜공왕 피살 이후 왕위쟁탈전이 거듭된 이 시기의 상황을 잘 알 수 있어.

① 왕의 장인인 김흠돌이 난을 일으켰다.
② 거칠부가 왕명에 의해 국사를 편찬하였다.
③ 김춘추가 진골 출신 최초로 왕위에 올랐다.
④ 자장의 건의로 황룡사 9층 목탑이 건립되었다.
⑤ 체징이 9산 선문 중 하나인 가지산문을 개창하였다.

문제 및 키워드 분석

김흠돌의 반란, 국학 설치, 9주 정비 등의 키워드를 통해서 신문왕임을 알 수 있다. 자료에서 키워드를 많이 제시해서 크게 어렵지 않았던 문제이다.

정답 분석

① 신문왕의 대표적인 업적으로, 관료전을 지급하고 녹읍을 폐지하여 귀족 세력을 견제하였다.

선지 분석

② 내물 마립간에 대한 설명이다.
③ 지증왕에 대한 설명이다.
④ 진흥왕에 대한 설명이다. 진흥왕은 청소년 집단인 화랑도를 개편하여 국가적 조직으로 발전시켰다.
⑤ 법흥왕에 대한 설명이다.

문제 및 키워드 분석

김헌창, 혜공왕 피살 이후 왕위 쟁탈전 등의 키워드를 통해서 이 시기가 신라 하대임을 알 수 있다. 혜공왕 피살 이후부터 경순왕까지가 신라 하대이기 때문에 이 시기에 일어난 역사적 사실을 고르면 된다.

정답 분석

⑤ 9산 선문이란 신라 하대 때 신라에서 유행했던 9개의 선종 종파를 가리키는 표현이다. 체징은 신라 하대에 활동한 승려로, 가지산문을 개창하였다.

선지 분석

① 신라 중대의 국왕인 신문왕에 대한 설명이다.
② 진흥왕에 대한 설명이다.
③ 무열왕에 대한 설명으로, 무열왕 때부터 혜공왕까지를 신라 중대라고 하였다.
④ 선덕여왕에 대한 설명이다.

03

●49회 9번

다음 검색창에 들어갈 왕의 재위 기간에 있었던 사실로 옳은 것은? [1점]

① 왕의 장인인 김흠돌이 반란을 도모하였다.
② 강조가 정변을 일으켜 김치양을 제거하였다.
③ 거칠부가 왕명을 받들어 국사를 편찬하였다.
④ 최치원이 왕에게 시무 10여 조를 건의하였다.
⑤ 복신과 도침 등이 부여풍을 왕으로 추대하였다.

04

●47회 8번

교사의 질문에 대한 학생의 답변으로 옳은 것은? [3점]

지도와 같은 지방 행정 구역을 마련한 국가의 통치 제도에 대해 말해 볼까요?

① 중앙군을 2군 6위로 조직했습니다.
② 지방관으로 안찰사를 파견했습니다.
③ 중앙 관제를 3성 6부로 정비했습니다.
④ 관리 감찰을 위해 사정부를 두었습니다.
⑤ 유학 교육 기관으로 주자감을 설치했습니다.

문제 및 키워드 분석

삼대목의 편찬, 원종과 애노의 난, 적고적의 난이라는 키워드를 통해서 통일 신라 하대의 진성여왕 때임을 알 수 있다. 키워드가 많이 제시된 문제이다.

정답 분석

④ 진성여왕 때 당에서 유학하고 돌아온 최치원이 왕에게 시무 10여 조를 바쳤다.

선지 분석

① 통일 신라 신문왕 때 김흠돌의 난이 일어났다.
② 고려 목종 때 일어난 강조의 난에 대한 설명이다.
③ 신라 진흥왕 때의 역사적 사실이다.
⑤ 복신과 도침은 백제 부흥 운동을 주도한 인물들이다.

문제 및 키워드 분석

특별한 키워드 없이 지도만 제시되었기 때문에 다소 까다로웠던 문제이다. 하지만 지도에 등장하는 주가 9개이고 경이 5개 있다는 것을 알 수 있었다면 9주 5소경을 유추해낼 수 있었을 것이다. 따라서 통일 신라에 대한 설명임을 알 수 있다.

정답 분석

④ 사정부는 통일 신라 때 설치된 관리 감찰 기구이다.

선지 분석

① 고려의 군사 제도가 2군 6위로 구성되어 있었다.
② 고려 정부는 5도에 지방관인 안찰사를 파견하였다.
③ 3성 6부제는 고려 시대의 중앙 관제이다.
⑤ 주자감은 발해의 교육 기관이다.

발해의 성립과 발전

💡 남북국 시대
조선 후기 학자 유득공은 『발해고』라는 책에서 최초로 발해와 신라가 병존하였던 시기를 지칭하는 말로 남북국 시대라는 용어의 사용을 제안하였다. 이는 발해를 우리 민족으로 포용하는 인식에서 등장한 것이다.

△ 발해의 전성기 지도

✦ 쟁장 사건
당에 파견된 발해와 신라 사신이 서로 윗자리에 앉을 것을 다툰 사건이다.

✦ 등제 서열 사건
발해에서 빈공과 합격자의 서열을 신라보다 올려줄 것을 요청한 사건이다. 이는 양국의 대립 의식을 보여주고 있다.

✦ 발해의 5경
중경 현덕부, 동경 용원부, 상경 용천부, 서경 압록부, 남경 남해부를 가리킨다.

💡 발해와 당의 관계
발해는 많은 부분에서 고구려를 이어 받았지만, 일부 당의 영향을 받기도 하였다. 3성 6부제의 수용과 영광탑 등이 대표적이다.

1 발해의 성립과 멸망

대조영 (연호: 천통)	요동 지역에서 고구려 유민을 모아 지린성 **동모산**에서 발해 건국
✶무왕 (연호: 인안)	• 영토 확장: 대문예로 하여금 흑수 말갈 공략, 장문휴를 보내 당의 등주를 공격 • 대외 관계: 돌궐·일본과 친선, 신라·당과는 적대, 일본에 국서를 보내 고구려 계승 의식을 표방
문왕 (연호: 대흥)	• 체제 정비: **3성 6부제의 중앙 관제 완비**, 수도 천도(중경 현덕부 ➡ 상경 용천부 ➡ 동경 용원부) • 대외 관계: 당과 친선, 신라와 관계 개선(**신라도 개설**)
선왕 (연호: 건흥)	• 제도 정비: 5경 15부 62주의 지방 제도 완비 • 중국으로부터 '해동성국'이라 불림(전성기), 대부분의 말갈족을 복속하고 요동 진출
멸망	10세기 이후 거란족의 침략으로 멸망(926) ➡ 일부는 세자 **대광현**을 따라서 고려로 망명

2 발해의 대외 관계

(1) 당나라

    ➡ 당나라가 신라와 친선 관계 맺는 계기

    ① 관계: 무왕 때까지 대립(산둥 반도 공격) ➡ 문왕 이후로 친선

    ② 특징: 발해인들이 빈공과에 응시, 발해관 설치해서 교역 전개

(2) 신라

    ① 친선: **신라도 개설**(경제적 교류)

    ② 대립: 쟁장 사건✦, 등제 서열 사건✦ 등

(3) 기타: 일본도, 거란도 개설하여 일본·거란 등과 교류

3 발해의 통치 체제

중앙 통치 제도	3성 6부제	• 정당성·선조성·중대성, 정당성의 장관인 **대내상이 국정 총괄** • **6부의 명칭을 유교식으로 정함**(충·인·의·지·예·신)
	중정대	관리 감찰 기구
	주자감	최고 교육 기관, 유학 교육 실시
지방 행정 제도	5경✦ 15부 62주로 구성	
군사 제도	중앙군은 10위로 구성	

4 발해의 성격

(1) 고구려 계승 의식

    ① 정치

       ⊙ 건국 주체 세력과 지배층: 고구려계가 다수

       ⓒ **일본에 보낸 국서: 고구려 계승 의식 자처**(무왕), '고려국왕'이라 칭함(문왕)

       ⓒ 멸망 이후: 발해 유민이 고구려에 대거 망명

    ② 문화: 고구려 문화와 유사 ➡ 온돌·와당·불상·굴식 돌방무덤 등(정혜 공주 묘)

(2) 황제국 의식

    ① 독자적 연호 사용: 무왕 때 '인안', 문왕 때 '대흥', 선왕 때 '건흥' 등 독자적 연호 사용

    ② **황제 의식**: 정혜 공주·정효 공주 묘비에 '황상'이라는 표현 사용

       ➡ 둘 다 문왕의 딸

📝 테마 대표 기출 풀어보기

발해도 가야와 마찬가지로 국가의 특징을 묻는 문제들이 자주 출제되는 편이다. 간혹 국왕의 업적이나 고구려 계승 의식을 묻기도 한다. 이런 경우는 문제에서 힌트로 제공되는 경우가 많으니, 눈으로 많이 익혀두는 것이 중요하다.

01

●60회 6번

(가) 국가에 대한 설명으로 옳은 것은? [1점]

① 중정대를 두어 관리를 감찰하였다.
② 군사 조직으로 9서당 10정을 편성하였다.
③ 내신좌평 등 6좌평의 관제를 정비하였다.
④ 상수리 제도를 시행하여 지방 세력을 견제하였다.
⑤ 왕족인 부여씨와 8성의 귀족이 지배층을 이루었다.

문제 및 키워드 분석

해동성국, 영광탑, 정효 공주묘 등의 키워드를 통해서 발해임을 유추할 수 있다. 자료에서 발해 문화재를 제시해주고 발해를 찾는 패턴으로, 발해를 물어볼 때 가장 일반적이고 자주 출제되는 방식이다.

정답 분석

① 발해의 감찰 기구로 중정대가 있었다.

선지 분석

②, ④ 통일 신라의 제도이다.
③ 백제의 정치 제도에 대한 설명이다.
⑤ 백제에 대한 설명이다. 백제의 왕족은 성씨가 부여씨였으며, '대성 8족'이라 불리는 8개의 각기 다른 성씨로 구성된 가문들이 지배층을 구성하였다.

02

●62회 7번

(가) 국가에 대한 설명으로 옳은 것은? [1점]

① 후당과 오월에 사신을 파견하였다.
② 주자감을 설치하여 인재를 양성하였다.
③ 9서당과 10정의 군사 조직을 운영하였다.
④ 화백 회의에서 국가의 중대사를 논의하였다.
⑤ 내신좌평, 위사좌평 등 6좌평의 관제를 마련하였다.

문제 및 키워드 분석

고구려 문화의 계승, 당 문화의 수용 등의 키워드를 통해서 (가)가 발해임을 알 수 있다.

정답 분석

② 발해의 교육 기관으로 주자감이 있었다.

선지 분석

① 후백제에 대한 설명이다.
③ 통일 신라에 대한 설명이다.
④ 신라의 대표적인 회의 기구로는 화백 회의가 있었다.
⑤ 백제에 대한 설명이다.

고대의 경제

1 삼국 시대의 경제

수취 제도	조세, 공물(특산물), 역(15세 이상 남자)을 수취, 고구려는 인두세⁺로 조세를 거둠
토지 제도	왕토 사상, 녹읍과 식읍⁺ 존재(귀족)
농업	우경 장려(지증왕), 철제 농기구 보급, 빈민 구제 위해 진대법 실시(고국천왕)
상업	• 신라: 지증왕 때 수도에 동시와 동시전(시장 감독) 설치 • 백제: 수도에 도시부라는 관청을 설치하여 시장 관리

◆ 인두세
인두(人頭), 즉 머릿수대로 세금을 매기는 것을 의미한다.

◆ 식읍
식읍은 주로 전쟁에 공이 있는 공신들에게 지급한 토지로, 녹읍과 마찬가지로 수조권과 노동력 징발권이 함께 지급되었다.

2 남북국의 경제

★★(1) 통일 신라의 경제

▶중앙 파견×

민정 문서⁺	작성	촌주(지방 유력자)가 3년마다 촌단위로 작성
	지역	서원경(지금의 청주) 중심 4개의 촌락
	대상	호구(남녀·연령)·인구·수목·가축 조사 ➡ 조세·공물·부역 징수의 근거로 삼음
토지 제도	관료전	신문왕 때 관리들에게 지급 ➡ 조세를 수취하는 수조권만 부여
	녹읍	조세 수취 + 노동력도 징발 신문왕 때 폐지했다가 경덕왕 때 부활
	정전	성덕왕 때 백성들에게 정전⁺ 지급
상업		통일 이후 경주 인구 증가 ➡ 서시·남시 추가 설치
대외교역	대당 무역	공무역과 사무역 번성 ➡ 산둥 반도에 신라방, 신라촌 등 설치
	국제 무역	당항성, 울산항이 국제 무역항으로 번성
	청해진 설치	상보고가 완도에 청해진 설치(흥덕왕) ➡ 해적 소탕하고 해상 무역 전개

◆ 민정 문서

일본에 있는 도다이사라는 절에서 발견되었다.

◆ 정전
백성들에게 정전을 지급했다고 전해지지만, 실제로는 백성이 소유한 토지의 소유권을 고기에서 인정한 것이다. 전 국토가 왕의 땅이라는 왕토사상이 반영된 것이다.

(2) 발해의 경제
① 농업: 밭농사 중심(조·콩·보리), 일부 지역에서 벼농사
② 목축업: 담비 가죽, 솔빈부의 말이 주요 수출품
③ 발해의 대외 교역
  ㉠ 대당 무역: 발해관 설치(산둥 반도)
  ㉡ 대일본 무역: 일본도를 통해 교류, 친선 관계 유지
  ㉢ 대신라 무역: 신라도를 통해 교류, 대체로 소극적

📍 장보고

당나라에서 활약하다가 귀국하여 청해진의 대사로 임명되어 본격적으로 활동하였다. 당나라에는 견당매물사, 일본에는 회역사 등을 파견하여 무역을 전개하였다.

▲ 통일 신라와 발해의 교역 지도

발해의 교역 물품
발해는 영주에서 동쪽으로 2천리 밖에 위치하여 … 귀중히 여기는 것은 태백산의 토끼, 남해의 다시마, 책성의 된장, 막힐의 돼지, 솔빈의 말, … 현주의 배, 노성의 벼, 미타호의 붕어 등이 있다.
— 「신당서」

고대의 사회

1 삼국의 사회

(1) 고구려의 사회: 형사취수제·서옥제·1책 12법 존재

(2) 백제의 사회: **왕족인 부여씨와 8성의 귀족**이 지배층 형성

(3) 신라의 사회

　✦① 화랑도

　　　㉠ 기원: 씨족 사회의 청소년 집단에서 비롯 ➡ 진흥왕 때 국가 조직으로 발전

　　　㉡ 구성: 진골 출신 화랑 + 6두품 이하 낭도

　　　㉢ 지침: **원광법사의 세속 5계✦**(진평왕), 미륵 신앙과 연결

　　② 골품제✦ 골제와 두품제로 이원화하여 구성

　　　㉠ **골품에 따라 관등의 승진 상한선 결정**, 일상 생활까지 규제

　　　㉡ 진골은 상한선 없음, 6두품은 아찬까지만 승진 가능(6두품은 득난이라고도 불림)

　　　㉢ 중위제: 관등 상한선 문제를 해결하기 위해 특진의 기회 실시(아찬, 2중아찬, 3중아찬)

> **신라의 6두품**
> 설계두는 신라 귀족 가문의 자손이다. 일찍이 가까운 친구 4명과 함께 모여 술을 마시면서 각자 자신의 뜻을 말하였다. 설계두가 이르기를, "신라에서는 사람을 등용하는 데 골품을 따져서 진실로 그 족속이 아니면 비록 큰 재주와 뛰어난 공이 있더라도 넘을 수가 없다. 나는 중국으로 가서 특별한 공을 세우고 싶다."라고 하였다.
> – 「삼국사기」

2 남북국의 사회

(1) 통일 신라의 사회

　① 민족 통합 노력: 백제·고구려 옛 지배층에 신라 관등 부여, 유민들은 9서당에 편입

　② 신라 중대: 6두품이 중앙 정계로 다수 진출

　③ 하대의 사회 모순

　　㉠ 진골 귀족들 사이에 왕위 쟁탈전(96각간의 난, 김헌창의 난 등)

　　㉡ 전국적인 농민 봉기 발생(원종·애노의 난), 호족 세력의 발호 ➡ 중앙 정부의 지방 통제력 상실

(2) 발해의 사회

　① 지배층: 고구려계가 다수, **빈공과✦**에 응시

　② 피지배층: 말갈계가 다수, 활쏘기·말타기 등을 즐김

PART **2**

💡 **고대의 천민**
고대의 천민들은 주로 노비였는데, 전쟁 포로나 평민이 몰락해서 스스로 노비가 되는 경우가 거의 대다수였다.

✦ **세속 5계**
• 사군이충: 충성으로써 임금을 섬기어야 한다.
• 사친이효: 효로써 부모를 섬기어야 한다.
• 교우이신: 믿음으로써 벗을 사귀어야 한다.
• 임전무퇴: 싸움에 나가서 물러남이 없어야 한다.
• 살생유택: 살아있는 것을 죽일 때에는 가림이 있어야 한다.

✦ **골품제**

관등		골품				공복
등급	관등명	진골	6두품	5두품	4두품	
1	이벌찬					자색
2	이 찬					
3	잡 찬					
4	파진찬					
5	대아찬					
6	아 찬					비색
7	일길찬					
8	사 찬					
9	급벌찬					
10	대나마					청색
11	나 마					
12	대 사					황색
13	사 지					
14	길 사					
15	대 오					
16	소 오					
17	조 위					

✦ **빈공과**
당나라에서 외국인을 대상으로 시행한 시험이다. 신라와 발해의 유학자들이 많이 응시하였다.

특정 나라의 경제와 사회 모습을 물어보는 문제 외에는 출제된 적이 없다. 따라서 빈출 키워드와 나라별 특징을 중심으로 정리해둔다면 무난하게 맞출 수 있는 주제이다. 과거에는 자주 출제되었으나, 최근에는 단독 출제 빈도수가 눈에 띄게 떨어졌다. 그러나 여전히 오답 선지를 통해 자주 등장하고 있으므로 빈출 선지 정도는 알아둘 필요가 있다.

01

•58회 7번

밑줄 그은 '시기' 신라의 경제 모습으로 옳은 것은?　[2점]

이것은 일본의 귀족들이 신라에서 들어온 물품을 매입하고자 그 수량과 가격을 기록하여 일본 정부에 제출한 '매신라물해(買新羅物解)'라는 문서입니다. 통일을 이루고 9주 5소경을 설치한 이후의 시기에 일본과 교역하던 모습을 알 수 있습니다.

① 벽란도가 국제 무역항으로 번성하였다.
② 조세 수취를 위해 촌락 문서를 작성하였다.
③ 철이 많이 생산되어 낙랑군 등에 수출하였다.
④ 농업 생산력 증대를 위해 우경을 처음으로 시작하였다.
⑤ 수도에 도시부(都市部)라는 관청을 설치하여 시장을 관리하였다.

02

•62회 9번

밑줄 그은 '이 인물'에 대한 설명으로 옳은 것은?　[2점]

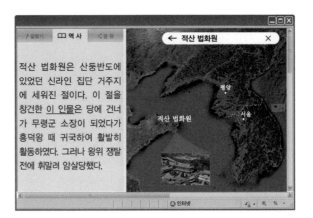

← 적산 법화원　　×

적산 법화원은 산동반도에 있었던 신라인 집단 거주지에 세워진 절이다. 이 절을 창건한 이 인물은 당에 건너가 무령군 소장이 되었다가 흥덕왕 때 귀국하여 활발히 활동하였다. 그러나 왕위 쟁탈전에 휘말려 암살당했다.

① 구법 순례기인 왕오천축국전을 지었다.
② 진성여왕에게 시무책 10여 조를 올렸다.
③ 청해진을 중심으로 해상 무역을 진개하였다.
④ 9산 선문 중의 하나인 가지산문을 개창하였다.
⑤ 한자의 음과 훈을 차용한 이두를 체계적으로 정리하였다.

문제 및 키워드 분석
통일을 이루고 9주 5소경을 설치한 이후라는 표현을 통해서 통일 신라 이후임을 알 수 있다. 따라서 통일 신라 이후의 경제 상황을 고르면 된다.

정답 분석
② 촌락 문서는 통일 신라 때 수취 체제가 어떻게 이루어졌는지를 알 수 있는 대표적인 문서이다. 구체적인 작성 시기는 알 수 없지만 학계에서는 7~8세기 때 작성되었을 것으로 추정하고 있다.

선지 분석
① 고려의 대표적인 국제 무역 항구로 벽란도가 있었다.
③ 변한 또는 가야에 대한 설명이다.
④ 지증왕 때의 기록에 우경이 처음으로 등장하였다. 이는 신라가 삼국을 통일하기 이전이기 때문에 시기상 맞지 않다.
⑤ 백제에 대한 설명이다. 백제에서는 도시부라는 관청이 존재하여 중앙의 시장을 관리하였다.

문제 및 키워드 분석
법화원, 흥덕왕 등의 키워드를 통해서 통일 신라 흥덕왕 때 활약한 인물인 장보고에 대한 문제임을 알 수 있다. 장보고는 훗날 귀족들 사이의 왕위 쟁탈전에 휘말려 암살당했다.

정답 분석
③ 청해진은 흥덕왕 때 장보고가 완도 인근에 설치한 군사 기지로, 이곳을 중심으로 해상 무역을 전개했다.

선지 분석
① 통일 신라 시기에 활약한 승려인 혜초에 대한 설명이다.
② 최치원에 대한 설명이다.
④ 선종 승려 도의에 대한 설명이다. 도의는 통일 신라 때 활약했는데, 우리나라에 최초로 선종을 전파한 승려로 알려져 있다.
⑤ 원효의 아들인 설총에 대한 설명이다.

03

(가) 국가에서 볼 수 있는 모습으로 가장 적절한 것은? [2점]

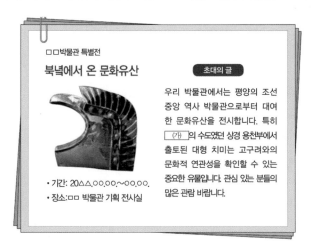

□□박물관 특별전

북녘에서 온 문화유산

초대의 글

우리 박물관에서는 평양의 조선 중앙 역사 박물관으로부터 대여한 문화유산을 전시합니다. 특히 [(가)]의 수도였던 상경 용천부에서 출토된 대형 치미는 고구려와의 문화적 연관성을 확인할 수 있는 중요한 유물입니다. 관심 있는 분들의 많은 관람 바랍니다.

· 기간: 20△△.00.00~00.00.
· 장소:□□ 박물관 기획 전시실

① 녹읍 폐지를 명하는 국왕
② 백강 전투에 참전하는 왜의 수군
③ 청해진에서 교역 물품을 점검하는 군졸
④ 솔빈부의 특산물인 말을 판매하는 상인
⑤ 지방에 설치된 22담로에 파견되는 왕족

04

(가) 국가의 경제 상황으로 옳은 것은? [2점]

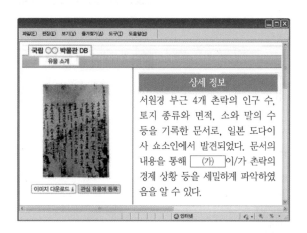

국립 ○○ 박물관 DB

유물 소개

상세 정보

서원경 부근 4개 촌락의 인구 수, 토지 종류와 면적, 소와 말의 수 등을 기록한 문서로, 일본 도다이사 쇼소인에서 발견되었다. 문서의 내용을 통해 [(가)]이/가 촌락의 경제 상황 등을 세밀하게 파악하였음을 알 수 있다.

① 은병이 화폐로 제작되었다.
② 집집마다 부경이라는 창고가 있었다.
③ 목화, 담배 등이 상품 작물로 재배되었다.
④ 울산항, 당항성이 무역항으로 번성하였다.
⑤ 현직 관리를 대상으로 직전법이 실시되었다.

문제 및 키워드 분석

수도가 **상경 용천부**라는 것을 키워드로 하여 발해로 접근하면 된다. 발해는 상경, 중경, 동경 등을 수도로 삼았다.

정답 분석

④ 발해의 특산품으로 솔빈부(발해의 행정 구역인 15부 중 하나)의 말이 있었다.

선지 분석

① 녹읍의 폐지는 통일 신라(신문왕)와 관련이 있다.
② 백강 전투는 백제의 부흥 운동과 관련이 있다.
③ 청해진은 통일 신라 때 장보고가 활약했던 군진의 명칭이다.
⑤ 백제 무령왕의 정책이므로 백제와 관련이 있다.

문제 및 키워드 분석

서원경, 도다이사 쇼소인, 촌락의 경제 상황 등의 키워드를 통해 통일 신라 때 제작된 민정 문서임을 알 수 있다. 따라서 통일 신라의 경제와 관련된 것을 고르면 된다.

정답 분석

④ 통일 신라 시대에는 울산항과 당항성 등이 외국과 교류하는 무역항으로 번성하였다.

선지 분석

① 고려 숙종 때 활구라고 불린 은병이 제작되어 고액 화폐로 거래되었다.
② 고구려에 대한 설명이다.
③ 조선 후기의 경제 상황에 대한 설명이다.
⑤ 직전법은 조선 세조 때 실시된 토지 제도이다.

테마 14

고대의 불교·학문·사상

⊕ 업설
전생에 죄를 지은 만큼 현생의 모습
으로 나타난다는 설이다. 왕과 귀족
의 신분 질서를 유지하는데 기여하
였다.

✦ 이차돈 순교비

✦ 원효

원효는 스스로
를 소성거사라
일컫고, 집집마
다 돌아다니며
불교를 전파하
면서 불교의 대
중화에 크게 기
여하였다.

✦ 의상

의상의 사상은
원융 사상을 기반
으로 하고 있다.
원융 사상은 지
배층과 피지배
층의 대립을 지
양하는 사회 통
합의 논리를 제공하였다.

✦ 선종
부처의 진리가 경전이 아닌 마음 속
에 있다고 주장한 종파로, 마음을
닦기 위한 참선 수행을 강조하였다.

△ 9산 선문 지도

1 고대의 불교

(1) 삼국 시대의 불교   사상을 통일하고 기존 지배 질서를 정당화하여 왕권 강화를 뒷받침하는 용도로 사용

수용 시기	고구려	**소수림왕 때 전진**에서 수용(372)
	백제	동진의 **마라난타**가 전래 ➡ **침류왕** 때 수용(384)
	신라	**법흥왕** 때 공인(**이차돈의 순교✦**, 527)
신라 불교	특징	• 불교식 왕명: 법흥왕~진덕여왕 때까지 사용 • 사찰 건립: 황룡사(진흥왕), 분황사(선덕여왕) 등
	주요 승려	• 원광: 세속 5계와 「걸사표」 등을 지음 • 자장: 황룡사 9층 목탑 설립을 선덕여왕에게 건의

(2) 통일 신라의 불교

  ✦① 원효✦

    ㉠ 불교의 대중화: **아미타 신앙** 전파, 무애가를 지어 집집마다 돌아다니며 전파

    ㉡ 일심 사상: 종파 간 사상적 대립 조화

    ㉢ 저서: 『**대승기신론소**』, 『**금강삼매경론**』, 『**십문화쟁론**』, 『**화엄경소**』 등

  ✦② 의상✦   ▸'하나가 전체이고 전체가 하나다'

    ㉠ '**일즉다 다즉일**'의 화엄 사상을 정립 ➡ 『**화엄일승법계도**』 저술

                                             ▸ 화엄 사상의 핵심을 요약하여 서술한 시

    ㉡ **부석사·화엄사 건립**: 화엄종 개창

    ㉢ 불교의 대중화: 아미타 신앙과 함께 **현세에서 고난을 구제받고자 하는 관음 신앙 주도**

> **의상**
> 의상은 열 곳의 절에서 교(教)를 전하게 하니 태백산의 **부석사**, … 남악의 **화엄사** 등이 그것이다. 또한 법계도
> 서인을 짓고 간략한 주석을 붙여 일승의 요점을 모두 기록하였다. … **법계도**는 총장 원년 무진에 완성되었다.
>   – 「삼국유사」

    ③ 혜초: 인도와 중앙아시아의 기행문으로 『왕오천축국전』 저술

(3) 선종✦의 대두

    ① 교리: **참선(參禪)의 수행**을 통해 깨달음을 얻고자 함

    ② 도입: **도의**가 최초로 신라에 전파

    ③ 발전: 지방 호족과 6두품의 지지 ➡ 신라 하대에 유행(9산 선문)

    ④ 특징: 고려 개창의 사상적 기반, **승탑과** 탑비 유행

2 고대의 교육과 유학

(1) 고대의 교육

고구려	중앙 교육	태학 설립 ➡ 소수림왕 때 설치, 유교 경전·역사서 교육
	지방 교육	**경당 설립** ➡ 글·**활쏘기**·학문 등을 가르침, 평민 자제 대상
신라		• 임신서기석: 신라 청년의 유교 경전 학습 기록 • 화랑도: 경학과 무술 교육 실시

통일 신라	• 국학[+]: 박사와 조교 두어 경전 교육, 경덕왕 때 태학감으로 명칭 변경 • 독서삼품과: 하대 **원성왕 때 실시** ➡ 귀족들 반발로 실패
발해	• 기관 설치: **주자감**(최고 국립 교육 기관), 문적원(국립 도서관) 설치 • 빈공과 응시: 도당 유학생 증가 ➡ 빈공과 급제

✚ 국학의 명칭 변경
국학은 신문왕 때 설립된 이후, 경덕왕 때 태학감으로 명칭이 변경되었다가, 혜공왕 때 다시 국학으로 변경되었다.

(2) 고대의 유학

① 강수: 외교 문서를 잘 지음 ➡ 『답설인귀서』, **『청방인문표』**

② 설총 원효의 아들

　　㉠ 이두를 집대성 ➡ 한문 교육 대중화에 기여

　　㉡ **신문왕에게 「화왕계」를 바침**(유교적 도덕 정치의 강조)

> **설총**
> 설총의 자(字)는 총지(聰智)이며, **아버지는 원효**, 어머니는 요석 공주이다. **신문왕 때 화왕계(花王戒)를 지었고**, 성덕왕 때에는 감산사 아미타여래조상기를 지었다. 특히, 화왕계는 장미를 간신에 비유하고, 할미꽃을 충신에 비유하면서 왕에게 충신을 가까이할 것을 일깨워 준 글로 유명하다.
> – 『동문선』

③ 최치원[+]

✚ 최치원

　　㉠ 당에 건너가 빈공과 급제 ➡ **「토황소격문」** 지어 이름 떨침

　　㉡ 귀국 후 진성여왕에게 시무 10여 조 건의 ➡ 수용 안됨

　　㉢ 해인사에 은둔하며 저술 활동 ➡ 『계원필경』, 『제왕연대력』 등

(3) 고대의 역사서

고구려	7세기 영양왕 때 『신집』 5권 편찬(이문진)	
백제	**근초고왕 때 『서기』 편찬(고흥)**	
신라	**진흥왕 때 『국사』 편찬(거칠부)**	
통일 신라	김대문	『계림잡전』, 『화랑세기』, 『한산기』 등
	최치원	『제왕연대력』 등

3 고대의 도교·풍수지리설

(1) 도교

특징	무위자연, 불로장생, 신선 사상 ➡ 현실 도피 및 무병장수를 추구
고구려	연개소문이 장려, **강서대묘의 사신도**[+]·을지문덕의 오언시에 영향
백제	산수무늬 벽돌[+], 백제 금동 대향로[+], 무령왕릉 지석, 사택지적비[+] 등
신라	화랑도 등에 영향

✚ 사택지적비

✚ 사신도

✚ 산수무늬 벽돌

✚ 백제 금동 대향로

부여 능산리 절터에서 출토되었다. 조각의 모습은 도교의 신선을 표현했으며, 향로 자체는 불교에서 쓰이는 도구이다. 따라서 도교와 불교의 요소가 복합적으로 표현되어 있다고 볼 수 있다.

(2) 풍수지리설

① 도입: 신라 말 도선 등 선종 승려에 의해 유입

② **특징**: 산세를 살펴 묘지 선정, 경주 중심의 사상 탈피 ➡ 호족 세력의 지지

불교는 의상, 원효 등 주요 승려와 선종이 자주 출제되는 편이다. 그 이외의 부분은 도교 문화재를 물어보거나, 선지를 통해서 간간히 등장하는 정도이다. 고대 경제·사회와 마찬가지로 과거에는 자주 출제되었지만 최근에는 빈도수가 많이 하락한 편이다.

01
●60회 7번

밑줄 그은 '이 승려'의 활동으로 옳은 것은? [2점]

부석사는 당에서 유학하고 돌아온 이 승려가 왕명을 받들어 창건한 유서 깊은 사찰입니다. 여름밤 달빛 아래 문화유산의 정취를 느껴 보시기 바랍니다.

부석사 달빛야행

◆특별 프로그램◆
• 선묘 설화 미디어 아트 영상 관람
• 무량수전 배흘림 기둥 열쇠고리 제작

• 일시: 2022년 ○○월 ○○일 19:00∼21:00
• 장소: 경상북도 영주시 부석사 경내

① 무애가를 지어 불교 대중화에 기여하였다.
② 화랑도의 규범으로 세속 5계를 제시하였다.
③ 구법 순례기인 왕오천축국전을 저술하였다.
④ 승려들의 전기를 담은 해동고승전을 집필하였다.
⑤ 화엄일승법계도를 지어 화엄 사상을 정리하였다.

문제 및 키워드 분석
부석사, 선묘 설화, 무량수전 등의 키워드를 통해서 의상임을 알 수 있다. 선묘 설화는 부석사의 창건과 관련된 설화이고, 무량수전은 부석사 내부에 있는 건물이다.

정답 분석
⑤ 의상은 자신의 화엄 사상을 210개의 글자로 정리한 『화엄일승법계도』를 저술하였다.

선지 분석
① 원효에 대한 설명이다.
② 원광에 대한 설명이다.
③ 혜초에 대한 설명이다.
④ 고려 시대 때 활약한 승려인 각훈에 대한 설명이다.

02
●55회 8번

(가) 인물에 대한 설명으로 옳은 것은? [1점]

다큐멘터리 공모 신청서

공모 분야	역사 – 인물 탐사 다큐멘터리
작품명	(가) 의 저서, 위대한 역사 기록이 되다
기획 의도	8세기 인도와 중앙아시아의 실상을 전해주는 중요한 기록을 남긴 신라 승려가 있다. 글로벌 시대를 맞아 (가) 의 기록이 우리에게 남긴 의미를 재조명한다.
차별화 전략	기존에 간과해 왔던 이슬람 세계와 비잔틴 제국에 대한 기록까지도 현지 답사를 통해 고증하고자 한다.
주요 촬영국	중국, 인도, 이란, 아프가니스탄, 우즈베키스탄 등

① 향가 모음집인 삼대목을 편찬하였다.
② 화랑도의 규범인 세속 5계를 제시하였다.
③ 무애가를 지어 불교 대중화에 기여하였다.
④ 구법 순례기인 왕오천축국전을 저술하였다.
⑤ 화엄일승법계도를 지어 화엄 사상을 정리하였다.

문제 및 키워드 분석
자료에 뚜렷한 키워드는 제시되지 않았다. 하지만 **8세기 인도와 중앙아시아의 실상, 이슬람 세계∼현지 답사** 등의 표현을 통해서 혜초임을 짐작할 수 있다.

정답 분석
④ 『왕오천축국전』은 혜초가 인도 부근의 여러 나라들을 답사하고 쓴 여행기인데, 중앙아시아와 아랍의 여러 국가들에 대한 실상이 자세히 담겨 있어서 세계 4대 여행기로도 손꼽힐 정도로 역사적 가치가 상당한 책이다.

선지 분석
① 각간 위홍과 대구화상이 『삼대목』을 공동 저술하였다.
② 원광에 대한 설명이다.
③ 원효에 대한 설명이다.
⑤ 의상에 대한 설명이다.

03

•45회 8번

밑줄 그은 '이 종파'에 대한 설명으로 옳은 것은? [2점]

이것은 전라남도 화순군 쌍봉사에 있는 국보 제57호 철감 선사 승탑입니다. 승려의 사리를 봉안하는 승탑은 <u>이 종파</u>가 수용된 이후 9세기부터 유행하였습니다. <u>이 종파</u>는 도의 선사가 가지산문을 개창한 이래 9산 선문을 형성하였습니다.

① 동경대전을 경전으로 삼았다.
② 단군을 숭배의 대상으로 하였다.
③ 대성전을 세워 옛 성현에 제사를 지냈다.
④ 참선과 수행을 통해 깨달음을 얻고자 하였다.
⑤ 마음속에 한울님을 모시는 시천주를 강조하였다.

•47회 9번

04

(가) 인물에 대한 설명으로 옳은 것은? [1점]

　(가)　은/는 설총을 낳은 이후 속인의 옷으로 바꾸어 입고 스스로 소성거사라고 하였다. 우연히 광대들이 갖고 놀던 큰 박을 얻었는데 그 모양이 괴이하였다. 그 모양을 따라서 도구로 만들어 화엄경의 구절에서 이름을 따와 '무애(無㝵)'라고 하고, 노래를 지어 세상에 퍼뜨렸다.

① 부석사를 창건하였다.
② 백련결사를 주도하였다.
③ 왕오천축국전을 남겼다.
④ 금강삼매경론을 저술하였다.
⑤ 신편제종교장총록을 편찬하였다.

문제 및 키워드 분석
승탑, 도의 선사, 9산 선문 등이 선종임을 찾을 수 있는 주요 키워드이다. 선종 승려들이 입적(승려의 죽음을 높게 일컫는 불교식 용어)한 후 그들의 부장품을 보관한 것이 승탑이다. 신라 말에는 이러한 승탑이 선종 승려들에 의해 많이 축조되었다.

정답 분석
④ 선종은 경전의 이해를 중시하던 교종을 비판하고 마음 속의 참선과 이를 수행하는 것이 중요하다고 강조했다.

선지 분석
①, ⑤ 조선 후기 최제우에 의해 창시된 동학에 대한 설명이다.
② 대종교에 대한 설명이다.
③ 대성전이란 조선 시대에 공자를 비롯한 위대한 성인(聖人)들을 제사 지내기 위해 세운 건물로, 유교와 관련이 있다.

문제 및 키워드 분석
설총을 낳았다, 소성거사, 무애 등의 키워드를 통해서 원효임을 알 수 있다.

정답 분석
④ 『금강삼매경론』은 원효가 저술한 불교 관련 서적이다.

선지 분석
① 의상에 대한 설명이다.
② 고려의 승려 요세에 대한 설명이다.
③ 혜초에 대한 설명이다.
⑤ 고려의 승려 의천에 대한 설명이다.

고대의 고분과 과학 기술

사이드바 이미지

✦ 굴식 돌방무덤
모줄임천장 / 봉토 / 입구 / 널방 / 널길 / 꺼묻거리방 / 널길

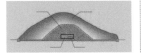
✦ 돌무지 덧널무덤

✦ 장군총

✦ 무령왕릉 내부 모습

✦ 천마도

✦ 발해 돌사자상

✦ 첨성대
천문 관측의 용도로 사용되었을 것
으로 추정된다.

▌1▐ 고대의 고분

(1) 고분의 종류

돌무지무덤		돌을 많이 쌓아 만든 무덤
굴식 돌방무덤✦	형태	돌로 널길과 널방을 만들고 그 위를 흙으로 덮음
	특징	도굴이 쉬움, 벽화를 그려 넣음
돌무지 덧널무덤✦	형태	나무 덧널을 만들고 그 위에 돌을 쌓고 흙을 덮음
	특징	도굴 매우 어려움 ➡ 유물이 많이 출토, 무덤 구조상 벽화 없음

(2) 고구려의 고분
① 초기: 주로 돌무지무덤 축조(장군총✦)
② 후기: 굴식 돌방무덤 축조(강서대묘) ➡ **모줄임 천장 구조**, 벽화 그려 넣음(사신도)

(3) 백제의 고분

초기		석촌동 고분 ➡ 돌무지무덤 양식, 백제 건국 세력이 고구려 계통임을 보여줌
후기		• 웅진 시대: **공주 송산리** 고분군, 벽돌무덤(무령왕릉 송산리 6호분), 나머지는 굴식 돌방 무덤 • 사비 시대: **부여 능산리** 고분군 ➡ 굴식 돌방무덤
✦무령왕릉✦	양식	벽돌무덤 ➡ 널길과 널방을 벽돌로 만듦, 벽화는 존재하지 않음
	특징	• 중국 남조(양나라)의 영향을 받아 벽돌무덤으로 축조 • 왕을 묻은 금동관은 일본에서만 나는 금송으로 제작
	묘지석	피장자 이름이 적혀 있음 ➡ 백제 고분 중 유일하게 피장자를 정확히 확인 가능

➡ 배수로 공사 중 우연히 발견

(4) 신라의 고분
① 초기: 돌무지덧널무덤 축조(천마총, 황남대총)
② 후기: 굴식 돌방무덤 축조 ➡ **주위에 12지신상을 조각한 둘레돌 설치**
③ 천마총: 경주에서 출토, 벽화 없음, 배가리개에 그린 천마도✦ 출토

(5) 발해의 고분
① 정혜 공주 묘: 굴식 돌방무덤, 고구려의 영향 확인(모줄임 천장 구조, 돌사자상✦)
② 정효 공주 묘: 벽돌무덤, 당나라의 영향 확인, 벽화(12명 인물도)

▌2▐ 고대의 과학 기술

(1) 천문학
① 고구려: 별자리를 그린 천문도, 고분 벽화의 별자리 그림
② 신라: 선덕여왕 때 첨성대✦ 설립

(2) 기술 발달
① 목판 인쇄술: **석가탑에서 무구정광대다라니경✦ 발견**
➡ **세계에서 가장 오래 된 목판 인쇄물**
② 제련 기술: 백제의 칠지도, 신라의 금관

✦ 무구정광대다라니경

테마 15 문항별 빅데이터 분석

고분 역시 과거에는 어느 정도 출제되었지만, 최근 들어서는 거의 출제되지 않고 있다. 주로 고분 간의 특징을 비교하거나 무령왕릉을 단독으로 출제하는 문제가 주 유형을 이루고 있다.

01

• 51회 4번

(가) 문화유산에 대한 설명으로 옳은 것은? [3점]

학술 대회 안내

올해는 백제의 고분 중 피장자와 축조 연대가 확인되는 유일한 무덤인 [(가)] 발굴 50주년이 되는 해입니다. 우리 학회는 이를 기념하여 [(가)] 출토 유물로 본 동아시아 문화 교류'를 주제로 학술 대회를 개최합니다.

◆발표 주제◆
• 진묘수를 통해 본 도교 사상
• 금동제 신발의 제작 기법 분석
• 금속으로 만든 관을 통해 본 일본과의 교류

• 일시: 2021년 ○○월 ○○일 13:00~17:00
• 장소: ㅁㅁ박물관 강당
• 주최: △△ 학회

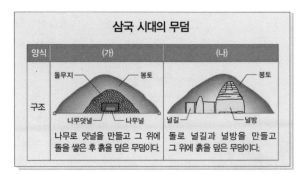

① 서울 석촌동 고분군에 위치하고 있다.
② 나무로 곽을 짜고 그 위에 돌을 쌓았다.
③ 국보로 지정된 금동 대향로가 출토되었다.
④ 무덤의 둘레돌에 12지 신상을 조각하였다.
⑤ 중국 남조의 영향을 받아 벽돌로 축조하였다.

문제 및 키워드 분석
백제의 고분 중 피장자와 축조 연대가 확인되는 유일한 무덤이라는 표현을 통해서 무령왕릉임을 알 수 있다. 이 외에도 사진의 **석수(石獸: 돌짐승)**도 무령왕릉에서 출토된 유물이며, **금송으로 만든 관**도 무령왕릉에서 출토된 것이다. 무령왕릉은 고분 중에서 출제율 1위이고, 무령왕과도 연계해서 출제되기 때문에 잘 알아둘 필요가 있다.

정답 분석
⑤ 무령왕릉은 중국 남조에서 유행했던 벽돌무덤의 양식으로 축조되었다.

선지 분석
① 무령왕릉은 공주 송산리 고분군에 위치하고 있다.
② 돌무지 덧널 무덤에 대한 설명이다.
③ 부여 능산리 고분군에 대한 설명이다.
④ 신라의 무덤 양식에 대한 설명이다.

02

• 38회 5번

(가), (나) 무덤 양식에 대한 설명으로 옳은 것은? [2점]

삼국 시대의 무덤

양식	(가)	(나)
구조	돌무지 / 봉토 / 나무덧널 / 나무널 나무로 덧널을 만들고 그 위에 돌을 쌓은 후 흙을 덮은 무덤이다.	봉토 / 널길 / 널방 돌로 널길과 널방을 만들고 그 위에 흙을 덮은 무덤이다.

① (가) – 모줄임 천장 구조로 되어 있다.
② (가) – 무덤의 둘레돌에 12지 신상을 새겼다.
③ (나) – 대표적인 무덤으로 황남대총이 있다.
④ (나) – 내부의 천장과 벽에 그림을 그리기도 하였다.
⑤ (가), (나) – 중국 남조의 영향을 받아 만들어졌다.

문제 및 키워드 분석
(가)는 돌무지덧널무덤의 형태이고, (나)는 굴식 돌방무덤의 전형적인 형태이다.

정답 분석
④ 굴식 돌방무덤은 무덤의 형태상 벽에 그림을 그릴 수 있었기 때문에 벽화를 많이 남겼다.

선지 분석
① 돌무지덧널무덤은 무덤 구조상 천장이 나오기가 힘들다.
② 무덤 둘레돌에 12지 신상을 새긴 것은 통일 신라 시기 무덤 양식의 특징이다. 돌무지덧널무덤은 통일 이전에 신라에서 주로 만들어진 무덤 양식이다.
③ 황남대총은 돌무지덧널무덤의 형태를 띠고 있다.
⑤ 벽돌무덤에 대한 설명이다.

고대의 문화재

1 고대의 문화재

(1) 주요 건축물

고구려	환도성(국내성), 평양의 안학궁(장수왕 때로 추정) 등
백제	공주 공산성(웅진 시기), 익산 미륵사지(무왕)
신라	통일 이후 김대성이 불국사와 석굴암 건립, 동궁과 월지(연못과 인공 섬)
발해	상경성 터 ➡ 외상을 쌓고 그 위에 궁궐과 사원 건축, 주작대로 등

★★(2) 탑

① 백제

㉠ 미륵사지 석탑⁺: 목탑의 형태, 복원 **과정에서 금제사리봉안기 출토**

㉡ 정림사지 5층 석탑⁺: **부여 소재**, 미륵사지 석탑 계승, 한때 '평제탑'이라고도 불림

└➡소정방이 백제를 평정한 이후 이 탑에 '평제'라는 글을 새김

② 신라

✦ 미륵사지 석탑

✦ 정림사지 5층 석탑

통일 이전	**분황사 모전 석탑**⁺	돌을 벽돌 모양으로 다듬어 축조
	황룡사 9층 목탑	**선덕여왕 때 자장의 건의로 설립, 고려 몽골 침입 때 소실**
통일 이후	감은사지 3층 석탑⁺	부왕인 문무왕의 업적 기리기 위해 **신문왕 때 건립**
	석가탑⁺	**통일 신라 석탑의 전형(이중 기단 위에 삼층), 무구정광대다라니경 출토**
	나보탑⁺	석가탑과 함께 불국사에 소재, 화려한 형대
	진전사지 3층 석탑⁺	기단과 탑신에 불상을 새김
	쌍봉시 철감선사 승탑⁺	**신라 하대에 선종의 영향을 받아 제작, 팔각원당형**

💡 승탑과 선종
승탑이란 승려들이 입적(승려의 사망을 가리키는 불교 용어)한 후 그 사리를 모아 보관한 탑을 가리킨다. 이러한 승탑은 신라 하대 선종 승려들에 의해 많이 지어졌다.

✦ 분황사 모전 석탑

✦ 감은사지 3층 석탑

✦ 석가탑

✦ 다보탑

✦ 진전사지 3층석탑

✦ 쌍봉사 철감선사 승탑

✦ 영광탑

③ 발해: **영광탑**⁺ ➡ 탑 아래에 무덤 조성, 벽돌로 쌓아올린 전탑의 형식

★★(3) 불상 →고구려의 연호

① 고구려: **금동 연가 7년명 여래 입상**⁺(중국 북조 + 고구려 독창성)

② 백제: **서산 마애 삼존불**⁺(백제의 미소)

③ 신라: 경주 배리 석불 입상, 석굴암 본존불⁺

④ 발해: **이불병좌상**⁺(두 명 부처 나란히, 고구려의 영향)

✦ 금동 연가 7년명 여래입상

✦ 서산 마애 여래 삼존불

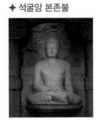
✦ 석굴암 본존불

✦ 이불병좌상

(4) 금석문

고구려	광개토대왕릉비(장수왕)	광개토대왕의 영토 확장과 신라에 침입한 왜군 격퇴 기록
	중원 고구려비(장수왕)	충주에 건립, **신라를 '동이'라고 표현**
백제	사택지적비 ➡ 4·6 변려체(문체의 일종)로 기록	
신라⁺	단양 적성비(진흥왕)	진흥왕의 한강 상류 진출 확인
	북한산비(진흥왕)	진흥왕의 한강 하류 진출 확인 ➡ 조선 후기에 **김정희가 순수비임을 고증** 왕이 어떤 지역에 직접 행차했다는 뜻 ◀
	마운령비, 황초령비	진흥왕의 함경도 일대 진출을 확인

✦ **신라의 금석문**
신라는 영일 냉수리비(지증왕), 울진 봉평 신라비(법흥왕) 등 여러 금석문들이 현존하고 있다.

(5) 고대의 예술

① 회화

㉠ 고구려: 무용총⁺ 등의 고분 벽화⁺

㉡ 백제: 송산리 6호분 사신도

㉢ 신라: 천마총에서 출토된 천마도⁺

✦ 고구려 무용총 벽화

✦ 고구려 고분 벽화

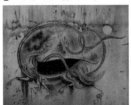
◉ 고구려 사신도(강서대묘)

✦ **천마도**

말의 배가리개에 그린 그림 (벽화 아님)

② 음악: 왕산악(고구려), 백결(신라), 우륵(가야금 제작) 등

2 고대의 문화 교류

백제	• 아직기가 일본 태자의 스승이 됨(한자 가르침), 왕인이 '천자문'과 '논어' 전수 • 근초고왕 때 칠지도를 왜왕에게 하사, 성왕 때 노리사치계가 불교 전파 • **5경박사, 역박사, 의박사 등을 파견**
고구려	• 혜자(쇼토쿠 태자의 스승), 담징(종이와 먹 제조법 전수, 호류사 금당 벽화⁺) • 수산리 고분 ➡ 다카마쓰 고분 벽화에 영향
가야	가야 토기 ➡ 일본의 스에키 토기 문화에 영향

✦ **호류사 금당 벽화**

테마 16 문항별 빅데이터 분석 🏛️

삼국의 문화유산은 대개 자료에서 설명을 하고 문화재 모양만 제시해서 맞추도록 하거나, 특정 나라의 문화유산을 고르는 문제들이 많이 출제된다. 간혹 문화재의 특징을 묻는 문제들이 출제되기도 한다. 자주 출제되는 문화재의 모습과 형태를 눈에 익혀둔다면 충분히 득점이 가능하다.

01

●59회 6번
[1점]

(가) 국가의 문화유산으로 옳은 것은?

메타버스 '서라벌' 오픈!
__(가)__의 수도 경주의 문화유산을
아바타로 생생하게 체험해 보세요.

이벤트1 첨성대에서 별자리 찾아보기
이벤트2 포석정에서 인증샷 찍기

① ② ③ ④ ⑤

문제 및 키워드 분석

경주를 수도로 한 나라는 신라이므로 (가)는 신라임을 알 수 있다. 따라서 신라의 문화재를 찾으면 된다.

정답 분석

③ 경주의 대표적인 문화재인 석굴암 본존불이다.

선지 분석

① 가야의 철제 갑옷과 투구이다.
② 발해의 문화재인 이불병좌상이다.
④ 백제의 문화재인 금동대향로이다.
⑤ 고려의 문화재인 월정사 8각 9층 석탑이다.

02

●54번 9번
[3점]

(가)~(마) 문화유산에 대한 설명으로 옳은 것은?

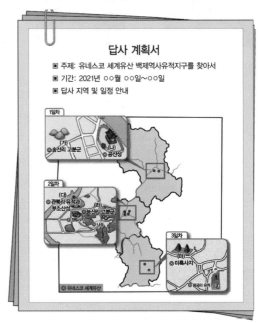

답사 계획서

◼ 주제: 유네스코 세계유산 백제역사유적지구를 찾아서
◼ 기간: 2021년 ○○월 ○○일~○○일
◼ 답사 지역 및 일정 안내

① (가) - 백제 금동 대향로가 출토되었다.
② (나) - 온조왕이 왕성으로 삼았다.
③ (다) - 재상을 선출하던 천정대가 있었다.
④ (라) - 무령왕과 왕비의 무덤이 발굴되었다.
⑤ (마) - 석탑 해체 과정에서 금제 사리봉영기가 발견되었다.

문제 및 키워드 분석

2015년에 백제의 문화재 상당수가 백제역사유적지구라는 이름으로 유네스코 세계 문화유산에 등재되었다. 이와 관련한 것을 묻는 문제로 백제 문화재의 특징까지 꼼꼼히 공부하지 않았다면 맞추기 힘든 다소 까다로웠던 문제였다.

정답 분석

⑤ 불교에서는 오랜 수행을 한 승려의 몸에는 구슬이 있다고 믿었는데, 이를 사리라고 불렀다. 그 사리를 봉인한 함을 사리봉안기라고 하는데, 사리를 묻을 때는 항상 그 위에 탑을 세웠다. 백제 미륵사지 석탑을 해체할 때도 금으로 만들어진 사리봉영기(사리봉안기)가 발견되었다.

선지 분석

① 송산리 고분군이 아니라 부여 능산리 고분군에서 백제 금동 대향로가 출토되었다.
② 공산성이 아니라 몽촌토성에 대한 설명이다.
③ 천정대란 정사암을 가리키는 다른 명칭이다. 정사암은 부소산성 맞은편에 위치해 있다.
④ 무령왕릉은 공주 송산리 고분군에 위치해 있다.

03

(가) 나라의 문화유산으로 옳은 것은? [2점]

이곳은 김해 대성동 고분군 108호 발굴 조사 설명회 현장입니다. 대형 덩이쇠 40매와 둥근고리큰칼, 화살촉 등 130여 점의 철기 유물이 출토되었습니다. 이번 발굴로 김수로왕이 건국하였다고 전해지는 <u>(가)</u> 에 대한 연구가 활발하게 이루어질 전망입니다.

①   ②   ③

④   ⑤

문제 및 키워드 분석

김해 대성동 고분군, 김수로왕 등의 키워드를 통해서 (가)가 금관가야임을 알 수 있다. 따라서 가야의 문화재를 고르면 된다.

정답 분석

③ 가야의 철제 판갑옷의 모습이다. 가야의 문화재는 대개 철과 연관되어 있는 경우가 많기 때문에 생소한 문화재가 나오더라도 철제의 느낌이 강한 문화재를 고르면 충분하다.

선지 분석

① 백제의 문화재인 산수무늬 벽돌이다.
② 백제의 문화재인 칠지도이다.
④ 백제 무령왕릉에서 출토된 석수(石獸: 돌짐승)이다.
⑤ 발해 돌사자상의 모습이다.

04

다음 설명에 해당하는 문화유산으로 옳은 것은? [2점]

이 문화유산은 국보 제287호로 부여 능산리 절터에서 출토되었습니다. 백제 왕실의 의례에 사용한 것으로 추정되는 이 유물은 도교와 불교의 요소가 복합적으로 표현된 걸작입니다.

①    ②    ③

④    ⑤

문제 및 키워드 분석

능산리 절터에서 출토, 도교와 불교의 요소 복합 등의 키워드를 통해서 백제 금동 대향로임을 알 수 있다. 향로는 향을 피우는 용도였기 때문에 불교에서 사용되었고, 금동 대향로의 모습을 보면 산에 사는 신선들을 형상화했기 때문에 도교적인 요소도 가미되어 있다.

정답 분석

① 백제 금동 대향로의 모습이다.

선지 분석

② 가야 유적지에서 출토된 토우이다. 토우란 주술적인 의미를 담은 인형이다.
③ 백제 무령왕릉에서 출토된 석수(石獸: 돌짐승)이다.
④ 발해 돌사자상의 모습이다.
⑤ 신라의 금관이다.

01

다음 검색창에 들어갈 왕의 업적으로 옳은 것을 모두 고르시오.

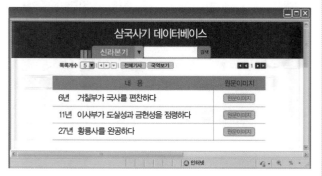

① 도읍을 국내성에서 평양으로 옮겼다. [60회]
② 온달을 보내 아단성을 공격하였다. [58회]
③ 비담과 염종의 반란을 진압하였다. [58회]
④ 국가적인 조직으로 화랑도를 개편하였다. [59회]
⑤ 대가야를 병합하여 영토가 확장되었다. [59회]
⑥ 고흥에게 서기를 편찬하게 하였다. [62회]
⑦ 서안평을 공격하여 영토를 확장하였다. [56회]
⑧ 동진에서 온 마라난타를 통해 불교를 수용하였다. [57회]
⑨ 북위에 사신을 보내 고구려 공격을 요청하였다. [59회]
⑩ 자장의 건의로 황룡사 9층 목탑을 건립하였다. [59회]

정답 및 해설

정답 ④, ⑤
거칠부의 국사 편찬, 황룡사 완공 등의 키워드를 통해서 신라 진흥왕임을 알 수 있다.

선지분석
① 고구려 장수왕에 대한 설명이다.
② 고구려 영양왕에 대한 설명이다.
③ 신라 선덕여왕에 대한 설명이다.
④ 신라 진흥왕에 대한 설명이다.
⑤ 신라 진흥왕에 대한 설명이다.
⑥ 백제 근초고왕에 대한 설명이다.
⑦ 고구려 미천왕에 대한 설명이다.
⑧ 백제 침류왕에 대한 설명이다.
⑨ 백제 개로왕에 대한 설명이다.
⑩ 신라 선덕여왕에 대한 설명이다.

02

다음 상황 이후에 전개된 사실을 모두 고르시오.

> 소정방이 백제를 평정하자 흑치상지는 휘하의 무리를 이끌고 항복하였다. 소정방이 연로한 왕을 가두고 병사를 풀어 가혹하게 약탈하자, 이를 두려워한 흑치상지는 추장 10여 인과 함께 도망하여 임존산을 거점으로 반란을 일으켰다. 열흘 만에 휘하에 3만여 명이 모였으며 곧 200여 성을 되찾았다. 소정방이 병사를 이끌고 흑치상지를 공격하였지만 이기지 못하였다.
> – 『삼국사기』

① 당이 안동도호부를 설치하였다. [59회]
② 당이 안동도호부를 요동으로 옮겼다. [62회]
③ 나 · 당 연합군이 사비성을 함락하였다. [59회]
④ 안승이 신라에 의해 보덕왕으로 임명되었다. [54회]
⑤ 계백이 이끄는 결사대가 신라군에 맞서 싸웠다. [60회]
⑥ 사찬 시득이 기벌포에서 당군을 격파하였다. [58회]
⑦ 을지문덕이 살수에서 대승을 거두었다. [52회]
⑧ 신라가 당과 군사 동맹을 체결하였다. [53회]
⑨ 부여풍이 왜군과 함께 백강에서 당군에 맞서 싸웠다. [61회]
⑩ 검모잠이 안승을 왕으로 추대하고 부흥 운동을 전개하였다. [56회]

정답 및 해설

정답 ①, ②, ④, ⑥, ⑨, ⑩
소정방이 백제 평정, 흑치상지 등의 키워드를 통해서 660년 백제 멸망 이후 백제 부흥 운동이 한창이던 시기임을 알 수 있다. 따라서 그 이후의 역사적 사실을 고르면 된다.

선지분석
① 668년 고구려 멸망 이후의 사실이다.
② 676년 나 · 당 전쟁 이후의 사실이다.
③ 660년 백제 멸망과 관련된 사실이다.
④ 668년 이후에 전개된 고구려 부흥 운동에 대한 사실이다.
⑤ 660년 백제 멸망 직전의 일이다.
⑥ 676년 기벌포 전투에 대한 설명이다.
⑦ 612년 살수 대첩에 대한 설명이다.
⑧ 642년 나 · 당 동맹이 체결되었다.
⑨ 663년 백강 전투에 대한 설명이다.
⑩ 668년 이후에 전개된 고구려 부흥 운동에 대한 사실이다.

03

(가) 국가에 대한 설명으로 옳은 것을 모두 고르시오.

이곳은 해동성국이라 불렸던 (가) 의 온돌 유적으로 함경남도 신포시 오래리에서 발견되었습니다. 이 유적에서는 열기가 지나가는 통로인 고래의 숫자를 늘려서 난방의 효율을 높였다는 사실을 확인할 수 있습니다. 이는 (가) 이/가 고구려의 온돌 양식을 계승하여 발전시켰다는 사실을 잘 보여줍니다.

① 교육 기관으로 주자감을 설립하였다. [59회]

② 9서당과 10정의 군사 조직을 운영하였다. [62회]

③ 인재 양성을 위해 국학을 설치하였다. [60회]

④ 지방에 22담로를 두어 왕족을 파견하였다. [59회]

⑤ 조세 수취를 위해 촌락 문서를 작성하였다. [58회]

⑥ 청해진을 중심으로 국제 무역을 전개하였다. [53회]

⑦ 왜에 칠지도를 만들어 보냈다. [55회]

⑧ 신라도를 통하여 신라와 교류하였다. [55회]

⑨ 지방관 감찰을 위해 외사정을 파견하였다. [52회]

⑩ 고구려와 당의 양식이 혼합된 벽돌무덤을 만들었다. [56회]

✏️ 정답 및 해설

정답 ①, ⑧, ⑩

해동성국, 고구려의 온돌 양식 계승 등의 키워드를 통해서 발해에 대한 설명임을 알 수 있다.

선지분석

① 주자감은 발해의 교육 기관이다.

② 9서당 10정은 통일 신라의 군사 제도이다.

③ 통일 신라 신문왕 때 교육 기관으로 국학이 설치되었다.

④ 백제 무령왕 때 지방에 22담로가 설치되었다.

⑤ 통일 신라에 대한 설명이다.

⑥ 통일 신라에 대한 설명이다.

⑦ 백제 근초고왕 때 일본에 칠지도를 만들어 보냈다.

⑧ 발해는 신라도를 통해서 신라와 교류하였다.

⑨ 외사정은 통일 신라 시대, 지방에 파견했던 감찰관이다.

⑩ 발해에 대한 설명이다.

04

밑줄 친 '이 시기'에 전개되었던 사실을 모두 고르시오.

이곳은 명주군왕(溟州郡王) 김주원의 묘야. 그의 아들 김헌창은 아버지가 왕위에 오르지 못한 것에 불만을 품고 반란을 일으켰어.

김주원과 김헌창의 삶을 통해 혜공왕 피살 이후 왕위쟁탈전이 거듭된 이 시기의 상황을 잘 알 수 있어.

① 관리 선발을 위해 독서삼품과를 실시하였다. [60회]

② 최치원이 진성여왕에게 시무책을 올렸다. [58회]

③ 원종과 애노가 사벌주에서 봉기하였다. [56회]

④ 김춘추가 당과의 군사 동맹을 성사시켰다. [61회]

⑤ 왕의 장인인 김흠돌이 반란을 일으켰다. [53회]

⑥ 신문왕이 관료전을 지급하고 녹읍을 폐지하였다. [54회]

⑦ 원광이 왕명으로 수에 군사를 청하는 걸사표를 지었다. [61회]

⑧ 체징이 9산 선문 중의 하나인 가지산문을 개창하였다. [62회]

⑨ 의상은 화엄일승법계도를 지어 화엄 사상을 정리하였다. [60회]

✏️ 정답 및 해설

정답 ①, ②, ③, ⑧

김헌창이라는 키워드를 통해서 김헌창의 난이 전개된 신라 하대에 대한 사실임을 알 수 있다.

선지분석

① 독서삼품과는 통일 신라 하대 원성왕 때 실시되었다.

② 통일 신라 하대인 진성여왕 때 일어난 사실이다.

③ 원종과 애노의 난은 통일 신라 하대 진성여왕 때 일어났다.

④ 통일 신라 이전인 진덕여왕 때의 사실이다.

⑤ 통일 신라 중대 신문왕 때의 사실이다.

⑥ 통일 신라 중대에 일어난 사실이다.

⑦ 통일 신라 이전 진평왕 때의 사실이다.

⑧ 통일 신라 하대에 일어난 사실이다.

⑨ 의상은 통일 신라 중대에 활약한 승려이다.

테마 5

01 태조왕 때 낙랑군을 몰아내고 영토를 확장하였다. [ ] 60회

02 고국천왕 때 을파소의 건의로 진대법을 실시하였다. [ ] 60회

03 미천왕 때 관구검이 이끄는 위의 군대가 고구려를 침략하였다. [ ] 41회

04 소수림왕 때 태학을 설립하여 인재를 양성하였다. [ ] 56회

05 광개토대왕 때 영락이라는 독자적 연호를 사용하였다. [ ] 60회

06 광개토대왕 때 고구려가 신라에 침입한 왜를 물리쳤다. [ ] 47회

07 광개토대왕 때 도읍을 국내성에서 평양으로 옮겼다. [ ] 56회

08 장수왕 때 살수에서 수의 군대를 물리쳤다. [ ] 54회

09 장수왕 때 백제의 한성을 공격하여 개로왕을 전사시켰다. [ ] 45회

테마 6

01 고이왕 때 내신좌평 등 6좌평의 관제를 정비하였다. [ ] 60회

02 근초고왕 때 평양성을 공격하여 고국원왕을 전사시켰다. [ ] 57회

03 근초고왕 때 고흥에게 서기를 편찬하게 하였다. [ ] 62회

04 침류왕 때 중국 남조의 양과 교류하였다. [ ] 53회

05 개로왕이 관산성 전투에서 피살되었다. [ ] 54회

06 무령왕 때 지방에 22담로를 두어 왕족을 파견하였다. [ ] 56회

07 무령왕 때 일시적으로 한강 유역을 되찾았다. [ ] 39회

08 성왕 때 사비로 천도하고 국호를 남부여로 고쳤다. [ ] 45회

09 성왕 때 익산에 미륵사를 창건하였다. [ ] 53회

10 의자왕 때 윤충을 보내 대야성을 함락시켰다. [ ] 58회

테마 7

01 내물왕 때 마립간이라는 칭호를 처음 사용하였다. [ ] 62회

02 지증왕 때 이차돈의 순교를 계기로 불교를 공인하였다. [ ] 54회

03 지증왕 때 건원이라는 독자적인 연호를 사용하였다. [ ] 60회

테마 5
01 X (미천왕)
02 O
03 X (동천왕)
04 O
05 O
06 O
07 X (장수왕)
08 X (7세기 영양왕)
09 O

테마 6
01 O
02 O
03 O
04 X (무령왕)
05 X (성왕)
06 O
07 X (성왕)
08 O
09 X (무왕)
10 O

테마 7
01 O
02 X (법흥왕)
03 X (법흥왕)

04 지증왕 때 이사부를 보내 우산국을 복속하였다. ⬚ 54회

05 법흥왕 때 시장을 관리하는 관청인 동시전을 설치하였다. ⬚ 56회

06 법흥왕 때 국호를 신라로 확정하고 왕이라는 칭호를 사용하였다. ⬚ 37회

07 법흥왕이 금관가야를 병합하였다. ⬚ 58회

08 진흥왕 때 병부와 상대등을 설치하였다. ⬚ 62회

09 진흥왕 때 거칠부에게 국사를 편찬하도록 하였다. ⬚ 60회

10 진흥왕 때 마운령, 황초령 등에 순수비를 세웠다. ⬚ 52회

테마 8

01 백제 멸망~백강 전투 사이에 사찬 시득이 기벌포에서 당군을 격파하였다. ⬚ 58회

02 살수 대첩~고구려 멸망 사이에 연개소문이 정변을 일으켜 권력을 장악하였다. ⬚ 49회

03 백제 멸망~백강 전투 사이에 계백이 이끄는 부대가 황산벌에서 항전하였다. ⬚ 58회

04 계백의 항전~안승이 금마저 왕에 봉해진 사이에 당이 안동도호부를 요동으로 옮겼다. ⬚ 62회

05 안시성 전투~사비성 함락 사이에 안승이 보덕국 왕에 봉해졌다. ⬚ 55회

06 황산벌 전투~기벌포 전투 사이에 검모잠이 안승을 왕으로 추대하였다. ⬚ 56회

07 계백의 항전~안승이 금마저 왕에 봉해진 사이에 복신과 도침이 부여풍을 왕으로 세웠다. ⬚ 62회

08 연개소문은 황산벌에서 계백이 이끄는 군대를 물리쳤다. ⬚ 59회

09 연개소문은 살수에서 수의 군대를 막아냈다. ⬚ 59회

10 매소성 전투 이후 나·당 연합군이 백강에서 왜군을 물리쳤다. ⬚ 37회

테마 9

01 가야는 박, 석, 김의 3성이 교대로 왕위를 계승하였다. ⬚ 45회

02 금관가야는 낙랑과 왜에 철을 수출하였다. ⬚ 59회

03 금관가야는 덩이쇠를 화폐처럼 사용했다. ⬚ 62회

04 금관가야는 신라 진흥왕에 의해 정복되었다. ⬚ 45회

05 대가야는 후기 가야 연맹을 주도하였다. ⬚ 43회

06 대가야는 정사암 회의에서 국가 중대사를 결정하였다. ⬚ 60회

07 대가야는 위화부, 영객부 등의 중앙 관서를 설치하였다. ⬚ 61회

08 고구려는 욕살, 처려근지 등의 지방관을 두었다. ⬚ 59회

09 신라는 화백 회의에서 국가의 중대사를 논의하였다. ⬚ 60회

04 O
05 X (지증왕)
06 X (지증왕)
07 O
08 X (법흥왕)
09 O
10 O

테마 8
01 X (백강 전투 이후)
02 O
03 X (백제 멸망 이전)
04 X (안동도호부가 요동으로 옮겨진 건 나·당 전쟁 승리 이후)
05 X (사비성 함락 이후)
06 O
07 O
08 X (김유신)
09 X (을지문덕)
10 X (매소성 전투 이후)

테마 9
01 X (신라)
02 O
03 O
04 X (법흥왕)
05 O
06 X (백제)
07 X (신라)
08 O
09 O

테마 10

01	문무왕은 지방관을 감찰하고자 외사정을 파견하였다.	53회
02	신문왕은 인재 양성을 위해 국학을 설치하였다.	60회
03	신문왕은 김흠돌을 비롯한 진골 세력을 숙청하였다.	54회
04	신문왕 때 관료전이 지급되고 녹읍이 폐지되었다.	61회
05	신문왕은 백성에게 정전을 지급하였다.	40회
06	진성여왕 때 원종과 애노가 사벌주에서 반란을 일으켰다.	58회
07	최치원은 진성여왕에게 시무 10여 조를 올렸다.	52회
08	진성여왕 때 완도에 청해진을 설치해 해상 무역을 장악하였다.	56회
09	신라 하대에는 김춘추가 진골 출신 최초로 왕위에 올랐다.	55회
10	신라 하대에는 인재를 등용하기 위하여 독서삼품과를 실시하였다.	40회

테마 11

01	대조영은 고구려 유민을 이끌고 동모산에서 나라를 건국하였다.	56회
02	무왕은 인안(仁安)이라는 독자적인 연호를 사용하였다.	37회
03	무왕은 장문휴를 보내 등주를 공격하였다.	61회
04	무왕은 대흥이라는 연호를 사용하였다.	41회
05	문왕은 등주를 선제 공격하여 당군을 격파하였다.	59회
06	발해는 교육 기관으로 주자감을 두었다.	57회
07	발해는 당의 침입에 대비하여 천리장성을 축조하였다.	53회
08	발해는 왕족인 부여씨와 8성의 귀족이 지배층을 이루었다.	57회
09	발해는 좌사정, 우사정의 이원적인 체제로 운영되었다.	59회
10	발해는 5경 15부 62주의 지방 행정 제도를 갖추었다.	56회

테마 12

01	통일 신라는 완도에 청해진을 설치하여 해상 무역을 전개하였다.	30회
02	신라는 울산항, 당항성 등이 국제 무역항으로 번성하였다.	56회
03	발해는 솔빈부의 말이 특산물로 수출되었다.	61회
04	발해는 시장을 감독하는 관청인 동시전이 있었다.	39회
05	민정 문서는 세금 수취를 위해 3년마다 작성되었다.	54회

테마 10
01 O
02 O
03 O
04 O
05 X (성덕왕)
06 O
07 O
08 X (신라 하대 흥덕왕)
09 X (신라 중대)
10 O

테마 11
01 O
02 O
03 O
04 X (문왕)
05 X (무왕)
06 O
07 X (고구려)
08 X (백제)
09 O
10 O

테마 12
01 O
02 O
03 O
04 X (신라)
05 O

테마 13

01 고구려는 빈민을 구제하기 위해 진대법을 시행하였다. ☐ 62회

02 고구려는 왕족인 부여씨와 8성의 귀족이 지배층을 이루었다. ☐ 37회

03 백제는 경당을 설치하여 학문과 무예를 가르쳤다. ☐ 37회

04 신라는 골품에 따라 관등 승진의 제한이 있었다. ☐ 61회

05 6두품은 신라에서 승진에 제한을 받았으며, 득난이라고도 불렀다. ☐ 58회

테마 14

01 자장은 황룡사 9층 목탑의 건립을 건의하였다. ☐ 61회

02 의상은 화엄일승법계도를 지어 화엄 사상을 정리하였다. ☐ 54회

03 의상은 현세의 고난에서 구제받고자 하는 관음 신앙을 강조하였다. ☐ 41회

04 원효는 무애가를 지어 불교 대중화에 기여하였다. ☐ 61회

05 원효는 종파 간의 사상적 대립을 해소하기 위해 십문화쟁론을 지었다. ☐ 57회

06 풍수지리는 참선과 수행을 통해 깨달음을 얻고자 하였다. ☐ 45회

07 도의는 9산 선문 중의 하나인 가지산문을 개창하였다. ☐ 62회

08 강수는 외교 문서 작성에 능하여 청방인문표를 집필하였다. ☐ 57회

09 설총은 진성 여왕에게 시무책 10여 조를 올렸다. ☐ 62회

10 김대문이 화랑세기를 저술하였다. ☐ 58회

테마 15

01 풍납동 토성은 판축 기법을 활용하여 성벽을 쌓은 백제 토성이다. ☐ 60회

02 굴식 돌방무덤은 중국 남조의 영향을 받아 축조되었다. ☐ 51회

03 무령왕릉은 벽과 천장에 벽화를 그리기도 하였다. ☐ 31회

04 돌무지덧널무덤은 도굴이 어려워 금관, 유리잔 등 많은 껴묻거리가 출토되었다. ☐ 31회

05 김유신묘는 무덤의 둘레돌에 12지 신상을 새겼다. ☐ 36회

테마 16

01 미륵사지 석탑은 복원 과정에서 금제 사리 봉안기가 나왔다. ☐ 29회

02 불국사 3층 석탑은 내부에서 무구정광대다라니경이 발견되었다. ☐ 27회

03 쌍봉사 철감선사 승탑은 기단과 탑신에 불상이 돋을새김으로 표현되어 있다. ☐ 27회

04 공산성에는 웅진 시기의 궁궐터가 남아 있다. ☐ 29회

05 능산리 고분군에서 백제 금동 대향로가 발굴되었다. ☐ 41회

테마 13
01 O
02 X (백제)
03 X (고구려)
04 O
05 O

테마 14
01 O
02 O
03 O
04 O
05 O
06 X (선종)
07 O
08 O
09 X (최치원)
10 O

테마 15
01 O
02 X (무령왕릉)
03 X (굴식 돌방무덤)
04 O
05 O

테마 16
01 O
02 O
03 X (진전사지 3층 석탑)
04 O
05 O

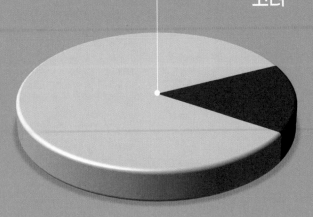

최근 3개년
출제비율

16.2%

고려

매회 7~10문제 가량 출제되고 있다. 순서나열 문제의
비중이 높고, 고대와 마찬가지로 정치사의 비중이
높지만 경제·사회·문화사의 비중도 적지 않은 편이다.
최근 들어 계속 출제 비율이 높아지고 있다.

빈출 키워드

테마 17 마진·철원, 후당과 오월, 금산사 유폐,
일리천 전투, 흑창, 과거제, 12목, 노비안검법,
최승로와 시무 28조

테마 18 도평의사사, 7재

테마 19 양규, 강감찬, 나성, 동북 9성, 서경 천도,
이자겸

테마 20 정중부, 봉사 10조, 정방, 삼별초

테마 21 일본 원정, 기철 숙청, 위화도 회군

테마 22 삼한통보, 해동통보, 건원중보, 경시서, 벽란도,
활구

테마 23 변발과 호복, 구제도감·구급도감

테마 24 천태종, 수선사 결사, 정혜쌍수·돈오점수,
만권당

테마 25 직지심체요절, 관촉사 석조 미륵보살 입상

고려

기출 선지 모아보기

핵심 기출 OX 선지

합격기준 **박문각**

www.pmg.co.kr

고려의 성립과 체제 정비

1 후삼국의 성립

(1) 후백제
① 건국: 견훤이 호족·군사 세력을 토대로 완산주(전주)를 도읍으로 하여 건국(900)
② 발전: 충청·전라도 일대 차지, 후당·오월 등에 사신을 파견하여 국제적으로 교류

(2) 후고구려
① 건국: 양길의 휘하에서 세력을 키우던 **궁예**✦가 **송악**(개성)에서 건국(901)
② 발전
　㉠ 송악에서 철원으로 천도, 국호도 마진·태봉으로 변경, 독자적 연호 사용(무태 등)
　㉡ **광평성** 등 각종 정치 기구를 마련

✦ 궁예

궁예는 스스로 미륵불을 자처하는 등 미륵신앙을 이용한 전제 정치를 펼쳤다가 민심을 잃어 결국 부하들에 의해 왕위에서 축출되었다.

> **궁예**
> 궁예는 신라 사람으로 성은 김씨이고, 일관(日官)이 아뢰기를, "이 아이는 …… 장차 국가에 이롭지 못할 것이므로 이 아이를 키우지 마십시오."라고 하였다. 아이를 꺼내 누각 아래로 던졌는데 유모가 몰래 받다가 실수하여 손가락으로 눈을 찔러 한 쪽 눈이 멀었다. …… 머리를 깎고 중이 되어 스스로 **선종**(善宗)이라 불렀다.　─ 『삼국사기』

(3) 고려
　　　　　　　　　　　　　　　┌→ 훗날 나주를 장악하여 후백제를 견제함
① 왕건: 송악의 호족 출신, 나주 해상 세력 결합 ➡ 궁예의 신하로 활약하며 세력 키움
② 건국: 신하들의 추대로 궁예 몰아내고 왕위에 오름(918), 국호는 고려·연호는 천수

2 후삼국 통일 과정

후삼국 통일 선생의 수요 흐름

후백제 건국
⬇
후고구려 건국
⬇
고려 건국
⬇
발해 멸망
⬇
신라 멸망
⬇
후백제 멸망(일리천 전투)

(1) 발해 멸망: **거란족에 의해 멸망**(926) ➡ 대광현이 이끄는 유민들이 고려로 망명(934)

(2) 공산 전투(927)
① 배경: **견훤이 신라를 침략하여 경애왕 살해**
② 전개: 고려가 신라를 지원했으나 공산(대구) 전투에서 패배 ➡ 신숭겸 등 전사

(3) 고창 전투(930): 고려가 후백제군을 고창에서 격파, 이를 계기로 주도권 장악

(4) 신라 멸망(935): **신라 경순왕이 고려에 투항**

(5) 후백제 멸망: 맏아들 신검이 **견훤을** 금산사에 유폐(935) ➡ 견훤이 도망쳐서 왕건에게 귀의

(6) 고려의 통일(936): 일리천 전투에서 고려가 후백제 신검의 군대를 격파 ➡ 통일 완성

> **공산 전투**
> 태조는 정예 기병 5천을 거느리고 공산(公山) 아래에서 견훤을 맞아서 크게 싸웠다. 태조의 장수 김락과 신숭겸이 죽고 모든 군사가 패했으며, 태조는 겨우 죽음을 면하였다.　─ 『삼국유사』
>
> **일리천 전투**
> 왕이 삼군을 통솔하여 천안부에 이르러 군대를 합치고 일선군으로 진격하였다. 신검이 군대로 막아서니, **일리천**을 사이에 두고 진을 쳤다.　─ 『고려사절요』

△ 후삼국 시대 지도

3 고려 초 국왕들

✦✦(1) 태조

민생 안정		조세 수취의 완화(1/10세만 거둠, 취민유도), 흑창 설치 ➡ 빈민 구제
호족 정책	회유	유력한 호족과 혼인, 공신들에게 역분전 지급, 사성 정책 ➡ 왕씨 성을 하사
	통제	• 사심관 제도: 고위 관리를 출신 지역의 사심관으로 임명하여 출신지의 일을 자문 • 기인 제도: 호족의 자제를 중앙에 보내 인질로 삼음, 신라 상수리 제도에서 비롯됨
북진 정책		• 고구려 계승 의식을 바탕으로 북진 정책 추진, 발해를 멸망시킨 **거란과는 적대적** • 서경(평양)을 중시하여 북진 정책의 전진 기지로 삼음 ➡ 만부교 사건 • 청천강~영흥만까지 영토 확장, 독자적 연호인 '천수' 사용
규범 제시		• **『정계』와 『계백료서』 편찬**: 관리들이 지켜야 할 규범 제시 • **훈요 10조✦**: 후대 왕들이 지켜야 할 10가지 규범 제시

(2) 정종
① 왕규의 난✦: 2대 왕 혜종이 병약하자 왕규가 난을 일으킴 ➡ 왕식렴이 진압, 정종이 즉위
② 광군 조직: 거란의 침입에 대비하여 광군을 조직

✦✦(3) 광종(4대 왕)

왕권 강화	노비안검법✦ 실시(노비 해방), 쌍기의 건의로 과거제✦를 시행
체제 정비	**백관의 공복 제정**(자·단·비·녹) ➡ 위계질서 확립
황제국 표방	광덕·준풍 등 독자적 연호 사용
불교 정책	균여를 귀법사 주지로 임명(교종 통합 시도)

> **광종**
> • 광종 9년 처음 과거를 시행하였다. 한림학사 **쌍기**를 지공거로 임명하고 진사를 뽑게 하였다.
> • 광종 11년 **백관의 공복**을 정하였다. 원윤 이상은 자색 옷, 중단경 이상은 붉은색 옷, 도항경 이상은 비색 옷, 소주부 이상은 녹색 옷으로 하였다. — 「고려사」

(4) 경종: 전시과 제도를 최초로 실시(시정 전시과)

✦✦(5) 성종(6대 왕)

유교 정치	최승로의 시무 28조✦ 수용 ➡ 연등회·팔관회 폐지, 지방관 파견 등
체제 정비	• 중앙 제도: **2성 6부제의 중앙통치기구 정비**, 중앙에 국자감 설치 • 지방 제도: 전국에 12목을 설치하고 지방관 파견, 향직 제도 마련
민생 안정	의창(흑창 계승)과 상평창(물가 조절 기구) 설치

> **성종과 시무 28조**
> 최승로가 왕의 뜻을 받들어 **시무 28조**를 올렸다. 지금 살펴보면 지방의 세력가들은 매번 공무를 핑계삼아 백성을 침탈하므로 백성이 그 명을 감당하지 못합니다. 청컨대 **외관(外官)**을 두소서." — 「고려사절요」
> 왕이 교서를 내려 말하기를, "이제 경서에 통달하고 책을 두루 읽은 선비와 온고지신하는 무리를 가려서, 12목에 각각 **경학박사 1명**과 **의학박사 1명**을 뽑아 보낼 것이다. …" — 「고려사」

💡 **사심관 김부**
김부(경순왕)는 경주의 사심관으로 임명되면서 최초의 사심관이 되었다.

✦ **훈요 10조**
• 첫째, 불력으로 나라를 세웠으니 불교를 장려하고 사원의 폐단을 엄단하라.
• 다섯째, 나는 삼한 산천 신령의 도움을 받아 왕업을 이루었다. 이곳 서경은 수맥이 순조로워 지맥의 근본이 되니 3년마다 100일 이상 머물도록 하라.
• 여섯째, 연등·팔관의 주신은 가감하지 말 것.
• 열째, 경전과 역사서를 널리 읽고 온고지신의 교훈으로 삼아라.

✦ **왕규의 난**
태조가 승하하자 외척 중 한명이었던 왕규가 자신의 자손을 왕위에 앉히려고 일으킨 난이다.

✦ **노비안검법과 과거제**
귀족·공신 세력의 경제적 기반인 노비를 숙청하고 신진 관료를 임용하여 왕권을 강화시키기 위한 목적이었다.

✦ **시무 28조(일부)**
• 불교 행사 폐지
• 중국과의 사무역 금지
• 사원의 고리대 비판
• 지방관 파견
• 복식 제도 정비
• 중국 문물의 주체적 수용
• 연등회와 팔관회 축소
• 공신 자손의 복권 등

테마 17 문항별 빅데이터 분석

고려사 최대 빈출 주제 중 하나로, 매회 2문제 가까이 나오고 있다. 후삼국 시대는 궁예 · 견훤 등 인물을 물어보기도 하고 후고구려 · 후백제 등 나라를 물어보기도 하고 순서 나열을 묻기도 하는 등 유형이 다양한 편이다. 고려 초기 국왕 부분 또한 국왕의 업적과 순서 나열을 골고루 물어보고 있기 때문에 모두 대비해 두는 것이 좋다.

01

●56회 12번

(가) 국가에 대한 설명으로 옳은 것은? [2점]

네! 궁예가 세운 (가) 의 도성 터를 현장 조사하고 왔습니다. 화면과 같이 도성 터는 비무장지대에 있어 현재는 발굴 조사가 어려운 상황입니다. 앞으로 이곳에 대한 남북 공동 연구가 이뤄진다면 한반도 평화와 화합의 상징이 될 것으로 기대합니다.

얼마 전 강원도 철원에 다녀오셨지요?

① 각간 대공이 반란을 일으켰다.
② 광평성 등의 정치 기구를 두었다.
③ 후당과 오월에 사신을 파견하였다.
④ 고창 전투에서 후백제군과 싸워 승리하였다.
⑤ 5경 15부 62주의 지방 행정 제도를 갖추었다.

02

●46회 11번

(가)~(라)를 일어난 순서대로 옳게 나열한 것은? [3점]

(가) 견훤이 크게 군사를 일으켜 고창군(古昌郡)의 병산 아래에 가서 태조와 싸웠으나 이기지 못하였다. 전사자가 8천여 명이었다.

(나) 태조는 정예 기병 5천을 거느리고 공산(公山) 아래에서 견훤을 맞아서 크게 싸웠다. 태조의 장수 김락과 신숭겸은 죽고 모든 군사가 패하였으며, 태조는 겨우 죽음을 면하였다.

(다) [태조가] 뜰에서 신라왕이 알현하는 예를 받으니 여러 신하가 하례하는 함성으로 궁궐이 진동하였다. …… 신라국을 폐하여 경주라 하고, 그 지역을 [김부에게] 식읍으로 하사하였다.

(라) 태조가 …… 일선군으로 진격하니 신검이 군사를 거느리고 막았다. 일리천을 사이에 두고 대치하였다. …… 후백제의 장군들이 고려군사의 형세가 매우 큰 것을 보고, 갑옷과 무기를 버리고 항복하였다.

① (가) – (나) – (다) – (라)
② (가) – (나) – (라) – (다)
③ (나) – (가) – (다) – (라)
④ (나) – (가) – (라) – (다)
⑤ (다) – (가) – (나) – (라)

문제 및 키워드 분석
철원, 궁예가 세운이라는 키워드를 통해서 (가)가 후고구려임을 알 수 있다.

정답 분석
② 광평성은 후고구려에 존재했었던 기구로, 후고구려의 최고 정치 기구였다.

선지 분석
① 각간 대공의 난은 통일 신라 혜공왕 때 일어났다.
③ 견훤이 세운 후백제에 대한 설명이다.
④ 태조 왕건이 건국한 고려에 대한 설명이다.
⑤ 5경 15부 62주는 발해의 행정 제도이다.

문제 및 키워드 분석
후삼국 시대에 일어난 여러 전투를 순서나열의 형태로 물어본 문제이다. (가)는 **고창군**을 통해서 고창 전투(927)임을, (나)는 **공산 아래**라는 키워드를 통해서 공산 전투(930)임을, (다)는 **신라국을 폐했다, 김부(경순왕의 이름)에게 식읍으로 경주를 하사** 등의 키워드를 통해서 신라의 멸망(935)임을, (라)는 **일리천**이라는 지명을 통해서 후백제의 멸망을 알리는 일리천 전투(936)임을 알 수 있다. 문제가 다소 어렵게 느껴질 수도 있지만, 아무리 어려운 문제라도 위의 4가지 사실만을 적당히 섞어서 내기 때문에 이것들을 중심으로 구분해 놓으면 대비가 가능하다.

정답 분석
① (가) 고창 전투(927) → (나) 공산 전투(930) → (다) 신라 멸망(935) → (라) 일리천 전투(936)

03

● 58회 11번

다음 시나리오에 등장하는 왕의 재위 기간에 있었던 사실로 옳은 것은? [2점]

> #11. 궁궐 안
> 과거 급제자 명단을 보며 말한다.
> 왕: 몇 해 전 교육을 장려하기 위해 지방에 각각 경학박사 1명과 의학박사 1명을 보냈는데, 결과가 어떠하오?
> 신하: 송승연, 전보인 등 박사들이 정성스레 가르쳐 성과가 있는 듯 하옵니다.
> 왕: 12목을 설치하고, 지방민에게도 학문을 권장하는 과인의 뜻에 부합하였소. 고생한 송승연에게 국자박사를 제수하고, 전보인에게 공복과 쌀을 하사하시오.
> 신하: 분부를 따르겠나이다.

① 쌍기의 건의로 과거제를 실시하였다.
② 관학 진흥을 위해 양현고를 설치하였다.
③ 국자감을 성균관으로 개칭하고 유학 교육을 강화하였다.
④ 최승로의 시무 28조를 받아들여 통치 체제를 정비하였다.
⑤ 정계와 계백료서를 지어 관리가 지켜야 할 규범을 제시하였다.

04

● 59회 10번

(가)~(라)를 일어난 순서대로 옳게 나열한 것은? [3점]

(가) 처음으로 직관(職官)과 산관(散官) 각 품의 전시과를 제정하였다. …… 과등(科等)에 미치지 못한 자는 모두 전지 15결을 지급하였다.

(나) 역분전을 제정하였는데, 통일할 때의 조신(朝臣)이나 군사들은 관계(官階)를 따지지 않고 그 사람의 성품과 행동의 선악과 공로의 크고 작음을 보고 차등 있게 지급하였다.

(다) 쌍기가 의견을 올리니 처음으로 과거를 시행하였다. 시(詩)·부(賦)·송(頌) 및 시무책으로 시험하여 진사를 뽑았으며, 겸하여 명경업·의업·복업 등도 뽑았다.

(라) 왕이 말하기를, "비록 내 몸은 궁궐에 있지만 마음은 언제나 백성에게 치우쳐 있다. …… 이에 지방 수령들의 공(功)에 의지해 백성들의 소망에 부합하고자 12목 제도를 시행한다."라고 하였다.

① (가) – (나) – (다) – (라)
② (가) – (나) – (라) – (다)
③ (나) – (가) – (라) – (다)
④ (나) – (다) – (가) – (라)
⑤ (다) – (라) – (나) – (가)

문제 및 키워드 분석
경학박사 · 의학박사 · 12목 설치 등의 키워드를 통해서 고려 성종 때임을 알 수 있다.

정답 분석
④ 성종 때 최승로가 시무 28조를 바치자 성종은 이를 고려의 통치 이념으로 삼았다.

선지 분석
① 광종에 대한 설명이다.
② 예종에 대한 설명이다. 예종 때 관학 진흥책의 일환으로 양현고라는 일종의 장학 재단을 설치해서 국자감의 학생들을 재정적으로 뒷받침하였다.
③ 공민왕에 대한 설명이다.
⑤ 태조 왕건에 대한 설명이다.

문제 및 키워드 분석
고려의 경제와 정치가 통합되어 나온 문제이다. (가)는 **처음으로 전시과 제정**이라는 키워드를 통해서 고려 5대 왕 경종 때이고, (나)는 **역분전 제정**이라는 키워드를 통해서 고려 태조 왕건임을 알 수 있고, (다)는 **쌍기 · 과거** 등의 키워드를 통해서 고려 4대 왕 광종 때임을, (라)는 **12목 제도를 시행**이라는 키워드를 통해서 고려 6대 왕 성종 때임을 알 수 있다. 이처럼 순서 나열형 문제를 물어볼 때는 여러 분야의 사실을 통합해서 물어보는 경우도 있기 때문에 국왕의 업적을 중심으로 정리를 해 둘 필요가 있다.

정답 분석
④ (나) 고려 1대 왕 태조 → (다) 고려 4대 왕 광종 → (가) 고려 5대 왕 경종 → (라) 고려 6대 왕 성종

테마 18

고려의 통치 제도

1 중앙 통치 체제 국초에는 태봉의 관제를 답습했지만 성종 이후부터 정비

중서문하성	국정을 총괄하는 최고 관서, 최고 장관은 **문하시중**, 재신과 낭사로 구성	
	재신	2품 이상, 백관 통솔 및 국가 주요 정책 심의·결정
	낭사(간관)	3품 이하, **간쟁·봉박·서경권 보유** ➡ 정치의 잘잘못 비판(권력 견제)
중추원	추밀(군사 기밀)과 승선(왕명 출납)으로 구성	
상서성	실제 정무 집행 기관, 산하에 6부를 둠	
6부	이·병·호·형·예·공부로 나누어 실제 정무 분담	
✦도병마사	·국방 등 대외 문제 담당 ·원 간섭기(충렬왕) 때 도평의사사(도당)로 개칭되면서 최고 기관으로 자리매김	
식목도감	법이나 각종 격식을 논의	
어사대	관리 감찰·서경·간쟁·봉박 등을 담당 ➡ **낭사와 함께 대간**✦이라 불림	
삼사	화폐와 곡식의 출납 및 회계 담당	
한림원	왕명 기록, 외교 문서 작성, 서적 편찬 등	

2 지방 행정 구역 현종 때 완성, ① 이원적 구성(5도/양계) ② 불완전한 중앙 집권

5도	·각 도에는 안찰사 파견하고 주·군·현에는 지방관을 파견 ➡ **안찰사가 지방관 감찰** ·**지방관이 파견된 군현(주현)과 파견되지 않은 속현으로 나뉨**
양계	·국경 지대에 설치한 군사 행정 구역 ·도(道)와는 다르게 안찰사 대신 병마사를 파견
향·부곡·소	·**향·부곡·소 등 특수 행정 구역을 설치** ➡ 주로 향과 부곡은 농업, 소는 수공업 ·일반 군현민에 비해 천대받음(무거운 세금, 차별) ➡ 조선 시대 때 완전히 소멸

3 고려의 군사 조직

(1) **중앙군**: 국왕의 친위 부대인 2군(응양군, 용호군)과 6위로 구성

(2) **지방군**: 주현에는 주현군(예비군 성격), **국경 지대인 양계에는 주진군을 설치**

4 고려의 관리 등용 제도

(1) 과거 제도
　① 종류 고려는 무과 실시 안됨
　　㉠ 문과: 제술과(문학적 재능), 명경과(유교 경전 이해)로 나뉨
　　㉡ 잡과: 의학·천문·지리·법률 등 실용 기술 시험
　　㉢ 승과: 승려 대상으로 시험
　② 좌주와 문생: 과거를 주관하는 지공거(좌주)와 합격생(문생) 간의 유대 관계 형성

(2) 음서 제도
　① 특징: 5품 이상 관리의 자제✦를 대상으로 과거를 거치지 않고 관직 진출 가능
　② 영향: 공음전과 함께 귀족 특권 유지와 세습에 기여

💡 **재추 회의 기구**
도병마사와 식목도감은 재신과 추밀의 주요 고관들이 모여서 국가의 중대사를 정했다. 고려만의 독자성이 드러나는 기구들이다.

✦ **대간**
낭사를 간관, 어사대의 관리를 대관이라 불렀으며 이를 통칭하여 대간이라고 불렀다. 서경, 간쟁 등을 통해 권력을 견제하였다.

△ 고려 지방 행정 제도

💡 **고려의 군인**
고려 초 직업 군인들은 중방이라는 기구에서 주요 정무를 회의했다. 이들은 나라로부터 군인전을 지급받았다.

💡 **과거제 응시 자격**
고려는 법제적으로 양인 이상이면 응시가 가능했지만, 향·소·부곡의 주민이나 노비는 응시가 불가능했다.

✦ **음서의 혜택 범위**
음서의 혜택은 보통 자신의 자식에게만 부여되었지만, 관직이 높을 경우 사위·조카·외손자 등에 적용되기도 하였다.

테마 18 문항별 빅데이터 분석 🎁

제도사는 각 제도의 특징을 비교적 자세하게 물어보는 경우가 많기 때문에 특징을 명확히 정리하는 것이 중요하다. 주로 중앙 통치 제도가 많이 나오는 편이지만 나머지 주제들도 간간이 출제되고 있다. 특히 최근 들어서는 여러 시대를 묶어서 시대 통합형으로 묻는 경우도 등장하고 있다.

01
●60회 12번

㉠~㉤ 기구에 대한 설명으로 옳은 것은? [2점]

인물의 생애로 보는 고려의 정치 기구

윤관

- 출생년 미상
- 1095년 ㉠ <u>상서성</u> 좌사낭중
- 1101년 ㉡ <u>추밀원(중추원)</u> 지주사
- 1102년 ㉢ <u>어사대</u> 어사대부
- 1103년 ㉣ <u>한림원</u> 학사승지
- 1108년 ㉤ <u>중서문하성</u> 문하시중
- 1111년 별세

① ㉠ – 학술 기관으로 경연을 관장하였다.
② ㉡ – 실록을 보관하고 관리하는 업무를 맡았다.
③ ㉢ – 관리의 비리를 감찰하고 풍기를 단속하였다.
④ ㉣ – 수도의 치안과 행정을 주관하였다.
⑤ ㉤ – 화폐와 곡식의 출납에 대한 회계를 담당하였다.

문제 및 키워드 분석

윤관의 일대기를 통해서 고려 중앙 통치 기구의 특징을 묻는 문제였다.

정답 분석

③ 고려의 대표적인 감찰 기구로 어사대가 있었다. 어사대의 관원을 대관이라 했고 비슷한 업무를 수행하던 중서문하성의 낭사를 간관이라 했는데, 이 둘을 합쳐 대간이라고 불렀다.

선지 분석

① 조선 홍문관에 대한 설명이다. 경연은 고려 시대 때부터 존재했지만 본격적으로 제도화된 것은 조선 시대부터이다.
② 조선 춘추관에 대한 설명이다.
④ 조선 한성부에 대한 설명이다.
⑤ 고려 삼사에 대한 설명이다.

02
●41회 16번

(가), (나) 제도에 대한 설명을 옳은 것을 〈보기〉에서 고른 것은? [2점]

> (가) 제술업·명경업의 두 업(業)과 의업·복업(卜業)·지리업·율업·서업·산업(算業) …… 등의 잡업이 있었는데, 각각 그 업으로 시험을 쳐서 벼슬길에 나아가게 하였다.
> – 『고려사』
>
> (나) 무릇 조상의 공로[蔭]로 벼슬길에 나아가는 자는 모두 나이 18세 이상으로 제한하였다.
> – 『고려사』

〈보 기〉

ㄱ. (가) – 재가한 여자의 자손은 응시에 제한을 받았다.
ㄴ. (가) – 향리의 자제가 중앙 관직으로 진출하는 통로가 되었다.
ㄷ. (나) – 후주 출신 쌍기의 건의로 시작되었다.
ㄹ. (나) – 사위, 조카, 외손자에게 적용되기도 하였다.

① ㄱ, ㄴ
② ㄱ, ㄷ
③ ㄴ, ㄷ
④ ㄴ, ㄹ
⑤ ㄷ, ㄹ

문제 및 키워드 분석

(가)는 **제술업·명경업** 등의 키워드를 통해서 고려의 과거제임을, (나)는 **조상의 공로** 등의 키워드를 통해서 음서제임을 알 수 있다.

정답 분석

ㄴ. 무신 집권기가 시작되면서 기존의 중앙에 자리 잡고 있던 문신들이 죽임을 당하자 그 빈자리를 채우기 위해 지방 향리의 자제들이 과거를 통해서 대거 중앙 관직으로 진출하였다.
ㄹ. 음서제의 경우 자신의 품계가 높으면 아들뿐만 아니라 사위, 조카, 외손자 등으로 혜택의 범위가 넓어졌다.

선지 분석

ㄱ. 조선 시대의 과거제에 대한 설명이다. 고려 시대 과거제는 이러한 제한이 존재하지 않았다.
ㄷ. 음서제가 아니라 과거제에 대한 설명이다.

문벌 귀족 사회와 대외 관계(거란·여진)

1 문벌 귀족 사회의 성립

✦ 문벌
문벌들은 음서·과거 제도와 공음전을 통해서 관직을 세습하고 경제적 기반을 마련하였다.

(1) 문벌✦ 귀족
　① 특징: 여러 대에 걸쳐서 고관 배출 ➡ 일부는 왕실과 혼인으로 가문 지위 세습
　② 가문: 경원 이씨(이자겸), 경주 김씨(김부식) 등

(2) 중기 주요 국왕

현종	5도·양계·경기의 지방 제도 확립, 도병마사 설치, 거란의 2·3차 침입 격퇴
문종	경정 전시과 실시, 최충의 문헌공도 ➡ 사학 12도 유행(관학 위축)
숙종	별무반 조직, 의천이 천태종 개창, 화폐 발행(삼한통보·해동통보 등) ┐➡ 도서관
예종	윤관의 별무반이 여진 정벌 ➡ 동북 9성 설치, 관학 진흥책(7재·청연각·양현고 설치 등)
인종	이자겸과 묘청의 난 발발, 교육 제도 정비(경사 6학) ┘➡ 장학재단

2 문벌 귀족 사회의 모순

(1) 이자겸의 난(1126) ┌➡ 경원 이씨 가문
　① 배경: 왕의 외척인 이자겸 일파가 정권 장악
　② 전개: 인종이 이자겸 제거 시도 ➡ 이자겸과 척준경이 난을 일으킴(십팔자 위왕설)
　　➡ 이지겸과 척준경의 불화 ➡ 척준경이 이자겸 제거 후 인종이 척준경 제거
　③ 결과: 지배층 분열 심화, 문벌 귀족 사회의 붕괴 촉진

★★(2) 묘청의 서경 천도 운동(1135)
　① 배경: 이자겸 난으로 왕권 실추, 금의 사대를 이자겸이 수용하며 지배 세력 분열
　② 전개

서경파	•묘청·정지상 중심, 풍수지리설 내세워 서경 천도 주장 → 서경에 대화궁 건설 •칭제건원과 금국정벌 주장 → 주로 고구려 계승 의식을 지님
개경파	•김부식 등, 금과 사대관계 유지, 서경 천도 반대 •유교적·보수적 성격, 주로 신라 계승 의식을 지님

　③ 전개 및 결과: 서경 천도 실패 ➡ 국호를 대위국, 연호를 천개라 하면서 반란 일으킴
　　➡ 김부식이 이끄는 관군의 공격으로 진압

묘청과 서경파
묘청 등이 왕에게 말하기를, "신들이 보건대 서경의 임원역은 **음양가들이 말하는** 대화세이니 만약 이곳에 궁궐을 세우고 옮기시면 천하를 병합할 수 있을 것이요, 금나라가 공물을 바치고 스스로 항복할 것이며, 36개 나라들이 모두 신하가 될 것입니다."라고 하였다.
　　－「고려사」

✦ 신채호의 묘청의 난 평가
일제 강점기의 역사학자인 신채호는 묘청의 난이 실패로 돌아가면서 우리나라의 자주적 기풍이 꺾이고 사대주의가 자리 잡게 되었다며 김부식을 맹비난하였다.

신채호의 묘청의 난 평가✦
묘청의 천도 운동에 대하여 역사가들은 단지 왕사가 반란한 적을 친 것으로 알았을 뿐인데, 이는 근시안적인 관찰이다. 그 실상은 **낭가(郎家)**와 불교 양가 대 유교의 **싸움**이며, 진취 사상 대 보수 사상의 싸움이니, 묘청은 전자의 대표요 김부식은 후자의 대표였던 것이다. … 만약 김부식이 패하고 묘청이 이겼더라면, 조선사가 독립적, 진취적으로 진전하였을 것이니 이것이 어찌 **일천년래 제일대 사건**이라 하지 아니하랴. －「조선사연구초」

3 고려의 대외 관계

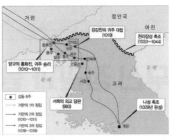

★★(1) 거란

① 초기: 북진 정책에 따른 대립 ➡ **만부교 사건⁺**(태조), 거란 침입 대비하여 광군 조직(정종)

② 침입

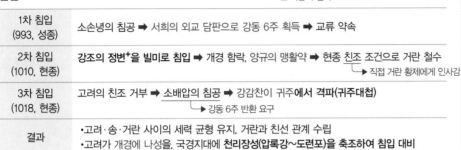
△ 거란의 침략

1차 침입 (993, 성종)	소손녕의 침공 ➡ 서희의 외교 담판으로 강동 6주 획득 ➡ 교류 약속
2차 침입 (1010, 현종)	**강조의 정변⁺을 빌미로 침입** ➡ 개경 함락, 양규의 맹활약 ➡ 현종 <u>친조</u> 조건으로 거란 철수 └➤ 직접 거란 황제에게 인사감
3차 침입 (1018, 현종)	고려의 친조 거부 ➡ <u>소배압의 침공</u> ➡ 강감찬이 귀주에서 격파(귀주대첩) └➤ 강동 6주 반환 요구
결과	• 고려·송·거란 사이의 세력 균형 유지, 거란과 친선 관계 수립 • 고려가 개경에 나성을, 국경지대에 **천리장성(압록강~도련포)을 축조**하여 침입 대비

소손녕과 서희의 담판

소손녕: 너희 나라는 신라 땅에서 일어났고 고구려의 옛 땅을 우리가 소유하고 있거늘, 너희 나라가 고구려의 옛 땅을 자주 침식할 뿐 아니라 우리 거란과 국경을 접하고 있으면서 바다를 건너 송나라만 섬기기 때문에 오늘의 출정을 보게 된 것이니 이제 만일 그 땅을 할양하고 조공을 바치면 무사할 것이다.

서희: 그것은 틀린 말이다. 우리는 고구려 옛 땅을 터전으로 하고 있어서 나라 이름도 고려라 하였고, 평양을 서경이라 한 것이다. 더욱이 압록강 내외의 땅도 지금은 여진이 잠식하여 당신 나라와 통교하지 못한 것이다. 만약 여진을 쫓는다면 어찌 감히 통교를 하지 않겠는가. ─ 「고려사」

귀주 대첩

거란이 군사를 돌려 연주·위주에 이르자 강감찬 등이 숨었다가 공격하여 500여 급을 베었다. 아군이 기세를 타고 맹렬하게 공격하니 거란군이 패하여 달아났다. 거란군의 시신이 들판에 널렸고, 사로잡은 포로와 획득한 말·낙타·갑옷·무기는 헤아릴 수 없이 많았다. ─ 「고려사」

★★(2) 여진

① 초기: 국경 지대에 여진족이 부족 단위로 존재 ➡ 회유 및 귀순책 펼침

② 숙종: 여진 세력이 강성해짐 ➡ 윤관이 별무반 조직⁺(신기군·신보군·항마군)

③ 예종: 윤관이 별무반을 이끌고 여진족 몰아내고 동북 9성 축조(1107) ➡ 1년 만에 반환

④ 인종: 여진이 거란 멸망시키고 금 건국 ➡ 고려에 군신 관계 요구 ➡ **이자겸이 수용**
└➤ 정권 유지 목적

윤관의 별무반 설립 건의

적(賊)에게 패한 까닭이 '그들은 기병인데 우리는 보병이라 대적할수 없었다.'라는 상소에 따라 비로소 이 부대가 설립되었다. …… 무릇 말을 가진 자를 신기군으로 삼았다. 20살 이상 남자들로 거자(擧子)가 아니면 모두 신보군에 속하게 하였다. …… 승려를 뽑아서 항마군으로 삼아 다시 군사를 일으키고자 하였다. ─ 「고려사」

동북 9성의 축조

윤관이 여진을 평정하고 9성을 새로 쌓았다 하여 하례하는 표를 올렸고, … 공험진에 비를 세워 경계로 삼았다. … 여진이 이미 그 소굴을 잃자 보복하고자 맹세하며, 땅을 돌려 달라는 것을 빌미로 여러 추장들이 해마다 와서 다투었다. … 왕이 여러 신하들을 모아 의논하여 끝내 9성을 여진에게 돌려 주었다. ─ 「고려사」

✦ 만부교 사건

고려가 삼국을 통일하자 거란이 고려와 친하게 지내기 위해 사신을 보내 낙타 50마리를 선물로 보냈다. 그러나 왕건은 발해를 멸망시킨 거란과는 친하게 지낼 수 없다며 사신을 죽이고 낙타는 만부교라는 다리 아래에 거꾸로 매달아 죽인 사건이다.

✦ 강조의 정변

목종의 어머니와 김치양이 불륜을 저지르고 왕위를 엿보자, 강조가 군사를 일으켜 김치양 일파를 제거하고 목종 대신 현종을 옹립한 사건이다.

✦ 별무반 조직

여진을 정벌하기 위해 윤관이 조직한 부대로, 기병 위주로 조직하였다.

테마 20

무신 정권과 몽골의 침략

1 무신 정권의 성립과 몰락

(1) 무신 정변(1170)
   ① 배경: 문벌 사회의 모순, 무신에 대한 차별 대우 ➡ 불만 누적
   ② 전개: 정중부, **이의방 등이 보현원에서 정변** ➡ 정중부가 이의방 등을 제거하고 집권
      ➡ 경대승이 정중부 제거하고 **도방** 설치 ➡ 경대승이 병사하자 천민 출신 이의민이 집권
      ➡ 이의민을 제거하고 최충헌이 집권

(2) 최씨 무신 정권
   ① 최충헌

봉사 10조[+] 제시	토지 겸병·조세 제도 개혁 등 주장 ➡ 실제로 지켜지지는 않음
교정도감 설치	최씨 정권의 **최고 집정 기구**, 장관인 교정별감은 최씨 가문이 세습
도방 부활	경대승이 설치한 도방을 부활시켜 군사적 기반으로 삼음

   ② 최우

기구 설치	•정방: 모든 관직의 인사권 담당, 자신의 개인 사저에 설치 ➡ 공민왕 때 폐지 •서방: 문인들의 숙위 기구 ➡ 고문 역할을 담당
삼별초 조직	•배경: 치안을 유지하던 야별초에서 유래 •조직: 좌별초·우별초·신의군으로 조직 •특징: 최씨 무신 정권의 군사적 기반 ➡ **몽골에 맞서 진도와 제주도로 근거지 옮기며 항쟁**
대몽 항쟁	강화 천도, 대장도감 설치 ➡ **팔만대장경 조판**

(3) 무신 정권의 몰락[+]: 몽골의 지원 속에 원종이 개경 환도를 단행하면서 무신 정권 붕괴(1270)

> **최충헌의 봉사 10조 건의**
> 최충헌이 동생과 함께 봉사(封事)를 올리기를 "살펴보건대 적신 이의민은 성품이 사납고 잔인하여 윗사람을 업신 여기고 아랫사람을 능멸하여 임금의 자리를 흔들고자 하였습니다. 원컨대 폐하께서는 옛 것을 개혁하고 새로운 것을 도모하셔서 태조의 바른 법을 한결같이 따라 이를 행하여 빛나게 중흥하소서."라고 하였다. － 「고려사」
>
> **정방**
> 고종 12년, … 이때부터 최우는 **정방**을 자기 집에 설치하고 문사를 선발하여 여기에 소속시켰으니, 이를 비칙치라고 불렀다. － 「고려사」

(4) 무신 집권기 사회 동요
   ① 반(反)무신란
      ㉠ **김보당의 난**(1173): 의종 복위를 주장하며 봉기, 최초의 반무신란
      ㉡ **조위총의 난**(1174): 정중부 정권 타도를 주장하며 봉기

> **김보당의 난**
> 동북면 병마사 간의대부 김보당이 동계(東界)에서 군사를 일으켜 …… 전왕(前王)을 복위시키고자 하였다. …… (김보당은) 장순석 등을 거제로 보내 전왕을 받들어 계림에 모시게 하였다. － 「고려사」
>
> **조위총의 난**
> 서경 유수 조위총이 군사를 일으켜 …… 동북 양계(兩界)의 여러 성들에 격문을 보내어 사람을 모았다. 겨울 10월 기미일에 중서시랑평장사 윤인첨을 보내 삼군(三軍)을 거느리고 조위총을 공격하게 하였다. － 「고려사」

✦ 봉사 10조(일부)
•농민으로부터 빼앗은 토지는 돌려줄 것
•선량한 관리 등용
•탐관오리 징벌
•관리 사치 금지
•함부로 사찰 건립 금지

◎ 무신 집권기 핵심기구
•중방: 정중부·이의민 집권기
•도방: 경대승 집권기
•교정도감: 최충헌 집권기
•정방: 최우 집권기

✦ 무신 정권의 몰락
마지막 최씨 집권기 인물이었던 최의가 사망하면서 무신 정권은 급속도로 쇠퇴하게 되었다. 이후 김준, 임연, 임유무 등이 차례로 집권하였다.

◎ 집권기 여러 난
•정중부(1170~1179)
 → 김보당·조위총·망이·망소이의 난
•이의민(1183~1196)
 → 김사미·효심의 난
•최충헌(1196~1219)
 → 만적의 난 등

② 민란✦

망이·망소이의 난(1176)	공주 명학소의 백성들이 가혹한 수탈에 저항하여 봉기
김사미·효심의 난(1193)	운문과 초전 일대에서 신라 부흥을 외치며 봉기
만적의 난(1198)	최충헌의 관노였던 만적이 반란을 도모

망이·망소이의 난

망이 등이 … "**이미 우리 고향을 현(충순현)으로 승격시킨 후 수령을 두어 무마하게 하고 나서 그 길로 군대를 동원하여 토벌**하고 내 어머니와 처를 잡아 가두니, 그 뜻이 어디에 있는가. 차라리 칼날 아래 죽을지언정 결코 항복하여 포로가 되지는 않을 것이며 반드시 개경에 이르러 복수한 뒤에야 그치겠다." -「고려사」

만적의 난

"**경계의 난 이래로 공경대부가 천한 노예들 가운데서 많이 나왔다. 장수와 재상의 씨가 따로 있는 것이 아니다.** 때가 오면 누구나 할 수 있는 것이다. 우리들 노비만이 어찌 매질 밑에서 고생하라는 법이 있는가. 우리들도 최충헌을 죽인 후 이어 각각 그 주인들을 죽인 후 노비 문서를 불살라 삼한에서 천인을 없애자." -「고려사」

2 몽골의 침략과 저항

(1) 몽골의 침입

① 1차 침입(1231)

㉠ 배경: 사신 **저고여 피살 사건** ➡ 몽골의 침입

㉡ 전개: 귀주에서 박서 등 항쟁

② 2차 침입(1232)

㉠ 배경: 1차 침입 이후 **고려가 강화도로 천도** ➡ 몽골의 재침입

㉡ 전개: 김윤후가 처인성 전투에서 몽골 장수 살리타를 사살

김윤후의 활약

김윤후는 고종 때 사람이다. (그는) 일찍이 승려가 되어 백현원에 살았는데 몽골병이 오자 처인성으로 난을 피하였다. 몽골의 원수(元帥) 살례탑이 와서 처인성을 공격하자 김윤후가 그를 활로 쏴 죽였다. 왕이 그 공을 가상히 여겨 상장군을 제수하였으나 …… 굳이 사양하고 받지 않았다. 이에 (훨씬 낮은 계급인) 섭낭장(攝郎將)으로 고쳐 제수하였다. -「고려사」

③ 이후

㉠ 몽골은 이후 6차까지 침입 ➡ **황룡사 9층 목탑, 초조대장경** 등 많은 문화재 소실

㉡ **최우**에 의해 **팔만대장경** 조판 시작

(2) 개경 환도와 삼별초의 저항

① 개경 환도: 몽골의 지원을 받은 원종이 개경 환도 단행 ➡ 무신 정권의 붕괴

② 삼별초의 저항✦(1270~1273)

㉠ 배경: 대몽 항쟁을 주도하던 삼별초가 몽골과의 강화에 불만 품고 반란

㉡ 과정: 승화후 온을 왕으로 추대하여 **진도·제주도** 등으로 근거지를 계속 옮기며 항쟁

㉢ 결과: 여·몽 연합군의 공격으로 진압

✦ 민란
이 외에도 이 시기에는 최광수의 고구려 부흥 운동, 이연년 형제의 백제 부흥 운동 등이 일어나기도 했다.

몽골과 고려
두 나라는 접점이 없었으나, 몽골군에 쫓기던 거란이 고려로 쳐들어오자 이를 합심해서 물리치는 과정에서 처음으로 교류하게 되었다.

✦ 삼별초의 저항
배중손이 진도에서, 김통정이 제주도에서 항쟁하였다.

원 간섭기와 공민왕 & 대외 관계

1 원의 내정 간섭

(1) 주요 내정 간섭 정책

관제 개편	부마국 체제	고려 국왕이 원나라 공주와 결혼 ➡ 원 황제의 부마로 격하
	호칭 격하	• 왕실 용어: 조·종 ➡ 왕 / 짐 ➡ 고 / 폐하 ➡ 전하 / 태자 ➡ 세자 • 관직 체제: 중서문하성·상서성 ➡ 첨의부 / 중추원 ➡ 밀직사
내정 간섭 기구	정동행성	일본 원정✦을 위해 설치 ➡ 실패 이후에도 남아서 연락 기구로 기능
	다루가치	총독을 의미 ➡ 감찰관으로 파견하여 내정 간섭 및 공물 징수 감독
영토 상실		동녕부·탐라총관부·쌍성총관부를 설치하여 영토 강탈
자원 수탈		응방 설치(매 징수), 각종 자원 수탈, 결혼도감 설치하여 공녀 차출
문화 변동	몽고풍	몽고의 문화인 소주, 변발, 호복, 연지곤지 등이 유래
	고려양	고려 풍습이 몽골에도 전래
	기타	공녀 차출에 따른 조혼 풍습 유행

✦ **일본 원정**

원나라는 정동행성을 설치하고 고려 병사까지 동원하여 2차례에 걸쳐 여·몽 연합군을 꾸려 일본 정벌에 나섰지만 모두 태풍을 만나 실패하였다. 고려의 장수로는 김방경 등이 참여하였다.

(2) 권문세족의 등장

① 형성: 기존의 문벌 귀족 + 역관·응방 출신 + 원과 결탁하여 성장한 세력 등

② 폐단: 도평의사사 등 고위 관직 장악 ➡ 대규모 토지 점탈, 양민을 불법 노비화

2 반원 자주 정책

충렬왕	• 동녕부와 탐라총관부 반환 • 도병마사를 도평의사사로 개편하여 최고 관직으로 격상
충선왕	• 개혁기구로 **사림원** 설치, 소금 전매제 ➡ 의염창 설치하고 각염법 실시 • 북경에 **만권당** 설치(이제현 등이 원의 학자들과 교류)
충목왕	정치도감 설치

3 공민왕의 개혁 정책

△ 쌍성총관부 수복

(1) 반원 정책

① 친원 세력 제거: 기철✦ 등 친원 세력 숙청, **정동행성 이문소 폐지**

② 반원 자주 정책: 관제 복구, 원나라 연호와 **변발·호복 등 폐지**

③ 영토 수복: 쌍성총관부 수복, 요동 공략(최영·이성계 등 활약)

✦ **기철**

원나라 황제의 황비가 된 기황후의 오빠로, 원 황실의 권세를 등에 업고 고려에서 권력을 휘둘렀다.

✦ **전민변정도감**

권문세족의 경제적 기반이었던 토지와 노비를 빼앗기 위해 설치한 기구이다.

(2) 왕권 강화 정책

① 전민변정도감✦ 설치: 신돈 등용 ➡ 권문세족이 불법적으로 차지한 토지와 노비 환원

② **정방 폐지**: 인사 행정 기구인 정방을 폐지

③ 교육·과거 제도 정비: 성균관을 유학 교육 기관으로 개편, 과거 제도 정비

(3) 개혁의 실패: 권문세족의 반발, 신진 사대부의 세력 미약 등으로 실패

🔎 **노국 대장 공주**

공민왕의 부인이다. 공민왕은 노국 대장 공주가 죽자 한동안 식음을 전폐했다고 한다.

> **공민왕의 개혁**
>
> 왕이 원의 제도를 따라 변발을 하고 호복(胡服)을 입고 전상(殿上)에 앉아 있었다. 이연종이 말하기를, "**변발과 호복은 선왕(先王)의 제도가 아니옵니다. 원컨대 전하께서는 본받지 마소서.**"라고 하니, 왕이 기뻐하며 즉시 변발을 풀어 버렸다.
>
> – 『고려사』

4 고려 후기 대외 관계와 멸망

(1) 신진 세력의 성장

신진 사대부✦	• 배경: 지방 향리 출신으로 과거제를 통해 관직 진출 ➡ 공민왕 때 크게 성장 • 특징: 성리학 수용, 권문세족의 비리 비판
신흥 무인 세력	왜와 홍건적의 침입 등을 격퇴하면서 등장, 최무선·이성계 등이 활약

(2) 대외 관계

① 홍건적의 난

㉠ 1차(1359): 홍건적이 서경으로 침입했으나 격퇴

㉡ 2차(1361): 개경 함락 및 공민왕 피난(안동) ➡ 이성계 등이 격퇴

② 왜구

㉠ 침략: 왜구들이 내륙까지 침략

㉡ 대응

우왕 시기	황산 대첩	이성계가 황산에서 왜구 격퇴
	진포 대첩	최무선이 화포를 활용하여 진포에서 왜구 격파
	관음포 해전	정지가 관음포에서 왜구를 상대로 대승을 거둠
창왕	대마도 정벌	박위가 이끄는 부대가 대마도를 정벌(창왕)

> **진포 해전**
>
> 왜구가 배 500척을 이끌고 **진포 입구**에 들어와서는 큰 밧줄로 배를 서로 잡아매고 병사를 나누어 지키다가, 해안에 상륙하여 여러 고을로 흩어져 들어가 불을 지르고 노략질을 자행하였다. …… 나세, 심덕부, 최무선 등이 진포에 이르러, **최무선이 만든 화포를 처음으로 사용**하여 그 배들을 불태우자 연기와 화염이 하늘을 가렸다.
>
> – 「고려사」

✦ (3) 멸망

① 위화도 회군(1388)

㉠ 배경: 명의 철령위 설치 및 영토 반환 요구 ➡ 최영이 요동 정벌 단행 ➡ 이성계의 반대(4불가론)에도 불구하고 요동 출병

㉡ 전개: 요동 정벌에 반발한 이성계가 위화도에서 회군**하여 최영을 비롯한 반대파 제거** ➡ 우왕을 폐위하고 창왕을 옹립(1388)

> **이성계의 4불가론**
>
> "내(우왕)가 요동을 공격하고자 하니, 경은 마땅히 힘을 다하라." 태조는 대답하기를, "지금 정벌하는 것에 네 가지 불가한 점이 있습니다. 소(小)로서 대(大)를 거역하는 것이 첫째 불가한 것이고, 농사철에 군사를 일으킴이 둘째 불가한 것이며, 요동을 공격하게 되면 왜구에게 침입할 틈을 주게 되는데 이 점이 셋째 불가한 것입니다. 게다가 지금은 여름철이라서 비가 자주 내리므로 아교가 녹아 활이 눅고, 군사들은 질병을 앓을 것입니다. 이 점이 넷째 불가한 것입니다."라고 하니, 우왕은 그 말을 옳다고 여겼다.   – 「태조실록」

② 신진 사대부 분열✦: 신진 사대부가 온건파(왕조 유지)와 급진파(새 왕조 건국)로 나뉨

③ 과전법 실시(1931): 신진 사대부의 경제적 기반 마련

④ 조선 건국(1392): 정도전·이방원 등 급진파 세력이 <u>온건파 제거</u> ➡ 공양왕 폐위하고 조선 건국
   ↳ 이방원에 의해 정몽주 피살

PART **3**

✦ 신진 사대부

공민왕 때를 전후하여 등장한 신진 세력으로, 성리학을 사상적 기반으로 삼아 불교와 권문세족 등 당대의 폐단 세력들을 비판하였다.

⚲ 흥왕사의 변

권문세족 김용 등이 공민왕 일행(당시 홍건적의 난 때문에 안동으로 피난갔던 공민왕이 개경으로 돌아옴)을 개경 흥왕사에서 암살 시도한 사건이다.

✦ 신진 사대부 분열

신진 사대부는 정몽주·이색 등을 중심으로 하는 온건파 사대부와 조준·정도전 등을 중심으로 하는 혁명파 사대부로 분열하였다. 온건 사대부의 핵심인물인 정몽주가 이방원에 의해 피살되면서 조선이 건국되었다.

고려의 중기~후기 정치는 통합적으로 시간의 순서를 묻는 문제 유형, 거란·여진·몽고에 대한 고려의 대응을 묻는 유형, 이민족에 대한 항쟁을 묶어서 시간 순서로 묻는 유형, 원 간섭기의 사회 모습과 공민왕의 반원 정책 등이 전통적으로 자주 출제되고 있다. 최근에는 무신 집권기 민란도 자주 출제되는 편이다.

01
●61회 12번

밑줄 그은 '이 사건'이 일어난 시기를 연표에서 옳게 고른 것은? [2점]

문학으로 만나는 한국사

비 개인 긴 언덕에는 풀빛이 푸른데
남포에서 님 보내며 슬픈 노래 부르네
대동강 물은 그 언제 다할 것인가
이별의 눈물 해마다 푸른 물결에 더하는 것을

이 시의 제목은 '송인(送人)'으로, 고려 시대의 문인 정지상이 서경을 배경으로 지은 작품이다. 서경 출신인 그는 묘청 등과 함께 수도를 서경으로 옮길 것을 주장하였다. 이로 인해 개경 세력과 정치적으로 대립하던 중 이 사건이 일어나자 김부식에 의해 죽임을 당하였다.

	918	1019	1126	1270	1351	1392
		(가)	(나)	(다)	(라)	(마)
	고려 건국	귀주 대첩	이자겸의 난	개경 환도	공민왕 즉위	고려 멸망

① (가) ② (나) ③ (다) ④ (라) ⑤ (마)

문제 및 키워드 분석
묘청, 김부식, 정지상 등의 키워드를 통해서 묘청의 난임을 알 수 있다. 묘청의 난은 고려 중기를 대표하는 역사적 사건인 만큼 자세히 알아둘 필요가 있다.

정답 분석
③ 묘청의 난은 인종 때인 1135년에 일어났기 때문에 (다) 시기에 속한다.

02
●55회 13번

(가), (나) 사이의 시기에 있었던 사실로 옳은 것은? [2점]

(가) 왕이 서경에서 안북부까지 나아가 머물렀는데, 거란의 소손녕이 봉산군을 공격하여 파괴하였다는 소식을 듣자 더 가지 못하고 돌아왔다. 서희를 보내 화의를 요청하니 침공을 중지하였다.

(나) 강감찬이 수도에 성곽이 없다 하여 나성을 쌓을 것을 요청하니 왕이 그 건의를 따라 왕가도에게 명령하여 축조하게 하였다.

① 사신 저고여가 귀국길에 피살되었다.
② 화통도감이 설치되어 화포를 제작하였다.
③ 강조가 정변을 일으켜 목종을 폐위시켰다.
④ 나세, 심덕부 등이 진포에서 왜구를 물리쳤다.
⑤ 공주 명학소에서 망이·망소이가 난을 일으켰다.

문제 및 키워드 분석
(가)는 **소손녕·서희** 등의 키워드를 통해서 성종 때 있었던 거란의 1차 침입(993)임을 알 수 있고, (나)는 **강감찬**이라는 키워드를 통해서 현종 때 있었던 거란의 3차 침입(1018)임을 알 수 있다. 따라서 이 사이에 있었던 역사적 사실을 고르면 된다.

정답 분석
③ 강조의 정변은 거란의 2차 침입 직전인 1009년에 일어난 역사적 사실이다. 이 난을 구실로 거란이 2차 침입을 강행하였다.

선지 분석
① 저고여 피살 사건은 1225년에 일어난 사건으로, 몽골의 침입과 관련 있다.
② 화통도감은 고려 후기인 1377년에 최무선의 건의로 설립되었다.
④ 진포해전은 고려 후기인 1380년에 일어났다.
⑤ 망이·망소이의 난은 무신 집권기인 1176년에 일어났다.

03

(가)에 대한 고려의 대응으로 옳은 것은?　　　　[2점]

> 현종 2년에 [(가)]의 군주가 크게 군사를 일으켜 정벌하러 오자 왕이 남쪽으로 피란하였는데, [(가)] 군대는 여전히 송악성에 주둔하고 물러가지 않았습니다. 이에 현종이 여러 신하와 함께 더할 수 없는 큰 바람을 담아 대장경판을 새겨서 완성할 것을 맹세한 뒤에야 적의 군대가 스스로 물러갔습니다.
>
> – 『동국이상국집』

① 처인성에서 살리타를 사살하였다.

② 박위를 파견하여 근거지를 토벌하였다.

③ 개경을 방어하기 위해 나성을 축조하였다.

④ 삼수병으로 구성된 훈련도감을 설치하였다.

⑤ 강화도로 도읍을 옮겨 장기 항전을 준비하였다.

문제 및 키워드 분석
현종의 피란, 대장경판 등의 키워드를 통해서 거란의 2차 침입 당시의 상황임을 알 수 있다. 따라서 (가)는 거란이다. 대장경판을 제작한 것은 몽골뿐만 아니라 거란의 침입 때도 있었던 사실이기 때문에 헷갈리면 안 되는 문제이다.

정답 분석
③ 고려는 거란의 3차례에 걸친 침입을 모두 물리친 다음 개경에는 나성을 축조하고 국경 일대에는 천리장성을 축조하여 외적의 침입을 막으려고 하였다.

선지 분석
①, ⑤ 몽골과 관련된 사실이다.

② 왜구와 관련된 사실이다.

④ 조선 시대 임진왜란 때 있었던 사실이다.

04

다음 상황 이후에 전개된 사실로 옳은 것은?　　　　[3점]

> 여진이 이미 그 소굴을 잃자 보복하고자 맹세하며, 땅을 돌려 달라는 것을 빌미로 여러 추장들이 해마다 와서 다투었다. …… 또 개척한 땅이 크고 넓어서 9성 사이의 거리가 아득히 멀고, 골짜기가 험하고 깊어서 적들이 여러 차례 매복하여 오고가는 사람들을 노략질하였다. …… 이때에 이르러 왕이 여러 신하들을 모아 의논하여 끝내 9성을 여진에게 돌려주었으며, 전쟁에 쓰이는 도구와 군량을 내지(內地)로 옮기고 그 성에서 철수하였다.
>
> – 「고려사」

① 강감찬이 귀주에서 외적을 격퇴하였다.

② 강조가 정변을 일으켜 왕을 폐위하였다.

③ 이자겸이 금의 사대 요구 수용을 주장하였다.

④ 서희가 외교 담판을 벌여 강동 6주를 회득하였다.

⑤ 부여성에서 비사성에 이르는 천리장성이 축조되었다.

문제 및 키워드 분석
9성, 여진 등의 키워드를 통해서 윤관이 여진을 몰아내고 축조한 동북 9성을 반환하는 상황과 관련된 사료임을 알 수 있다.

정답 분석
③ 동북 9성은 고려 예종 때, 이자겸의 사대 요구 수용은 인종 때의 사실이므로 이렇게 답을 찾는 것이 제일 무난하다. 또는 동북 9성을 돌려받은 이후 여진이 성장하여 금나라를 세우고 고려에 사대를 요구했는데 이를 이자겸이 수용하게 되었다는 스토리를 통해서 답을 찾아도 된다.

선지 분석
① 거란의 3차 침공에 대한 설명이다.

② 거란의 2차 침공과 관련된 이야기이다. 거란은 2차 침공을 할 때 강조가 정변을 일으켜 목종을 폐위한 것을 빌미로 삼아 침공을 하였다.

④ 거란의 1차 침공에 대한 설명이다.

⑤ 고구려가 축조한 천리장성에 대한 설명이다.

05

(가), (나) 사이의 시기에 있었던 사실로 옳은 것은? [2점]

(가) 동북면병마사 간의대부 김보당이 동계(東界)에서 군대를 일으켜, 정중부와 이의방을 토벌하고 전왕(前王)을 복위시키려고 하였다. …… 동북면지병마사 한언국이 장순석 등에게 거제(巨濟)로 가서 전왕을 받들어 계림에 모시게 하였다.

(나) 만적 등이 노비들을 불러 모아서 말하기를, "장군과 재상에 어찌 타고난 씨가 있겠는가? 때가 되면 누구나 할 수 있는 것이다."라고 하였다. …… 만적 등 100여 명이 체포되어 강에 던져졌다.

① 웅천주 도독 김헌창이 반란을 일으켰다.
② 최우가 인사 행정 담당 기구로 정방을 설치하였다.
③ 이자겸과 척준경이 반란을 일으켜 궁궐을 불태웠다.
④ 최충헌이 봉사 10조를 올려 시정 개혁을 건의하였다.
⑤ 김부식이 서경의 반란군을 진압하기 위해 출정하였다.

문제 및 키워드 분석
(가)는 **김보당**이라는 키워드를 통하여 무신 정권 초 정중부 집권기에 일어난 김보당의 난(1173)임을, (나)는 **만적**이라는 키워드를 통하여 최충헌 집권기에 일어난 만적의 난(1198)임을 알 수 있다. 따라서 이 사이에 일어난 사실을 고르면 된다.

정답 분석
④ 최충헌은 1196년 자신이 집권하자마자 왕에게 봉사 10조를 올려 개혁안을 제시하였다. 구체적인 연도로 암기하기에는 무리가 있으므로 흐름으로 알아두는 것이 좋다.

선지 분석
① 김헌창의 난은 통일 신라 하대에 일어난 역사적 사실이다.
② 최우는 최충헌의 아들이기 때문에 (나) 이후의 사실이다.
③ 이자겸의 난은 고려 인종 때 일어났기 때문에 (가) 이전이다.
⑤ 인종 때 일어난 묘청의 난에 대한 설명이다.

06

(가) 군사 조직에 대한 설명으로 옳은 것은? [1점]

① 최씨 무신 정권의 군사적 기반이었다.
② 거란의 침입에 대비하여 창설되었다.
③ 신기군, 신보군, 항마군으로 구성되었다.
④ 유사시에 향토 방위를 맡는 예비군이었다.
⑤ 옷깃 색을 기준으로 9개의 부대로 편성되었다.

문제 및 키워드 분석
진도, 배중손, 김통정 등의 키워드를 통해서 삼별초의 대몽항쟁과 관련된 것임을 알 수 있다. 따라서 (가)는 삼별초이다.

정답 분석
① 삼별초는 최우가 창설한 군사 부대로, 최씨 정권의 군사적 기반이 되었다.

선지 분석
② 고려 초 광종 때 편성된 광군에 대한 설명이다.
③ 여진에 대항하기 위해 편성된 별무반에 대한 설명이다.
④ 조선 시대의 군사 조직인 잡색군에 대한 설명이다.
⑤ 통일 신라의 군사 부대인 9서당에 대한 설명이다.

07

(가)~(다)를 일어난 순서대로 옳게 나열한 것은? [3점]

(가) 백관을 소집하여 금을 섬기는 문제에 대한 가부를 의논하게 하니 모두 불가하다고 하였다. 이자겸, 척준경만이 "사신을 보내 먼저 예를 갖추어 찾아가는 것이 옳습니다."라고 하니 왕이 이 말을 따랐다.

(나) 나세·심덕부·최무선 등이 왜구를 진포에서 공격해 승리를 거두고 포로 334명을 구출하였으며, 김사혁은 패잔병을 임천까지 추격해 46명을 죽였다.

(다) 몽골군이 쳐들어와 충주성을 70여 일간 포위하니 비축한 군량이 거의 바닥났다. 김윤후가 괴로워하는 군사들을 북돋우며, "만약 힘을 다해 싸운다면 귀천을 가리지 않고 모두 관작을 제수할 것이니 불신하지 말라."라고 하였다.

① (가) – (나) – (다)
② (가) – (다) – (나)
③ (나) – (가) – (다)
④ (나) – (다) – (가)
⑤ (다) – (가) – (나)

문제 및 키워드 분석
(가)는 **금을 섬기는 문제 · 이자겸**이라는 키워드를 통해서 인종 때 이자겸이 금의 사대를 받아들이는 상황을 묘사하고 있고(1126), (나)는 **최무선 · 진포**라는 키워드를 통해서 진포해전(1380)임을, (다)는 **충주성 · 김윤후**라는 키워드를 통해서 몽골의 6차 침입 당시 발생했던 충주산성 전투(1253)임을 알 수 있다. 연도를 일일이 암기할 필요는 없지만, 고려의 대외 관계가 대략 어떤 흐름으로 전개되었는지는 알고 있어야 풀 수 있는 문제이다.

정답 분석
② (가) 이자겸이 금의 사대 요구 수용(1126) → (다) 충주산성 전투(1235) → (나) 진포해전(1380)

08

밑줄 그은 '이 왕'의 재위 기간에 있었던 사실로 옳은 것은? [1점]

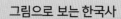

그림으로 보는 한국사 고려 시대

고려의 이 왕과 그의 부인인 노국 대장 공주를 그린 초상으로, 현재 국립 고궁 박물관에 소장되어 있다. 왕과 왕비가 서로 마주보듯 의자에 앉아 있는 모습으로 묘사되어 있는 점이 특징이다.

① 유인우, 이자춘 등이 쌍성총관부를 수복하였다.
② 나세, 심덕부 등이 진포에서 왜구를 격퇴하였다.
③ 좌별초, 우별초, 신의군의 삼별초가 조직되었다.
④ 서희가 외교 담판을 벌여 강동 6주를 회득하였다.
⑤ 명의 철령위 설치에 반발하여 요동 정벌이 추진되었다.

문제 및 키워드 분석
노국 대장 공주라는 키워드를 통해서 공민왕임을 알 수 있다. 노국 대장 공주는 공민왕의 부인이었다.

정답 분석
① 공민왕 때 원나라가 고려의 땅에 강제로 설치했던 쌍성총관부를 폐지하고 동북 지역을 수복하였다.

선지 분석
② 진포대첩은 우왕 때 최무선이 발명한 화포를 이용하여 승리를 거둔 전투이다.
③ 삼별초는 무신 집권기 때 최우가 조직한 군사 조직이다.
④ 강동 6주의 획득은 고려 성종 때 있었던 거란의 1차 침입과 관련이 있다.
⑤ 우왕 때 명이 고려의 동북 지역 일대에 철령위를 설치한다고 통보하자 이에 반발하여 요동 정벌이 추진되었다.

고려의 경제

1 고려의 경제

(1) 수취 제도: 조세(1/10 수취), 공물(토산물 부과), 역(군역과 요역)을 징발

(2) 토지 제도
① 역분전: **태조 때 개국 공신들에게 인품, 공로를 기준으로 토지 분급**(논공행상적 성격)
② 전시과[+]: 관리를 18등급으로 나누고 토지의 **수조권**[+]을 지급, 죽거나 관직에서 물러날 시 반납

	시정 전시과(경종, 976)	개정 전시과(목종, 998)	경정 전시과[+](문종, 1076)
대상	전·현직 관리	전·현직 관리	현직 관리
특징	관리의 인품과 관품(4색 공복)을 기준으로 지급	• 인품 배제 ➡ 관품만 고려 • 문관과 현직 우대	• 전체적 지급량 감소 • 무신 차별 개선

③ 고려 후기의 토지 제도
　㉠ 녹과전(1271): 관리들에게 줄 녹봉 보충 위해 경기 8현의 토지 지급(원종)
　㉡ **과전법**(1391): 권문세족의 토지 몰수 ➡ 수조권 재분배로 신진 사대부의 경제 기반 마련

2 고려의 경제생활

(1) 농업
① 농법[+] 발달: 소를 이용한 깊이갈이 ┌─► 심경법 일반화, 시비법의 발달(휴경지 감소), 2년 3작의 윤작법 보급
② 원의 영향: **고려 말에 이암이 『농상집요』 들여옴, 문익점이 목화 전래**

(2) 수공업: 전기는 관청 수공업·소(所) 수공업이 발달, 후기는 민간 수공업·사원 수공업 발달

(3) 상업
① 전기: 개경에 시전 설치 ➡ **경시서**[+]를 두어 시전 감독, 대도시에도 관영상점(서적점, 다점 등) 설치
② 후기: 시전 규모 확대, 소금 전매제 등 실시(국가의 재정 확보 위해서)
③ 화폐 정책 유통 실패
　㉠ 성종: 최초로 건원중보[+]를 주조 ➡ 금속화폐 유통 시도
　㉡ 숙종: **의천의 건의로 주전도감** 설치 ➡ 삼한통보·해동통보·활구(은병)[+] 등을 제작
　㉢ 공양왕: 최초의 지폐인 저화 제작
④ 대외 무역: 벽란도가 국제 무역항으로 발전 ➡ 아라비아 상인도 왕래(고려가 COREA로 불리게 됨)

고려의 화폐 유통

조서를 내려 이르기를, "금과 은은 국가의 보물인데, 근래에 간악한 백성들이 구리를 섞어 몰래 주조하고 있다. 지금부터 은병(활구)에 모두 표식을 새겨 이로써 영구한 법식으로 삼도록 하라. 어기는 자는 엄중히 논죄하겠다."라고 하였다. 이것은 은 1근으로 만들어졌는데, 모양은 우리나라의 지형을 본뜨도록 하였다.　　　　　　－『고려사』

왕 2년 교서를 내리기를, " … 짐은 선왕의 업적을 계승하여 장차 민간에 큰 이익을 일으키고자 주전하는 관청을 세우고 백성들에게 두루 유통시키려 한다. … 이제 금속을 녹여 돈을 주조하는 법을 제정하였으니, 여러 관리와 군인들에게 나누어 주어 이를 통용하고 돈의 명칭을 **해동통보**라 하여라."라고 하였다.　　　－『고려사』

✦ 전시과
전지(토지)와 시지(땔감)를 지급했기 때문에 둘의 앞 글자를 따서 전시과라고 불렸다.

✦ 수조권
일정 토지에 대해서 관리들이 세금을 거둘 수 있는 권리를 의미한다. 토지를 완전히 소유하는 소유권과는 구분되는 개념이다.

✦ 경정 전시과
기존에 한 번 고친 것을 다시 고쳤다고 해서 경정(更定) 전시과라고 부른다.

✦ 농법
시비법이란 거름을 주는 기술을 의미하고, 윤작법이란 한 밭에서 2년 동아 3번의 농사를 짓는 것을 의미한다.

✦ 경시서
고려와 조선에서 시전을 관리 감독하던 관청이다. 조선 세조 때 평시서로 개칭되었다.

✦ 건원중보

✦ 활구(은병)

은 1근으로 우리나라의 지형을 본따 만든 화폐로, 당시에는 매우 고가로 거래되었다. 입구가 넓어 활구(閣口)라고도 불렸다.

고려의 사회

1 고려의 신분제도

(1) 귀족: 5품 이상의 고관들, 음서와 공음전을 통해 혜택을 누리고 과거를 통해 지위 유지

(2) 중류층

향리	지방 행정 실무 담당, 호장·부호장✦ 등의 상층 향리는 과거를 통해 중앙으로 진출
기타	잡류(중앙의 말단 관리), 남반(궁중 실무), 직업 군인 등 지배계급의 말단 관직

(3) 양민

농민	대다수는 백정✦(농민), 조세·공납·역 의무, 과거 응시
특수행정 구역민	•향·부곡(농업)·소✦(수공업)에서 거주 •일반 군현보다 더 무거운 세금, 과거 응시 금지, 거주 이전 제한 등

(4) 천민
① 특징: 매매·증여·상속 가능, 과거 응시 금지, 일천즉천✦ 적용
② 종류

공노비	공공 기관 소속, 입역 노비(관아 소유)와 외거 노비✦(국가 토지 경작)로 나뉨
사노비	개인 소속, 솔거 노비(주인 집 거주)와 외거 노비(주인 토지 경작)로 나뉨

2 사회의 모습

✦(1) 제도

구휼 제도	의창	•태조 때 흑창을 계승하여 성종 때 설치 •**봄에 곡식 빌려주고 가을에 갚도록 하여 흉년 때 백성들을 구제**
	상평창	성종 때 설치, 물가 조절 기구
	제위보	광종 때 설치, **기금을 조성하여 그 이자로 빈민 구제**
의료 기구	동·서 대비원	개경의 동쪽과 서쪽에 설치, 환자 치료와 빈민 구휼
	혜민국	백성들에게 의약품을 제공
	구제도감, 구급도감	재해가 발생했을 때 백성을 구제하기 위해 임시로 설치한 기구
향도		매향 활동✦을 하는 불교 신앙 조직 ➡ 불교 행사에 주도적 역할(불상, 석탑 건축)

(2) 혼인과 여성의 지위
① 혼인: 일부일처제가 일반적, 솔서혼(처가살이)의 풍습, 왕실은 친족 간 혼인(근친혼)
② 여성의 지위
㉠ 사회적인 모습은 대체로 남녀가 동등
㉡ 재산 균등 상속, 아들이 없으면 딸이 제사, 태어난 순서대로 호적 기재, 자유로운 재가

✦(3) 사회 풍속
① 원 간섭기 때 **지배층을 중심으로** 변발, 호복 등 **몽골풍이 유행**
② 원의 공녀 요구에 따른 **조혼 풍속 성행**

📍 **고려의 지배층**
과거에는 고려의 지배층이 귀족적 성격이 강하다고 보았지만, 최근에는 그렇지 않다는 설이 더 강하게 제기되고 있다. 이 책에서는 그런 논쟁이 무의미하기 때문에 편의상 귀족으로 분류하였다. 앞에서 보았던 문벌이나 무신, 권문세족, 신진 사대부 등이 모두 고려의 지배 계급에 해당된다.

✦ **호장·부호장**
지방의 향리 중 우두머리를 호장, 그 다음을 부호장이라 불렀다.

✦ **백정**
고려 시대의 백정은 정역(丁役)을 지지 않는 일반 양민을 가리켰으나, 조선 시대에 들어와서 세종이 도살업자들도 백정이라고 부르도록 하였다. 그래서 이때부터 백정은 도축업에 종사하는 도살업자를 가리키는 표현으로 변하였다.

✦ **소(所)**
고려 시대에 들어 처음으로 생긴 행정 구역으로, 소의 주민들은 주로 수공업에 종사하면서 공물을 바쳤다.

✦ **일천즉천**
부모 가운데 한쪽이 노비면 무조건 자녀도 노비가 되었다.

✦ **외거 노비**
주인과 떨어져 살면서 주인의 토지를 경작하는 노비들을 가리킨다. 솔거 노비와는 달리 토지, 노비 등 재산을 소유할 수 있었다.

✦ **매향 활동**
매향 활동이란 미륵을 만나 현세의 위기를 극복하고자 하는 염원에서 향나무를 땅에 묻는 활동을 가리킨다.

△ 사천 매향비

📝 테마 대표 기출 풀어보기

테마 22~23 문항별 빅데이터 분석 🎲

고려 경제의 경우 과거에 비해 출제율이 많이 높아졌다. 특정한 개념을 자세하게 묻기보다는 시대의 경제 상황을 묻는 문제가 최근 출제 경향이기 때문에 고려만의 특징을 중심으로 정리를 해 두는 것이 중요하다. 사회의 경우 출제가 거의 되지 않고 있지만, 그 중에서는 그나마 사회 복지 제도의 빈도수가 제일 높은편이다.

01
●58회 14번

다음 대화가 이루어진 시기의 경제 상황으로 옳은 것은? [1점]

> 몇 해 전 주전도감을 설치하고 화폐를 유통시켜 나라의 부강과 백성의 편익을 꾀하였으나, 널리 활용되지 못하고 있사옵니다.

> 주현에 명령하여 주식점(酒食店)을 열고 백성들에게 화폐를 활용해 음식을 사 먹을 수 있게 하여 그 이로움을 알게 하라.

① 활구라고 불리는 은병이 유통되었다.
② 특산품으로 솔빈부의 말이 유명하였다.
③ 송상이 전국 각지에 송방을 설치하였다.
④ 청해진을 설치하여 해상 무역을 전개하였다.
⑤ 시장을 감독하는 관청인 동시전이 설치되었다.

02
●57회 13번

다음 상황이 나타난 시기에 볼 수 있는 모습으로 가장 적절한 것은? [1점]

> 왕이 명을 내리기를, "양계와 5도의 진병법석(鎭兵法席)*에 사용되는 비용은 모두 백성들에게서 나오는 것이다. 이것은 부처를 속이고 하늘을 속이는 것이니 무슨 복이 있겠는가?"라고 하였다. 이에 중사(中使)를 파견하여 내고(內庫)의 은병 300개를 내어서 여러 도에 나누어 주었다.
>
> *진병법석: 병화(兵禍)를 물리치기 위해 거행한 불교 의식

① 백동화를 주조하는 전환국의 기술자
② 신해통공 시행 소식에 기뻐하는 난전 상인
③ 불법적인 상행위를 감독하는 경시서의 관리
④ 담배, 인삼 등의 상품 작물을 재배하는 농민
⑤ 물주로부터 자금을 조달받아 광산을 운영하는 덕대

문제 및 키워드 분석

주전도감 등의 키워드를 통해서 자료의 왕이 고려 시대 숙종임을 알 수 있다. 문종의 넷째 아들이자 숙종의 동생이 바로 승려 의천인데, 의천의 건의로 주전도감이 설치되어 화폐를 유통하려는 시도가 있었다. 따라서 숙종 또는 고려 시대의 경제 정책을 찾으면 된다.

정답 분석

① 고려 숙종 때 은으로 만든 병을 제조하여 활구라는 이름으로 부르면서 고액 화폐로 사용하였다.

선지 분석

② 발해의 경제에 대한 설명이다.
③ 송상은 조선 후기 때 활동했던 상인들이다.
④ 통일 신라에 대한 설명이다.
⑤ 신라 지증왕 때 동시전이라는 관청이 설치되었다.

문제 및 키워드 분석

은병이라는 키워드를 통해서 고려 숙종 때의 역사적 사실임을 알 수 있다. 키워드는 하나밖에 없지만 활구(은병)는 고려의 경제를 물어볼 때 매우 자주 등장했던 키워드이기 때문에 난이도는 낮은 편이다.

정답 분석

③ 경시서는 시장을 감독했던 관청으로 고려 시대 때 처음 설치되었는데, 조선 세조 때 평시서로 개칭되어 계속 유지되었다.

선지 분석

① 전환국은 1883년 근대 개항기 때 설치되었다.
② 신해통공은 조선 정조 때인 1791년에 단행되었다.
④ 담배는 임진왜란 이후인 조선 후기 때 일본을 통해서 우리나라에 전래되었다.
⑤ 덕대는 조선 후기 때 광산을 경영하던 전문 경영인을 가리키는 명칭이다.

03

(가) 시대의 경제 상황으로 옳은 것은? [1점]

이것은 대동여지도의 일부로, [(가)] 시대의 국제 무역항이었던 벽란도가 표시되어 있습니다. [(가)] 시대에 벽란도에서는 송의 상인은 물론 아라비아 상인과도 교역이 이루어졌습니다.

① 내상과 만상이 국제 무역을 통해 부를 축적하였다.
② 담배와 면화 등이 상품 작물로 활발하게 재배되었다.
③ 모내기법의 확대로 벼와 보리의 이모작이 성행하였다.
④ 건원중보가 발행되어 금속 화폐의 통용이 추진되었다.
⑤ 설점수세제의 시행으로 민간의 광산 개발이 허용되었다.

문제 및 키워드 분석
벽란도라는 키워드를 통해서 고려 시대의 경제임을 알 수 있다.

정답 분석
④ 고려 성종 때 건원중보라는 화폐를 발행했는데, 이는 우리나라에서 만든 기록상 최초의 화폐이다.

선지 분석
① 조선 후기에 내상(동래 상인)과 만상(의주 상인) 등 여러 상인들이 국제 무역을 통해 자본을 축적하였다.
② 조선 후기에는 담배가 전래되면서 상품 작물로 재배되었다.
③ 모내기법이 널리 확대된 것은 조선 후기의 사실이다.
⑤ 조선 후기에는 민간 차원에서 광산 개발을 허용하는 대신 점을 설치하고 세금을 걷는 설점수세제를 실시하였다.

04

다음 자료에 나타난 시기의 사회 모습으로 옳은 것은? [2점]

왕이 명하기를, "개경 내의 백성들이 역질에 걸렸으니 마땅히 구제도감을 설치하여 이들을 치료하고, 또한 시신과 유골을 거두어 묻어서 비바람에 드러나지 않게 할 것이며, 관리들을 나누어 보내 동북도와 서남도의 굶주린 백성을 진휼하라."라고 하였다.

① 을파소의 건의로 진대법이 실시되었다.
② 기근에 대비하기 위해 구황촬요가 발간되었다.
③ 우리 풍토에 맞는 농법을 소개한 농사직설이 편찬되었다.
④ 국산 약재와 치료 방법을 정리한 향약집성방이 간행되었다.
⑤ 기금을 모아 그 이자로 빈민을 도와주는 제위보가 운영되었다.

문제 및 키워드 분석
개경 내의 백성, 구제도감이라는 키워드를 통해서 고려 시대임을 추론해 낼 수 있다. 고려 시대 사회제도는 거의 모든 문제에서 구제도감, 제위보 등의 단어들이 등장하고 패턴도 비슷하기 때문에 이러한 키워드를 꼭 알아두는 것이 중요하다.

정답 분석
⑤ 고려 시대에는 백성들을 구휼하기 위해 오늘날의 사회 재단과 비슷한 제위보를 운영하였다.

선지 분석
① 진대법은 고구려 고국천왕 때 을파소의 건의로 실시된 농민 구휼 정책이다.
② 『구황촬요』는 조선 명종 때 간행된 책으로, 곡식 대용으로 먹을 수 있는 구황 작물(救荒作物)을 소개한 서적이다.
③ 『농사직설』은 조선 세종 때 편찬된 농서이다.
④ 『향약집성방』은 조선 세종 때 편찬된 의학 서적이다.

PART 3

고려의 불교·사상·학문

1 고려의 불교

(1) 불교 정책

① 태조: 훈요 10조에서 불교 숭상 강조(연등회·팔관회✛ 개최)

② 광종: 승과 제도✛, 국사·왕사 제도, 귀법사 창설(균여를 주지로 임명)

③ 성종: 연등회·팔관회 일시 중단(최승로의 시무 28조)

(2) 주요 승려

① 균여(광종)

㉠ 귀법사 중심으로 활동하며 화엄종 중심으로 교종 통합 시도

㉡ 『보현십원가』(향가)를 지어 불교 교리를 대중에게 전파

✭✭② 의천✛(대각국사) 교·선 통합

㉠ 활동: 화엄종 중심으로 **교종 통합**, 선종까지 통합하기 위해 해동 천태종 창시(국청사)

㉡ 이론: 이론의 연마와 수행을 강조하는 교관겸수✛ 제창 ➡ 교·선 통합의 논리

㉢ 『교장』 편찬: 불교 경전 주석서 모아 『교장』 간행, 그 목록인 『신편제종교장총록』 편찬

㉣ 화폐 사용 건의: 숙종에게 화폐 유통의 필요성 주장 ➡ **주전도감** 설치

> **의천**
>
> 법사는 일찍이 제자들을 훈시하여 "관(觀, 선종)을 배우지 않고 경(經, 교종)만 배우면 비록 오주(五周)의 인과(因果)를 늘렸더라도 삼중(三重)의 성덕에는 동하지 못하며, 경을 배우지 않고 관만 배우면 비록 삼중의 성덕을 깨쳤으나 오주의 인과를 분별하지 못한다. 그런즉, 관도 배우지 않을 수 없고 경도 배우지 않을 수 없다."라고 하였다. ─ 『대각국사 문집』

✭✭③ 지눌✛(보조국사) 승려 본연의 자세로 돌아가 독경·선 수행·노동에 힘쓰자

㉠ 활동: 불교계의 타락 비판 ➡ 수선사(정혜사) 결사를 제창하여 불교계 개혁 운동 전개

㉡ 이론: 선종 중심의 교종 통합 주도 ➡ 돈오점수와 정혜쌍수✛ 주장, 조계종 창시

단번에 깨달음 ┘   └ 꾸준한 수행

> **지눌**
>
> 한마음(一心)을 깨닫지 못하고 한없는 번뇌를 일으키는 것이 중생인데 부처는 이 한마음을 깨달았다. …… 지금의 불교계를 보면, 아침저녁으로 행하는 일들이 비록 부처의 법에 의지하였다고 하나, 자신을 내세우고 이익을 구하는 데 열중하며, 세속의 일에 골몰한다. …… 하루는 같이 공부하는 사람 10여 인과 약속하였다. 명예와 이익을 버리고 산림에 은둔하여 결사를 결성하자. 항상 선을 익히고 지혜를 골고루 하는 데 힘쓰자. ─ 『권수정혜결사문』

④ 혜심: 심성의 도야를 강조한 **유불 일치설** 주장 ➡ 성리학 수용의 토대 마련

⑤ 요세

㉠ 이론: 자신의 행동을 참회하는 **법화 신앙**을 주장

㉡ 활동: 전남 **강진 백련사**에서 **백련사 결사** 운동 전개

⑥ 보우: 원 간섭기 불교계 폐단의 개선 위해 노력(9산 선문 통합 등)

2 고려의 도교·풍수지리

도교	• 불로장생과 현세구복 기원 • 초제✛ 거행, 복원궁 등 도관 설립, 팔관회 행사
풍수지리	• 서경 천도(묘청)·북진 정책의 이론적 근거, 남경 길지설 ➡ 한양이 남경으로 승격 • 민간에서도 사찰 설립, 산송 문제에 영향을 줌

✛ 연등회·팔관회

연등회는 순수한 불교 행사의 성격을, 팔관회는 불교 이외에도 외국 상인들까지 참가하는 국제적 교류의 성격이 강하였다.

✛ 승과 제도

승려들을 대상으로 실시한 과거 제도이다.

✛ 의천

문종의 넷째 이들이지 숙종의 동생이다.

✛ 교관겸수(敎觀兼修)

이론을 연마하는 교와 실천 수행법인 관을 함께 닦자는 이론으로, 교종과 선종을 모두 포용하는 논리였다.

✛ 지눌

지눌은 조계산에서 조계종을 창시했는데 그 명맥은 오늘날 전남 순천에 있는 **송광사**가 잇고 있다. 송광사는 해인사·통도사와 함께 삼보사찰로 불리고 있다.

✛ 돈오점수와 정혜쌍수

돈오점수란 진리를 단번에 깨달은 이후에 꾸준히 수행해야 한다는 것을 의미하는데, 이때 그 수행방법으로 제시한 것이 바로 정혜쌍수이다.

✛ 초제

왕실에서 하늘에 지내던 제사를 가리키는 표현이다. 예종 때 초제를 주관하는 궁으로 복원궁을 세웠다.

3 고려의 유학과 역사서

(1) 유학의 발달

→ '해동공자'로 불림

전기	성종	**최승로의 시무 28조**(유교=치국의 근본), 유학 교육 기관 정비
중기	최충	**유학 교육 위한 9재 학당 설립 ➡ 사학 융성**(관학 위축)
	김부식	고려 중기 보수·현실 유학의 대표, 『삼국사기』 편찬(인종)
후기	성리학⁺의 전래	•충렬왕 때 안향에 의해 최초로 소개 •이제현 등이 만권당⁺에서 원의 학자들과 교류 •이색⁺이 성균관에서 유학 교육 ➡ 정몽주·권근·정도전 등에 의해 계승

(2) 유학 교육 기관

교육 기관	관학	중앙에 국자감⁺ 설치, 지방 12목에 향교 설치 ➡ 경학박사·의학박사 파견
	사학	최충의 문헌공도(9재 학당)를 비롯한 사학 12도⁺ 유행
관학 진흥책⁺	숙종	국자감에 서적포 설치
	예종	**국학 7재 개설**, 양현고(장학재단), 청연각·보문각(도서관) 등 설립
	인종	국학(국자감)에 경사 6학 정비

★★(3) 역사서

① 『삼국사기』(1145, 김부식)

ㄱ 기전체⁺(본기·열전·지·표) 사서, 신라 계승 의식 반영, 유교적 합리주의 사관

ㄴ **현존하는 우리나라 최고(最古)의 역사서**

> 성상께서 이르시기를 "삼국에 관한 옛 기록은 문체가 거칠고 졸렬하며 사건의 기록이 빠진 것이 많으므로, 후세에 권장하거나 경계할 바를 보이지 못하고 있다."라고 하셨습니다. …… 신은 정신과 힘을 다 쏟아 부어 겨우 책을 만들었사오나, 별로 보잘것없어 스스로 부끄러울 따름이옵니다. - 『진삼국사기표』

② 『삼국유사』(1281, 일연)

ㄱ 대몽 항쟁기(충렬왕) 때 편찬, 흥법·기이·탑상편 등으로 구성(9편목)

ㄴ 삼국의 역사를 서술, **불교사 중심으로 고대** 민간 설화와 단군 신화를 수록

> 대체로 옛 성인들은 예악으로 나라를 일으키고 인의로 가르침을 베푸는 데 있어 괴력난신(怪力亂神)을 말하지 않았다. 그러나 제왕이 장차 일어날 때는 … 보통사람과 다른 점이 있기 마련이다. 이로 보건대 삼국의 시조가 모두 신비로운 데에서 탄생하였다고 하여도 이상할 것이 없다. **이것이 이 책머리에 기이(奇異)편을 싣는 까닭이다.** - 『삼국유사』

③ **『동명왕편』**(1193, **이규보**): 고구려 건국 시조인 동명왕의 일대기를 서사시로 저술

> **동명왕의 일은 신이(神異)함으로 나라를 창시한 신성한 사적이다.** 이것을 기록하지 않으면 후인들이 장차 어떻게 볼 것인가? 따라서 시로 남겨 우리나라가 본래 성인(聖人)의 나라라는 것을 천하에 알리고자 한다. - 『동명왕편』

④ 『제왕운기』⁺(1287, **이승휴**)

ㄱ 중국 역사와 단군~충렬왕까지의 역사를 서사시로 정리

ㄴ 단군 신화 수록 ➡ 고조선 계승 의식을 반영, 발해사를 최초로 우리 역사로 기록

> 그 요점만을 추려 시(詩)로 읊는다면 살펴보시기에 편리하지 않겠습니까. …… 운(韻)을 넣어 읊조려서 좋은 것은 본보기로 삼고 나쁜 것은 경계의 대상으로 삼으며, 그 일에 따라 비평을 하였습니다. … **요동에 별개의 천지가 있으니 뚜렷이 중국과 구분되어 나누어져 있도다.** - 『제왕운기』

⑤ 『해동고승전』(1215, 각훈): 삼국 시대 이래 승려들의 전기를 수록

⑥ 『사략』(1357, 이제현): 성리학적 유교 사관에 입각(대의명분 강조)

PART 3

✦ **성리학**

불교를 비판하면서 성리학의 실천적 기능을 강조하였다. 신진 사대부들이 권문세족을 비판하는 이론적 토대를 마련하였다.

✦ **만권당**

충선왕이 베이징에 있을 때 세운 학문 연구 기관이다. 여기서 이제현 등이 중국의 학자들과 교류하면서 성리학 지식을 쌓았다.

✦ **이색**

고려 후기 성리학을 대표하는 학자이다. 공민왕 때 성균관 대사성으로 활약하면서 정몽주 등 신진 사대부를 적극적으로 등용하였다.

✦ **국자감(국학) 명칭 변경**

국자감은 공민왕 때 성균관으로 개칭되었다.

✦ **사학 12도**

고려 중기에 성행한 일종의 사교육 기관이다. 12도 중에서도 최충의 문헌공도가 제일 유명하였다.

✦ **관학 진흥책**

사학으로 인하여 국자감을 비롯한 관학이 쇠퇴하자, 숙종 때부터 대대적인 관학 진흥책을 실시하였다. 그럼에도 불구하고 사학은 고려 말까지 존속하였다.

✦ **기전체**

역사서술의 한 방식으로, 군주의 역사를 본기, 신하의 역사를 열전, 나머지 제도·문물 등은 지·연표에 나누어서 서술하였다.

💡 고려 후기의 역사서

고려 후기에 편찬된 역사서들은 원나라의 간섭에 맞서서 민족의 자주 의식을 강조하는 방향에서 편찬되었다.

✦『제왕운기』

『제왕운기』는 상편에 중국 역사를 7언시로, 하편에 우리나라의 역사를 5언시로 서술하였다.

📝 테마 대표 기출 풀어보기

테마 24 문항별 빅데이터 분석 🏆

불교의 주요 승려들 · 고려의 관학 진흥책 · 역사서가 번갈아 가면서 출제되는 편이다. 최근에는 역사서의 출제 빈도가 매우 높아졌다. 나오는 것이 돌아가면서 나오는 경향이 많기 때문에 자주 출제되는 주제들을 중심으로 정리한다면 충분히 득점을 할 수 있는 분야이다.

01

●61회 15번

(가)~(라) 승려에 대한 설명으로 옳은 것은? [3점]

- 　(가)　은/는 화엄 사상의 요지를 정리한 『화엄일승법계도』를 저술하였다. 또한 부석사를 비롯한 여러 사원을 건립하였고, 현세의 고난에서 구제받고자 하는 관음 신앙을 강조하였다.
- 　(나)　은/는 귀법사의 주지로서, 왕명에 따라 민중을 교화하고 불법을 널리 펴기 위해 노력하였다. 또한 향가인 「보현십원가」 11수를 지어 화엄 사상을 대중에게 전파하였다.
- 　(다)　은/는 문종의 아들로 태어나 11세에 출가하였다. 31세에 송으로 건너가 고승들과 불법을 토론하고 불교 서적을 수집하여 귀국하였다. 국청사를 중심으로 천태종을 창시하였으며, 교선통합을 사상적으로 뒷받침하기 위해 교관겸수를 제창하였다.
- 　(라)　은/는 12세에 출가하였다. 수행상의 제약을 넘어서기 위해서는 천태의 교리에 의지해야 한다는 깨달음을 얻었다. 법화신앙을 바탕으로 강진 만덕사에서 백련 결사를 결성하였다.

① (가) – 심성의 도야를 강조한 유불 일치설을 주장하였다.
② (나) – 정혜쌍수와 돈오점수를 수행 방법으로 제시하였다.
③ (다) – 불교 경전에 대한 주석서를 모아 교장을 편찬하였다.
④ (라) – 9산 선문 중 하나인 가지산문을 개창하였다.
⑤ (가)~(라) – 승과에 합격하고 왕사에 임명되었다.

문제 및 키워드 분석

(가)는 **화엄일승법계도 · 관음 신앙 · 부석사** 등의 키워드를 통해서 통일 신라의 승려 의상임을, (나)는 **귀법사의 주지 · 「보현십원가」** 등의 키워드를 통해서 고려 초 승려인 균여임을, (다)는 **천태종 · 교관겸수** 등의 키워드를 통해서 고려 중기 승려 의천임을, (라)는 **천태의 교리 · 만덕사 · 백련 결사** 등의 키워드를 통해서 원 간섭기 때 승려인 요세임을 알 수 있다. 일반적으로 고려의 승려는 의천이나 지눌이 자주 나오는 편인데 균여와 요세는 빈출되던 승려들이 아니었기 때문에 다소 난이도가 있다고 느껴질 수 있었지만 정답 선지는 쉬운 편이었다.

정답 분석

③ 의천은 불교 경전에 대한 해설을 모은 주석서들을 집대성해서 교장을 편찬하였다.

선지 분석

① 원 간섭기 때 활약한 혜심에 대한 설명이다.
② 지눌에 대한 설명이다.
④ 통일 신라 때 활약한 도의에 대한 설명이다.
⑤ 승과는 고려 시대 때 존재했던 승려 전용 과거 시험이고, 왕사는 당대 최고 고승에게 내려준 명예직이다. 해당 선지는 (가)~(라) 승려들과 관련이 없다.

02

●48회 12번

(가)에 들어갈 내용으로 옳은 것은? [2점]

〈한국사 강좌〉

고려 시대의 교육

우리 학회에서는 고려의 교육 제도를 재조명하는 교양 강좌를 마련하였습니다. 많은 참여 바랍니다.

■ 강좌 내용 ■

제1강 관학의 정비
 – 개경에 국자감을 두다
 – 12목에 경학박사를 파견하다

제2강 사학의 융성
 – 문헌공도가 설립되다
 – 사학 12도가 번창하다

제3강 관학 진흥책
 – 국자감에 서적포를 설치하다
 – 　　(가)　　

• 일시: 2020년 ○○월 ○○일 14:00~17:00
• 장소: □□ 박물관 대강당
• 주최: △△학회

① 당에 유학생을 파견하다
② 전문 강좌인 7재를 개설하다
③ 사액 서원에 서적과 노비를 지급하다
④ 글과 활쏘기를 가르치는 경당을 설립하다
⑤ 관리 채용을 위해 독서삼품과를 시행하다

문제 및 키워드 분석

고려 시대의 관학 진흥책을 찾아야 하는 문제이다. 국왕별로 관학 진흥책을 묻기보다는 이렇게 관학 진흥책 자체를 묻는 경우가 더 많다.

정답 분석

② 고려 예종 때 최충의 9재 학당에 대항하기 위해 국자감에 전문 심화 강좌인 7재를 설치하였다.

선지 분석

① 당에 유학생을 파견한 것은 통일 신라 · 발해와 관련이 있다.
③ 사액 서원은 조선 시대 유교와 관련이 있다.
④ 경당은 고구려 소수림왕 때 지방에 설립된 교육 기관이다.
⑤ 독서삼품과는 통일 신라 원성왕 때 실시된 시험 제도이다.

03

(가)~(마)에 들어갈 내용으로 옳은 것은? [2점]

한국사 과제 안내문

다음에 제시된 역사서 중 하나를 선택하여 보고서를 제출하시오.

역사서	소개
사략	(가)
삼국사기	(나)
삼국유사	(다)
제왕운기	(라)
해동고승전	(마)

• 조사 방법: 문헌 조사, 인터넷 검색 등
• 제출 기간: 2021년 ○○월 ○○일~○○월 ○○일
• 분량: A4 용지 1장 이상

① (가) - 불교사를 중심으로 고대의 민간 설화를 수록
② (나) - 사초, 시정기 등을 바탕으로 실록청에서 편찬
③ (다) - 유교 사관에 입각하여 기전체 형식으로 구성
④ (라) - 단군부터 충렬왕까지의 역사를 서사시로 서술
⑤ (마) - 강목체로 고려 왕조의 역사를 정리

04

밑줄 그은 '이 책'에 대한 설명으로 옳은 것은? [2점]

승려 일연이 편찬한 이 책에 대해 말씀해 주십시오.

이 책은 왕력편, 기이편, 흥법편 등 5권 9편으로 구성되어 있으며, 불교 중심의 역사적 사실과 함께 민간 설화 등이 수록되어 있습니다.

① 기전체 형식으로 서술되었다.
② 남북국이라는 용어를 처음 사용하였다.
③ 사초, 시정기 등을 바탕으로 편찬되었다.
④ 단군왕검의 건국 이야기가 기록되어 있다.
⑤ 현존하는 우리나라 최고(最古)의 역사서이다.

문제 및 키워드 분석

고려 시대의 역사서만을 모아서 특징을 물어본 문제이다. 종합적으로 물어보는 문제는 체감 난이도가 높은 것이 특징이다. 해당 문제는 빈출 주제가 정답이었기 때문에 정답 선지는 쉽게 찾을 수 있는 편이었다.

정답 분석

④ 『제왕운기』는 이승휴라는 학자가 원 간섭기 충렬왕 때인 1287년에 저술한 역사서이다. 우리나라와 중국의 역사를 서사시로 표현한 것이 특징인데 우리나라의 경우는 단군부터 충렬왕까지의 역사를 정리하였다.

선지 분석

① 『삼국유사』에 대한 설명이다.
② 『조선왕조실록』에 대한 설명이다.
③ 『삼국사기』에 대한 설명이다.
⑤ 안정복이 저술한 『동사강목』에 대한 설명이다.

문제 및 키워드 분석

일연, 불교 중심의 역사적 사실, 민간 설화 등의 키워드를 통해서 『삼국유사』임을 알 수 있다.

정답 분석

④ 일연은 몽골의 침략에 맞서 고려인의 자긍심을 키우기 위해 단군왕검의 이야기를 수립하였다.

선지 분석

① 『삼국유사』는 기전체로 기록되어 있지 않다. 기전체로 서술된 대표적인 역사서로는 김부식의 『삼국사기』 등이 있다.
② 조선 후기에 유득공이 저술한 『발해고』에 대한 설명이다.
③ 『조선왕조실록』에 대한 설명이다.
⑤ 김부식이 저술한 『삼국사기』에 대한 설명이다.

고려의 과학 기술과 문화재

1 고려의 과학 기술

(1) 천문학·의학·화약

천문학	사천대	천문·역법을 맡은 관청
의학		개경에 동·서 대비원과 혜민국 설치, 『향약구급방』 간행(1236, 현존하는 가장 오래된 의서)
화약		최무선이 중국으로부터 화약 제조법 습득 ➡ 화통도감 설치, 화포 제작

✪(2) 인쇄술

	초조대장경	현종 때 거란의 침입을 불력으로 막기 위해 제작 ➡ 몽골 침략 때 소실
목판 인쇄	『교장』(속장경)	교장도감 설치 ➡ 의천이 대장경의 주석서를 모아 편찬
	팔만대장경	• 몽골의 침입을 불력(佛力)으로 막기 위해 제작, 최씨 무신 정권의 후원 • 강화도에 대장도감을 두고 편찬 ➡ 이후 합천 해인사 장경판전에 보관 • 유네스코 세계 기록유산으로 선정
활판 인쇄	상정고금예문(1234)	최우가 강화도에서 금속 활자로 인쇄 ➡ 현존 X
	직지심체요절✦(1377)	청주 흥덕사에서 간행, 현존하는 세계 최고(最古)의 금속활자

2 고려의 문화재

✪(1) 건축

① 주심포 양식

　㉠ 고려 전기에 유행, 공포를 기둥 위에만 짠 양식

　㉡ 주요 건축물: 안동 봉정사 극락전✦, 영주 부석사 무량수전✦, 예산 수덕사 대웅전 등
　　　　　　　　　　└➡ 현존하는 가장 오래된 건축물

② 다포 양식

　㉠ 고려 후기에 유행, 공포를 기둥 사이사이에도 배치한 양식 ➡ 조선 시대 건축에 영향

　㉡ 주요 건축물: 사리원 성불사 응진전 등

✪✪(2) 탑과 불상

월정사 8각9층 석탑

강원도 평창 월정사에 위치한 다각다층탑이다.

경천사지 10층 석탑

원의 영향을 받아 제작된 석탑이다. 조선 원각사지 10층 석탑에 영향을 주었다

논산 관촉사 석조 미륵보살 입상

은진 미륵이라고도 부른다. 마애이불 입상과 마찬가지로 부처를 우스꽝스럽게 표현했다.

파주 용미리 마애이불 입상

부처를 크고 우스꽝스럽게 제작한 것이 특징이다.

하남 하사창동 철조상

고려 초에 제작된 것으로 추정되는 대형 철불이다.

영주 부석사 소조 아미타여래 좌상

신라의 양식을 계승했다.

(3) 미술

① 도자기: **고려 청자**✦(독자적 기술인 상감법 개발)

② 공예: 나전 칠기✦ 제작

③ 그림: 혜허의 「관음보살도」✦

✦ 직지심체요절

청주 흥덕사에서 간행한 불교 서적이다. 구한말에 프랑스에 반출되어 파리 국립 도서관 구석에 묵혀있던 것을 박병선 여사가 우연히 발견하면서 세상에 알려졌다. 2001년에 유네스코 세계 기록유산으로 지정되었다.

💡 주심포와 다포 양식

공포란 지붕의 무게를 분산시키기 위해 설치한 건축물인데, 공포를 기둥 위에만 짜면 주심포, 기둥 사이사이에도 짜면 다포 양식이라고 부른다.

✦ 안동 봉정사 극락전

✦ 영주 부석사 무량수전

✦ 「관음보살도」

✦ 고려 청자　　✦ 나전 칠기

테마 25 문항별 빅데이터 분석 🏢

고려의 문화유산은 대개 선지에 특별한 내용 없이 사진만 주고 묻는 경우가 많다. 그래서 문화재의 모습을 익혀두는 것이 제일 중요하다. 다만 실제로 정답으로 나오는 문화재들은 번갈아 가면서 출제되기 때문에 모든 문화재들을 다 알아야 할 필요는 없고 빈출 문화재들 위주로만 숙지하면 된다. 과거부터 최근까지 꾸준하게 출제되고 있는 주제이다.

01

• 62회 13번

(가) 국가의 문화유산으로 옳은 것을 〈보기〉에서 고른 것은?

[2점]

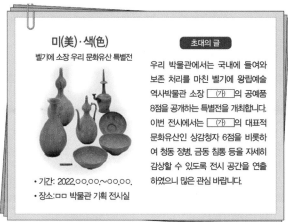

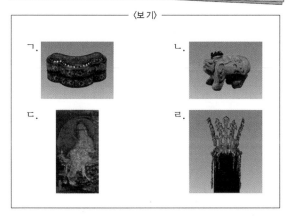

① ㄱ, ㄴ ② ㄱ, ㄷ ③ ㄴ, ㄷ ④ ㄴ, ㄹ ⑤ ㄷ, ㄹ

02

• 47회 15번

(가)에 해당하는 문화유산으로 옳은 것은?

[1점]

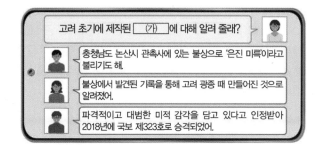

문제 및 키워드 분석

상감청자라는 키워드를 통해서 고려에 대한 설명임을 알 수 있다. 상감 기법은 기초 재료의 오목한 부분에 대조적인 재료를 활용하여 평면에 그림이나 장식을 새기는 기법으로 고려 시대 때부터 사용되었다.

정답 분석

ㄱ. 고려의 대표적인 문화재인 나전 칠기이다.
ㄷ. 혜허가 그린 「수월관음도」이다. 「수월관음도」는 관음보살을 그린 그림인데, 여러 가지가 있지만 그 중에서도 고려 시대 때 혜허가 그린 그림이 가장 대표적이다.

선지 분석

ㄴ. 무령왕릉에서 출토된 석수(石獸: 돌짐승)이다.
ㄹ. 신라의 금관이다.

문제 및 키워드 분석

관촉사, 은진 미륵 등의 키워드를 통해서 논산 관촉사 석조 미륵보살 입상임을 알 수 있다. 신체 비율이 맞지 않고 다소 우스꽝스럽게 느껴지는 것이 이 불상의 특징이다. 현재 이 불상이 있는 관촉사는 관촉동에 위치해있지만, 옛날에는 이곳의 행정 구역이 은진면이었기 때문에 '은진 미륵'이라고도 많이 부른다.

정답 분석

① 관촉사 석조 미륵보살 입상의 모습이다.

선지 분석

② 팔공산 관봉 석조 여래 좌상의 모습이다.
③ 고려 시대에 축조된 안동 이천동 석불이다.
④ 백제 시대 때 축조된 서산 마애 여래 삼존불이다.
⑤ 고려 시대 파주 용미리 마애 여래 입상이다.

01

(가)에 대한 설명으로 옳은 것을 모두 고르시오.

초대합니다

창작 뮤지컬

'삼태사, 후삼국 통일의 길을 열다'

고창 전투에서 (가) 을/를 도와 견훤에 맞서 싸운 공로로 태사(太師)의 칭호를 받은 김선평·장길(장정필)·권행, 그리고 후삼국 통일을 염원했던 백성들의 이야기를 한 편의 뮤지컬로 선보입니다. 많은 관람 바랍니다.

- 일시: 2021년 ○○월 ○○일 20:00
- 장소: 안동 민속촌 특설 무대

① 기인 제도를 실시하였다. [58회]

② 후당과 오월에 사신을 파견하였다. [60회]

③ 평양을 서경으로 삼아 중시하였다. [56회]

④ 발해를 멸망시킨 거란을 적대시하였다. [61회]

⑤ 천수라는 독자적 연호를 사용하였다. [59회]

⑥ 쌍기의 건의로 과거제를 실시하였다. [57회]

⑦ 일리천 전투에서 신검의 군대를 격퇴하였다. [60회]

⑧ 개경에 귀법사를 세우고 균여를 주지로 삼았다. [56회]

⑨ 주전도감을 설치하여 해동통보를 발행하였다. [53회]

⑩ 최승로의 시무 28조를 받아들여 통치 체제를 정비하였다. [58회]

정답 및 해설

정답 ①, ③, ④, ⑤, ⑦

고창 전투, 후삼국 통일을 염원 등의 키워드를 통해서 (가)는 고려의 태조 왕건임을 알 수 있다.

선지분석

① 태조 왕건에 대한 설명이다.

② 견훤에 대한 설명이다.

③ 태조 왕건에 대한 설명이다.

④ 태조 왕건에 대한 설명이다.

⑤ 태조 왕건에 대한 설명이다.

⑥ 광종에 대한 설명이다.

⑦ 태조 왕건에 대한 설명이다.

⑧ 광종에 대한 설명이다.

⑨ 고려 숙종에 대한 설명이다.

⑩ 고려 성종에 대한 설명이다.

02

(가) 국가에 대한 고려의 대응으로 옳은 것을 모두 고르시오.

(가) 임금이 강조를 토벌한다는 구실로 친히 군사를 거느리고 와서 흥화진을 포위하였다. 양규는 도순검사가 되어 성문을 닫고 굳게 지켰다. … (가) 이/가 강조의 편지를 위조하여 흥화진에 보내어 항복하라고 설득하였다. 양규가 말하기를, "나는 왕명을 받고 온 것이지 강조의 명령을 받은 것이 아니다."라고 하면서 항복하지 않았다.

① 홍산에서 대승을 거두었다. [62회]

② 진도에서 용장성을 쌓고 항전하였다. [58회]

③ 정지가 관음포에서 승리를 거두었다. [59회]

④ 박위를 파견하여 근거지를 토벌하였다. [62회]

⑤ 화통도감을 설치하여 화포를 제작하였다. [53회]

⑥ 김윤후가 처인성에서 살리타를 사살하였다. [62회]

⑦ 외침에 대비하여 개경에 나성을 축조하였다. [61회]

⑧ 서희가 외교 담판으로 강동 6주를 획득하였다. [60회]

⑨ 별무반을 조직하고 동북 9성을 축조하였다. [58회]

정답 및 해설

정답 ⑦, ⑧

강조, 흥화진, 양규 등의 키워드를 통해서 (가) 국가는 거란임을 알 수 있다.

선지분석

① 왜구에 대한 대응으로 이성계가 활약한 홍산 대첩에 대해 설명하고 있다.

② 몽골에 대한 대응으로 삼별초의 항쟁에 대해 설명하고 있다.

③ 왜구에 대한 대응으로 관음포 해전에 대해 설명하고 있다.

④ 왜구에 대한 대응이다.

⑤ 왜구에 대한 대응으로 최무선이 화통도감을 설치하고 화포를 제작하여 왜구를 토벌하였다.

⑥ 몽골에 대한 대응으로 몽골의 2차 침입 당시 김윤후가 활약하였다.

⑦ 거란과 관련된 내용이다. 3차에 걸친 거란의 침입을 모두 물리친 다음 개경에 나성을 축조하여 추가 침입을 방비하였다.

⑧ 거란에 대한 대응으로 거란의 1차 침입 때 서희가 활약하였다.

⑨ 여진에 대한 대응으로 윤관이 별무반을 조직하여 여진을 토벌하고 동북 9성을 차지하였다.

03

다음 상황이 나타난 시기의 경제 모습으로 옳은 것을 모두 고르시오.

- 11월에 팔관회가 열렸다. 왕이 신봉루에 들러 모든 관료에게 큰 잔치를 베풀었다. …… 송의 상인과 탐라국도 특산물을 바쳤으므로 자리를 내주어 음악을 관람하게 하였는데, 이후 상례(常例)가 되었다.
- 대식국의 객상(客商) 보나합 등이 와서 …… 물품을 바쳤다. 관리에게 명하여 객관에서 우대하며 대접하게 하고, 돌아갈 때에는 황금과 명주를 넉넉하게 하사하였다.

① 은병이 화폐로 제작되었다. [59회]
② 공음전을 경제적 기반으로 삼았다. [58회]
③ 금속 화폐인 건원중보가 주조되었다. [56회]
④ 벽란도가 국제 무역항으로 번성하였다. [58회]
⑤ 동시전을 설치하여 시장을 감독하였다. [55회]
⑥ 송상이 전국 각지에 송방을 설치하였다. [53회]
⑦ 주전도감에서 해동통보를 만드는 장인 [60회]
⑧ 감자, 고구마 등이 구황 작물로 재배되었다. [55회]
⑨ 경시서의 관리들이 시전의 상행위를 감독하였다. [61회]

04

밑줄 그은 '문화유산'으로 옳은 것을 모두 고르시오.

이것은 고려 시대에 만들어진 나전 합입니다. 고려에 온 송의 사신 서긍이 솜씨가 세밀하여 귀하다고 평가할 정도로 고려의 나전 칠기 기술은 매우 뛰어났습니다. 이 나전 합을 비롯해 고려 시대에는 다양한 <u>문화유산</u>이 만들어졌습니다.

나전 국화 넝쿨무늬 합

✎ 정답 및 해설

정답 ①, ②, ③, ④, ⑦, ⑨

팔관회, 대식국 등의 키워드를 통해서 고려 시기의 경제 상황임을 알 수 있다.

선지분석

① 고려 숙종 때 은병(활구)을 화폐로 제작하였다.
② 고려 시대 때 공음전을 관리들에게 토지로 지급하였다.
③ 고려 성종 때 최초의 화폐로 건원중보를 제작하였다.
④ 고려 시대의 경제 모습이다.
⑤ 신라 지증왕 때 동시전을 설치하여 시장(동시)을 감독하였다.
⑥ 조선 후기의 경제 모습이다.
⑦ 고려 숙종 때 의천의 건의로 주전도감을 설치하여 해동통보 등을 제작하였다.
⑧ 조선 후기에 고구마가 전래되어 구황 작물로 활용되었다.
⑨ 고려 시대의 경제 모습이다.

✎ 정답 및 해설

정답 ②, ③, ④, ⑥, ⑧

선지분석

① 조선 후기의 문화재인 법주사 팔상전이다.
② 고려의 고려 청자이다.
③ 고려의 문화재인 월정사 8각 9층 석탑이다.
④ 고려의 문화재인 하남 하사창동 대형 철불이다.
⑤ 고구려의 문화재인 금동 연가 7년명 여래입상이다.
⑥ 고려의 문화재인 파주 용미리 마애이불 입상이다.
⑦ 백제의 문화재인 미륵사지 석탑이다.
⑧ 고려의 경천사지 10층 석탑이다.
⑨ 백제의 문화재인 서산 마애여래 삼존상이다.
⑩ 조선의 문화재인 원각사지 10층 석탑이다.

테마 17

01 궁예는 광평성을 비롯한 각종 정치 기구를 마련하였다. ☐ 60회

02 궁예는 오월에 사신을 보내고 검교태보의 직을 받았다. ☐ 52회

03 견훤은 국호를 마진으로 바꾸고 철원으로 도읍을 옮겼다. ☐ 54회

04 견훤은 신라를 공격하여 경애왕을 죽게하였다. ☐ 50회

05 공산 전투 → 고창 전투 → 신라 멸망 → 일리천 전투 ☐ 46회

06 태조는 정계와 계백료서를 지어 관리의 규범을 제시하였다. ☐ 54회

07 태조는 빈민 구제를 위해 흑창을 설치하였다. ☐ 59회

08 광종은 광덕, 준풍 등의 독자적인 연호를 사용하였다. ☐ 54회

09 광종은 호족 세력을 견제하기 위해 노비안검법을 실시하였다. ☐ 59회

10 성종은 12목을 설치하고 지방관을 파견하였다. ☐ 62회

테마 17
01 O
02 X (견훤)
03 X (궁예)
04 O
05 O
06 O
07 O
08 O
09 O
10 O

테마 18
01 O
02 O
03 O
04 O
05 O
06 O
07 X (조선)
08 O
09 X (중앙군)
10 O

테마 18

01 도병마사는 원 간섭기에 도평의사사로 명칭이 바뀌었다. ☐ 53회

02 국자감은 유학을 비롯하여 율학, 서학, 산학을 교육하였다. ☐ 54회

03 어사대는 소속 관원이 낭사와 함께 서경권을 행사하였다. ☐ 53회

04 정방은 최우에 의해 설치되어 인사 행정을 처리하였다. ☐ 59회

05 춘추관은 역사서 편찬과 보관을 주관하였다. ☐ 59회

06 과거제도의 시행에 따라 지공거와 합격자 사이에 좌주와 문생 관계가 형성되었다. ☐ 62회

07 고려는 경재소를 설치하여 유향소를 통제하였다. ☐ 39회

08 광군은 광군사의 통제를 받았다. ☐ 62회

09 2군은 국경 지대인 양계에 설치되었다. ☐ 38회

10 고려 시대에는 특수 행정 구역으로 향, 부곡, 소가 있었다. ☐ 35회

테마 19

01 숙종은 별무반을 편성하여 여진의 침입에 대비하였다. 　53회

02 이자겸의 난~개경 환도 사이에 묘청의 난이 일어났다. 　61회

03 서희가 외교 담판을 벌여 강동 6주를 확보하였다. 　59회

04 묘청의 난은 김부식 등이 이끈 관군에 의해 진압되었다. 　55회

05 현종 때 거란이 침입하여 왕이 나주까지 피난하였다. 　60회

06 별무반 편성~이자겸의 난 사이에 동북 9성을 반환하였다. 　57회

07 거란과의 항쟁에서 별무반을 조직하고 동북 9성을 축조하였다. 　58회

08 인종 때 이자겸이 금의 사대 요구를 수용하자고 주장하였다. 　43회

09 예종 때 이자겸이 왕실의 외척이 되어 권력을 독점하였다. 　46회

10 거란의 침입에 대비하여 국난 극복을 기원하여 초조대장경이 조판되었다. 　62회

테마 20

01 몽골과의 항쟁에서 고려는 강화도로 도읍을 옮겨 장기 항전을 준비하였다. 　59회

02 삼별초는 최씨 무신 정권의 군사적 기반이었다. 　54회

03 몽골의 사신 저고여가 귀국길에 피살되었다. 　55회

04 배중손이 이끄는 삼별초가 진도에서 항전하였다. 　61회

05 몽골과의 항쟁에서 다인철소의 주민들이 충주에서 항전하였다. 　62회

06 최충헌 집권기에 만적이 개경에서 노비를 모아 반란을 도모하였다. 　45회

07 최충헌은 교정별감이 되어 국정을 총괄하였다. 　60회

08 최충헌 집권기에 공주 명학소에서 망이·망소이가 봉기하였다. 　45회

09 개경 환도 이후 김윤후가 처인성에서 몽골군을 격퇴하였다. 　57회

10 최우는 강화도로 도읍을 옮겨 장기 항전을 준비하였다. 　61회

테마 19

01 O
02 O
03 O
04 O
05 O
06 O
07 X (여진)
08 O
09 X (인종)
10 O

테마 20

01 O
02 O
03 O
04 O
05 O
06 O
07 O
08 X (정중부 집권기)
09 X (개경 환도 이전)
10 O

01 대마도 정벌~조선 건국 사이에 조준 등의 건의로 과전법이 제정되었다. ☐ 58회

02 우왕 때 최무선의 건의로 화통도감이 설치되었다. ☐ 59회

03 공민왕 때 신돈이 전민변정도감의 설치를 건의하였다. ☐ 60회

04 원 간섭기에는 변발과 호복이 지배층을 중심으로 유행하였다. ☐ 45회

05 최영이 철령위 설치에 반발하여 요동 정벌을 추진하였다. ☐ 61회

06 공민왕은 정동행성 이문소를 폐지하였다. ☐ 56회

07 공민왕 때 유인우, 이자춘 등이 쌍성총관부를 수복하였다. ☐ 54회

08 충선왕에 의해 만권당이 설립되어 원과 고려의 학자가 교유하였다. ☐ 59회

09 공민왕 때 나세, 심덕부 등이 진포에서 왜구를 물리쳤다. ☐ 44회

10 공민왕은 인사 행정을 담당하던 정방을 폐지하였다. ☐ 56회

테마 22

01 태조는 개국 공신에게 역분전을 지급하였다. ☐ 60회

02 시정 전시과는 관등과 인품을 기준으로 수조권을 주었다. ☐ 60회

03 고려 시대 때 삼한통보, 해동통보가 발행되었다. ☐ 61회

04 고려는 상평통보를 발행하였다. ☐ 47회

05 고려 시대 때 송상이 전국 각지에 송방을 두었다. ☐ 61회

06 고려 시대 때 수도에 시전을 감독하는 경시서가 설치되었다. ☐ 41회

07 고려 시대 때 예성강 하구의 벽란도가 국제 무역항으로 번성하였다. ☐ 56회

테마 21

01 O
02 O
03 O
04 O
05 O
06 O
07 O
08 O
09 X (우왕)
10 O

테마 22

01 O
02 O
03 O
04 X (조선 후기)
05 X (조선 후기)
06 O
07 O

01 무신 집권기에는 결혼도감을 통해 공녀가 징발되었다. ☐ 31회

02 고려는 상평창을 설치하여 물가를 조절하였다. ☐ 40회

03 고려는 혜민국을 마련하여 병자에게 약을 지급하였다. ☐ 48회

04 고려는 구제도감을 설립하여 백성을 구호하였다. ☐ 40회

05 고려는 기금을 모아 그 이자로 빈민을 구제하는 제위보를 운영하였다. ☐ 48회

01 의천은 정혜결사를 통해 불교계 개혁에 앞장섰다. ☐ 51회

02 대각국사 의천이 해동 천태종을 개창하였다. ☐ 62회

03 지눌은 교장도감을 설치하여 불교 경전 주석서를 편찬하였다. ☐ 53회

04 지눌은 불교 개혁을 주장하며 수선사 결사를 제창하였다. ☐ 62회

05 요세는 법화 신앙에 중점을 둔 백련 결사를 주도하였다. ☐ 40회

06 사략은 편년체 형식으로 기술되었다. ☐ 59회

07 삼국사기에는 고조선의 건국 이야기가 서술되었다. ☐ 59회

08 삼국유사는 유교 사관에 입각하여 기전체 형식으로 저술하였다. ☐ 61회

09 제왕운기는 단군 조선에서 고려까지의 역사를 정리하였다. ☐ 45회

10 동명왕편은 고구려 건국 시조의 일대기를 서사시로 표현하였다. ☐ 54회

테마 23

01 X (원 간섭기)
02 O
03 O
04 O
05 O

테마 24

01 X (지눌)
02 O
03 X (의천)
04 O
05 O
06 X (기전체)
07 X (삼국유사)
08 X (삼국사기)
09 O
10 O

IV

최근 3개년
출제비율

10.4%

조선 전기

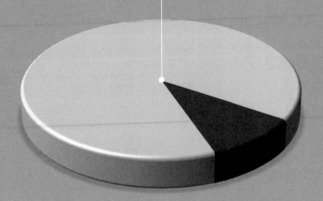

매회 4~8문제 가량 출제되고 있다. 문화의 출제 비중이
다른 시대에 비해 높은 편이다. 또한 출제되는 개념들이
반복적으로 출제되는 경향이 가장 강한 시대이기 때문에
문화를 제외하면 난이도가 낮은 편이다.

6 빈출 키워드

노범석
원샷
한능검

조선 전기

합격기준 박문각

www.pmg.co.kr

조선의 건국과 체제 정비

1 조선의 건국

(1) 위화도 회군(1388): 이성계가 위화도 회군으로 반대파(최영) 제거하고 실권 장악

(2) 신진 사대부 분화

    ① 온건 사대부: 고려 왕조의 유지를 주장, 정몽주·이색 등

    ② 급진 사대부: 새로운 왕조를 세우는 역성 혁명 주장, 정도전·이방원 등

(3) 건국(1392): 온건 사대부파의 제거와 공양왕 폐위로 이성계 즉위

2 조선 전기 주요 국왕

(1) 태조

    ① 조선 건국: 국호는 조선, 수도를 **한양**으로 천도, 경복궁 설립

    ② 문화 정책: 도첩제 실시, 천상열차분야지도 제작

    ③ 정도전⁺   └→억불책, 승려 수 제한   └→천문도

          ⊙ 조선 건국을 주도(**한양 설계, 도성 성문의 이름 지음**), 재상 중심의 정치 주장

          ⓛ 서적 편찬: 『조선경국전』(법전), 『경제문감』(재상 중심 정치 강조), 『불씨잡변』(불교 비판), 『고려국사』 등

          ⓒ **1차 왕자의 난 때 이방원에 의해 피살됨**

> **『불씨잡변』**
>
> 불씨는 … "우리 부처에게 오는 자는 화를 면하고 복을 얻을 수 있다"라고 한다. … 가령 그 말이 거짓이 아니라 할지라도 모두 사사로운 마음에서 나온 것이요, 올바른 도리가 아니므로 징계해야 할 것이다. 하물며 불씨의 가르침이 일어난 후 오늘에 이르는 수천 년 동안 부처 섬기기에 매우 독실했던 양 무제나 당 헌종과 같은 이도 모두 화를 면하지 못하였다.

★★(2) 태종

정치	• 왕자의 난으로 집권 ➡ 공신과 외척 세력 제거, 사병 혁파 • **6조 직계제**: 6조에서 의정부를 거치지 않고 곧바로 국왕에게 결재 올림 ➡ 왕권 강화 • 사간원 독립: 문하부 낭사를 분리하여 사간원으로 독립(대신 견제)
경제	양전 사업과 **호패법**⁺ 실시 ➡ 호구를 정확히 파악, 세금 및 조세 부과에 활용
사회	신문고 제도 실시
문화	주자소 설치하고 **계미자 주조**, 혼일강리역대국도지도 제작

> **태종의 즉위와 6조 직계제의 실시**
>
> 하륜 등이 청하기를, "정몽주의 난에 만일 그(이방원)가 없었다면 큰 일을 이룰 수 없었을 것이고, 정도전의 난에 만일 그가 없었다면 또한 어찌 오늘이 있었겠습니까? …… 청하건대, 그를 세자(世子)로 삼으소서."라고 하였다. 임금이 말하기를, "경(卿)들의 말이 매우 옳다."라고 하였다.   — 『정종실록』
>
> "내가 일찍이 송도에 있을 때 의정부를 없애자는 의논이 있었으나, 지금까지 겨를이 없었다. 지난 겨울에 대간(사간원과 사헌부)에서 작은 허물로 인하여 정부를 없앨 것을 청하였던 까닭에 윤허(允許)하지 않았었다. 내가 곰곰이 생각해보니, 모든 일이 내 한 몸에 모이면 진실로 재결(裁決)하기가 어렵겠으나, 그러나 이미 나라의 임금이 되어서 어찌 노고스러움을 피하겠느냐?"   — 『태종실록』

✦ 정도전

정도전은 경복궁 근정전을 포함하여 도성 52개의 성문과 궁궐·전각의 이름을 유교식으로 지었다. 오늘날 서울 4대문(흥인지문·돈의문·숙례문·숙정문)이 면친도 정도전이 지은 것이다.

✦ 호패

16세 이상 남성들에게 발급된 일종의 신분증이다.

✦✦(3) 세종

정치		• 의정부 서사제: 6조에서 의정부를 거쳐서 국왕에게 결재 받는 체제 ➡ 왕권과 신권의 조화 • 집현전✦ 설치: 학문 정책 연구, 경연 활성화
경제		공법 실시(전분 6등법·연분 9등법)
문화	한글 창제	훈민정음 창제 및 반포
	과학 기술	• **장영실** 등용하여 측우기·자격루·앙부일구·혼천의(천체 관측 기구) 제작 • **갑인자** 주조하여 활자 인쇄술 발전
	역법 발달	한양을 기준으로 한 독자적 역법서인 『칠정산』 편찬
	서적 편찬	『삼강행실도』, 『농사직설』, 『향약집성방』, 『의방유취』 등
대외		• 일본: 쓰시마섬 정벌(이종무), 3포(부산포·제포·염포) 개항 ➡ 계해약조 체결 • 여진: 김종서와 최윤덕을 파견 ➡ **4군 6진을 설치**하여 북방 영토 개척

✦ 집현전

장인지, 신숙주, 서거정 등이 대표적인 집현전 소속 학사이다.

△ 4군 6진

> **의정부 서사제**
> 6조 직계제를 시행한 이후 일의 크고 작음이나 가볍고 무거움이 없이 모두 6조에 붙여져 의정부와 관련을 맺지 않고, 의정부의 관여 사항은 오직 사형수를 논결하는 일뿐이므로 옛날부터 재상을 임명한 뜻에 어긋난다. …… **6조는 모든 직무를 먼저 의정부에 여쭈어 의논하고**, 의정부는 가부를 헤아린 뒤에 왕에게 아뢰어 왕의 전지를 받아 6조에 내려 보내어 시행한다. – 『세종실록』

✦✦(4) 세조

① 계유정난✦: 수양대군(세조)이 정변을 일으켜 김종서 등을 제거하고 정권을 장악
➡ 이후 단종의 양위로 세조로 즉위

② 주요 정책
  ㉠ 정치: **6조 직계제** 부활, **집현전 폐지**, 공신 세력 등용, 이시애의 난 계기로 유향소 폐지
  ㉡ 경제: 직전법 실시하여 현직 관리에게만 수조지 지급

✦ 계유정난

단종이 즉위하자, 세종의 둘째 아들이자 단종의 숙부였던 수양 대군이 김종서·황보인 등 당시 실권자를 제거하고 권력을 장악한 사건이다. 이후 수양대군은 조카인 단종에게 양위받아 왕위에 오르게 된다. 그러나 유교적 윤리에 어긋난다는 이유로 신하들의 저항이 이어졌는데, 그 중에서 단종 복위를 꾀하다 죽은 6명을 사육신, 관직을 버리고 은거한 6명을 생육신이라고 부른다.

> 여러 왕자들이 다투어 빈객을 맞아들였는데, 문인(文人)과 재사(才士)들이 모두 안평 대군에게 의탁하여 세조에게는 이들보다 나은 인재들이 없었다. 한명회가 세조를 찾아가 신임을 얻게 되자 은밀하게 계책을 올리기를, "세도에 변고가 있을 때에는 문인들이 쓸모가 없으니 모름지기 무사들과 결탁하소서."라고 하였다. – 『연려실기술』
> 상왕(단종)이 나이가 어려 무릇 조치하는 바를 모두 의정부 대신에게 논의하게 하였다. 지금 내(세조)가 왕통을 계승하여 국가의 모든 일을 처리하며, 우리나라의 옛 제도를 복구하고자 한다. **지금부터 형조의 사형수를 제외한 모든 서무는 6조가 각각 그 직무를 담당하여 직계한다.** – 『세조실록』

(5) 성종

정치	• 『경국대전』 편찬: 세조 때 시작 ➡ 성종 때 완성, 조선의 기본 법전, 통치 체제 완성을 의미 • **홍문관 설치**: 집현전을 계승, 학문 연구 및 경연 활성화 • 사림 등용: 훈구 세력 견제가 목적, **김종직 등 사림**이 중앙 정계에 진출하기 시작
경제	관수관급제 실시(국가가 수조권 대행)
문화	**『동국통감』**, 『악학궤범』, 『동국여지승람』, 『동문선』, 『국조오례의』, 『금양잡록』 등 편찬

PART 4

조선 전기의 최다 빈출 테마 중 하나로, 정도전과 조선 전기의 국왕 업적이 출제되고 있다. 특히 국왕의 업적은 해당 시기에 편찬된 서적을 묻는 문제들이 많이 나오기 때문에 이것까지 포함해서 알아두는 것이 포인트이다. 과거부터 지금까지 꾸준히 출제되고 있는 주제 중 하나이다.

01

●58회 17번

(가) 시기에 있었던 사실로 옳은 것은? [2점]

① 집현전을 계승한 홍문관이 설치되었다.
② 조준 등의 건의로 과전법이 제정되었다.
③ 국가의 기본 법전인 경국대전이 완성되었다.
④ 연분 9등법을 시행하여 수취 체제가 정비되었다.
⑤ 음악 이론 등을 집대성한 악학궤범이 간행되었다.

02

●48회 19번

다음 글을 쓴 인물에 대한 설명으로 옳은 것은? [2점]

> 선유(先儒)가 불씨(佛氏)의 지옥설을 논박하여 말하기를, "…… 불법(佛法)이 중국에 들어오기 전에도 죽었다가 다시 살아난 사람들이 있었는데, 어째서 한 사람도 지옥에 들어가 소위 시왕(十王)*이란 것을 본 자가 없단 말인가? 그 지옥이란 없기도 하거니와 믿을 수 없음이 명백하다."라고 하였다.
>
> *시왕(十王): 저승에서 죽은 사람을 재판하는 열 명의 대왕
>
> – 「삼봉집」

① 계유정난을 계기로 정계에서 축출되었다.
② 일본에 다녀와서 해동제국기를 편찬하였다.
③ 기축봉사를 올려 명에 대한 의리를 내세웠다.
④ 군주의 도를 도식으로 설명한 성학십도를 지었다.
⑤ 조선경국전을 저술하여 통치 제도 정비에 기여하였다.

문제 및 키워드 분석
(가) 이전의 삽화는 **네 가지 이유로 불가**라는 키워드를 통해서 고려 우왕 때 최영의 요동 정벌 추진을 반대했던 이성계의 4불가론과 관련된 내용임을 알 수 있고, (가) 이후의 삽화는 **새 도읍**이라는 키워드를 통해서 조선이 건국되었던 1392년의 사실임을 알 수 있다. 따라서 이 사이에 있었던 역사적 사실을 고르면 된다.

정답 분석
② 조선 건국 직전인 고려 공양왕 때인 1391년에 과전법이 실시되면서 토지를 재분배하는 작업이 이루어졌다.

선지 분석
①, ③, ⑤ 조선 성종 때 있었던 역사적 사실이다.
④ 세종 때 실시된 공법에 대한 설명이다.

문제 및 키워드 분석
불씨, 삼봉집 등의 키워드를 통해서 정도전임을 알 수 있다. 정도전은 「불씨잡변」을 저술하여 불교를 강도 높게 비판하면서 반대급부로 성리학을 추앙하였다. 또한 훗날 그의 저서를 모아 「삼봉집」이 편찬되었는데, 삼봉은 정도전의 호(號)이다.

정답 분석
⑤ 정도전은 「조선경국전」을 저술하여 조선 초기의 여러 통치 제도를 새롭게 정비하였다.

선지 분석
① 사육신과 생육신 등에 대한 설명이다.
② 「해동제국기」는 신숙주가 편찬한 해외 견문록이다.
③ 송시열에 대한 설명이다.
④ 「성학십도」는 이황이 저술하였다.

03

•62회 22번

(가) 왕이 추진한 정책으로 옳은 것은? [3점]

○○신문

제□□호   ○○○○년 ○○월 ○○일

관현맹(管絃盲) 공연, 경복궁에서 재현

조선 시대 관현맹의 공연을 재현하는 행사가 경복궁 수정전에서 개최되었다. 관현맹은 궁중잔치에서 연주한 시각장애인 악사인데, 박연의 상소를 계기로 [(가)] 때 관직과 곡식을 받게 되었다. 이번 공연에서는 [(가)] 이/가 작곡한 여민락(與民樂)을 시작으로 여러 곡이 연주되었다.

① 창덕궁에 신문고를 처음 설치하였다.
② 삼수병으로 구성된 훈련도감을 창설하였다.
③ 붕당 정치의 폐단을 경계하고자 탕평비를 세웠다.
④ 통치 체제를 정비하기 위해 대전통편을 간행하였다.
⑤ 유교 윤리의 보급을 위해 삼강행실도를 편찬하였다.

04

•59회 20번

밑줄 그은 '이 사건' 이후의 사실로 옳은 것은? [2점]

이 작품은 두만강 유역의 여진을 정벌하고 6진을 개척한 김종서가 지은 시조로, 장수로서의 호방한 기개를 보여주고 있습니다. 그는 수양대군, 한명회 등이 주도한 <u>이 사건</u>으로 죽임을 당하였습니다.

삭풍은 나모 긋터 불고 명월은 눈 속에 춘디
만리변성에 일장검 집고 서서
긴 푸람 큰 흔 소릐에 거칠 거시 업세라

① 최영에 의해 이인임 일파가 축출되었다.
② 최무선의 건의로 화통도감이 설치되었다.
③ 정도전 등이 요동 정벌 계획을 추진하였다.
④ 성삼문 등이 상왕의 복위를 꾀하다가 처형되었다.
⑤ 이종무가 왜구의 근거지인 쓰시마섬을 정벌하였다.

문제 및 키워드 분석
박연, 여민락 등의 키워드를 통해서 (가)가 세종임을 알 수 있다. 세종은 음악에도 조예가 깊어서 직접 '여민락' 같은 곡을 작곡하기도 했다.

정답 분석
⑤ 세종은 유교 윤리를 백성들에게도 전파하기 위해서 『삼강행실도』를 편찬하여 민간에 널리 보급하였다.

선지 분석
① 신문고를 처음 설치한 국왕은 태종이다.
② 훈련도감은 임진왜란 도중인 선조 때 설치되었다.
③ 탕평비는 영조 때 세워졌다.
④ 『대전통편』은 정조 때 편찬된 법전이다.

문제 및 키워드 분석
수양대군, 한명회 등의 키워드를 통해서 이 사건은 조선 단종 때 수양대군이 일으켰던 계유정난임을 알 수 있다. 따라서 세조 때 일어났던 역사적 사실을 고르면 된다. 계유정난을 디테일하게 물어본 것이 이 문제의 특징이다.

정답 분석
④ 계유정난 직후 성삼문 등 일부 세력들이 단종의 복위를 주도했다가 세조에게 적발되어 처형되었는데 이를 주도했던 6명의 인물들을 사육신이라고 부른다.

선지 분석
①, ② 고려 말의 역사적 상황이다.
③ 조선 태조 때 정도전이 요동 정벌을 추진하였다.
⑤ 세종 때 이종무가 쓰시마섬을 정벌하였다.

조선의 통치 체제

1 조선의 중앙 통치 제도⁺

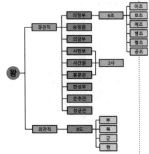
✦ 조선의 중앙 통지 제도

의정부	•정책을 심의 및 결정하는 최고 권력 기관 •영의정·좌의정·우의정으로 구성 ➡ **3정승의 합의로 국정 운영**
6조	행정 실무를 담당
승정원	•왕명 출납을 담당하는 왕의 비서 기관(6승지) •장관은 **도승지**, 정7품 이하는 주서라 불리며 국왕의 일과 기록
의금부	**국왕 직속 사법 기관** ➡ 왕명으로 국가의 큰 죄인 처리

삼사	언론 기관, 대간⁺은 서경(5품 이하 관리의 임명권)·간쟁·봉박권 행사	
	사헌부	관리의 비리 감찰 및 탄핵, 풍속 규정, 장관은 대사헌
	사간원	임금에게 간언, 정사의 잘못 논박, 장관은 대사간
	홍문관	**집현전을 계승**, 왕의 자문 역할, 경연 주관, 서적·문서 관리, **옥당**이라 불림

춘추관	**실록 편찬 및 관리 업무**
성균관	조선의 최고 교육 기관
한성부	**수도의 행정과 치안·사법 업무 담당**

> **승정원**
> 『경국대전』에 의하면 도승지 좌승지 등 6명의 승지가 있었으며, … 승지에 임명되는 낭상관은 이조나 대사간을 거쳐야 맡을 수 있었고, 인망이 마치 신선과 같으므로 세속 사람들이 '은대(銀臺) 학사'라고 부른다.
> – 『임하필기』

💡『승정원일기』
주서가 기록한 국왕의 일과를 토대로 승정원에서 『승정원일기』를 편찬하였다.

✦ 대간
사헌부의 관리를 대관, 사간원의 관리를 간관이라고 불렀으며 이를 합쳐 대간이라고 불렀다. 왕에게 간언할 수 있는 간쟁, 왕의 잘못된 명령을 다시 돌려보내는 봉박, 5품 이하 관리의 임명권인 서경을 보유하고 있다.

2 조선의 지방 행정 제도

(1) 특징

① 지방제도의 일원화: 양계와 향·소·부곡을 폐지하여 8도와 일반 군현으로 통합
② 완전한 중앙 집권: 중앙에서 모든 군현에 지방관(수령) 파견

(2) 지방관 파견

관찰사 (감사·도백)	•전국 8도에 파견 ➡ 임기는 360일, 병마절도사나 수군절도사 겸하기도 함 •파견되는 도의 행정·사법·군사권 장악, **수령을 지휘·감독**
수령 (현감·현령)	•전국의 모든 부·목·군·현에 파견 ➡ 임기 5년 •국왕의 대리인, 파견 지방의 행정·사법·군사권 보유 ➡ 수령 7사⁺를 수행
향리	지방의 행정 실무 보좌(아전으로 격하), **대대로 직역을 세습**, 6방 조직, 과거 응시 제한

(3) 유향소와 경재소

유향소	•향촌의 지방 사족들을 중심으로 구성된 향촌 자치 기구 •**수령을 보좌하고 향리를 규찰** ➡ 지방 여론 수렴, 풍속 교정, 백성 교화 등 •좌수와 별감이라는 향임직을 선출하여 운영
경재소	•서울에 설치 ➡ 해당 지방 출신의 중앙 고관을 임명하여 **연고지의 유향소를 통제하게 함** •유향소와 정부 사이의 연락 기능

✦ 수령 7사
수령이 해야 할 7가지 일을 가리킨다.
•농사를 대성하게 할 것
•학교를 일으킬 것
•사송을 간략히 할 것
•향리의 부정을 방지할 것
•군정을 닦을 것
•호구를 늘릴 것
•부역을 고르게 할 것

💡 교통 제도
조선 시대 때는 역(驛)과 원(院)을 두어서 역마를 제공하고 숙박을 할 수 있도록 교통 제도를 마련했다.

3 군역 제도와 군사 조직

(1) 군역 제도

① 원칙: 16~60세 이상의 모든 양인은 전부 군역 부과(양인개병제✦)

② 면제: 현직 관료와 향리·학생은 면제, 노비는 군역 부담 없음

(2) 군사 조직

중앙군	**5위로 구성**, 궁궐과 서울 방비
지방군	진관 체제(지역 단위로 방어) ➡ 제승방략 체제(광역 단위로 방어)
잡색군	• 유사시에 향토 방위를 담당하는 예비군 성격 • 서리·신량역천·노비 등이 소속

4 교육 제도와 과거 제도

(1) 교육 제도

① 서당: 초등 사립 교육 기관, 천자문 등 기초 교육 실시

② 4부 학당: 서울에 설치한 관립 중등 교육 기관, 중·동·남·서의 4개로 구성

✦③ 향교

특징	• 지방에 설치한 관립 중등 교육 기관 ➡ 중앙에서 교수와 훈도 파견 • 평민층의 자제도 입학 가능, 전국의 모든 부·목·군·현에 하나씩 설립
부속 건물	대성전(성현의 위패를 모시고 제사 지냄), 명륜당(유교 경전 강의), 동·서재(기숙사) 등

✦④ 성균관

특징	서울에 위치한 조선의 최고 교육 기관, 원칙적으로는 소과에 합격(생원·진사)해야 입학 가능
기능	유학 교육 전담 및 제사의 기능
부속 건물	문묘(제사), 대성전, 명륜당, 존경각(성종 때 설치, 도서관), 동·서재(기숙사) 등

(2) 과거 제도

문과	• 문관 선발을 위해 실시, 소과(생원·진사과)와 대과(문과)로 구성 • 소과: 생원시와 진사시로 구성 ➡ 성균관 입학·문과 응시 가능 • 대과: 초시(각 지방) ➡ 복시(최종 33인 선발) ➡ 전시(순위 결정, 국왕 친임)의 3단계로 구성
무과	무관 선발을 위해 실시, 대과(문과)와 같은 절차(최종 28인 선발)
잡과	• 기술관 선발(역과·의과·음양과·율과 등) ➡ 해당 관청에서 시행(전시 없음, 2단계) • 일반 양인들은 보통 잡과에 응시

(3) 기타 관리 임용

① 취재: 간단한 시험을 통해 하급 관리 선발

② 음서: 2품 이상의 직계 자손만을 대상으로 함 ➡ 고려에 비해 대상 축소

(4) 경연 제도

① 도입: 고려 때 처음으로 도입 (➡ 세조, 연산군 때 잠시 중지)

② 특징: 임금에게 유학서를 강론하고 왕과 신하가 정책을 함께 토론함

✦ 양인개병제

모든 양인들을 병사로 편성한다는 뜻으로, 조선 시대에는 양인개병제를 원칙으로 했으나 실질적으로 양반과 노비는 군역에서 제외되었다.

💡 과거 제도의 응시 자격

천인을 제외한 양인은 누구나 응시 가능했지만, 문과는 탐관오리나 재가녀의 자손·서얼에게는 응시를 금지하였다.

💡 고려와 조선의 음서

고려의 음서는 5품 이상 관리면 가능했으나, 조선은 2품 이상의 고관만 가능하였다. 또한 올라갈 수 있는 관직도 제한적이었다.

꾸준히 빈출되고 있는 테마 중 하나로, 분야를 가리지 않고 골고루 출제되고 있다. 중앙 통치 기구·지방 행정 제도·교육 기관에서 빈출되는 내용을 위주로 암기한다면 충분히 대비가 가능하다.

01
●57회 19번

(가) 기구에 대한 설명으로 옳은 것은? [2점]

- 각 지역 출신 가운데 서울에 살며 벼슬하는 자들의 모임을 경재소라고 합니다. 경재소에서는 고향에 사는 유력자 중에서 강직하고 명석한 자들을 선택하여 (가) 에 두고 향리의 범법 행위를 규찰하고 풍속을 유지하였습니다.

- (가) 을/를 설치하고 향임을 둔 것은 맡은 바를 중히 여긴 것이다. 수령은 임기가 정해져 있어 늘 바뀌니, 백성의 일에 뜻을 둔다 하여도 먼 곳까지 상세히 살필 겨를이 없다. 그러므로 각 지역에서 충성스럽고 부지런한 사람을 뽑아 그 지역의 기강을 맡도록 하여 수령의 눈과 귀로 삼았다.

① 주세붕이 처음 설립하였다.
② 좌수와 별감을 선발하여 운영하였다.
③ 중앙에서 교수와 훈도를 파견하였다.
④ 대성전을 세워 성현에 제사를 지냈다.
⑤ 흥선 대원군에 의해 대부분 철폐되었다.

문제 및 키워드 분석
경재소, 향리의 범법 행위를 규찰, 향임 등의 키워드를 통해서 유향소에 대한 설명임을 알 수 있다. 유향소는 향리를 견제하고 수령을 보좌하면서 지방의 행정 업무를 맡았다.

정답 분석
② 각 유향소를 대표하는 관직으로 좌수를 두었고, 이를 보좌하는 별감이 존재하였다.

선지 분석
①, ⑤ 서원에 대한 설명이다.
③ 향교에 대한 설명이다.
④ 성균관과 향교에 대성전을 설치하여 공자를 제사지냈다.

02
●61회 22번

(가) 기구에 대한 설명으로 옳은 것은? [2점]

> 역사 용어 해설
>
> (가)
>
> 1. 개요
>   조선 시대에 언론 활동, 풍속 교정, 백관에 대한 규찰과 탄핵 등을 관장하던 기구이다. 대사헌, 집의, 장령, 감찰 등의 직제로 구성되어 있다.
>
> 2. 관련 사료
>   건국 초기에 고려의 제도에 따라 설치하였다. ……『경국대전』에는 "정사를 논평하고, 백관을 규찰하고, 풍속을 바로잡고, 억울함을 풀어주고, 허위를 금지하는 등의 일을 관장한다."라고 하였다. – 『순암집』

① 업무 일지인 내각일력을 작성하였다.
② 고려의 삼사와 같은 기능을 수행하였다.
③ 은대(銀臺), 후원(喉院)이라고도 불리었다.
④ 임진왜란을 거치면서 국정 전반을 총괄하였다.
⑤ 5품 이하의 관리 임명에 대한 서경권을 행사하였다.

문제 및 키워드 분석
언론 활동, 백관에 대한 규찰, 탄핵, 대사헌 등의 키워드를 통해서 사헌부에 대한 설명임을 알 수 있다. 조선 시대의 삼사 문제는 대개 사헌부·사간원·홍문관을 묶어서 삼사로 표현해서 시험 문제로 내거나, 각 기구를 별도로 물어보기도 한다. 그러나 삼사와 다른 기구를 구분하는 문제가 나오는 경우는 있어도 삼사 내에서 구분해서 물어보는 경우는 없기 때문에 삼사를 비슷하게 묶어서 공부하는 것이 훨씬 수월하다.

정답 분석
⑤ 사헌부의 관원들은 5품 이하 관리들을 임명할 때 먼저 감찰할 수 있는 서경권을 지니고 있었다.

선지 분석
① 정조 때 설치된 규장각에 대한 설명이다. 규장각은 한양에 설치한 내각과 강화도에 설치한 외각으로 구분되었다.
② 고려의 삼사는 주로 회계 업무를 맡았다.
③ 승정원에 대한 설명이다.
④ 비변사에 대한 설명이다.

03

● 46회 20번

(가) 기구에 대한 설명으로 옳은 것은? [1점]

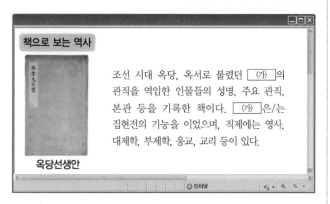

① 수도의 행정과 치안을 담당하였다.
② 사헌부, 사간원과 함께 3사로 불렸다.
③ 검서관에 서얼 출신 학자들이 기용되었다.
④ 임진왜란을 거치면서 국정 전반을 총괄하였다.
⑤ 국왕 직속 사법 기구로 반역죄, 강상죄 등을 처결하였다.

04

● 42회 21번

(가), (나)에 대한 설명으로 옳은 것은? [2점]

나는 8도의 부·목·군·현에 파견되는 (가) 입니다. 경국대전에 의하면 임기는 1,800일이고, 원칙적으로 상피제의 적용을 받고 있습니다.

나는 지방 관아에서 행정 실무를 담당하는 (나) 입니다. 고려 때와는 달리 요즘은 외역전도 지급받지 못하고 직무를 수행하고 있습니다. 우리들의 수장을 호장이라고도 부릅니다.

① (가) – 단안(壇案)이라는 명부에 등재되었다.
② (가) – 지방의 행정·사법·군사권을 행사하였다.
③ (나) – 감사, 도백으로도 불렸다.
④ (나) – 장례원(掌隷院)을 통해 국가의 관리를 받았다.
⑤ (가), (나) – 잡과를 통해 선발되었다.

PART 4

문제 및 키워드 분석

옥당, 대제학이라는 키워드를 통해서 조선 시대 3사 중 하나인 홍문관임을 알 수 있다. 옥당(玉堂)이란 홍문관의 별칭이고, 대제학은 홍문관의 최고 관직이다.

정답 분석

② 홍문관은 사헌부와 사간원과 함께 3사라고 불리면서 언론을 통해 공론을 형성하는 역할을 맡았다.

선지 분석

① 한성부에 대한 설명이다.
③ 정조 때 설치된 규장각에 대한 설명이다.
④ 비변사에 대한 설명이다.
⑤ 의금부에 대한 설명이다.

문제 및 키워드 분석

(가)는 **상피제의 적용, 8도의 부·목·군·현에 파견** 등의 키워드를 통해서 수령임을 알 수 있다. (나)는 **호장, 행정 실무를 담당** 등의 키워드를 통해서 향리임을 알 수 있다.

정답 분석

② 지방의 수령은 파견된 곳의 행정·사법·군사권 등 거의 모든 권한을 지니고 있었다.

선지 분석

① 단안이란 향리들이 기록된 명부를 의미한다.
③ 관찰사에 대한 설명이다.
④ 장례원은 노비를 관장하던 조선 시대의 관청이다.
⑤ 잡과로 선발되던 계층은 역관·의관 등 기술관이었다.

사림의 대두와 붕당의 형성

1 사림의 성장과 발전

(1) 훈구와 사림

구분	훈구 세력(관학파) 15C 주도	사림 세력(사학파) 16C 주도
기원	고려 말 역성 혁명파 ➡ 계유정난 공신 세력	고려 말 온건 개혁파
정치성향	중앙집권적 통치, 부국강병 중시	향촌자치 주장, 왕도 정치 추구
사상적 경향	성리학 이외에 도교, 불교도 수용	성리학 이외의 사상 배격

(2) 사림의 등장: 성종 때부터 사림이 중앙 정치에 진출하면서 기득권 세력인 훈구와 대립

(3) 사화의 전개

✦① 무오사화(1498) 연산군
  ㉠ 원인: 김종직이 쓴 「조의제문」✦을 김일손이 실록에 넣자 훈구 세력이 문제 제기
  ㉡ 결과: 김일손을 비롯한 사림 세력 대거 숙청, 김종직은 부관참시
  　　　　　　　　　　　　　　　　　　　　　　　　└➤ 죽은 시체를 꺼내 목을 베는 것

✦「조의제문」
조의제문은 중국 초나라 항우에게 죽은 의제를 조의하는 내용이었다. 훈구파였던 유자광이 이 글을 보자 김종직이 단종을 의제에, 세조를 항우에 빗대어서 계유정난으로 인한 세조의 왕위 찬탈을 비난한 것이라고 주장하며 사림을 공격하였다.

> **「조의제문」**
> 정축년 10월 어느 날 꿈에 신인(神人)이 헌걸찬 모습으로 나타나 말하길 "나는 **초나라 회왕의 손자 심(의제)인데, 서초 패왕(항우)에게 살해되어** 침강에 던져졌다."하고는 갑자기 사라졌다. 꿈에서 깨어나 놀라 생각하기를 …… '역사를 상고해 보아도 강에 던져졌다는 말은 없는데, 정녕 항우가 사람을 시켜서 심을 몰래 죽이고 그 시체를 물에 던진 것인가? 이는 알 수 없는 일이다.'하고, 마침내 글을 지어 조문하였다.　　　　　－ 「연산군일기」
>
> 임금이 전지하기를, "지금 **김일손이 찬수한 사초**에 부도한 말로써 선대의 일을 거짓으로 기록하고 또한 그의 스승 **김종직의 조의제문을 실었도다.** … 대간, 홍문관으로 하여금 형을 의논하여 아뢰도록 하라."라고 하였다.　　　　　－ 「연산군일기」

② 갑자사화(1504) 연산군
  ㉠ 원인: 연산군의 생모 폐비 윤씨 죽음의 전말이 연산군에게 알려짐
  ㉡ 결과: 사건과 관련된 훈구와 사림 세력 대거 축출
✦③ 중종반정: 연산군의 폭정 → **성희안** 일파가 연산군 몰아내고 중종 옹립
✦✦④ 기묘사화(1519) 중종
  ㉠ 원인: 조광조✦의 급진적 개혁, 위훈 삭제를 계기로 훈구 세력 반발
  ㉡ 결과: 조광조를 비롯한 사림 세력 제거

✦ 정암 조광조

> **조광조의 위훈 삭제 건의**
> 대사헌 **조광조** 등이 아뢰기를. "**반정 때에 공이 있었다면** 기록되어야 하겠으나 이들은 또 그다지 공도 없습니다. 무릇 이들을 공신으로 중히 여기면 공(功)과 이(利)를 탐내게 되니 임금을 죽이고 나라를 빼앗는 일이 다 이것에서 비롯됩니다.　　　　　－ 「중종실록」

✦⑤ 을사사화(1545) 명종
　　㉠ 원인: 문정왕후 수렴청정 이후 외척 세력들인 대윤과 소윤의 대립(윤임 vs 윤원형)
　　㉡ 결과: 윤임이 숙청되고 윤원형이 집권하는 과정에서 관련 사림들이 피해

> **을사사화**
> 이덕응이 자백하기를 "평소 대윤(大尹)·소윤(小尹)에 휘말리지 않으려고 조심하였는데, 그들과 함께 모반을 꾸민다는 것은 말도 안 됩니다."라고 하였다. 계속 추궁하자 그는 "**윤임**이 제게 이르되 윤원로가 권력을 잡게 되면 자신의 집안은 멸족될 것이니 봉성군을 옹립하자고 하였습니다."라고 실토하였다. 　－「명종실록」

✦✦(4) 조광조의 개혁 정치　┌→하늘에 지내는 제사를 담당하던 기구
　　① 개혁 정치: **도교 기관인 소격서 폐지**, 경연 강화, **소학⁺ 보급**, 향약 실시, 수미법 건의
　　② 훈구 견제: 사림 등용 위해 현량과⁺ 실시, 중종반정과 관련된 **공신의 위훈 삭제** 추진

2 붕당 정치의 전개

(1) 선조 붕당의 형성
　　① 사림의 분당(1575)
　　　㉠ 척신정치의 잔재 청산을 둘러싸고 기성사림과 신진사림으로 나뉨
　　　㉡ **이조 전랑⁺ 임명을 둘러싸고 심의겸 지지 세력과 김효원 지지 세력으로 나뉨**
　　　㉢ 분당: **심의겸을 지지하는 기성사림이 동인, 김효원을 지지하는 신진사림이 서인**으로 분당

> **사림의 분당**
> **김효원**이 이조 전랑의 물망에 올랐을 때, **심의겸**이 이전의 잘못을 지적하였다. 그 후에 심의겸의 동생 심충겸이 이조 전랑으로 천거 되자, 이번에는 김효원이 나서서 외척이라 하여 반대하였다. 이로 인해 양쪽으로 편이 갈라져 서로 배척하였는데, 김효원을 지지하는 사람들을 동인, 심의겸을 지지하는 사람들을 서인으로 부르기 시작했다. 　－「당의통략」

　　② 동인의 분당　　　　　　　┌→서인 정철 주도
　　　㉠ 정여립 모반 사건으로 다수의 동인이 처형 당함(기축옥사, 1589) ➡ 서인 집권
　　　㉡ 서인의 영수 정철이 세자 책봉 문제로 유배 ➡ 동인의 재집권
　　　㉢ 결과: 서인(정철)에 대한 처벌을 둘러싸고 **동인이 온건파 남인과 강경파 북인으로 분당**

(2) 광해군
　　① 북인 집권
　　　㉠ 계기: 임진왜란 때 의병장 다수 배출한 북인이 집권 ➡ 광해군의 중립 외교를 지지
　　　㉡ 몰락: 인조반정을 계기로 일거에 몰락
　　② 인조반정(서인 주도)
　　　㉠ 계기: 광해군의 중립 외교와 폐모살제⁺에 대한 반발
　　　㉡ 결과: **서인의 주도하에 반정 일으켜 광해군 쫓아내고 인조 옹립** ➡ 서인과 남인 공존

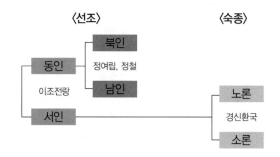

💡 임꺽정
명종 때 황해도와 경기도 일대에서 활동한 대도적이다. 명종이 직접 토벌을 명할 정도로 위세가 대단했다. 일제강점기 홍명희에 의해서 소설로도 탄생했다.

✦ 소학
성리학의 내용을 담고 있는 아동 윤리 교육 지침서이다.

✦ 현량과
인물의 성품 등을 바탕으로 관직을 추천하는 제도였다.

✦ 이조 전랑
6조의 실무직을 담당하던 정랑과 좌랑을 합쳐 전랑이라 불렀는데, 이조의 전랑들은 권력의 핵심인 삼사 관리의 추천권을 지니고 있었기 때문에 매우 중요한 자리였다.

✦ 폐모살제
광해군은 역모죄로 이복동생인 영창대군을 죽이고 인목대비를 유폐시켰다.

해당 테마는 사화와 관련된 문제들이 자주 출제되고 있다. 사화의 경우 순서 나열로 묻거나 각 사화들의 특징을 묻는 문제들이 주류를 이루고 있다. 출제 빈도수가 제법 있고 꾸준히 나오고 있는 테마이므로 반드시 대비가 필요하다.

01
●57회 18번

(가) 사건에 대한 설명으로 옳은 것은? [2점]

> 김종직의 자는 계온이고 호는 점필재이며, 김숙자의 아들로 선산 사람이다. …… 효행이 있고 문장이 고결하여 당시 유학자의 으뜸으로 추앙받는데, 후학들에게 학문을 장려하여 많은 사람이 학문을 성취하였다. 후학 중에 김굉필과 정여창 같은 이는 도학으로 명성이 있었고, 김일손, 유호인 등은 문장으로 이름을 알렸으며 그 밖에도 명성을 얻은 이가 매우 많았다. 연산군 때 유자광, 이극돈 등이 주도한 ┌ (가) ┐이/가 일어났을 당시 김종직은 이미 세상을 떠났지만, 화가 그의 무덤까지 미치어 부관참시를 당하였다.

① 계유정난의 배경이 되었다.
② 조의제문이 발단이 되어 일어났다.
③ 반정 공신의 위훈 삭제를 주장하였다.
④ 윤임 일파가 제거되는 결과를 가져왔다.
⑤ 동인이 남인과 북인으로 나뉘는 계기가 되었다.

02
●61회 21번

(가), (나) 사이의 시기에 있었던 사실로 옳은 것은? [3점]

> (가) 윤필상, 유순 등이 폐비(廢妃) 윤씨의 시호를 의논하여 "시호와 휘호를 함께 의논하겠습니까?"라고 아뢰니, "시호만 정하는 것이 합당하겠다."라고 하였다. …… 승정원에 전교하기를 "폐비할 때 의논에 참여한 재상, 궁궐에서 나갈 때 시위한 재상, 사약을 내릴 때 나가 참여한 재상 등을 승정원일기에서 조사하여 아뢰라."라고 하였다.
>
> (나) 의정부에 하교하기를 "조광조 등이 서로 결탁하여, 자신들에게 붙는 자는 천거하고 자신들과 뜻이 다른 자는 배척해서 …… 후진을 유인하여 궤격(詭激)*이 버릇되게 하고, 일을 의논할 때에도 조금만 이의를 세우면 반드시 극심한 말로 배척하여 꺾어서 따르게 하였다. …… 조광조·김정 등을 원방(遠方)에 안치하라."라고 하였다.

*궤격(詭激): 언행이 정상을 벗어나고 격렬함

① 성삼문 등이 단종의 복위를 꾀하였다.
② 외척 간의 대립으로 윤임이 제거되었다.
③ 이괄이 난을 일으켜 한양을 점령하였다.
④ 성희안 일파가 반정을 통해 연산군을 몰아내었다.
⑤ 조의제문이 발단이 되어 김일손 등이 화를 입었다.

문제 및 키워드 분석
김종직, 부관참시, 연산군 등의 키워드를 통해서 (가)는 연산군 때 일어났던 무오사화(1498)임을 알 수 있다. 따라서 무오사화에 대한 선지에서 고르면 된다.

정답 분석
② 연산군은 김종직이 의제를 추모하면서 썼던 「조의제문」이라는 글을 구실로 사화를 일으켜 이와 관련이 있었던 사림 세력을 정계에서 몰아냈다.

선지 분석
① 무오사화는 계유정난과는 관련이 없다.
③ 조광조 세력에 대한 설명이다.
④ 을사사화에 대한 설명이다.
⑤ 정여립 모반 사건과 정철의 건저의 사건에 대한 설명이다.

문제 및 키워드 분석
(가)는 **폐비 윤씨**라는 키워드를 통해서 연산군 때 일어났던 갑자사화(1504)임을, (나)는 **조광조**라는 키워드를 통해서 중종 때 일어났던 기묘사화(1519)임을 알 수 있다. 따라서 이 사이에 일어난 역사적 사실을 고르면 된다.

정답 분석
④ 중종반정에 대한 설명이므로 시기상 가장 적합하다.

선지 분석
① 세조 때 계유정난 직후에 일어난 사실이다.
② 명종 때 일어난 을사사화에 대한 설명이다.
③ 이괄의 난은 인조 때 일어났다.
⑤ 연산군 재위 기간인 1498년에 일어난 무오사화에 대한 설명이다. 무오사화는 사화 중에서 가장 먼저 일어났다.

03

●49회 19번

밑줄 그은 '이 사건'에 대한 설명으로 옳은 것은?   [2점]

이것은 능주 목사 민여로가 건립한 정암 선생 적려 유허비입니다. 정암 선생은 소격서 폐지, 현량과 실시 등을 추진하다가 <u>이 사건</u>으로 능주에 유배되었습니다.

① 김종직의 조의제문이 빌미가 되었다.
② 서인이 정권을 장악하는 계기가 되었다.
③ 윤임 일파가 제거되는 결과를 가져왔다.
④ 상왕의 복위를 목적으로 성삼문 등이 일으켰다.
⑤ 위훈 삭제에 대한 훈구 세력의 반발이 원인이었다.

04

●48회 21번

(가)~(라) 사건을 일어난 순서대로 옳게 나열한 것은?   [3점]

(가) 갑자년 봄에, 임금은 어머니가 비명에 죽은 것을 분하게 여겨 그 당시 논의에 참여하고 명을 수행한 신하를 모두 대역죄로 추죄(追罪)하여 팔촌까지 연좌시켰다.

(나) 정문형, 한치례 등이 의논하기를, "지금 김종직의 조의제문을 보니, 차마 읽을 수도 볼 수도 없습니다. …… 마땅히 대역의 죄로 논단하고 부관참시해서 그 죄를 분명히 밝혀 신하들과 백성들의 분을 씻는 것이 사리에 맞는 일이옵니다."라고 하였다.

(다) 정유년 이후부터 조정 신하들 사이에는 대윤이니 소윤이니 하는 말들이 있었다. …… 자전(慈殿)*은 밀지를 윤원형에게 내렸다. 이에 이기, 임백령 등이 고변하여 큰 화를 만들어 냈다.

(라) 언문으로 쓴 밀지에 이르기를, "조광조가 현량과를 설치하자고 청한 것도 처음에는 인재를 얻기 위해서라고 생각했더니 …… 경들은 먼저 그를 없앤 뒤에 보고하라."라고 하였다.

*자전(慈殿): 임금의 어머니

① (가) – (나) – (다) – (라)
② (가) – (나) – (라) – (다)
③ (나) – (가) – (라) – (다)
④ (나) – (다) – (가) – (라)
⑤ (다) – (라) – (나) – (가)

문제 및 키워드 분석

정암 선생, 소격서 폐지, 현량과 실시 등의 키워드를 통해서 이 사건은 조광조가 사약을 받고 죽은 기묘사화임을 알 수 있다. 참고로 정암은 조광조의 호(號)이다.

정답 분석

⑤ 조광조는 중종반정에서 공을 세운 훈구들의 업적과 위훈을 삭제하려다가 이들의 반발에 부딪쳐 역모를 했다는 누명을 뒤집어쓰고 죽었다.

선지 분석

① 무오사화에 대한 설명이다.
② 사림이 분열되어 서인과 동인으로 나뉜 것은 사화 이후인 선조 때 일어났던 사실이다.
③ 을사사화에 대한 설명이다.
④ 계유정난으로 세조가 즉위하자 성삼문 등이 주도했던 단종 복위 운동에 대한 설명이다.

문제 및 키워드 분석

(가)는 **갑자년에 어머니의 죽음**이라는 키워드를 통해서 갑자사화임을, (나)는 **김종직의 조의제문**이라는 키워드를 통해서 무오사화임을, (다)는 **윤원형·대윤·소윤** 등의 키워드를 통해서 을사사화임을, (라)는 **조광조와 현량과** 등의 키워드를 통해서 기묘사화임을 알 수 있다.

정답 분석

③ (나) 무오사화(1498) → (가) 갑자사화(1504) → (라) 기묘사화(1519) → (다) 을사사화(1545)

조선 전기의 대외 관계와 임진왜란

1 조선 전기의 대외 관계

(1) 특징: 명과는 조공✦–책봉✦관계를 기본으로 하는 사대✦, 여진·일본과는 교린✦ 정책을 실시

(2) 국가별 외교 정책

대명 외교	갈등	태조 때는 요동 정벌(정도전) 등으로 관계 악화 ➡ 태종 때 관계 개선
	교류	매년 사절단 파견하여 선진문물 수용 ➡ 하정사, 성절사, 천추사 등으로 불림
대일본 외교	강경	세종 때 이종무가 대마도를 정벌, 3포 왜란(중종)·을묘왜변(명종) 등 진압
	회유	•세종 때 계해약조 체결(1443) ➡ 제한된 범위의 무역 허용 •왜관(동평관)을 설치하여 무역을 실시
대여진 외교	강경	김종서, 최윤덕 등이 여진을 몰아내고 4군 6진 설치(세종)
	회유	경성과 경원에 무역소 설치, 사절 왕래 위해 한양에 북평관 개설

> **4군 6진**
> 왕 16년 2월, 함길도 감사 **김종서**가 경원·영북진 두 고을에 모두 판관을 둘 것을 청하니, 즉시 이조에 명을 내려 두 의정(議政)에게 동의를 얻어 문무가 구비된 자를 택하여 보고하게 하였다.   – 『세종실록』

2 임진왜란

(1) 배경: 도요토미 히데요시의 침략 야욕, 조선의 국방력 약화 등

(2) 전개

  ① 초기 양상: 왜군 침략(부산진·동래성) _{└ 부산진 첨사 정발, 동래 부사 송상현의 전사} ➡ **탄금대 전투에서 신립 패배** ➡ 한성 점령 ➡ 평양 점령 ➡ 선조의 의주 피난 ➡ 명에 원병 요청 ➡ 평양성 전투(**평양 탈환**) ➡ 행주 대첩

  ② 주요 전투

    ㉠ 수군: 이순신의 활약으로 **옥포 해전**과 한산도 대첩 등에서 승리

    ㉡ 의병항쟁: 곽재우, 조헌, 고경명, 유정(승병장), 정문부 등의 활약

    ㉢ 육군: **진주 대첩(김시민)**, 평양성 전투(조·명 연합), **행주 대첩(권율)** 등

  ③ 휴전 협상(1593. 6~1597. 8)

    ㉠ 전개: 명나라가 일본에 휴전 협상 제의 ➡ 일본의 무리한 요구로 결렬

    ㉡ 재정비: **훈련도감 설치와 속오법 실시**

(3) 정유재란(1597)

  ① 전개: 협상 결렬 후 일본 재침 ➡ 직산 전투에서 조·명 연합군 승리 ➡ 명량 해전 승리

  ② 결과: 도요토미 병사 후 일본군 철수 ➡ **노량 해전** 승리(이순신 전사)

(4) 결과

  ① 조선: 승리했지만 큰 피해 ➡ 토지 황폐화, 인구 감소, 문화재 소실(경복궁 등), 고추·담배 등 전래

  ② 일본: 정권의 교체(에도 막부 성립), 일본의 문화 발전(도자기 등)

  ③ 중국: 명나라가 약화되고 여진족이 성장 ➡ 후금 건국

✦ 조공
조공은 작은 나라가 공물을 바치면 큰 나라가 더 많은 물품을 하사하는 방식으로 이루어졌다. 많은 물건이 오고가서 무역의 일환으로도 여겨졌다.

✦ 책봉
국왕이 바뀌거나 나라가 새로 세워지면 이를 큰 나라가 인정하는 절차였다. 오늘날에도 나라가 새로 세워지면 외교적 인정을 하는 절차가 있듯이, 과거에도 이런 절차기 있었다.

✦ 사대
사대란 큰 나라를 섬긴다는 의미를 지니고 있다. 이 때는 명나라가 가장 선진국이었기 때문에 명나라에 사대하면서 선진문물을 수용하였다.

✦ 교린
이웃나라와 교류한다는 의미를 지니고 있다. 조선은 여진·일본과는 대등한 관계에서 외교를 전개하였다.

📍 임진왜란 주요 전투

•1592년
 – 4월: 부산진(정발)·동래성(송상헌)·충주 탄금대(신립)
 – 5월: 옥포 해전·사천 해전
 – 7월: 한산도 대첩
 – 10월: 진주 대첩(김시민)
•1593년
 – 1월: 평양성 전투
 – 2월: 행주 대첩(권율)
 – 6월: 휴전 논의
 – 10월: 한성 복귀
•1594년
 – 속오군과 훈련도감 설치
•1597년(정유재란)
 – 9월: 직산 전투와 명량 대첩
 – 11월: 노량 해전

해당 테마의 출제 경향을 보면 임진왜란이 가장 큰 비중을 차지한다. 임진왜란은 순서 나열형 문제들이 주류를 이루기 때문에 주요 사건의 순서를 반드시 숙지하고 있어야 한다. 임진왜란과 호란을 비교해서 물어보는 문제도 종종 출제되고 있다.

01

●60회 25번

다음 전쟁 중 있었던 사실로 옳은 것은? [2점]

> 적군은 세 길로 나누어 곧장 한양으로 향했는데, 산을 넘고 물을 건너 마치 사람이 없는 곳에 들어가듯 했다고 한다. 조정에서 지킬 수 있다고 믿은 신립과 이일 두 장수가 병권을 받고 내려와 방어했지만 중도에 패하여 조령의 험지를 잃고, 적이 중원으로 들어갔다. 이로 인해 임금의 수레가 서쪽으로 몽진하고 도성을 지키지 못하니, 불쌍한 백성들은 모두 흉적의 칼날에 죽어가고 노모와 처자식은 이리저리 흩어져 생사를 알지 못해 밤낮으로 통곡할 뿐이었다.
>
> – 『쇄미록』

① 김상용이 강화도에서 순절하였다.
② 임경업이 백마산성에서 항전하였다.
③ 최영이 홍산 전투에서 크게 승리하였다.
④ 곽재우가 의병장이 되어 의령 등에서 활약하였다.
⑤ 신류가 조총 부대를 이끌고 흑룡강에서 전투를 벌였다.

02

●49회 21번

(가)~(다) 학생이 발표한 내용을 일어난 순서대로 옳게 나열한 것은? [2점]

① (가) – (나) – (다)
② (가) – (다) – (나)
③ (나) – (가) – (다)
④ (나) – (다) – (가)
⑤ (다) – (가) – (나)

문제 및 키워드 분석
신립과 이일이라는 키워드를 통해서 임진왜란임을 유추할 수 있다. 개전 초기에 신립과 이일이 항쟁했으나 모두 일본군에 의해 죽임을 당했다. 해당 문제는 임진왜란만의 특징을 물어본 문제였기 때문에 난이도가 다소 쉬운 편이었다.

정답 분석
④ 임진왜란 때 곽재우가 전라도와 경상도 일대에서 의병 활동을 전개하면서 일본군의 전라도 진입을 저지하였다.

선지 분석
①, ② 호란에 대한 설명이다.
③ 고려 말 왜구와 격돌하였을 때의 역사적 사실이다.
⑤ 효종 때 나선 정벌에 대한 설명이다.

문제 및 키워드 분석
(가)는 옥포 해전, (나)는 한산도 해전, (다)는 명량 해전에 대해 설명하고 있다.

정답 분석
① (가) 옥포 해전(1592.6)은 조선 수군이 최초로 승리를 거둔 해전이다. (나) 이후 거북선과 학익진 전술을 이용하여 한산도 대첩(1592.8)에서 승리를 거두었다. (다) 명량 해전은 일본군이 재침입한 정유재란(1597) 때 일어난 해전이다.

테마 30

조선 전기의 경제

1 수취 체제의 정비

(1) 전세 제도(租)
　① 초기: 생산량의 1/10을 거둠(약 30두)
　② 공법: 세종 때부터 실시, **토지의 비옥도와 풍흉을 고려하여 전세 부과**
　　㉠ 전분 6등법: **비옥도에 따라 토지를 6등급으로 나눔**
　　㉡ 연분 9등법: **풍흉에 따라 9등급으로 나눔**(상상~하하), 최대 20두에서 최하 4두 부과

> **공법**
> 각도 감사는 고을마다 연분을 살펴 정하되, …… 전실(全實)을 상상년, 9분실(九分實)을 상중년, …… 3분실(三分實)을 하중년, 2분실(二分實)을 하하년으로 한다. 수전과 한전을 각각 등급을 나누어서 모(某) 고을의 수전 모 등년(等年), 한전 모 등년으로 아뢰게 한다. 1분실(一分實)은 9등분에 포함되지 않으니 조세를 면제한다.
> – 「세종실록」

(2) 공납 제도(調)
　① 의미: 집집마다 토산물을 부담
　② 변질: 토산물 납부의 어려움으로 방납[+]이 성행(서리 등이 대신 납부)

(3) 역 제도(役)
　① 의미: 16세 이상 60세 이하 모든 정남에게 노동력 징발
　② 요역[+]: 토목 공사 등에 노동력 징발
　③ 군역
　　㉠ 구성: 실제 근무하는 정군과 정군의 비용을 지원하는 보인으로 나뉨
　　㉡ 폐단: 16세기 이후 군역 기피 현상으로 대립과 방군수포[+]가 성행

+ 방납
백성이 내야하는 공납을 서리나 일부 상인들이 중간에서 대신 납부하고 그 대가를 백성들에게 몇 배의 이득으로 취하여 받은 현상이다.

+ 요역
역(役)에는 군역과 요역이 있었는데, 요역은 나라에 일정 기간 동안 노동력을 납부하는 것이었다.

+ 대립과 방군수포
대립이란 다른 사람에게 대가를 지불하고 군역을 대신 지도록 한 것이고 방군수포는 포를 받고 군역을 면제해 준 것으로 모두 불법이다. 대립과 방군수포가 성행하자, 중종 때 군적수포를 시행하여 대립 가격을 1년에 2필로 고정하였다.

2 토지 제도의 변천

✿(1) 과전법 1391년, 고려 말

　① 배경: 고려 말 전시과의 문란, 신진 사대부들의 경제적 기반 마련

　② 특징

　　㉠ 경기(京畿) 지역에 한정하여 토지의 수조권 지급

　　㉡ 전·현직 관리들 모두에게 지급 ➡ 최대 150결~최하 10결

　　㉢ 죽거나 반역시 국가 반환 ➡ 관리 사망 시 유가족에게 지급하는 **수신전이나 휼양전**✛은 세습 가능

> **과전법의 실시**
>
> 도평의사사가 글을 올려 **과전**을 주는 법을 정하자고 요청하니 왕이 따랐다. … **경기는 사방의 근원**이니 마땅히 과전을 설치하여 사대부를 우대하였다. 무릇 경성에 살며 왕실을 보위하는 자는 현직 여부에 상관없이 직위에 따라 과전을 받게 하였다.
>
> ─ 「고려사」

(2) 직전법 세조

　① 배경: 수신전·휼양전✛ 등으로 토지 세습 ➡ 관리에게 지급할 토지 부족

　② 특징: **수신전과 휼양전 폐지** ➡ **현직 관리에게만 토지 지급**

(3) 관수관급제 성종

　① 배경: 관리들의 과도한 수취 ➡ 수조권 남발

　② 특징: 지방 관청에서 직접 수취하여 수조권자에게 분급 ➡ 국가의 토지 지배 강화

> **관수관급제**
>
> 한명회 등이 아뢰기를, "직전의 세는 관(官)에서 거두어 관에서 주면 이런 폐단이 없을 것입니다."라고 하였다. (대왕대비가) 전지하기를, "**직전의 세는 소재지의 지방관으로 하여금 감독하여 거두어 주도록 한다.**"라고 하였다.
>
> ─ 「성종실록」

(4) 직전법 폐지 16세기 중엽

　① 배경: 직전(토지)의 부족 현상

　② 특징: 관리들에게 녹봉만을 지급(수조권 폐지) ➡ 지주전호제의 확산과 토지 사유화

3 조선 전기 경제 생활

농업	• 농경지 확대: 개간 시 조세 감면, 양전 사업 확대 • 농업 생산력 향상: 시비법의 발달로 휴경지 점차 소멸, 목화 재배가 전국으로 확대 • 농서 간행: 「농사직설」, 「금양잡록」 등 • **「구황촬요」** 편찬: 구황 작물과 그 조리법 등을 기록한 책, 흉년에 대비
수공업	관영수공업(장인을 공장안에 등록)이 주로 발달
상업	• 한양 종로에 시전✛ 설치 ➡ **경시서(세조 때 평시서로 개칭)를 설치**하여 불법적인 상행위 통제하고 **시전을 감독** • 시전 상인: 왕실·관청에 물품 공급 ➡ 특정 물건에 대한 독점권 획득 • 장시: 15세기 후반에 등장(16세기 중엽 전국 확대), 보부상들이 장시를 중심으로 물건 판매 • 화폐: 저화✛(태종)·조선통보(세종) 등이 유통되었으나 부진, 쌀과 무명(목화)이 화폐처럼 사용

PART 4

✦ **수신전·휼양전**

수신전은 관리가 죽었을 때 그 아내에게 지급하던 토지이고, 휼양전은 관리의 부모가 모두 사망했을 때 그 자식에게 지급되던 토지이다.

✦ **시전**

조선 태종 때 지금의 종로 거리에 시전을 형성하였다.

✦ **저화**

공양왕 때 처음으로 발행한 화폐로 오늘날의 지폐와 비슷하다. 유통이 부진하여 태종 때 사섬서를 두고 다시 유통을 시도했으나 역시 실패하였다.

조선 전기의 사회

1 신분 제도

💡 양천제와 반상제
조선 시대는 법제적으로는 양인과
천인으로만 구성된 양천제였지만,
실제로는 양반·중인·상민·천민의
4계층으로 구성된 반상제를 기준으
로 운영되었다.

양반		• 정의: 문반과 무반의 관리를 지칭 • 특징: 각종 국역 면제, 경제적으로는 지주층·정치적으로는 관료층
중인	기술관	**잡과를 통해 선발, 좁은 의미의 중인**, 전문 기술 담당(의관·역관·음양관 등) ▶사신을 수행하며 통역 담당
	서얼	**양반 첩의 자식이지만 중인과 같은 신분적 대우, 문과 응시 금지**
	향리	**수령의 행정 실무를 보좌하는 세습적 아전**(6방 소속)
	서리	중앙 관청에서 말단 행정을 담당하던 하급 관리
상민		• 농민·상민·수공업자 등으로 구성, 조세·공납·역을 납부할 의무 • 신량역천⁺: 양인이지만 천역에 종사하던 계층 ➡ 천인 취급
천민	노비	• 매매·상속·증여의 대상, 장례원을 통해 국가의 관리를 받음 • 주인에게 귀속되는 사노비와 관청에 소속된 공노비로 나뉨 • 일천즉천의 원칙 적용 ➡ 조선 후기에 노비종모법 실시
	기타	**백정⁺**, 광대, 창기, 무당 등도 천인 취급

✦ 신량역천
양인이지만 천한 일에 종사하던 계층
들을 가리키는 표현이었다. 수군, 조
례(관청 잡역), 나장(형사), 역졸, 조졸
(조운 업무) 등이 여기에 해당되었다.

✦ 백정
고려 시대와는 달리 조선 시대 때는
도축업, 육류 판매업 등에 종사하던
천민들을 가리키는 명칭이었다.

2 사회 정책과 가족 제도

(1) 사회 정책

① 환곡제: 춘대추납의 원칙, 의창과 상평창(물가 조절 기구)으로 운영

② 사창제: 향촌 사회에서 자치적으로 실시한 환곡제

③ 의료 기관: 혜민국, 동·서 대비원(➡ 동·서 활인서로 개칭), 제생원 등을 운영 ▶지방민의 진료

(2) 가족 제도: 남녀 균분 재산 상속, 태어난 순서대로 호적 기재, 양자를 들이지 않음

3 조선 전기 향촌 사회

(1) 향촌 사회의 모습

① 유향소

㉠ 역할: 향촌 사회의 풍속 교정, **수령을 보좌하고 향리를 감찰**

㉡ 운영: **좌수와 별감이라는 향임직을 두어 운영**

② 사족의 지배: 사족들은 명부(향안)를 작성하고 회의(향회)를 하면서 규칙(향규) 제정

(2) 향약과 서원

① 향약[+]

예안 향약 ← → 해주 향약

㉠ 중종 때 처음 시행(조광조) ➡ 이황과 이이의 노력으로 널리 보급

㉡ **4대 덕목[+] 바탕으로 규약을 제정** ➡ 풍속 교화와 향촌의 자치 질서 유지, 유교 윤리 보급

㉢ 지방 사족들이 주요 직임(임원)을 차지하며 농민 통제 기구로 자리매김
└➤ 도약정, 부약정 등으로 부름

향약

처음 **향약**을 정할 때 뜻을 같이 하는 사람들에게 약문(約文)을 보여준다. 이후 몸가짐을 바르게 하고, 남에게 모범이 될 만한 사람들을 골라 약계(約契)에 참여시킨다. 이들을 서원(書院)에 모아 놓고 약법(約法)을 정한 다음, **도약정(都約正), 부약정** 및 직월(直月), 사화(司貨)를 선출한다. – 「율곡전서」

향약에 가입하기를 원하는 자에게는 반드시 먼저 규약문을 보여 몇 달 동안 실행할 수 있는가를 스스로 헤아려 본 뒤에 가입하기를 청하게 한다. …… 약정(約正)은 여러 사람에게 물어서 좋다고 한 후에야 다음 모임에 참여하게 한다. – 「율곡전서」

② 서원

㉠ 보급: 중종 때 **주세붕이 백운동 서원** 설립 ➡ 명종 때 이황의 건의로 소수 서원으로 사액 받음[+]

㉡ 기능: 선현 제사, 유생들의 학문 교육

㉢ 역할: **사림의 여론과 붕당 형성의 근거지**, 지방 향촌 세력의 결집

㉣ 쇠퇴: 붕당의 폐단 심화 ➡ 영조 때 서원 대폭 정리 ➡ **홍선 대원군 때 47개소만 남기고 모두 폐지**

서원

주세붕이 처음 서원을 세울 때 세상에서는 의심하였습니다. 주세붕은 뜻을 더욱 가다듬어 많은 비웃음을 무릅쓰고 비방을 물리쳐 지금까지 누구도 하지 못했던 장한 일을 이루었습니다. 아마도 하늘이 서원을 세우는 가르침을 동방에 흥하게 하여 우리나라가 중국과 같아지도록 하려는 것인가 봅니다. – 「퇴계선생문집」

✦ 향약
신분과 관계없이 향민 전원을 강제로 가입시켰다. 사족(양반)들은 향약을 통해 농민을 통제·장악하였다.

✦ 향약의 4대 덕목
• 덕업상권: 좋은 일은 서로 권장한다.
• 과실상규: 잘못한 일은 서로 구제한다.
• 예속상교: 올바른 예속은 서로 나눈다.
• 환난상휼: 재난과 어려움은 서로 돕는다.

✦ 사액 서원
국왕이 기존의 서원에 이름을 하사하여 현판을 내리면 이를 사액 서원이라고 불렀다. 사액 서원으로 지정되면 면세·면역·노비의 지급과 같은 여러 특권을 누렸다.

조선 전기의 경제는 주로 토지 제도가 출제되는 편이며, 사회의 경우 서원과 향약이 자주 출제된다. 최근에는 고대와 마찬가지로 경제와 사회의 출제 빈도가 매우 하락하였다. 하지만 토지 제도는 조선 전기 국왕의 업적과 연계해서 출제되는 경우도 있기 때문에 정리를 해 둘 필요는 있다.

01

● 53회 19번

밑줄 그은 '이 제도'에 대한 설명으로 옳은 것은? [2점]

> #3. 궁궐 안
> 성종이 경연에서 신하들과 토지 제도 개혁을 논의하고 있다.
>
> 성종: 그대들의 의견을 말해 보도록 하라.
> 김유: 우리나라의 수신전, 휼양전 등은 진실로 아름다운 것이지만 오히려 일이 없는 자가 앉아서 그 이익을 누린다고 하여 세조께서 과전을 없애고 <u>이 제도</u>를 만드셨습니다.

① 전지와 시지를 등급에 따라 지급하였다.
② 풍흉에 관계없이 전세 부담액을 고정하였다.
③ 현직 관리에게만 토지의 수조권을 지급하였다.
④ 관리에게 녹봉을 지급하고 수조권을 폐지하였다.
⑤ 개국 공신에게 인성, 공로를 기준으로 토지를 지급하였다.

02

● 60회

(가), (나)에 해당하는 토지 제도에 대한 설명으로 옳은 것은? [3점]

> (가) 문종 30년 양반 전시과를 다시 개정하였다. 제1과는 전지 100결, 시지 50결(중서령·상서령·문하시중) …… 제18과는 전지 17결(한인·잡류)로 한다.
> (나) 공양왕 3년 도평의사사에서 글을 올려 과전의 지급에 관한 법 제정을 건의하니 왕이 허락하였다. … 1품부터 9품의 산직까지 나누어 18과로 하였다.

① (가) - 조준 등의 건의로 제정되었다.
② (가) - 관등과 인품을 기준으로 수조권을 주었다.
③ (나) - 개국 공신에게 역분전을 지급하였다.
④ (나) - 지급 대상 토지를 원칙적으로 경기 지역에 한정하였다.
⑤ (기), (나) - 수조권 외에 노동력을 징발할 수 있는 권한을 주었다.

문제 및 키워드 분석
수신전, 휼양전, 세조 등의 키워드를 통해서 조선 전기의 토지 제도인 직전법에 대한 설명임을 알 수 있다.

정답 분석
③ 과전법의 실시가 지속되면서 전·현직 관리들에게 나누어 줄 토지가 부족해지자 세조는 직전법을 실시하여 현직 관리들에게만 토지를 지급하였다.

선지 분석
① 고려의 토지 제도인 전시과에 대한 설명이다.
② 조선 인조 때 실시된 영정법에 대한 설명이다.
④ 조선 성종 때 실시된 관수관급제에 대한 설명이다.
⑤ 고려 태조 때 실시된 역분전에 대한 설명이다.

문제 및 키워드 분석
(가)는 고려 **문종** 때 시행된 경정 전시과이다. (나)는 **과전**이라는 키워드가 제시되어 있으므로 1391년 공양왕 때 시행된 과전법이다. 거의 출제되지 않던 토지 제도 두 개를 묶어서 출제한 탓에 체감 난이도가 높았던 문제였다.

정답 분석
④ 과전법은 원칙적으로는 경기 지역의 토지만을 지급하도록 하였다.

선지 분석
① 과전법에 대한 설명이다.
② 시정 전시과에 대한 설명이다.
③ 고려 태조 때의 일이다.
⑤ 녹읍이나 식읍에 대한 설명이다.

03

(가)에 들어갈 내용으로 옳은 것은?

● 58회 25번

[2점]

조선 시대 직역(職役)을 맞히는 문제. 이제 마지막 힌트가 공개됩니다.

한국사 퀴즈

1단계 힌트	단안(壇案)이라는 명부에 등록되었다.
2단계 힌트	연조귀감에 연혁이 수록되었다.
3단계 힌트	지방 행정 실무를 담당하였다.
4단계 힌트	(가)

① 상피제의 적용을 받았다.
② 잡과를 통해 선발되었다.
③ 감사 또는 방백이라 불렸다.
④ 이방, 호방 등 6방에 소속되었다.
⑤ 공음전을 경제적 기반으로 삼았다.

04

다음 검색창에 들어갈 교육 기관에 대한 설명으로 옳은 것은?

● 46회

[1점]

검색어 [   ]

검색결과

풍기 군수 주세붕이 안향을 제사하기 위해 사당을 세운 것이 시초이다. 동아시아에 전파되었던 성리학이 지역화되고 변형되는 독특한 과정을 통합적으로 보여준다는 점 등을 인정받아, 9곳이 2019년에 유네스코 세계유산으로 등재되었다.

① 전국의 부 · 목 · 군 · 현에 하나씩 설립되었다.
② 입학 자격은 생원, 진사를 원칙으로 하였다.
③ 중앙에서 교관인 교수나 훈도가 파견되었다.
④ 유학을 비롯하여 율학, 서학, 산학을 교육하였다.
⑤ 국왕으로부터 편액과 함께 서적 등을 받기도 하였다.

문제 및 키워드 분석

단안 · 연조귀감 · 지방 행정 실무 등의 키워드를 통해서 향리임을 알 수 있다. 단안은 향리를 등록하는 명부였으며, 『연조귀감』은 조선 후기 때 이진흥이 저술한 책으로 향리의 역사를 수록하였다.

정답 분석

④ 조선 시대의 향리는 이 · 호 · 예 · 병 · 형 · 공의 6방에 소속되어 지방의 행정 실무를 담당하였다.

선지 분석

① 수령에 대한 설명이다.
② 역관 · 율관과 같은 중인들에 대한 설명이다.
③ 관찰사에 대한 설명이다.
⑤ 고려 문벌에 대한 설명이다.

문제 및 키워드 분석

주세붕이라는 키워드를 통해서 서원임을 알 수 있다. 주세붕은 우리나라 최초의 서원인 백운동 서원을 설립한 인물이다.

정답 분석

⑤ 임금이 서원에 이름을 지어 현판을 하사하는 것을 사액이라고 하는데, 이렇게 사액을 받은 서원을 사액 서원이라고 불렀다. 사액 서원이 되면 토지와 노비를 제공받고 토지에서 나오는 세금은 면세되는 등 큰 특혜를 받았다.

선지 분석

①, ③ 조선 시대의 향교에 대한 설명이다.
② 조선 시대 성균관에 대한 설명이다.
④ 국자감에 대한 설명이다.

조선 전기의 문화

1 성리학⁺의 발달
사림 집권 후 성리학 문화가 발달, 『소학』 등을 보급

(1) 이황과 이이

→ 이기호발설   → 기발이승일도설

구분	이황	이이
이론	이(4단) ≠ 기(7정) ➡ 이기이원론	이(4단) = 기(7정) ➡ 이기일원론
학파	남인, 영남학파로 계승	서인, 기호학파로 계승
특징	•이상주의적인 성격, 일본 성리학에 영향 •기대승과 사단칠정 논쟁을 펼침	현실적이고 개혁적인 성격 ➡ 수미법 주장
저서	『성학십도』⁺, 『주자서절요』, 『전습록변』 등	『성학집요』, 『동호문답』⁺, 『격몽요결』 등

(2) 조식: 경과 의(절의)를 근본으로 하는 실천적 성리학풍 창도 ➡ 북인에 영향

(3) 서경덕: '이'보다 '기'를 더 중시, 불교와 노장사상에 대한 개방적

2 서적 편찬

(1) 역사서

① 『고려사』: 문종 때 편찬된 기전체 사서, 고려의 역사 정리 ➡ **조선 건국 정당성 강조**

② 『동국통감』⁺: 성종 때 서거정이 편찬한 편년체 사서, **고조선~고려 말까지 역사를 서술**

> 삼가 삼국 이하의 여러 역사를 뽑고 중국사를 채집하였으며, 편년체를 취하여 사실을 기록하였습니다. 또한 범례는 모두 『자치통감』에 의거하고 『자치통감강목』의 첨삭한 취지에 따라 중요한 것을 보존하는 데 힘썼습니다. 삼국이 병립하였을 때는 삼국기(三國紀), 신라가 통일하였을 때는 신라기, 고려 때는 고려기, **삼한(三韓) 이전은 외기(外紀)**라 하였습니다.
> – 『동국통감』

(2) 통치기록서

① 『조선왕조실록』 유네스코 세계 기록유산

    ㉠ 태조부터 철종까지 역대 왕들의 실록 편찬, **편년체**⁺로 간행

    ㉡ **사초**⁺·**시정기 등의 자료를 바탕으로 실록청에서 편찬, 춘추관의 사관이 참여**

    ㉢ 3단계의 절차를 거쳐 제작(초초 ➡ 중초 ➡ 정초)   → 태백산·오대산 등

    유네스코 세계 기록유산

    ㉣ 임진왜란 이전에는 춘추관 및 4대 사고에 보관 ➡ 임난 이후 깊은 산속에 보관

② 『승정원일기』: 승정원에서 국왕의 일과와 문서들을 기록 ➡ 정7품의 주서가 작성

                    → 충주·전주 등

③ 기타 서적 국왕과 연결해서 외우는 것이 중요!

윤리·의례	『삼강행실도』(세종)	충신·효자·열녀의 행적을 알리기 위해 간행
	『국조오례의』(성종)	국가 행사에 필요한 5례 정비
법전	『경국대전』	세조~성종 때 완성, 이·호·예·병·형·공의 6전 체제로 구성, 통치 질서 확립
지도·지리서	혼일강리역대국도지도⁺ (태종)	•현존하는 동양 최고(最古)의 세계 지도 •원의 지도 참조, 아프리카와 유럽까지 기록
	『동국여지승람』(성종)	각 군현의 지리·풍속·연혁 등을 수록
의서	『향약집성방』(세종)	우리 풍토에 맞는 약재와 치료 방법 정리
	『의방유취』(세종)	동양 최대의 의학 백과사전
기행문	『해동제국기』(성종)	신숙주가 일본을 다녀와서 쓴 기행문
농서	『농사직설』(세종)	조선 노농의 경험담을 토대로 편찬, 우리나라 농법을 정리
	『금양잡록』(성종)	강희맹이 금양(시흥) 지방의 농사법 정리

◆ 성리학
12세기 중국 남송 시대에 주희가 집대성한 유교 학파 중 하나로, 유교에 철학적 사상이 더하여져 만들어진 학문이다. 주로 우주의 원리와 인간의 심성을 연구하였다.

◆ 『성학십도』
이황이 군주가 수양해야 할 성학을 10개의 그림으로 만들어 왕에게 바친 책이다.

◆ 『동호문답』
이이가 저술한 성리학 서적으로, 왕도 정치 구현을 위한 사상과 당대의 현실 개혁안들을 문답의 형식으로 서술하였다.

💡 붕당과 학파의 관계
이황의 문인들은 주로 동인에 가담하였고, 이이의 문인들은 주로 서인을 형성하였다. 북인은 조식과 서경덕의 문인들이 주를 이루었다.

◆ 『동국통감』
삼국기, 신라기, 고려기, 외기로 구성되어 있는데 상고사는 외기(外記)로 처리하여 평가절하하였다.

◆ 편년체
기전체와는 달리, 시간의 순서대로 서술하는 편찬 방식을 의미한다.

◆ 사초
실록 편찬의 가장 기초가 되는 자료로, 예문관의 관원들이 사관으로 참여하여 국왕과 대신들이 나눈 말과 행동을 모두 적어둔 기록물이다.

◆ 혼일강리역대국도지도

현재 일본 류코쿠 대학에서 보관하고 있다.

3 과학 기술의 발달

(1) 훈민정음

① 창제: 한자의 불편함을 해결하기 위해서 세종과 집현전 학자들이 제작 및 반포(1446)

② 의의: 일반 백성을 위한 문자 창안 ➡ 민족 문화의 발전 토대

> **훈민정음**
> 설총이 이두를 제작한 본뜻은 백성을 편리하게 하려 함이 아니겠느냐. 지금의 언문(諺文)도 백성을 편리하게 하려는 것이다. … 내(세종)가 만일 언문으로 삼강행실(三綱行實)을 번역하여 민간에 반포하면 어리석은 백성이 모두 쉽게 깨달아서 충신·효자·열녀가 반드시 많이 나올 것이다. – 「세종실록」

(2) 과학 기술의 발달

① 천문학

㉠ 기구 설치: 혼천의·간의 설치, 측우기(강우량), 자격루⁺(물시계), 앙부일구⁺(해시계)

㉡ 천문도: 천상열차분야지도(태조, 고구려 천문도 바탕)

㉢ 역법: 『칠정산』(세종 때 간행) ➡ 수시력과 회회력 참조, 서울을 기준으로 천체 계산

② 인쇄와 무기

㉠ 인쇄술: 태종 때 주자소 설치하여 계미자를 주조 ➡ 세종 때 갑인자 주조

㉡ 무기: 화포, **신기전**, 거북선·판옥선 등

(3) 건축과 예술

건축	궁궐⁺	경복궁과 창덕궁 건축
	종묘	역대 국왕과 왕비의 신주를 모신 사당
	사직단	토지의 신과 곡식의 신에게 제사를 지내는 제단
	선농단	농사의 신인 **선농씨와 후직씨**에게 제사를 지내던 제단
	불교 건축	해인사 장경판전(팔만대장경 보관), 원각사지 10층 석탑⁺(세조) └➡ 경천사지 10층 석탑의 영향 받음
공예	15세기	회색의 태토 위에 백토의 분을 칠한 **분청사기**⁺가 유행
	16세기	**백자**⁺가 널리 제작(깨끗하고 담백)
회화	15세기	안견의 「몽유도원도」⁺, 강희안의 「고사관수도」⁺
	16세기	이상좌의 「송하보월도」, 신사임당의 「초충도」, 「사군자」 등
문학&음악	문학	• **『동문선』**: 성종 때 서거정 등이 편찬, 역대 문학 작품을 모아 정리 • 『용비어천가』, 『월인천강지곡』 등을 한글로 간행
	음악	『악학궤범』: 성종 때 성현이 편찬 ➡ 음악의 이론·역사 집대성

✦ 원각사지 10층 석탑

✦ 분청사기

✦ 백자

✦ 고사관수도

✦ 자격루

✦ 앙부일구

✦ **조선 시대의 궁궐**

• 경복궁: 조선 시대의 정궁으로, 임진왜란 때 화재로 불탔다가 19세기 흥선 대원군에 의해 다시 재건되었다.

• 창덕궁: 태종 때 경복궁의 이궁(별궁)으로 지어진 궁궐로, 조선 후기에 법궁으로 사용되었다. 정조 때 규장각이 설치되기도 하였으며, 1997년에는 유네스코 세계 문화유산으로 지정되었다.

• 창경궁: 성종 때 창덕궁의 옆에 지어진 궁궐로, 일제강점기 때 일제에 의해서 헐리고 그 자리에 동물원이 들어섰다.

• 경희궁: 광해군 때 지어진 궁궐로, 초기에는 경덕궁이라고도 불렸다.

• 덕수궁: 원래 이름은 경운궁이며, 구한말에 고종이 주로 거주하였던 궁궐이다. 아관파천 당시 고종이 환궁하였으며, 을사늑약이 체결된 곳이기도 하다. 1차 미·소 공동 위원회도 여기에서 열렸다.

✦ 「몽유도원도」

안평 대군의 꿈을 그림으로 표현

조선 전기에서 가장 빈출되는 주제이다. 각 국왕별로 이루어졌던 문화 업적을 묻는 문제가 가장 주류를 이룬다. 이 외에도 조선 전기의 문화재, 여러 분야의 서적들, 건축물도 심심찮게 출제되고 있다. 특히 최근 시대 통합형으로 출제되는 문제가 자주 나오고 있는데, 문화와 관련된 문제들이 많기 때문에 고득점을 위해서는 꼼꼼히 알아두는 것이 좋다.

01

●57회 20번

(가)에 해당하는 문화유산으로 옳은 것은? [2점]

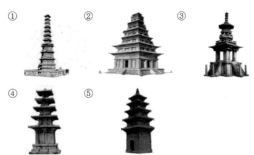

(가) 에 대해 조사한 내용을 올려주세요.

세조때 축조하였으며, 현재 국보로 지정되어 있습니다.

대리석으로 만든 이 탑의 각 면에는 부처, 보살, 천인상 등이 새겨져 있습니다.

이 탑 근처에 살던 박지원, 이덕무 등이 서로 교류하여 이들을 백탑파라고 부르기도 했습니다.

① ② ③

④ ⑤

문제 및 키워드 분석

세조 때 축조된 탑이라는 표현을 통해서 원각사지 10층 석탑임을 유추할 수 있다. 다른 힌트들도 제시되었지만 사실상 해당 표현만으로 정답을 유추해 낼 수 있는 문제였다.

정답 분석

① 원각사지 10층 석탑의 모습이다.

선지 분석

② 백제의 문화재인 미륵사지 석탑이다.
③ 통일 신라의 문화재인 다보탑이다.
④ 백제의 문화재인 정림사지 5층 석탑이다.
⑤ 발해의 문화재인 영광탑이다.

02

●60회 23번

(가) 인물에 대한 설명으로 옳은 것은? [3점]

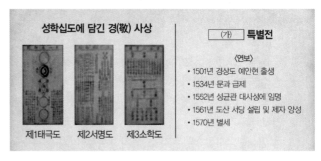

성학십도에 담긴 경(敬) 사상

제1태극도 제2서명도 제3소학도

(가) 특별전

〈연보〉
• 1501년 경상도 예안현 출생
• 1534년 문과 급제
• 1552년 성균관 대사성에 임명
• 1561년 도산 서당 설립 및 제자 양성
• 1570년 별세

① 기대승과 사단칠정 논쟁을 전개하였다.
② 일본에 다녀와서 해동제국기를 편찬하였다.
③ 양명학을 연구하여 강화 학파를 형성하였다.
④ 기축봉사를 올려 명에 대한 의리를 내세웠다.
⑤ 무오사화의 발단이 된 조의제문을 작성하였다.

문제 및 키워드 분석

성학십도, 도산 서당 등의 키워드를 통해서 퇴계 이황임을 알 수 있다.

정답 분석

① 이황은 기대승과 여러 차례 편지를 주고받으면서 성리학의 주요 이념인 사단과 칠정의 본성에 대해 토론하는 사단칠정 논쟁을 벌였다.

선지 분석

② 신숙주에 대한 설명이다.
③ 정제두에 대한 설명이다.
④ 송시열에 대한 설명이다.
⑤ 김종직에 대한 설명이다.

03

●47회 17번

밑줄 그은 '국왕'의 재위 시기에 볼 수 있는 모습으로 적절하지 않는 것은? [2점]

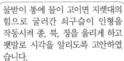

장영실 님, 반갑습니다. 국왕의 명으로 이번에 시각을 스스로 알려주는 자격루를 제작하셨는데, 작동 원리를 설명해 주시겠습니까?

물받이 통에 물이 고이면 지렛대의 힘으로 굴러간 쇠구슬이 인형을 작동시켜 종, 북, 징을 울리게 하고 팻말로 시각을 알리도록 고안하였습니다.

① 집현전에서 근무하는 관리
② 농사직설을 읽고 있는 지방관
③ 칠정산 내·외편을 편찬하는 학자
④ 주자소에서 갑인자를 제작하는 장인
⑤ 화통도감에서 화약 무기를 시험하는 군인

04

●49회 20번

밑줄 그은 '이 왕'의 재위 시기에 있었던 사실로 옳은 것은? [3점]

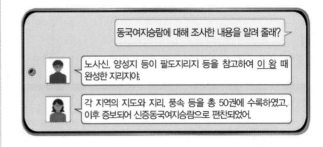

동국여지승람에 대해 조사한 내용을 알려 줄래?

노사신, 양성지 등이 팔도지리지 등을 참고하여 이 왕 때 완성한 지리지야.

각 지역의 지도와 지리, 풍속 등을 총 50권에 수록하였고, 이후 증보되어 신증동국여지승람으로 편찬되었어.

① 전통 한의학을 정리한 동의보감이 완성되었다.
② 역대 문물을 정리한 동국문헌비고가 편찬되었다.
③ 음악 이론 등을 집대성한 악학궤범이 간행되었다.
④ 세계 지도인 혼일강리역대국도지도가 만들어졌다.
⑤ 한양을 기준으로 한 역법서인 칠정산 내편이 제작되었다.

문제 및 키워드 분석
장영실이라는 키워드를 통해서 세종과 관련된 문제임을 알 수 있다. 장영실은 세종 밑에서 활약하며 여러 과학 기구들을 개발한 학자이다.

정답 분석
⑤ 화통도감은 고려 말 우왕 때 최무선에 의해 설치된 화약 개발 기구이다.

선지 분석
① 세종은 집현전을 설치하여 학문의 중심 기구로 삼았다.
② 세종은 『농사직설』을 편찬하여 우리 실정에 맞는 농법을 정리하였다.
③ 세종은 『칠정산』을 편찬하여 우리 실정에 맞는 역법을 개발하였다.
④ 세종 때 갑인자라는 금속활자가 개발되었다.

문제 및 키워드 분석
동국여지승람이라는 키워드를 통해서 밑줄 친 왕이 조선 성종임을 알 수 있다. 성종 때 『동국여지승람』이라는 지리지를 편찬하였다.

정답 분석
③ 조선 성종 때 음악의 이론을 집대성한 『악학궤범』이 편찬되었다.

선지 분석
① 『동의보감』은 광해군 때 허준이 편찬한 의서이다.
② 『동국문헌비고』는 영조 때 관찬 주도로 편찬된 백과사전이다.
④ 혼일강리역대국도지도는 조선 태종 때 편찬된 지도이다.
⑤ 『칠정산 내편』은 조선 세종 때 만들어진 역법서이다.

01
밑줄 친 '왕'이 추진한 정책으로 옳은 것을 모두 고르시오.

오늘 왕께서 공법을 윤허하셨습니다. 이 법의 내용은 전품을 6등급으로, 풍흉을 9등급으로 나누어 전세를 수취하는 것입니다. 일찍이 왕께서는 법안을 논의할 때 백성들의 의견을 들어보라 명하셨고, 전제상정소에서 이를 참조하여 마련하였습니다.

공법, 6개 고을 시범 시행

① 집현전을 계승한 홍문관이 설치되었다. [58회]
② 훈련 교범인 무예도보통지가 간행되었다. [54회]
③ 부산포, 제포, 염포의 삼포를 개항하였다. [58회]
④ 왕권 강화를 위해 6조 직계제가 실시되었다. [59회]
⑤ 유교 윤리의 보급을 위해 삼강행실도를 편찬하였다. [62회]
⑥ 궁중 음악을 집대성한 악학궤범이 편찬되었다. [57회]
⑦ 국방 문제를 논의하기 위한 비변사가 설치되었다. [62회]
⑧ 국가의 의례를 정비한 국조오례의가 완성되었다. [58회]
⑨ 우리 풍토에 맞는 농법을 소개한 농사직설이 편찬되었다. [54회]
⑩ 국산 약재와 치료법을 소개한 향약집성방을 편찬하였다. [32회]

02
다음 전쟁 중에 발생했던 사실로 옳은 것을 모두 고르시오.

역사신문

제△△호 ○○○○년 ○○월 ○○일

신립, 탄금대에서 패배

삼도 순변사 신립이 이끄는 관군이 탄금대에서 적군에게 패배, 충주 방어에 실패하였다. 신립은 탄금대에 배수진을 쳤으나, 고니시 유키나가가 이끄는 적군에게 둘러싸여 위태로운 상황에 놓였다. 신립은 종사관 김여물과 최후의 돌격을 감행하였으나 실패하자 전장에서 순절하였다.

① 김상용이 강화도에서 순절하였다. [60회]
② 정문부가 길주에서 의병을 이끌었다. [61회]
③ 조·명 연합군이 평양성을 탈환하였다. [54회]
④ 이순신이 명량에서 대승을 거두었다. [58회]
⑤ 권율이 행주산성에서 크게 승리하였다. [54회]
⑥ 나선 정벌에 조총 부대가 동원되었다. [53회]
⑦ 휴전 회담의 결렬로 정유재란이 시작되었다. [62회]
⑧ 소현 세자와 봉림 대군이 청에 인질로 끌려갔다. [53회]
⑨ 이종무가 왜구의 근거지인 쓰시마를 정벌하였다. [61회]
⑩ 조헌이 금산에서 의병을 이끌고 활약하였다. [54회]

📝 정답 및 해설

정답 ③, ⑤, ⑨, ⑩
공법이라는 키워드를 통해서 세종에 대한 설명임을 알 수 있다.

선지분석
① 성종에 대한 설명이다.
② 정조에 대한 설명이다.
③ 세종에 대한 설명이다.
④ 태조, 세조에 대한 설명이다.
⑤ 세종에 대한 설명이다.
⑥ 성종에 대한 설명이다.
⑦ 중종에 대한 설명이다.
⑧ 성종에 대한 설명이다.
⑨ 세종에 대한 설명이다.
⑩ 세종에 대한 설명이다.

📝 정답 및 해설

정답 ②, ③, ④, ⑤, ⑦, ⑩
신립이라는 키워드를 통해서 왜란(임진왜란과 정유재란)임을 알 수 있다.

선지분석
① 병자호란에 대한 설명이다.
② 임진왜란과 정유재란 때 있었던 역사적 사실이다.
③ 임진왜란과 정유재란 때 있었던 역사적 사실이다.
④ 임진왜란과 정유재란 때 있었던 역사적 사실이다.
⑤ 임진왜란과 정유재란 때 있었던 역사적 사실이다.
⑥ 효종 때 나선 정벌에 대한 설명이다.
⑦ 임진왜란과 정유재란 때 있었던 역사적 사실이다.
⑧ 병자호란에 대한 설명이다.
⑨ 세종 때 있었던 쓰시마 정벌에 대한 설명이다.
⑩ 임진왜란과 정유재란 때 있었던 역사적 사실이다.

테마 26

01 정도전은 불씨잡변을 지어 불교를 비판하였다. ☐ 56회

02 정도전은 일본에 다녀와 해동제국기를 저술하였다. ☐ 56회

03 태조 때 왕위 계승을 둘러싸고 왕자의 난이 발생하였다. ☐ 60회

04 태종 때 창덕궁에 신문고를 처음 설치하였다. ☐ 54회

05 태종은 4군 6진을 개척하여 영토를 확장하였다. ☐ 54회

06 세종은 문하부 낭사를 분리하여 사간원으로 독립시켰다. ☐ 49회

07 세종은 한양을 기준으로 역법을 정리한 칠정산을 편찬하였다. ☐ 61회

08 세조 때 성삼문 등이 단종의 복위를 꾀하였다. ☐ 61회

09 세조는 직전법을 제정하여 현직 관리에게만 수조권을 지급하였다. ☐ 59회

10 성종 때 국가의 기본 법전인 경국대전이 완성되었다. ☐ 58회

테마 27

01 의정부는 반역죄, 강상죄 등을 범한 중죄인을 다스렸다. ☐ 56회

02 사헌부는 5품 이하의 관리 임명에 대한 서경권을 행사하였다. ☐ 62회

03 홍문관은 은대, 후원이라고도 불리었다. ☐ 61회

04 홍문관은 학술 기관으로 경연을 관장하였다. ☐ 60회

05 한성부는 수도의 치안과 행정을 주관하였다. ☐ 60회

06 잡색군은 유사시에 향토 방위를 담당하는 예비군이었다. ☐ 62회

07 유향소는 감사 또는 도백이라 불렸다. ☐ 58회

08 수령은 상피제의 적용을 받았다. ☐ 58회

09 성균관은 소과에 합격한 생원, 진사에게 입학 자격이 부여되었다. ☐ 54회

10 향교는 중앙에서 교수나 훈도를 파견하기도 하였다. ☐ 56회

테마 26
01 O
02 X (신숙주)
03 O
04 O
05 X (세종)
06 X (태종)
07 O
08 O
09 O
10 O

테마 27
01 X (의금부)
02 O
03 X (승정원)
04 O
05 O
06 O
07 X (관찰사)
08 O
09 O
10 O

테마 28

01 무오사화는 조의제문이 발단이 되어 김일손 등이 처형되었다. 54회

02 세조는 중종반정으로 폐위되었다. 58회

03 갑자사화 때 폐비 윤씨 사사 사건의 전말이 알려져 김굉필 등이 처형되었다. 62회

04 기묘사화 때 위훈 삭제를 주장한 조광조 일파가 제거되었다. 59회

05 기묘사화는 윤원형 일파가 정국을 주도한 시기에 발생하였다. 61회

06 중종은 신진 인사를 등용하기 위한 현량과를 실시하였다. 55회

07 성희안 일파가 반정을 통해 연산군을 몰아냈다. 61회

08 명종 때 외척 간의 대립으로 을사사화가 발생하였다. 45회

09 무오사화 → 갑자사화 → 을사사화 → 기묘사화 48회

10 선조 때 이조전랑 임명을 둘러싸고 김효원과 심의겸이 대립하였다. 60회

테마 29

01 세종 때 이종무가 왜구의 근거지인 쓰시마섬을 정벌하였다. 59회

02 여진을 상대로 한성에 동평관을 두어 무역을 허용하였다. 59회

03 임진왜란 도중 김시민이 진주성에서 적군을 크게 무찔렀다. 47회

04 정유재란 때 신립이 탄금대에서 배수의 진을 치고 저항하였다. 41회

05 휴전 회담의 결렬로 정유재란이 시작되었다. 62회

테마 30

01 조선 시대에는 경기 지역에 한하여 과전법이 실시되었다. 47회

02 조선 시대 때 관수관급제가 시행되었다. 62회

03 직전법은 수신전, 휼양전 등의 명목으로 세습되는 토지를 폐지하였다. 54회

04 세종 때 풍흉에 따라 전세를 9등급으로 차등과세하였다. 54회

05 조선은 기근에 대비하기 위해 구황촬요를 간행하여 보급하였다. 62회

테마 28

01 O
02 X (연산군)
03 O
04 O
05 X (을사사화)
06 O
07 O
08 O
09 X (무오사화 → 갑자사화 →
　　기묘사화 → 을사사화)
10 O

테마 29

01 O
02 X (일본)
03 O
04 X (임진왜란)
05 O

테마 30

01 O
02 O
03 O
04 O
05 O

01 서원은 풍기 군수 주세붕이 처음 세웠다. ☐ 54회

02 수군, 나장은 양인이지만 천역을 담당하는 신량역천으로 분류되었다. ☐ 40회

03 향약은 풍속 교화와 향촌 자치의 역할을 하였다. ☐ 37회

04 향리는 호장, 기관, 장교, 통인 등으로 분류되었다. ☐ 34회

05 서원은 매향 활동을 하면서 각종 불교 행사를 주관하였다. ☐ 35회

01 조선왕조실록은 국왕의 비서 기관에서 발행한 관보이다. ☐ 44회

02 태종 때 세계 지도인 혼일강리역대국도지도가 제작되었다. ☐ 62회

03 태종 때 주자소가 설치되어 계미자가 주조되었다. ☐ 59회

04 세종 때 우리 풍토에 맞는 농법을 소개한 농사직설이 간행되었다. ☐ 43회

05 세종 때 각 도의 지리, 풍속 등을 소개한 동국여지승람이 편찬되었다. ☐ 43회

06 성종 때 악학궤범이 간행되었다. ☐ 56회

07 조선왕조의궤는 병인양요 당시 일부가 프랑스군에게 약탈되었다. ☐ 62회

08 이황은 기대승과 사단칠정 논쟁을 전개하였다. ☐ 60회

09 이황은 해주 향약을 시행하여 향촌 교화를 위해 노력하였다. ☐ 60회

10 이이는 군주가 수양해야 할 덕목을 제시한 성학집요를 집필하였다. ☐ 58회

테마 31
01 O
02 O
03 O
04 O
05 X (향도)

테마 32
01 X (승정원일기)
02 O
03 O
04 O
05 X (성종)
06 O
07 O
08 O
09 X (이이)
10 O

PART
4

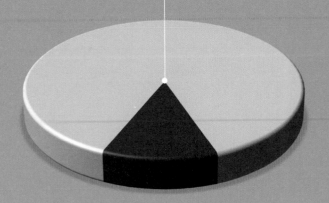

12.1%

조선 후기

매회 3~6문제 가량 출제되고 있다.
정치와 경제·사회·문화의 출제 비중이 비슷한데,
정치사의 난이도가 약간 높은 편이다.

빈출 키워드

조선 후기

합격기준 **박문각**

www.pmg.co.kr

광해군과 통치 체제의 변화

1 광해군의 정책과 인조반정

(1) 광해군의 정책

체제 정비	궁궐 설립, 4대 사고 재건, **북인의 권력 장악** → 경희궁, 경덕궁		
민생 안정	대동법을 경기도에 한하여 실시, 『동의보감』 편찬(허준)		
대중국 외교	배경	명의 쇠퇴와 여진의 등장 → 신중한 **중립 외교** 추진	
	전개	명나라의 원군 요청 → 강홍립을 보내 상황에 따른 대처 유도 → 후금에 투항	
	결과	신하들의 반발 → 폐모살제와 함께 폐위의 명분 제공 → 인조반정으로 폐위	
대일본 외교	기유약조(1609)를 체결하여 일본과의 국교 재개		

(2) 인조반정(1623)

배경	광해군의 중립 외교 정책에 대한 신하들의 불만	
과정	서인 + 남인 일부가 가세하여 광해군 몰아내고 인조 즉위 → **서인이 주도권 장악**	
이괄의 난 (1624)	배경	인조반정에 대한 공신 책봉에 불만을 품은 이괄이 평안도에서 난을 일으킴
	결과	도성 함락, **인조는 공산성(공주)으로 피난**, 잔당들이 후금에 투항

2 통치 체제의 개편

✮(1) 비변사⁺의 변화

① 설치: **중종** 때 삼포왜란을 계기로 설치(1510) → 명종 때 을묘왜변을 계기로 상설 기구화(1555)

② 변화: 임진왜란 이후 최고 기구화, 세도정치 시기에는 외척 세력의 권력 기반

③ 특징: 비변사의 강화로 의정부와 6조 체제는 유명무실화 → **흥선 대원군 집권기에 혁파**

> **비변사**
>
> 변방의 일은 병조가 주관하는 것입니다. …… 그런데 근래 **변방 일을 위해 비변사를 설치**했고, 변방에 관계되는 모든 일을 실제로 다 장악하고 있습니다. …… 혹 병조 판서가 참여하는 경우가 있기는 하지만 도리어 지엽적인 입장이 되어버렸고, 참판 이하의 당상관은 전혀 일의 내용을 모르고 있습니다. …… 청컨대 혁파하소서. – 「조선왕조실록」

(2) 군사 제도의 변화

① 배경: 방군수포제 성행, 임진왜란 초기의 패전 등으로 새로운 방안 모색

② 중앙군 5위 → 5군영

✮✮㉠ 훈련도감

　– 설치: 임진왜란 도중에 유성룡⁺의 건의로 설치(1593)

　– 특징: 포수·사수·살수의 삼수병으로 구성, 급료 받는 상비군이 주축, **조총을 사용**

㉡ 기타: **어영청**·총융청·수어청(인조)과 금위영(숙종)을 설치하면서 5군영이 완성

> **훈련도감**
>
> 주상께서 도감(훈련도감)을 설치하여 군사를 훈련시키라고 명하시고 나(유성룡)를 도제조로 삼으시므로, 내가 청하기를, "1천 석을 군량으로 하되 한 사람당 하루에 2승씩 준다 하여 군인을 모집하면 응하는 자가 사방에서 모여들 것입니다."라고 하였다. – 「서애집」

③ 지방군(속오군 + 진관 복구)

　㉠ 체제 변경: 제승방략 체제 → 임진왜란 때 약점이 드러남 → 다시 진관 체제로 복구

　㉡ 속오군: **양반에서 노비까지 모든 신분 편성** → 양반들의 기피로 점차 노비만 남음

♀ 명과 후금의 대립
1616년 여진족이 후금을 세우면서 명과 대립하였다. 후금과 명이 사르후 전투에서 대치할 때 명은 조선에 구원병을 요청하였으나, 결국 후금에 패배하였다. 후금은 1636년 국호를 청으로 바꾸고 조선에 군신 관계를 요구하였고, 조선이 이를 거부하자 곧바로 침공하여 병자호란을 일으켰다.

✦ 비변사
'변방의 소란을 대비한다'라는 뜻을 가지고 있다. 원래 변방 지역의 국방 업무를 담당하기 위해 설치한 기구였으나, 점차 최고 국정 기구로 변모해갔다.

♀ 『비변사일기』
비변사에서 일어난 회의 등을 기록한 기록물이다.

♀ 5군영과 붕당의 관계
조선 후기에 세워진 5군영 체제는 주로 군사력 강화와 북벌을 명분으로 설치되었지만, 실제로는 각 붕당들이 자신들의 군사적 기반을 마련하기 위해 설치한 측면도 존재하였다.

✦ 유성룡
호는 서애(西厓)이다. 남인 출신의 문인으로, 임진왜란 당시 도체찰사에 임명되어 총 지휘를 담당했다. 그의 건의로 훈련도감과 속오군이 설치되었다.

호란과 북벌운동(+예송논쟁)

1 정묘호란과 병자호란(인조)

(1) 정묘호란(1627)

① 배경

㉠ 이괄의 난(1624): 잔당들이 후금에 투항하여 후금의 길잡이 노릇

㉡ 친명배금 정책: 인조반정으로 서인 집권, 이후 친명배금 정책 실시

② 전개: 후금이 군대 이끌고 침입 ➡ **정봉수와 이립이 의병을 이끌고 활약**

③ 결과: 후금과 조선이 형제 관계를 맺고 후금 퇴각

(2) 병자호란(1636)

① 배경: 후금이 국호를 청으로 바꾸고 조선에 군신 관계 요구 ➡ 조정이 주전론과 주화론
으로 나뉨
김상헌 ◄──────► 최명길

② 전개: 청나라가 대군을 이끌고 침략 ➡ 인조의 남한산성 피난, **임경업 등의 활약**

③ 결과
삼전도비⁺의 건립

㉠ 인조의 항복(**삼전도의 굴욕**)으로 청과 군신 관계 체결 ➡ **소현세자와 봉림대군** 등이
청에 끌려감
└─► 훗날 효종

㉡ 조선 내부에 반청 사상과 **북벌론 대두**

2 효종과 현종

(1) 효종과 북벌론

전개	호란 이후 청에 대한 적개심 ➡ 송시열·윤휴 등과 함께 **어영청 중심으로** 북벌을 추진	
나선 정벌	배경	러시아와 청이 대립 ➡ 청이 조선에 군대 파병 요청
	전개	두 차례에 걸쳐 조총 부대를 영고탑(지린성)에 파견

(2) 현종과 예송논쟁

① 배경: 자의대비(인조의 계비)의 상복 기간을 놓고 서인과 남인이 대립

② 전개

구분	기해예송(1차)	갑인예송(2차)
배경	**효종 사후** 자의대비의 복상 문제	**효종비 사후** 자의대비의 복상 문제
쟁점	서인은 기년복(1년) 주장 vs 남인은 3년복 주장	서인은 9개월 주장 vs 남인은 기년복(1년) 주장
결과	서인의 승리, 남인의 몰락	남인의 승리, 서인의 몰락

③ 쟁점

	왕권과 신권의 대립	효종의 정통성 문제
서인 (송시열)	『주자가례』 등에 따라 왕과 일반 사대부의 예가 동일해야 함(신권 강화)	효종은 차이기 때문에 왕위를 정통으로 계승한 것이 아님
남인 (윤휴)	왕과 일반 사대부의 예를 똑같이 적용할 수 없음(왕권 강화, 왕사부동례)	효종이 차이기긴 하지만 왕위를 이었으니 정통성을 인정해야 함

> **예송논쟁**
> 기해년의 일은 생각할수록 망극합니다. 그때 **저들(서인)**이 효종 대왕을 서자처럼 여겨 **대왕대비의 상복을 기년복**
> (1년복)으로 낮추어 입도록 하자고 청했으니, 지금이라도 잘못된 일은 바로잡아야 하지 않겠습니까? ─「현종실록」

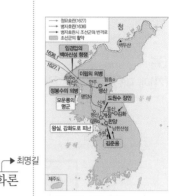

△ 정묘호란과 병자호란

✦ 삼전도비

청의 요청에 따라 작성한 비석으로,
오늘날 서울시 송파구에 있다.

🔍 벨테브레와 하멜

인조 때 네덜란드인 벨테브레가 표류
하였는데, 그는 곧 훈련도감에 소속
되어 서양식 대포와 조총법을 알려주
고 조선인으로 귀화하여 박연이라는
이름도 가졌다. 효종 때도 네덜란드인
하멜이 표류하였는데, 15년간 조선에
머무르다가 탈출하여 고국으로 돌아
가 『하멜표류기』를 저술하였다.

🔍 송시열

호는 우암이다. 서인과 노론의 핵심
인물로, 조선 후기의 붕당 정치를
주도하였다. 왕에게 「기축봉사」를 올
려 대명의리를 내세웠으며, 윤휴를
사문난적으로 비판하면서 반대 세
력을 탄압하였다. 숙종 때 세자 책
봉 문제로 왕의 미움을 사 사약을
받고 죽임을 당하였다.

테마 33~34 문항별 빅데이터 분석 🎲

광해군, 인조, 병자호란, 예송논쟁 등이 주로 출제되고 있다. 주요 사건과 국왕들을 서로 연결하여 개념을 정리하는 것이 중요한데 예를 들어 병자호란은 인조, 북벌론은 효종과 시간선을 맞춰서 공부하는 것이 필요하다. 예전만큼 자주 출제되지는 않고 있지만 다른 사건과 구분을 위해서라도 잘 알아두어야 한다.

01

●55회 22번

(가)에 대한 설명으로 옳은 것은?　　　　[2점]

오늘은 5군영 중 가장 먼저 설치된 ◯(가)◯ 의 운영 상황을 알 수 있는 자료인 훈국등록에 대해 알아보겠습니다.

훈국등록에는 급료를 받는 상비군이 주축인 ◯(가)◯ 소속 군인들의 궁궐과 도성 수비, 국왕 호위, 훈련 상황 등 업무 내용이 기록되어 있습니다.

① 수원 화성에 외영을 두었다.
② 용호군과 함께 궁성을 호위하였다.
③ 후금의 침입에 대비하고자 창설되었다.
④ 포수, 사수, 살수의 삼수병으로 편제되어 있다.
⑤ 일본인 교관을 초빙하여 군사 훈련을 받았다.

02

●58회 22번

(가), (나) 사이의 시기에 있었던 사실로 옳은 것은?　　[3점]

(가) 왕에게 이괄 부자가 역적의 우두머리라고 고해바친 자가 있었다. 하지만 왕은 "반역은 아닐 것이다."라고 하면서도, 이괄의 아들인 이전을 잡아오라고 명하였다. 이에 이괄은 군영에 있던 장수들을 위협하여 난을 일으켰다.

(나) 최명길을 보내 오랑캐에게 강화를 청하면서 그들의 진격을 늦추도록 하였다. 왕이 수구문(水溝門)을 통해 남한산성으로 향했다. 변란이 창졸 간에 일어났기에 도보로 따르는 신하도 있었고 성안 백성의 통곡 소리가 하늘을 뒤흔들었다. 초경을 지나 왕의 가마가 남한산성에 도착하였다.

① 정봉수가 용골산성에서 항전하였다.
② 이순신이 명량에서 대승을 거두었다.
③ 권율이 행주산성에서 적군을 격퇴하였다.
④ 서인 세력이 폐모살제를 이유로 반정을 일으켰다.
⑤ 정여립 모반 사건을 계기로 기축옥사가 발생하였다.

문제 및 키워드 분석

5군영 중 가장 먼저 설치, 상비군 등의 키워드를 통해서 훈련도감에 대한 설명임을 알 수 있다.

정답 분석

④ 훈련도감은 포수, 사수, 살수의 삼수병으로 구성된 부대이다.

선지 분석

① 정조 때 설치된 장용영에 대한 설명이다.
② 고려의 중앙군인 2군에 대한 설명이다. 고려의 2군은 응양군과 용호군으로 구성되어 있었다.
③ 인조 때 설치된 어영청, 총융청 등에 대한 설명이다.
⑤ 근대 개항기 때 설치된 별기군에 대한 설명이다.

문제 및 키워드 분석

(가)는 **이괄**이라는 키워드를 통해서 1624년에 일어난 이괄의 난임을, (나)는 **오랑캐에게 강화 · 남한산성** 등의 키워드를 통해서 1636년에 일어난 병자호란 당시 삼전도의 굴욕과 관련된 내용임을 알 수 있다. 따라서 이 사이에 일어난 사실을 고르면 된다.

정답 분석

① 정봉수는 1627년 정묘호란 때 활약했던 장수이다.

선지 분석

②, ③ (가) 이전인 임진왜란 때의 일이다.
④ 1623년에 일어난 인조반정에 대한 설명이다. 인조반정에 대한 논공행상에 불만을 품은 이괄이 일으킨 난이 이괄의 난이다.
⑤ 1589년 선조 때 정여립 모반 사건이 일어났다.

03

(가)에 대한 설명으로 옳은 것은? [2점]

현종 때 일어난 (가) 에 대해 말씀해 주십시오.

(가) 은/는 효종 사후 인조의 계비인 자의 대비의 복상 기간을 두고 벌어진 논쟁입니다.

① 사림과 훈구의 갈등이 원인이 되었다.
② 서인과 남인 사이에 발생한 전례 문제이다.
③ 북인이 정국을 주도하던 시기에 전개되었다.
④ 외척 세력인 대윤과 소윤의 대립으로 일어났다.
⑤ 동인이 남인과 북인으로 분열되는 결과를 가져왔다.

04

(가) 전쟁 이후에 있었던 사실로 옳은 것은? [2점]

이것은 (가) 의 결과 심양에 볼모로 잡혀간 봉림 대군이 쓴 한글 편지입니다. 편지에는 척화론을 내세우다 끌려와 함께 있던 김상헌에 대한 염려가 담겨 있습니다.

① 국경 지역에 4군 6진이 개척되었다.
② 나선 정벌에 조총 부대가 동원되었다.
③ 강홍립 부대가 사르후 전투에 참전하였다.
④ 정봉수와 이립이 용골산성에서 항전하였다.
⑤ 제한된 무역을 허용한 기유약조가 체결되었다.

문제 및 키워드 분석

현종 때 일어난, 자의 대비의 복상 기간 등의 키워드를 통해서 현종 때 일어났던 예송논쟁에 대한 설명임을 알 수 있다.

정답 분석

② 예송논쟁 당시 서인과 남인이 복상 문제를 놓고 대립했는데, 이것은 왕실의 의식인 전례와 관련된 문제였다.

선지 분석

① 사화에 대한 설명이다.
③ 북인이 정국을 주도하던 시기는 광해군 때이다.
④ 명종 때 있었던 을사사화에 대한 설명이다.
⑤ 선조 때 있었던 정여립 모반 사건에 대한 설명이다.

문제 및 키워드 분석

척화론, 김상헌, 심양에 잡혀간 봉림 대군(효종) 등의 키워드를 통해서 (가)는 인조 때 일어난 병자호란임을 알 수 있다.

정답 분석

② 병자호란 이후 효종 때 청나라의 요청으로 러시아에 조총 부대를 파견하는 나선 정벌이 단행되었다.

선지 분석

① 세종 때의 역사적 사실이다.
③ 광해군 때 강홍립 부대를 명나라에 원군으로 파견하였다.
④ 병자호란 이전인 정묘호란에 대한 설명이다.
⑤ 기유약조는 광해군 때 체결되었다.

테마 35

환국과 탕평책

1 숙종

(1) 환국**✦**: 특정 붕당이 정권을 독점하는 **일당 전제화 현상**, 서인과 남인의 **권력 대립** 격화

경신환국 (1680)	전개	허적의 유악 사건과 남인 역모 사건(복창군·복선군·봉평군)
	결과	**허적·윤휴 등 사형, 남인 세력 축출** 및 서인 집권(노론과 소론**✦**으로 분열)
기사환국 (1689)	전개	희빈 장씨 아들의 원자 책봉 문제 ➡ 숙종이 세자에 책봉하자 서인이 반대
	결과	서인이 몰락하고 **남인이 집권**(중전 인현왕후 폐위, 송시열은 사형)
갑술환국 (1694)	전개	인현왕후의 복위 운동 ➡ 남인이 탄압 ┌▶ 인현왕후 복위
	결과	폐비 사건을 후회하던 숙종이 남인을 숙청 ➡ 남인 몰락, 소론·노론이 정국 주도

> **경신환국**
> 인평 대군의 아들 여러 복(복창군·복선군·복평군)이 본래 교만하고 억세었는데, 임금이 초년에 자주 병을 앓
> 았으므로 그들이 몰래 못된 생각을 품고 바라서는 안 될 자리를 넘보았다. … 남인에 붙어서 **윤휴와 허목을 스
> 승으로 삼고** … 이 때 김석주가 남몰래 그 기미를 알고 **경신년 옥사를 일으켰다.**
> ─ 「연려실기술」

✦ (2) 숙종의 정책

정치	환국의 발생으로 일당 전제화 현상 두드러짐, 금위영 설치로 5군영 체제 완성
경제	상평통보를 법화로 채택
기타	백두산 정계비 설립(1712)하여 국경 확정, 안용복의 활약

✦ 탕평비

2 영조

(1) **영조의 탕평책** 환국 이후 격해진 붕당 간 갈등에 대한 대안으로 제시
  ① **기본 방향**: 당파의 시비를 가리지 않고 온건하고 타협적인 인물을 등용
    ➡ 탕평파 육성
  ② **탕평비 설립**: 붕당의 폐해를 경계하기 위해 탕평비**✦** 건립
  ③ **왕권 강화**: 이조 전랑의 권한 약화(통청권**✦** 폐지), 붕당의 근거지인 서원을 대폭 정리
  ④ **한계**: 강력한 왕권에 의존, **사도세자✦** 사건(**임오화변✦**)으로 정국이 다시 분열
        └▶ 실제로 노론이 정국 주도
(2) **영조의 정책**
  ① **경제**: 균역법 시행 ➡ 군포를 1필로 줄여 군역 부담 낮춤
  ② **사회**: 신문고 부활, **준천사**를 설치하여 청계천 준설 사업 **실시**
  ③ **편찬사업**: 「속대전」, 「동국문헌비고」, 동국지도 등 편찬

> **영조의 업적**
> 적전(籍田)을 가는 쟁기를 잡으시니 근본을 중시하는 거동이 아름답고, **혹독한 형벌을 없애라는 명을 내리시
> 니** 살리기를 좋아하는 덕이 성대하였다. … (중략) … **정포(丁布)를 고루 줄이신 은혜**로 말하면 어염세(魚鹽稅)
> 도 아울러 감면되고, 여자·남자가 기뻐하여 양잠·농경이 각각 제자리를 얻었습니다.
> ─ 「영조대왕시책문」
>
> **청계천을 준설하다**
> 도성 안의 도랑이 막혀 물길이 넘쳐서 많은 여염집이 물에 잠겨 백성이 편히 살지 못하므로, **준천사를 설치하
> 여 돌을 캐어다 높이 쌓고 도랑을 쳐서 잘 흘러가게 하였다.**
> ─ 「영조실록」

3 정조

(1) 정조의 탕평책

① 탕평책의 실시

   ⊙ 기본 방향: 각 붕당의 옳고 그름을 명백히 판단하는 탕평책 ──→ 이덕무, 유득공, 박제가 등

   ⓛ **규장각⁺: 창덕궁에 설치, 학술 연구 기관이자 도서관, 서얼도 검서관으로 등용**

   ⓒ 초계문신제: 37세 이하 유능한 관리 선발하여 규장각에서 재교육

   ⓔ 장용영: 왕권 강화 위해 설치한 국왕의 친위 부대

   ⓜ 수원 화성⁺: 이상적인 정치 실현을 위해 축조 ➡ 정약용이 거중기 이용해 제작

② 한계: 정조 말년에 외척 세력 등용 ➡ 세도 정치 빌미 제공

> **초계문신제**
>
> 내각에서 **초계문신**의 강제절목을 올렸다. 이제 이 문사들을 선발하여 강제를 시험하는 것은 대개 인재를 양성하려는 성의에서 나온 것이 아니겠는가? …… 강제 인원은 반드시 문신으로서 과원에 분관된 사람들 가운데 참상이나 참외를 막론하고 정부에서 상의하여 **37세 이하로 한하여 초계한다.** ‒「정조실록」

(2) 정조의 정책

① **경제**: 신해통공 실시하여 육의전 제외한 시전 상인의 금난전권 폐지(1791)

> **신해통공**
>
> 좌의정 채제공(蔡濟恭)이 아뢰기를, "우리나라 난전(亂廛)의 법은 오로지 육의전이 위로 나라의 일에 순응하기 때문에 그들로 하여금 이익을 독차지하게 하자는 것입니다. … 형조와 한성부에 분부하여 육의전 이외에 난전이라 하여 잡아오는 자들에게는 벌을 베풀지 말도록 할 뿐만이 아니라 … 장사하는 사람들은 서로 매매하는 이익이 있을 것이고 백성도 곤궁한 걱정이 없을 것입니다. ‒「정조실록」

② 사회

   ⊙ 서얼과 노비들에 대한 차별 완화 ➡ 노비 추쇄법 폐지, 서얼 등용

   ⓛ **진산 사건(1791)**: 천주교 신자 **윤지충**이 조상의 신주를 불태운 사건(**신해박해**)

③ 편찬 사업

「대전통편」	왕조의 통치 규범을 재정비
「탁지지」	재정 업무와 관련된 사례를 모음
「무예도보통지」	이덕무, 박제가 등이 편찬한 군사 훈련 기본서
「동문휘고」	대외 관계를 정리
「일성록」	정조가 세손 시절부터 쓴 일기, 유네스코 세계 기록유산 등재

> **만천명월주인옹(나는 곧 달이다)**
>
> **만천명월주인옹(萬川明月主人翁: 정조를 가리킴)**은 말한다. …… 달은 하나뿐이고 물의 종류는 1만 개나 되지만, 물이 달빛을 받을 경우 앞 시내에도 달이요, 뒤 시내에도 달이어서 달과 시내의 수가 같게 되므로 시냇물이 1만 개면 달 역시 1만 개가 된다. 그러나 하늘에 있는 달은 물론 하나뿐인 것이다. … 거기에서 나는, 물이 세상 사람들이 라면 달이 비춰 그 상태를 나타내는 것은 사람들 각자의 얼굴이고, 달은 태극인데 그 태극은 바로 나라는 것을 알고 있다. ‒「홍재전서」

PART
5

✦ 규장각

정조가 설치한 학술 연구 기관으로, 실제로는 정조를 지지하는 세력을 육성하기 위한 목적이 담겨 있었다.

✦ 수원 화성

정조가 세운 성곽이다. 정약용이 거중기를 이용하여 설립하였다. 정조는 화성에서 여러 정책을 시범으로 시행하면서 자신의 정치적 이상을 실현하고자 하였다. 아버지인 사도세자의 무덤을 안치한 곳이기도 하다.

⊙ 시흥환어행렬도

정조의 화성 행차를 그린 그림이다.

조선 후기 정치사에서 가장 많이 빈출되는 주제이다. 환국의 전개 과정은 기본 난이도가 높은 편이며 대개 시간의 순서를 물어보는 경우가 많기 때문에 시간의 흐름을 헷갈리지 않게 정리해두는 것이 중요하다. 또한 영조와 정조를 구별하는 문제가 많이 출제되므로 두 국왕의 업적은 반드시 정리를 해 두어야 한다.

01
● 57회 22번

(가), (나) 사이의 시기에 있었던 사실로 옳은 것은? [3점]

(가) 임금이 전교하기를, "내 생각에는 허적이 혹시 허견의 모반 사실을 알지 못했는가 하였는데, 문안(文案)을 보니 준기를 산속 정자에 숨긴 사실이 지금 비로소 드러났으니, 알고서도 엄호한 정황이 분명하여 감출 수가 없었다. 그저께 허적에게 사약을 내려 죽인 것도 이 때문이다."라고 하였다.

(나) 임금이 명하기를, "국운이 평안하고 태평함을 회복하여 중전이 복위하였으니, 백성에게 두 임금이 없는 것은 고금을 통하는 도리이다. 장씨에게 내렸던 왕후의 지위를 거두고, 옛 작호인 희빈을 내려 주도록 하라. 다만 세자가 조석으로 문안하는 것은 폐하지 말라."라고 하였다.

① 양재역 벽서 사건이 발생하였다.
② 송시열이 관작을 삭탈당하고 유배되었다.
③ 자의 대비 복상 문제로 예송이 전개되었다.
④ 정여립 모반 사건으로 기축옥사가 일어났다.
⑤ 붕당의 폐해를 막기 위해 탕평비가 세워졌다.

문제 및 키워드 분석
(가)는 **허적 · 허견의 모반 사실** 등의 키워드를 통해서 경신환국(1680)에 대한 것임을, (나)는 **중전이 복위, 옛 작호인 희빈** 등의 표현을 통해서 갑술환국(1694)에 대한 설명임을 알 수 있다. 사실 이 문제는 키워드로 접근하기보다는 숙종 때 일어났던 환국의 전체적인 흐름을 알고 있어야 풀기 수월하다.

정답 분석
② 경신환국 이후에 희빈 장씨의 소생을(훗날 경종) 원자(아직 세자에 책봉되지 않은 임금의 맏아들을 가리키는 말)에서 세자로 책봉하려 하자 이를 송시열이 반대했고, 이것이 숙종의 분노를 사게 되면서 기사환국(1689)이 일어나게 된다.

선지 분석
① 1547년 명종 때 양재역 벽서 사건이 일어났다. 윤원형을 중심으로 하는 소윤 세력이 윤임을 중심으로 하는 대윤 세력을 축출하는 계기가 된 사건이다.
③ 현종 때 예송논쟁이 일어났다.
④ 선조 때 정여립 모반 사건이 일어났다.
⑤ 영조 때 탕평비가 설립되었다.

02
● 42회 25번

다음 상황 이후에 전개된 사실로 옳은 것은? [3점]

인평 대군의 아들 여러 복(복창군 · 복선군 · 복평군)이 본래 교만하고 억세었는데, 임금이 초년에 자주 병을 앓았으므로 그들이 몰래 못된 생각을 품고 바라서는 안 될 자리를 넘보았다. …… 남인에 붙어서 윤휴와 허목을 스승으로 삼고 …… 그들이 허적의 서자 허견을 보고 말하기를, "임금에게 만약 불행한 일이 생기면 너는 우리를 후사로 삼게 하라. 우리는 너에게 병조 판서를 시킬 것이다."라고 하였다. …… 이 때 김석주가 남몰래 그 기미를 알고 경신년 옥사를 일으켰다.

– 「연려실기술」

① 자의 대비의 복상 문제로 예송이 전개되었다.
② 정여립 모반 사건으로 서인이 정국을 주도하였다.
③ 이괄의 난이 일어나 반란군이 도성을 장악하였다.
④ 북인이 서인과 남인을 배제한 채 정국을 독점하였다.
⑤ 희빈 장씨 소생의 원자 책봉 문제로 환국이 발생되었다.

문제 및 키워드 분석
경신년 옥사라는 키워드를 통해서 숙종 때 있었던 경신환국(1680)임을 알 수 있다. 자료의 내용은 삼복의 변이라는 사건인데, 인평 대군의 아들들인 복창 · 복선 · 복평군(삼복)이 역모를 했다는 증거를 찾기 힘든 모함으로 인하여 이와 연관되어 있던 남인 세력들이 대거 탄압받는 경신환국이 일어났다.

정답 분석
⑤ 경신환국 이후에 일어난 기사환국(1689)에 대한 설명이다.

선지 분석
① 현종 때 예송논쟁이 일어났다.
② 정여립 모반 사건은 선조 때 일어난 사건이다.
③ 이괄의 난은 인조 때 일어났다.
④ 북인이 권력을 장악한 것은 광해군 때이다.

03

●61회 26번

(가) 왕이 추진한 정책으로 옳은 것은? [1점]

서호천을 따라
☐(가)☐ 의 자취를 느끼다

우리 역사 동아리에서는 ☐(가)☐ 와/과 관련된 유적을
돌아보는 답사 프로그램을 마련하였습니다.

```
출발 ──● 축만제 ──── ● 노송지대 ──── ● 지지대비 ──● 도착
```

왕이 수원 화성 및 장용영
운영을 위해 조성한 둔전의
수리 시설

왕이 현륭원* 식목관에 내탕금을
내려 소나무 등을 심도록 한 곳
*현륭원: 왕의 생부인 사도세자의 무덤

왕의 효심을 기리기 위해
아들 순조가 건립한 비

■ 일시: 2022년 10월 22일 10시
■ 출발 장소: 서호 공원

① 경기도에 한하여 대동법을 시행하였다.
② 군역 부담을 줄이기 위해 균역법을 제정하였다.
③ 육의전을 제외한 시전 상인의 금난전권을 폐지하였다.
④ 제한된 규모의 무역을 허용한 계해약조를 체결하였다.
⑤ 현직 관리에게만 수조권을 지급하는 직전법을 실시하였다.

●43회 27번

04

밑줄 그은 '이 왕'의 업적으로 옳지 않은 것은? [2점]

이 그림은 한성의 홍수 예방을 위하여 이 왕이 시행한
청계천 준설 공사의 모습을 그린 기록화입니다. 이 왕은 신문
고를 다시 설치하여 백성의 억울함을 듣고자 하였습니다.

수문상친림관역도

① 속대전을 편찬하여 통치 체제를 정비하였다.
② 기유약조를 체결하여 일본과의 무역을 재개하였다.
③ 동국문헌비고를 간행하여 역대 문물을 정리하였다.
④ 균역법을 실시하여 군역의 부담을 줄이고자 하였다.
⑤ 탕평비를 건립하여 붕당의 폐해를 경계하고자 하였다.

문제 및 키워드 분석

수원 화성 · 장용영 · 아들 순조 등의 키워드를 통해서 정조임을 알 수 있다. 키
워드가 많이 제시되어 난이도는 어렵지 않았던 문제이다.

정답 분석

③ 정조 때 시전 상인들의 무분별한 금난전권 남용을 막기 위해서 육의전을 제
외한 품목의 금난전권을 폐지시켰다. 이를 신해통공(1791)이라고 부른다.

선지 분석

① 광해군에 대한 설명이다.
② 영조에 대한 설명이다.
④ 세종에 대한 설명이다.
⑤ 세조에 대한 설명이다.

문제 및 키워드 분석

청계천 준설 공사, 신문고를 다시 설치 등의 키워드를 통해서 영조임을 알 수
있다.

정답 분석

② 기유약조는 광해군 때 체결된 조약이다.

선지 분석

① 영조는 『속대전』을 편찬하여 『경국대전』의 여러 법조항을 재정비하였다.
③ 영조 때 국가의 주도로 『동국문헌비고』라는 백과사전을 편찬하였다.
④ 영조는 균역법을 실시하여 군포의 부담을 줄였다.
⑤ 영조는 탕평비를 건립하여 붕당 정치를 타파하고 국왕 중심의 정치를 주도
하고자 하였다.

세도 정치와 조선 후기 대외 관계

1 세도 정치

💡 시파와 벽파
시파는 사도세자를 지지하였던 세력으로, 소론 이외에 남인 일부도 포함되어 있었다. 벽파는 사도세자를 반대하는 세력으로, 노론 강경파가 주류를 이루었다.

✦ 신유박해
정조가 승하하자 정순왕후 김씨를 비롯한 벽파가 천주교를 빌미로 삼아 신유박해를 일으켜 시파 및 남인 세력을 탄압하였다.

(1) 배경: 정조 사후 일부 외척 가문에 권력 집중

✦ (2) 세도 정치의 전개

	신유박해(1801)✦	정조 때 중용된 남인 계열을 정계에서 제거(정약용, 이승훈 등)
순조	세도 정치	즉위 초 노론 벽파가 정권 장악 ➡ 김조순 중심 안동 김씨가 장악
	공노비 해방	관아에 소속되어 있던 공노비를 모두 해방
철종	안동 김씨의 재집권, 임술 농민 봉기의 해결 위해 **삼정이정청을 설치**	

(3) 세도 정치의 폐단
① 비변사 중심의 권력 구조, 일부 외척 가문만의 권력 독점으로 왕권이 크게 약화
② 삼정의 문란으로 민생 파탄 ➡ 농민들의 저항 증가

2 조선 후기의 대외 관계

(1) 대청 관계
① 북벌론: 효종과 숙종 시기에 여러 차례 북벌 시도
② 북학론: 청에 **연행사**를 파견 ➡ 새로운 문물 소개
③ 백두산 정계비(1712, 숙종)
　㉠ 배경: 청이 만주 지역을 성역화 ➡ 조선인들의 월경(越境)으로 국경 분쟁 발생
　㉡ 내용: '서쪽으로는 압록강, 동쪽으로는 토문강을 경계로 한다.'
　㉢ 분쟁: 이후 토문강의 위치에 대한 해석을 놓고 양측이 대립

> **백두산 정계비**
> **오라총관 목극등이** …… 국경을 정하기 위하여 **백두산에 이르렀다.** 우리나라에서는 접반사 박권, 함경도 순찰사 이선부, 역관 김경문 등을 보내어 응접하게 하였다. …… 목극등이 중천(中泉)의 물줄기가 나뉘는 위치에 앉아서 말하기를, "이곳이 분수령이라 할 수 있다."라고 하고, 그곳에 경계를 정하고 돌을 깎아서 비를 세웠다.　– 「만기요람」

✦ (2) 대일본 관계
① 국교 재개: 일본의 국교 재개 요청 ➡ 광해군 때 기유약조 체결(1609)
② 조선 통신사
　㉠ 배경: **에도 막부✦의 사절단 파견 요청**
　㉡ 파견: 1607년부터 1811년까지 12차례에 걸쳐 통신사✦ 파견(비정기 사절단)
　㉢ 내용: **일본에 조선의 문물을 전파,** 일본 측의 파격적 대우
　㉣ 중단: 일본 내 국학 운동 전개(통신사 반대 여론 확산)로 1811년부터 파견 중단

✦ 에도 막부
도쿠가와 이에야스가 설립한 막부 정권이다. 조선에 통신사 파견을 요청하여 국교를 재개했는데, 사절단 맞이 행사를 크게 열어서 막부 정권의 권위를 과시하기 위한 목적도 있었다.

✦ 통신사 행렬도

③ 울릉도와 독도: **숙종 때 안용복**이 일본에 건너가 울릉도와 독도가 우리 영토임을 확인 받음

테마 36 문항별 빅데이터 분석 🎲

빈출되는 주제는 아니지만, 간간히 출제되고 있다. 내용 자체가 자주 나오지 않는 만큼 어려운 부분을 내는 경우는 거의 없기 때문에 중요한 개념들 위주로만 정리한다면 충분히 득점이 가능하다. 최근에는 후기 대외 관계 위주로 출제되는 편이다.

01
●58회 23번

(가) 국가에 대한 조선의 대외 정책으로 옳은 것은? [2점]

이 지도는 의주에서 연경에 이르는 경로를 표시한 것입니다. 조선 사신들은 이 경로를 따라 (가) 을/를 왕래하였는데, 이 사행에 참여한 만상은 국제 무역으로 많은 돈을 벌기도 하였습니다.

오늘 알아볼 지도에 대해 말씀해 주세요.

입연정도도(入燕程途圖)

① 박위를 파견하여 근거지를 토벌하였다.
② 백두산 정계비를 세워 국경을 정하였다.
③ 한성에 동평관을 두어 무역을 허용하였다.
④ 쌍성총관부를 공격하여 철령 이북의 영토를 되찾았다.
⑤ 포로 송환을 위하여 유정을 회답 겸 쇄환사로 파견하였다.

02
●53회 25번

밑줄 그은 '이 사절단'에 대한 설명으로 옳은 것은? [2점]

이 해사록은 김세렴이 이 사절단의 부사로 일본에 다녀온 후 작성한 책입니다. 여기에는 쓰시마, 교토를 거쳐 에도까지 간 여정, 당시 일본의 지형과 풍속, 쇼군을 만난 내용 등이 담겨 있습니다.

해사록

① 암행어사의 형태로 비밀리에 파견되었다.
② 해국도지, 영환지략을 국내에 소개하였다.
③ 하정사, 성절사, 천추사 등으로 구분되었다.
④ 막부의 요청으로 파견되어 문물을 전하였다.
⑤ 기기국에서 무기 제조 기술을 습득하고 돌아왔다.

문제 및 키워드 분석
의주에서 연경, 만상 등의 키워드를 통해서 청나라에 대한 설명임을 알 수 있다. 연경이란 중국의 수도 베이징의 별칭인데, 특히 조선은 청나라에 파견하는 사절단을 부르는 명칭도 연경에 방문한다고 해서 연행사라고 불렀다.

정답 분석
② 조선 숙종 때 청나라와의 경계를 명확히 하기 위해서 백두산 정계비를 세웠다.

선지 분석
① 고려 말 왜구에 대한 설명이다.
③ 조선 전기 일본과의 외교 관계에 대한 설명이다. 동평관은 다른 말로 왜관이라고도 불렀다.
④ 몽골에 대한 설명이다.
⑤ 조선 후기 일본과의 외교 관계에 대한 설명이다.

문제 및 키워드 분석
일본, 에도까지 간 여정 등의 키워드를 통해서 밑줄 친 '이 사절단'이 통신사임을 알 수 있다. 조선 후기 때 일본은 에도 막부 정권이 계속 지속되었다. 에도란 도쿄의 옛 명칭이다.

정답 분석
④ 통신사는 조선을 통해서 중국의 선진 문물을 수용하고 조선과의 관계 개선을 통해 일본 내부의 정치를 안정화하고자 했던 에도 막부의 요청으로 여러 차례 파견되었다.

선지 분석
① 근대 개항기 때 일본에 파견된 조사시찰단에 대한 설명이다.
② 초기 개화 사상가인 오경석에 대한 설명으로, 근대 개항기 때의 인물이다.
③ 조선이 명나라에 정기적으로 보냈던 사절단을 부르는 명칭이다.
⑤ 근대 개항기 때 청나라에 파견된 영선사에 대한 설명이다.

PART

5

수취 체제의 개편

1 조선 후기의 수취 체제

(1) 영정법
　① 내용: 인조 때 실시(1635), **풍흉에 관계없이 토지 1결당 4~6두의 전세를 납부**
　② 결과: 농민의 실질적 부담은 증가(무명 잡세 증가)

✦✦(2) 대동법 공납의 전세화
　① 배경: **방납의 폐해가 매우 극심** ➡ 농민들의 토지 이탈
　② 내용
　　㉠ **현물로 납부하던 공납을 토지의 결수에 따라 쌀·면포·삼베·동전 등으로 징수**
　　㉡ **토지 1결당 미곡 12두 징수**를 기본으로 함, 운영은 **선혜청**에서 담당
　③ 과정: 광해군 때 선혜법이라는 이름으로 경기도에서 **최초 실시** ➡ 인조 때 강원도
　　➡ **효종** 때 충청·전라도에서 실시(**김육의 건의**) ➡ 숙종 때 전국적으로 확대
　④ 결과
　　㉠ **공인**✦ 등장: 공인에게 돈을 지불하고 관청에 필요한 물품 납부케 함
　　㉡ **부담 경감:** 양반 지주의 부담 증가 ⬌ 농민 부담은 크게 감소, 국가 재정 확보
　　㉢ 공납의 전세화, 교환 경제의 활성화, 화폐 유통 촉진

> **대동법의 실시**
> 영의정 이원익이 아뢰기를, "각 고을에서 바치는 **공물**이 각사(各司)의 방납인들에 의해 중간에서 막혀 물건 하나의 가격이 몇 배 또는 몇 십 배, 몇 백 배가 되어 그 폐단이 이미 고질화되었습니다. …… 그러니 지금 마땅히 별도로 하나의 청(廳)을 설치하여 **대동법을 시행**하도록 하소서."라고 하니, 왕이 따랐다.　　– 『광해군일기』

✦(3) 균역법
　① 배경: 신분제의 동요로 농민의 양역 부담 증가, 지방관의 수탈 등 각종 폐단 증가
　② 시행: 영조 때부터 1년에 2필을 내던 군포를 1필로 감소
　③ 보완책 군포 징수 감소에 따른 부족분 보충을 위해 실시
　　㉠ **지주에게 1결당 2두씩 결작을 징수**
　　㉡ 일부 상류층을 선무군관으로 지정하여 **1년에 1필씩 선무군관포 징수**
　　㉢ 어세, 염세, 선박세를 지방 재정에서 **국가 재정으로 전환**하여 균역청에서 관할
　③ 결과: 농민 부담이 일시적 감소했으나 결작이 소작농에게 전가되는 등 폐단 발생

> **균역법에 따른 재정 대책**
> 왕이 명정전에 나아가 전·현직 대신을 비롯한 여러 신하들을 불러 양역의 변통 대책에 대해 논의하면서 말하였다. "호포나 결포나 모두 문제점이 있으니, 이제는 1필로 줄이는 것으로 온전히 돌아갈 것이다. 경들은 1필을 줄였을 때 생기는 세입 감소분을 대신할 방법을 강구하라."　　– 『영조실록』

✦ 2 삼정의 문란

전정(전세)	전세의 수납을 총액제✦로 실시 ➡ 수령들의 비리 증가
군정(군포)	여러 가지 폐단 ➡ 인징·족징·백골징포·황구첨정, 총액제 실시
환정(환곡)	지방 관아에서 **환곡**✦의 이자 수입을 주요 재정으로 사용, 환곡의 부세화(총액제)

사이드 노트

💡 **대동법의 확대 과정**
· 광해군: 경기도에서 최초로 실시
· 인조: 강원도에서 실시
· 효종: 김육의 건의로 충청·전라도에서 실시
· 숙종: 경상도와 황해도에서 실시하면서 함경도와 평안도를 제외한 전국에서 실시

✦ **공인**
대동법의 시행으로 인하여 공물을 쌀로 거두게 되자 기존에 필요에 따라 거두던 공물은 공인이라는 상인들을 동용하여 돈을 지불하고 구매하도록 하였다.

💡 **군역의 폐단**
· 인징: 이웃에게 대신 부과
· 족징: 친척에게 대신 부과
· 백골징포: 죽은 사람에게 군포 부과
· 황구첨정: 어린아이에게 군포 부과

✦ **총액제**
세금을 부과할 때 부세의 총액을 매겨서 군현별로 강제 할당해버리는 방식이다.

✦ **환곡**
봄에 곡식이 모자랄 때 대신 대여해 주고 가을에 이자를 붙여서 받는 방식이었는데, 조선 후기에 이르면 환곡의 이자를 크게 매기는 바람에 지방 관아의 주 수입이 될 정도로 폐단이 심하였다.

💡 **삼정의 문란**
시아버지 삼년상 벌써 지났고 / 갓난아인 배냇물도 안 말랐는데 / 이 집 삼대 이름 군적에 모두 실렸네 / 가서 억울함 호소해도 문지기는 호랑이요 / 이정(里正)은 호통치며 외양간 소 끌고 갔네　– 정약용, 「애절양」
남성의 성기를 자른다는 뜻 ⬅

테마 37 문항별 빅데이터 분석 📊

대동법과 균역법의 특징이 주로 출제된다. 등장하는 개념이나 선지가 반복적으로 출제되는 것이 특징인데, 상품 화폐 경제 또는 영조·광해군의 정책과 연계되어 출제되기도 한다.

01

●62회 23번

다음 상인이 등장한 배경으로 가장 적절한 것은? [1점]

```
우리 역사 속
직업의 세계



나의 직업은
무엇일까요?

(앞면)
```

```
• 직업 소개
선혜청 등에서 공가(貢價)를
받아 필요한 물품을 마련하여
궁궐과 관청에 납품하는 상인

• 요구 능력
물품을 대량으로 구입하여
기일에 맞춰 조달할 수 있는
능력

정답  ○ ○

(뒷면)
```

① 관수 관급제가 시행되었다.
② 금속 화폐인 건원중보가 주조되었다.
③ 근대적 상회사인 대동 상회가 설립되었다.
④ 공납의 폐단을 시정하기 위해 대동법이 실시되었다.
⑤ 육의전을 제외한 시전 상인의 금난전권이 폐지되었다.

02

●47회 23번

밑줄 그은 '대책'으로 옳은 것은? [2점]

양역의 폐단을 개선하기 위해 논의한 호포와 결포는 여러 문제점이 있다고 하니, 그렇다면 군포를 1필로 줄이는 법을 시행하는 것으로 하라. 경들은 1필로 줄였을 때 생기는 세입 감소분을 채울 수 있는 대책을 강구하라.

분부를 받들겠습니다.

① 수신전과 휼양전을 폐지하였다.
② 토지 1결당 미곡 12두를 부과하였다.
③ 양전 사업을 시행하여 지계를 발급하였다.
④ 풍흉에 따라 9등급으로 전세를 부과하였다.
⑤ 어장세, 염세 등을 국가 재정으로 귀속하였다.

문제 및 키워드 분석

선혜청, 공가(貢價) 등의 키워드를 통해서 조선 후기에 등장한 상인인 공인에 대한 설명임을 알 수 있다.

정답 분석

④ 조선 후기에 대동법이 실시되자 기존에 공물로 바치던 물품을 시장에서 구매해서 국가에 납부하는 역할을 맡게 된 상인들이 새롭게 등장했는데 이들을 공인이라고 불렀다.

문제 및 키워드 분석

양역의 폐단, 군포를 1필로 줄이는 법 등의 키워드를 통해서 균역법임을 알 수 있다. 따라서 균역법의 시행에 따라서 발생하게 된 세입 감소분을 해결하기 위한 대책을 선지에서 고르면 된다.

정답 분석

⑤ 균역법의 시행에 따른 재정의 감소에 대처하기 위해 기존에 지방세로 거두어지던 어장세와 염세 등을 국가의 재정으로 귀속시켰다.

선지 분석

① 세조 때 실시된 직전법에 대한 설명이다.
② 대동법에 대한 설명이다. 대동법을 실시하게 되면서 기존의 공납 부담을 폐지하고 대신 토지 1결당 12두로 거두도록 하였다.
③ 대한제국 때 실시된 정책이다.
④ 세종 때 실시된 연분 9등법에 대한 설명이다.

상품 화폐 경제의 발달

1 농업

(1) **농업 생산력 증대**
  ① 논농사: **이양법(모내기법)⁺의 전국 확산** ➡ **이모작**이 성행(벼·보리) ➡ 단위 면적당 생산량 증가와 노동력의 절감 ➡ **광작⁺이 성행**
  ② 밭농사
    ㉠ **상품 작물 재배**: 고추·인삼·담배·면화·채소 등을 재배하는 상업적 농업이 발달
    ㉡ **외래 작물 전래**: **고구마·감자(구황작물)**, 고추·담배 등이 전래
(2) **농민층의 분화**: 일부 농민은 부농층 ⬌ 대다수 농민은 몰락농민(임노동자나 머슴 등)으로 전락
(3) **지주 전호제의 확대**: 지주 전호제는 18세기 말 일반화됨
    └➡ 농민에게 토지 빌려주고 지대받음
(4) **소작농의 성장**: 도조법⁺(정액 지대)의 확산으로 지주와 소작농의 관계도 지배와 종속 관계에서 벗어나 자유로운 영농이 가능한 계약 관계로 전환

> **상품 작물 재배**
> 서울 근교와 각 지방 대도시 주변의 파·마늘·배추·오이 밭에서는 10무(4두락)의 땅으로 수만 전(수백 냥)의 수입을 올린다. 서북 지바의 담배, 관북 지방의 삼, 한산의 모시, 전주의 생강, …… 황주의 지황 밭은 논농사가 가장 잘 되었을 때의 수입과 비교하더라도 이익이 열 배나 된다.
> – 「경세유표」

2 수공업과 광업

수공업	민영 수공업	공장안(장인등록제)의 폐지로 민영 수공업자들이 증가
	선대제 수공업	상인들이 수공업자에게 선불 지급하고 해당 물품의 생산을 재배
광업	17세기	**설점수세제** ➡ 민간인의 광산 경영 허가(덕대제), 국가가 그 대가로 수세(사채 허용)
	18세기	몰래 채굴하는 잠채 성행(불법)

※ 덕대제: 경영 전문가인 덕대가 상인물주에게 자본을 조달받아 분업 형태로 운영(채굴업자·제련업자 등)

3 상업

(1) **배경**: 상품 화폐 경제의 발달, 생산력의 증대, 조세의 금납화 등이 상업의 발달을 더욱 촉진시켰다.

(2) **상인의 종류**

└➡ 난전의 상품 판매를 금지하는 권리

시전 상인	•한양 시전의 상인, 국가에 물품 납부하고 특정 품목 독점 판매 ➡ **금난전권 소유(조선 후기)** •정조 때 육의전을 제외한 상품의 금난전권이 폐지(신해통공)
공인	**대동법** 시행으로 등장, 공가를 받아 국가의 수요품 조달하며 상업 활동 주도
경강 상인	**한강**을 근거지로 활동, 미곡·소금·어물 등을 **운송(운송업)**, 강상이라 불림
송상	•개성 출신 상인 ➡ 전국에 송방이라는 지점 설치 •인삼의 재배·판매를 장악하고 **청·일본 무역에도 참여, 사개치부법⁺**이라는 독자적 회계 방법
만상	의주 상인, 책문 후시를 통해 대청 무역 주도
내상	동래 상인, **왜관**을 중심으로 대일 무역 주도(개시·후시 무역)

✦ 이양법
모판에 모를 옮겨 심었다가 어느 정도 자라면 논으로 옮겨 농사를 짓는 방식으로, 모판에서 모가 자라는 기간에 논에다 보리를 심는 이모작이 가능하였다.

✦ 광작
이양법 등 농업 기술의 발달로 한 명의 인원이 넓은 토지를 경작하게 되던 현상을 가리킨다. 이로 인하여 대다수의 소작농이 자리를 잃는 현상이 나타나기도 하였다.

✦ 타조법과 도조법
정률제(타조법)란 소작료를 전체 수확물의 50%와 같이 일정 비율로 거두는 것을 의미한다. 정액제(도조법)는 쌀 10가마니와 같이 일정 액수를 기준으로 거두는 것을 말한다.

◉ 난전(사상)
국가의 허가를 받지 않고 상행위에 종사하던 상인을 총칭하는 표현이다.

✦ 사개치부법
회계 장부를 기록하는 방식 중 하나이다. 구매자·판매자·구매 물건·판매 물건의 4가지를 기록한다고 해서 사개치부라고 부른다. 서양에서 먼저 등장한 것으로 알려져 있지만 송상도 이를 많이 사용하였다.

◉ 도고
상품의 유통을 독점하여 돈을 많이 모은 거상(巨商)들을 가리키는 표현이다. 송상·만상 중에는 이러한 도고들이 많이 있었다.

(3) 포구 상업

   ① 선상: 포구에서 상행위 ➡ 전국 포구를 하나로 연결

   ② 객주·여각: 포구에서 상품을 위탁 판매 ➡ 점차 중개·숙박·금융 업무도 담당

(4) 장시의 발달

   ① 과정: 15세기 말 처음 등장 ➡ 16세기 말에는 전국으로 확산 ➡ 18세기 중엽 1,000개가 넘음

   ② 특징: 인근 장시와 연계, 주로 5일장 간격으로 열림

   ③ 보부상⁺: 장시 돌아다니며 활동 ➡ 전국 장시를 하나의 유통망으로 연결, 보부상단 조직

시장의 발달

이현과 종루 그리고 칠패
이는 한양의 3대 시장이라네
온갖 수공업자가 다 모여 있고 사람들은 분주한데
수많은 화물이 값을 다투며 수레가 줄을 이었네 …

– 「성시전도사」

✦ 보부상

지방의 장시를 돌아다니면서 보따리 장사를 하던 상인을 가리킨다.

4 대외무역

(1) 대청 무역

   ① 공무역: 국경 지대 중심으로 개시⁺ 형성(중강, 경원 등)

   ② 사무역: 국경 지대인 책문에서 후시⁺ 형성, **의주의 만상과 송상이 대청 무역 주도**

(2) 대일본 무역: 17세기 국교 정상화 이후 **동래의 왜관 중심으로** 개시·후시 무역 시작

5 화폐 유통

(1) 배경: 조세의 금납화 시도, 상품 화폐 경제의 발달 등

(2) 유통: 숙종 때 상평통보⁺가 법화로 채택 ➡ 전국적 유통으로 화폐 경제 활성화

(3) 전황: 대상인들이 화폐를 재산 축적의 용도로 사용 ➡ **화폐가 부족해지는 전황⁺** 발생

✦ 개시

국경 지대를 중심으로 양국 간에 공적으로 허용된 무역의 형태를 가리킨다. 국가에서 파견된 사신들이 주도하였다.

✦ 후시

국가에서 허가하지 않은 비공식·밀무역의 형태를 가리킨다. 책문은 중국 만주에 위치한 도시인데 중국과 우리나라의 사신이 많이 접촉하는 장소였다. 여기에 상인들이 대거 가담하면서 조선 후기에 가장 성행했던 후시 무역 장소로 자리매김했다.

✦ 상평통보

화폐의 등장

허적과 권대운 등이 (돈을 유통시키자고) 청하였다. 왕이 신하들에게 물으니, 신하들이 모두 그 편리함을 말하였다. 왕이 그대로 따르고, **호조·상평청·진휼청 등에 명하여 상평통보를 주조하되** 돈 400문(文)을 은 1냥의 값으로 정하여 시중에 유통하게 하였다. – 「숙종실록」

호조 판서 이성원이 말하기를, "종전에 허다하게 주조한 돈을 결코 작년과 금년에 다 써버렸을 리가 없고, 각 아문의 봉부동전* 역시 새로 조성한 것이 아닙니다. **작년과 금년에 전황(錢荒)이 극심한 것은** 아마도 부상대고들이 이 때를 틈타 갈무리해 두고 이익을 취하려는 것으로 보이는데 그 폐단을 바로잡을 방책이 없습니다."라고 하였다.
*봉부동전: 비상시를 대비해 창고에 넣어둔 돈

– 「비변사등록」

✦ 전황

시중에서 동전(화폐)이 부족해진 현상으로, 화폐 가치의 상승을 초래하여 농민들의 피해가 커졌다. 그래서 중농학자인 이익은 폐전론을 주장하였다.

테마 38 문항별 빅데이터 분석 📊

조선 후기의 상품 화폐 경제는 농업·상업·공업 등을 다양하게 물어보는 편이며 후기 문화와 연계되기도 한다. 따라서 빈출 키워드 중심으로 골고루 공부해 두는 것이 필요하다. 예전에는 매우 자주 출제되었지만 최근의 출제 경향을 보면 예전만큼 자주 출제되는 편은 아니다.

01

●60회 28번

다음 상황이 나타난 시기에 볼 수 있는 모습으로 적절하지 않은 것은?

[1점]

> • 집집마다 인삼을 심어서 돈을 물 쓰듯이 한다고 하는데, 재산을 만드는 방법으로는 이보다 나은 것이 없다고 한다.
> • 어제 울타리 밖의 몇 되지기 밭에 담배를 파종하였다.
> • 금년에는 목화가 풍년이 들었는데, 어제는 시장에서 25근에 100전이었다고 한다.
>
> — 『노상추일기』

① 한글 소설을 읽어주는 전기수
② 시사를 조직하여 활동하는 역관
③ 주전도감에서 해동통보를 만드는 장인
④ 왕조 교체를 예언한 정감록을 읽는 양반
⑤ 한강을 무대로 상업에 종사하는 경강상인

02

●54회 26번

다음 자료의 상황이 나타난 시기에 볼 수 있는 모습으로 적절하지 않은 것은?

[2점]

> 비변사에서 임금에게 아뢰었다. "삼남에서 특산물로 종이를 바치는 공인이 청원하기를 '승려들의 숫자가 줄어 종이의 양이 부족한 데도 각 지방의 군영과 관아에서 먼저 가져갑니다. 이로 인해 중앙에 공물로 납부할 종이가 부족해 공인이 처벌되는 일이 이어지고 있습니다. …… 송상들이 각 사찰에 출입하며 종이를 몰래 사들여 책문에 가서 시장을 만드는 행위를 엄금해 은밀히 국경을 넘는 폐단을 없애 주십시오.'라고 하였습니다."

① 시사(詩社)를 조직하여 활동하는 중인
② 솔빈부의 특산품인 말을 수입하는 상인
③ 여러 장시를 돌며 물품을 판매하는 보부상
④ 저잣거리에서 한글 소실을 읽어 주는 전기수
⑤ 채소, 담배 등의 상품 작물을 재배하는 농민

문제 및 키워드 분석

집집마다 인삼을 심어서, 담배를 파종 등의 표현을 통해서 조선 후기의 경제적 상황임을 알 수 있다. 조선 후기에는 담배·인삼·목화 등을 대규모로 재배해서 파는 상품 작물이 많이 생산되었다.

정답 분석

③ 주전도감은 고려 숙종 때 의천의 건의로 설치된 화폐 주조 기구이다.

선지 분석

① 전기수는 조선 후기 때 등장하였다.
② 조선 후기 때 중인들이 시사(詩社)를 조직하여 문학 활동을 전개하였다.
④ 『정감록』은 정씨가 왕이 된다는 것을 예언한 책인데, 조선 후기 때 민간을 중심으로 보급되었다.
⑤ 경강상인은 조선 후기 때 한강을 중심으로 쌀 배급을 통제하면서 부를 축적하였다.

문제 및 키워드 분석

송상, 책문이라는 키워드를 통해서 조선 후기의 사실임을 알 수 있다. 송상은 조선 후기 때 전국을 무대로 활동했던 상인들이고, 책문은 조선 후기 때 청나라와 조선의 무역을 주도했던 만주의 도시이다.

정답 분석

② 발해의 경제에 대한 설명이다.

선지 분석

① 조선 후기 때 중인들이 시사(詩社)를 조직하여 문학 활동을 전개하였다.
③ 조선 후기 때 보부상들이 전국적으로 시장을 돌면서 활동하였다.
④ 전기수는 조선 후기 때 등장하였다.
⑤ 조선 후기 때 시장에 내다팔 것을 목적으로 하는 상품 작물이 많이 재배되었다.

03

(가), (나)에 대한 설명으로 가장 적절한 것은? [2점]

① (가) – 혜상공국을 통해 정부의 보호를 받았다.
② (가) – 전국 각지에 송방이라는 지점을 설치하였다.
③ (나) – 책문 후시를 통해 청과의 무역을 주도하였다.
④ (나) – 금난전권을 행사해 사상의 활동을 억압하였다.
⑤ (가), (나) – 근대적 상회사인 대동 상회를 설립하였다.

04

(가) 서적이 편찬된 시기의 경제 상황으로 옳지 않은 것은? [2점]

① 개시 무역과 후시 무역이 이루어졌다.
② 담배, 면화와 같은 상품 작물이 재배되었다.
③ 시장을 관리하기 위한 동시전이 설치되었다.
④ 송상, 만상이 대청 무역으로 부를 축적하였다.
⑤ 모내기법의 확대로 벼와 보리의 이모작이 확산되었다.

문제 및 키워드 분석
개성 상인이라는 키워드를 통해서 (가)는 송상임을, **세곡 운송을 주도**했다는 키워드를 통해서 (나)는 경강상인임을 알 수 있다.

정답 분석
② 개성을 상대로 활동한 송상인 자신들의 영향력을 전국적으로 키우기 위해서 송방이라는 지점을 곳곳에 설치하여 전국을 하나의 유통망으로 연결하였다.

선지 분석
① 혜상공국은 근대 시기에 설치된 보부상을 보호하는 기구였다.
③ 책문 후시에서 주로 활동한 상인은 의주에서 활약했던 만상이었다.
④ 금난전권은 종로의 시전 상인들이 가지고 있던 권한이었다.
⑤ 둘 다 조선 후기에 활동했기 때문에 근대 시기에 설립된 대동 상회와는 관련없다.

문제 및 키워드 분석
유수원이라는 키워드를 통해서 이 시기가 조선 후기임을 알 수 있다. 유수원은 조선 후기에 활동한 실학자로서, (가)는 유수원이 편찬한 『우서』이다.

정답 분석
③ 동시전은 신라 지증왕 때 시장을 감독하기 위해 설치한 관청이다.

선지 분석
① 개시 무역과 후시 무역은 조선 후기에 전개된 무역의 형태이다.
② 조선 후기에는 쌀 이외에도 담배·인삼·면화·채소 등이 상품 작물로 재배되었다.
④ 조선 후기에는 송상·만상·내상 등 여러 거상들이 등장하였다.
⑤ 조선 후기에 이앙법이 전국적으로 확대되었다.

신분 제도와 향촌 질서의 변화

1 신분 제도의 변화

(1) **양반층의 변화**: 일당 전제화가 진행되면서 권력을 잡은 일부 양반(권반)과 다수의 향반✦·몰락 양반(잔반)으로 나누어 짐

(2) **중간 계층의 변화**
- ① 서얼
  - ㉠ 과정: 납속책✦ 활용, 영·정조 때 집단 상소 ➡ **청요직 진출 허용 요청(통청 운동)**
  - ㉡ 결과: 정조 때 **규장각 검서관 등용**(이덕무·유득공·박제가) ➡ 철종 때 신해허통으로 청요직 허용
- ② 중인
  - ㉠ 과정과 결과: 서얼의 허통에 자극받아 소청 운동 전개 ➡ 실패
  - ㉡ 활동: **시사(詩社)를 조직하여 문학 활동 전개**, 역관으로 부(富)를 축적

(3) **상민과 천민의 변화**
- ① 상민
  - ㉠ 배경: 부농층이 납속책·**공명첩✦**·족보 매입 등으로 신분 상승 추구
  - ㉡ 결과: 양반 수의 증가와 상민 수의 감소 ➡ 신분제의 동요
- ② 천민
  - ㉠ 배경: 군공·납속에 의한 신분 상승, 도망 노비, 상민의 감소에 따른 국가 재정 감소
  - ㉡ 결과: 노비종모법 정착(영조), 공노비 6만 6천명 해방(순조)

2 향촌 질서의 변화

(1) **배경**: 경제력 약화로 양반의 권위 약화, 부농층의 신분 상승

(2) **내용**
- ① 향전: 구향(기존 양반)과 신향(부농층)✦ 간의 향촌 사회 주도권을 두고 대립
- ② 향회의 변화: 수령과 향리의 권한 강화 ➡ 향회는 수령의 부세 자문 기구로 전락

3 가족 질서의 변화

(1) **가족 제도의 변화** 부계 중심
- ① 장자 우대의 원칙: **큰아들이 제사 전담**, 재산 상속 시 큰아들 우대
- ② 양자 입양: 아들 없는 집에서 **양자 들이는 것이 일반화**
- ③ 족보 편찬: 부계 중심으로 편찬

(2) **혼인 제도의 변화**
- ① 친영 제도 정착: 신부가 혼인 후 바로 신랑 집에서 거주
- ② 처와 첩의 구별: 일부일처제가 기본이나 첩을 들일 수 있음, 첩의 자식을 차별(서얼)

✦ 향반
조선 후기에 경제력을 상실하고 향촌 사회에서 겨우 위세만 유지하던 양반을 가리키던 표현이다.

✦ 납속책
돈이나 곡식을 바치면 신분을 해방시켜 주거나 국역을 면제시켜주던 정책을 의미한다.

💡 중인의 편찬 사업
- 『규사』: 서얼의 역사를 서술하고 차별 대우 철폐를 주장하였다.
- 『연조귀감』: 향리의 역사를 저술한 책이다.
- 『이향견문록』: 여러 중인들의 행적을 기록한 책이다.
- 『호산외기』: 위항인의 전기를 모은 책이다.

✦ 공명첩

관직의 이름이 비어있는 임명장이다. 일정 액수나 곡식을 납부하면 빈자리에 이름을 써서 명예관직을 제수하였다.

✦ 구향과 신향
기존의 향촌 사회를 주도하던 세력을 구향이라 불렀으며, 매매 등을 통해 향임직을 획득하여 새로이 향촌사회에 등장한 세력을 신향이라 불렀다.

💡 동약
동 단위로 실시했던 일종의 자치 조직이다.

테마 39 문항별 빅데이터 분석

주요 신분의 특징을 물어보는 문제들이 주류를 이룬다. 서얼과 중인의 특징을 중심으로 구분을 하는 것이 중요하다. 빈출되는 주제는 아니다.

01
●47회 25번

다음 상황이 나타난 시기에 볼 수 있는 모습으로 적절한 것을 〈보기〉에서 고른 것은? [3점]

경상도 영덕의 오래되고 유력한 가문은 모두 남인이고, 이른바 신향(新鄉)은 서인이라고 자칭하는 자들입니다. 요즘 서인이 향교를 장악하면서 구향(舊鄉)과 마찰을 빚고 있던 중, 주자의 초상화가 비에 젖자 신향은 자신들이 비난을 받을까봐 책임을 전가시킬 계획을 꾸몄습니다. 그래서 주자의 초상화와 함께 송시열의 초상화도 숨기고 남인이 훔쳐 갔다는 말을 퍼뜨렸습니다.

〈보 기〉
ㄱ. 염포의 왜관에서 교역하는 상인
ㄴ. 시사(詩社)에서 문예 활동을 하는 역관
ㄷ. 시전의 상행위를 감독하는 경시서의 관리
ㄹ. 장시에서 상평통보로 물건값을 치르는 농민

① ㄱ, ㄴ
② ㄱ, ㄷ
③ ㄴ, ㄷ
④ ㄴ, ㄹ
⑤ ㄷ, ㄹ

02
●45회 22번

(가) 신분에 대한 설명으로 옳은 것은? [1점]

① 소속 관청에 신공(身貢)을 바쳤다.
② 매매, 상속, 증여의 대상이 되었다.
③ 원칙적으로 과거에 응시할 수 없었다.
④ 장례원(掌隷院)을 통해 국가의 관리를 받았다.
⑤ 조선 후기 시사(詩社)를 조직해 위항 문학 활동을 하였다.

문제 및 키워드 분석
구향, 신향 등의 키워드를 통해서 조선 후기의 향전에 대한 내용임을 짐작할 수 있다.

정답 분석
ㄴ. 조선 후기의 사회 모습에 대한 설명이다.
ㄹ. 조선 후기에는 상평통보가 널리 유통되어 상평통보로 물건을 사고 팔수 있었다.

선지 분석
ㄱ. 염포는 조선 전기인 세종 때 개항되어 이곳에서 일본인들이 교역할 수 있었다. 그러나 중종 때 임신약조의 체결에 따라 염포는 폐쇄되었다.
ㄷ. 조선 전기의 사회 모습이다. 경시서는 조선 선조 때 폐지되었다.

문제 및 키워드 분석
역관, 의관, 천문관, 율관 등의 키워드를 통해서 (가) 신분이 중인임을 알 수 있다.

정답 분석
⑤ 조선 후기 때 중인 계층은 스스로 시사(詩社)라고 불리는 문학을 공부하는 모임을 조직하였다.

선지 분석
① 신공을 바친 것은 공노비이다.
② 노비에 대한 설명이다.
③ 중인은 과거에 응시할 수 있었다.
④ 조선 시대 노비에 대한 설명이다. 장례원은 노비를 관장하던 관청이다.

조선 후기의 사회 변혁

💡 여러 천주교 박해들
- **기해박해(1839):** 프랑스 신부를 처형한 사건으로, 이후 『척사윤음』을 발표하였다.
- **병오박해(1846):** 천주교 신부 김대건을 처형한 사건이다.
- **병인박해(1866):** 남종삼을 비롯한 신라 8천여 명 가량이 박해를 받은 사건이다.

✦ 황사영 백서 사건
신유박해가 일어나자 천주교 신자였던 황사영이 이 사건의 진압을 위해 군사를 요청하는 편지를 중국에 있는 천주교 신부에게 보내려다가 도중에 발각된 사건이다.

✦ 최제우

어렸을 때의 이름은 최복술이다.

1 새로운 사상의 대두

✮✮(1) 천주교

수용		17세기 청을 다녀온 사신에 의해 서학으로 수용
발전		이승훈이 조선인 최초로 세례 받음, 평등 의식 및 제사 거부
신해박해 (1791)	발단	**윤지충**이 모친상 때 천주교 의식에 따라 장례(진산 사건)
	결과	윤지충, 권상연 등을 사형에 처함
신유박해 (1801)	발단	정조 사후 노론 벽파의 시파 공격
	결과	**정약전·정약용·이승훈** 등이 유배, 황사영 백서 사건✦으로 이어지며 대대적 탄압

✮(2) 동학

성립		경주의 몰락 양반 출신 최제우✦가 창도(1860)
내용	교리	유교·불교·도교(선)의 장점 + 민간 신앙 + 천주교 교리 일부를 결합
	경전	『동경대전』과 『용담유사』를 경전으로 활용
	사상	**인내천(사람이 곧 하늘)**, 시천주(마음속에 한울님을 모심), 후천개벽(곧 새로운 세상이 도래)
탄압		최제우를 혹세무민의 죄로 처형(1864)
확산		2대 교주 최시형을 중심으로 교리 정리(『동경대전』, 『용담유사』), 교단 정비, 포접제 실시하여 교세 확산

(3) 예언 사상: 왕조 교체를 예언하는 정감록이 유행(정씨가 왕이 될 것이라는 책)

2 농민의 항거

△ 조선 후기 농민 항거

✮✮(1) 홍경래의 난(1811, 순조)
① 원인: 서북민(평안도 지역)에 대한 차별✦, 세도 정치기의 수탈에 대한 반발
② 과정: 몰락 양반 홍경래의 지휘하에 봉기, 지도부에 **우군칙·이희저 가세** ➡ 서북주민들의 지지 ➡ 가산, 선천, 정주성 일대 등을 점령했으나 결국 관군에 의해 진압

> **홍경래의 격문**
> 평서대원수는 급히 격문을 띄우노니 우리 관서(關西)의 부로 자제와 공사천민 모두 이 격문을 들으라. …… 심지어 권세 있는 집의 노비들도 관서 사람[西人]을 보면 반드시 평안도놈[平漢] 이라 일컫는다. 관서 사람으로서 어찌 원통하고 억울하지 않겠는가. …… 이제 격문을 띄워 먼저 여러 고을의 수령에게 알리노니, 절대로 동요치 말고 성문을 활짝 열어 우리 군대를 맞이하라.
> – 『패림』

✦ 서북민에 대한 차별
조선 시대 때 서북지역은 옛 고려의 중심지이기도 했고, 조선 전기부터 일찌감치 상업이 발달했던 곳이다. 유교 사상에서 상업은 말업(末業)으로 여겨져 천대받았기 때문에 이러한 이유로 서북지역 역시 차별을 받게 되었다. 관직 임용 시 다른 지역과는 달리 한직(限職)에 발령받은 것이 대표적인 예이다.

✦ 안핵사
지방에 소란이 생기면 수습을 위해 중앙에서 파견하던 관직이다.

✮✮(2) 임술 농민 봉기(1862, 철종)
① 원인: **삼정의 문란과 지배층의 수탈, 경상 우병사 백낙신의 탐욕**
② 과정: **몰락 양반 유계춘이 진주에서 봉기 ➡ 전국으로 확산**
③ 대응: 사건 수습을 위해 안핵사✦ 박규수를 파견, 삼정이정청을 설치

> **안핵사 박규수의 임술 농민 봉기 진단**
> 금번 진주의 난민들이 소란을 일으킨 것은 오로지 전 **경상 우병사 백낙신이 탐욕스러워** 백성을 침학했기 때문입니다. 경상 우병영의 환곡 결손[還逋] 및 도결(都結)에 대해 시기를 틈타 한꺼번에 6만 낭의 돈을 가호(家戸)에 배정하여 억지로 부과하려고 하니, 민심이 크게 들끓었던 것입니다.
> – 『철종실록』

해당 테마는 천주교와 동학 두 종교의 특징을 물어보는 유형과 홍경래의 난과 임술 농민 봉기를 구분하는 유형이 번갈아 가면서 출제되고 있다. 두 주제를 섞어서 시간 순서대로 나열해서 출제되기도 한다. 주요 개념을 위주로 정리하면 충분히 득점할 수 있는 주제이다. 최근 들어 출제 빈도가 매우 많이 증가하였다.

01
●55회 28번

(가) 시기에 있었던 사실로 옳은 것은? [3점]

① 왕이 도성을 떠나 공산성으로 피란하였다.
② 오페르트가 남연군 묘 도굴을 시도하였다.
③ 홍경래 등이 난을 일으켜 정주성을 점령하였다.
④ 교조 신원을 요구하는 삼례 집회가 개최되었다.
⑤ 이인좌를 중심으로 한 소론 세력이 난을 일으켰다.

02
●61회 27번

다음 자료에 나타난 사건에 대한 설명으로 옳은 것은? [2점]

> 진주 안핵사 박규수에게 하교하기를, "얼마 전에 있었던 진주의 일은 전에 없던 변괴였다. 관원은 백성을 달래지 못하였고, 백성은 패악한 습관을 버리지 못하였다. 누가 그 허물을 책임져야 하겠는가. 신중을 기하여 혹시 한 사람이라도 억울하게 처벌 받는 일이 없게 하라. 그리고 포리(逋吏)*를 법에 따라 처벌할 경우 죄인을 심리하여 처단할 방법을 상세히 구별하라."라고 하였다.
>
> *포리(逋吏): 관아의 물건을 사사로이 써버린 아전

① 홍경래, 우군칙 등이 주도하였다.
② 남접과 북접이 연합하여 전개되었다.
③ 삼정이정청이 설치되는 계기가 되었다.
④ 우정총국 개국 축하연을 이용하여 일어났다.
⑤ 윤원형 일파가 정국을 주도한 시기에 발생하였다.

문제 및 키워드 분석
(가) 이전의 삽화는 **이가환·이승훈·정약용 처벌**이라는 키워드를 통해서 1801년 순조 때 단행되었던 신유박해임을, (가) 이후의 삽화는 **동학·최제우를 효수** 등의 키워드를 통해서 최제우가 처형되었던 1864의 사실임을 알 수 있다. 굳이 최제우가 처형된 연도까지 알 필요는 없으며 1860년에 동학이 창시된 것만 알고 있어도 최소 그 이후임을 유추할 수 있다. 다만 인물만 보고 신유박해를 추론해야 했기 때문에 꽤 까다로운 문제였다.

정답 분석
③ 1811년 순조 때 평안도에서 홍경래가 난을 일으켰다.

선지 분석
① 인조 때 일어난 이괄의 난에 대한 설명이다. 이괄이 난을 일으키자 인조는 공산성으로 잠시 피신하였다.
② 1868년에 오페르트 도굴 사건이 일어났다.
④ 동학 농민 운동 직전인 1892년에 일어난 사건이다.
⑤ 이인좌의 난은 영조 때 일어났다.

문제 및 키워드 분석
진주 안핵사 박규수라는 키워드를 통해서 1862년 일어났던 임술 농민 봉기에 대한 설명임을 알 수 있다. 임술 농민 봉기가 일어나자 정부는 안핵사(지방에서 변란이 일어나면 수습하기 위해 파견했던 관직)로 박규수를 파견하여 봉기를 수습하고자 하였다.

정답 분석
③ 정부는 임술 농민 봉기의 근본적인 원인이었던 삼정의 문란을 수습하기 위해 삼정이정청을 설치하였다.

선지 분석
① 홍경래의 난에 대한 설명이다.
② 동학 농민 운동에 대한 설명이다.
④ 갑신정변에 대한 설명이다.
⑤ 을사사화에 대한 설명이다.

성리학의 변질과 실학의 대두

1 성리학의 변질

성리학의 절대화	• **송시열**을 중심으로 서인(노론)은 주자 중심의 성리학을 절대화하며 다른 사상이나 학문을 배척 • 윤휴·박세당✦ 등이 주도하여 유교 경전을 독자적으로 해석 ➡ 사문난적✦으로 몰림
호락 논쟁	• 18세기 이후 노론 내부에서 일어난 학문적 논쟁(인물성이론 vs 인물성동론) • 인성과 물성이 다르다는 호론(충청) vs 인성과 물성이 같다는 낙론(서울)
양명학	• 사상: 심즉리, **지행합일**, **치양지** 사상 ➡ 실천 중시, 성리학의 절대화를 비판 • 학파: 18세기 초 정제두가 양명학을 연구하여 강화학파 형성

2 실학의 대두

(1) 배경: 성리학이 사회·경제적 해결책을 제시하지 못함 ➡ 실용적 학문의 필요성

(2) 중농학파 실학자

유형원	주장	균전론 ➡ 신분에 따라 토지를 차등 있게 재분배할 것을 주장
	저서	『반계수록』
✭이익	주장	• 한전론: 매 호마다 **영업전** 지급 ➡ 매매를 금지해서 최소한의 땅 보존하여 **자영농**을 육성 • 6좀론: 나라를 좀먹는 6가지 폐단 지적(노비제·양반 문벌·승려·게으름 등) • 폐전론: 화폐의 사용에 대해 부정적
	저서	『성호사설』, 『곽우록』
✭정약용✦	주장	• 여전론: 마을 단위의 **토지 공동 소유·공동 경작** 주장 ➡ 정전제(丁田制) • 과학 기술: 『기기도설』을 참고하여 거중기와 배다리 등 설계 　　　　　　　　　　　　　　↳ 수원 화성 축조에 사용
	저서	• 『목민심서』(지방 행정 개혁), **『경세유표』**(국가 제도 개혁), 『흠흠신서』(형옥), 『마과회통』 　(천연두 예방), 『아방강역고』(역사 지리서) • 후대에 정약용의 저서를 모아 『여유당전서』 편찬 　　　　　　　　　　　　　　　　　　↳ 정약용의 호

이익의 6좀론

재물이 모자라는 것은 농사를 힘쓰지 않는 데에서 생긴다. 농사에 힘쓰지 않는 것은 여섯 가지 좀 때문이다. …… 첫째가 노비(奴婢)요, 둘째가 과업(科業)이요, 셋째가 벌열(閥閱)이요, 넷째가 기교(技巧)요, 다섯째가 승니(僧尼)요, 여섯째가 게으름뱅이[遊惰]이다.　　　　　　　　　　　　　　　　　－ 『성호사설』

정약용의 여전론

무엇을 여전(閭田)이라 하는가? … 여(閭)에는 여장을 두고 무릇 한 여의 전지는 그 여의 사람들로 하여금 다 함께 경작하게 한다. … 추수 때 그 양곡을 나누는데, 먼저 국가에 세를 내고 그 다음은 여장의 봉급을 주고 그 나머지를 가지고 장부에 의해 일한 만큼 여민들에게 분배한다.　　　　　　　　　　　　　－ 『전론』

✦ **박세당**

소론의 대표적인 학자로, 『사변록』·『색경』 등을 저술하였다. 노론에 의해 사문난적으로 몰렸다.

✦ **사문난적**

사문(斯文)이란 유학을 가리키는 말로, 유학을 어지럽히는 자라는 뜻이다. 반역죄에 준하는 취급을 받았다.

💡 **『가례집람』**

여러 학자의 예설을 모아서 김장생이 편찬한 예학 서적이다.

✦ **정약용**

남인 계열의 학자로, 천주교 신자였다. 이 때문에 신유박해에 연루되어 전남 강진으로 유배를 떠나게 되었는데, 이 18년의 유배 기간 동안 우리가 알고 있는 대부분의 저서를 저술하였다.

(3) 중상학파 실학자

유수원	주장	사·농·공·상의 직업적 평등화와 전문화 주장
	저서	『우서』
✿홍대용	주장	**중국 중심 세계관 비판**: 지전설, 무한우주론✦ 등
	저서	『임하경륜』, 『의산문답』
✿박지원	주장	• 양반 비판: 『양반전』, 『호질』 등을 저술하여 **양반 문벌의 위선과 무능 비판** • 상공업 진흥: 수레와 선박 이용, 청 문물 수용, **화폐 유통의 필요성 강조**
	저서	『열하일기』(청에 다녀온 후 쓴 기행문), 『허생전』
✿박제가	주장	청의 문물 수용, 수레와 배 이용, 생산과 소비를 우물물에 비유하여 소비 강조
	저서	『북학의』
	활동	서얼 출신으로 정조 때 규장각 검서관으로 등용

✦ **무한우주론**
우주는 무한히 커서 그 끝은 알 수 없다는 이론이다.

홍대용의 지전설

대저 땅덩이는 하루 동안 한 바퀴를 도는데, 땅 둘레는 9만 리이고 하루는 12시(時)이다. 9만 리 넓은 둘레를 12시간에 도니 천둥, 번개나 포탄보다 더 빠른 셈이다. …… 서양 어떤 지역은 지혜와 기술이 정밀하고 소상하여 측량에 있어서 해박하고 자세하니, **지구가 둥글다는 설**은 다시 의심할 여지도 없다.　　　　　　– 『의산문답』

박제가의 우물물 비유

중국이 사치로 망한다고 할 것 같으면 우리나라는 반드시 검소함 탓에 쇠퇴할 것이다. …… 비유하건대, **재물은 대체로 우물과 같다. 퍼내면 차고, 버려두면 말라 버린다.** 그러므로 비단옷을 입지 않아서 나라에 비단 짜는 사람이 없게 되면 여자들의 길쌈이 쇠퇴하고, 쭈그러진 그릇을 싫어하지 않고 기교를 숭상하지 않아서 공장(工匠)이 숙련되지 못하면 기예가 망하게 된다.　　　　　　– 『북학의』

3 국학 연구

(1) 역사학 연구

『동사강목』	• 안정복이 저술, 편년체로 고조선부터 고려 말까지의 역사 정리 • 우리 역사의 독자적 삼한 정통론 체계화(단군–기자–마한–삼국 무통–신라)
『해동역사』	한치윤이 저술, 500여 종 외국 자료 참고, 민족사 인식의 폭을 넓히는데 이바지
『연려실기술』	이긍익이 저술, 400여 종의 야사 참고, 기사본말체, 조선의 정치·문화 정리
『발해고』	유득공이 저술, 발해의 역사 정리, 최초로 '남북국'이라는 용어 사용

(2) 지도·지리서

지리서	『동국지리지』	한백겸이 저술, 고구려 발상지가 만주라는 것을 처음으로 고증
	『아방강역고』	정약용이 저술, 백제의 도읍 고증
	『택리지』	이중환이 저술, 각 지역의 자연환경·풍속·인심 등을 서술
지도	동국지도	정상기가 제작한 지도, **최초로 100리 척 사용**
	대동여지도	**김정호**가 제작한 지도, 10리마다 눈금 표시(목판으로 인쇄)

(3) 기타 서적 편찬

① 국어 연구: 신경준의 『훈민정음운해』, 이의봉 『고금석림』, 유희의 『언문지』
② 백과사전: 이수광의 『지봉유설』, 영조 때 편찬된 『동국문헌비고』

💡 추사 김정희
조선 후기의 문인이다. 화가로서는 「세한도」를 비롯한 여러 작품을 남겼으며, 금석학자로서는 『**금석과안록**』을 저술하여 북한산비가 신라 진흥왕의 순수비임을 고증하였다. 추사체라는 서체를 남기기도 하는 등 다방면에서 뛰어난 업적을 보였다.

테마 41 문항별 빅데이터 분석 🏛️

해당 테마는 실학자들의 특징을 묻는 것이 전통적으로 많이 출제되었다. 실학자들이 편찬한 서적을 힌트로 주는 경우가 많기 때문에 편찬 서적은 필수로 암기해두어야 한다. 종종 국학과 관련된 인물이나 서적을 묻는 문제들도 나오고 있다.

01
●56회 26번

(가)~(마)에 들어갈 내용으로 옳은 것은? [3점]

〈온라인 한국사 교양 강좌〉

인물로 보는 조선 후기 사회 개혁론

우리 학회에서는 조선 후기 학자들의 다양한 개혁론을 이해하는 교양 강좌를 마련하였습니다. 많은 분들의 관심과 참여 바랍니다.

■ 강좌 내용 ■

제1강 이익.	(가)
제2강 홍대용.	(나)
제3강 박지원.	(다)
제4강 박제가.	(라)
제5강 정약용.	(마)

• 기간: 2021년 ○○월 ○○일~○○월 ○○일
　　　매주 화요일 16:00
• 방식: 화상 회의 플랫폼 활용
• 주최: ◇◇ 학회

① (가) – 의산문답에서 중국 중심의 세계관을 비판하다
② (나) – 목민심서에서 지방 행정의 개혁안을 제시하다
③ (다) – 열하일기에서 수레와 선박의 필요성을 강조하다
④ (라) – 성호사설에서 사회 폐단을 여섯 가지 좀으로 규정하다
⑤ (마) – 북학의에서 절약보다 적절한 소비를 권장하다

02
●59회 27번

(가) 인물에 대한 설명으로 옳은 것은? [2점]

> [(가)]은/는 널리 배워 시를 잘 짓고 전고(典故)에도 밝았다. …… 발해고를 지어서 인물과 군현, 왕실 계보의 연혁 등을 상세하게 잘 엮어서 두루 모아놓으니 기뻐할 만하다. 그런데 그의 말에 왕씨가 고구려의 옛 강역을 회복하지 못하였음을 탄식한 부분이 있다. 왕씨가 옛 강역을 회복하지 못하니 계림과 낙랑의 옛터가 마침내 어두워져 스스로 천하와 단절되었다는 것이다.

① 규장각의 검서관으로 활동하였다.
② 양명학을 연구해 강화학파를 형성하였다.
③ 의산문답에서 중국 중심의 세계관을 비판하였다.
④ 북한산비가 진흥왕 순수비임을 처음으로 밝혀냈다.
⑤ 체질에 따라 치료를 달리하는 사상 의학을 확립하였다.

문제 및 키워드 분석

실학자들이 편찬한 서적과 주장을 종합적으로 물어본 문제이다. 난이도가 제법 있는 것처럼 보이지만 편찬 서적만 잘 연결하고 있어도 충분히 풀 수 있는 문제이다.

정답 분석

③ 박지원의 대표적인 저서가 바로 『열하일기』이다. 중국의 도시인 열하를 방문하고 쓴 여행기인데, 박지원은 이 책에서 유통을 원활하게 하기 위해서 수레와 선박을 적극적으로 활용할 것을 강조하였다.

선지 분석

① 홍대용에 대한 설명이다.
② 정약용에 대한 설명이다.
④ 이익에 대한 설명이다.
⑤ 박제가에 대한 설명이다.

문제 및 키워드 분석

발해고라는 키워드를 통해서 (가)가 조선 후기에 활동하면서 『발해고』를 저술한 유득공임을 알 수 있다. 유득공은 『발해고』에서 통일 신라 시대를 북쪽의 발해까지 고려하여 남북국 시대로 불러야 한다고 최초로 제안하였다.

정답 분석

① 유득공은 정조에 의해 발탁되어 이덕무·박제가 등과 함께 규장각의 검서관으로 활동하였다.

선지 분석

② 정제두에 대한 설명이다.
③ 홍대용에 대한 설명이다.
④ 김정희에 대한 설명이다.
⑤ 이제마에 대한 설명이다. 이제마는 『동의수세보원』이라는 책을 저술하였는데, 사람이 태음인·태양인 등으로 체질이 나뉘어져 있다면서 그러한 체질에 따라 치료를 달리해야 한다고 주장하였다.

03

● 43회 28번

다음 글을 쓴 인물에 대한 설명으로 옳은 것은? [1점]

중국의 재산이 풍족할뿐더러 한 곳에 지체되지 않고 골고루 유통함은 모두 수레를 쓴 이익일 것이다. …… 평안도 사람들은 감과 귤을 분간하지 못하며, 바닷가 사람들은 멸치를 거름으로 밭에 내건만 서울에서는 한 웅큼에 한 푼씩 하니 이렇게 귀함은 무슨 까닭인가. …… 사방이 겨우 몇천 리 밖에 안 되는 나라에 백성의 살림살이가 이다지 가난함은 한마디로 표현한다면 수레가 국내에 다니지 못한 까닭이라 하겠다.

– 「열하일기」

① 양반전에서 양반의 위선과 무능을 풍자하였다.
② 북학의에서 절약보다 적절한 소비를 강조하였다.
③ 곽우록에서 토지 매매를 제한하는 한전론을 제시하였다.
④ 우서에서 사농공상의 직업적 평등과 전문화를 주장하였다.
⑤ 색경에서 담배, 수박 등의 상품 작물 재배법을 소개하였다.

04

● 47회 26번

(가) 인물에 대한 설명으로 옳은 것은? [2점]

이 달의 책

성호사설

이 책은 [(가)]이/가 평소 학문을 연구하여 기록한 글과 제자들의 질문에 답한 것을 정리한 백과전서류의 저서이다. 천지문·만물문·인사문·경사문·시문문 등 5개 부문으로 구성되어 있는데, 특히 인사문에는 노비제, 과거제, 벌열(閥閱) 등을 나라를 해치는 6가지 좀벌레로 규정하여 비판하는 내용이 담겨 있다.

① 북경에 다녀온 후 연행록을 남겼다.
② 양명학을 연구하여 강화학파를 형성하였다.
③ 북한산비가 진흥왕 순수비임을 고증하였다.
④ 토지 매매를 제한하는 한전론을 제시하였다.
⑤ 북학의를 저술하여 절약보다 소비를 권장하였다.

문제 및 키워드 분석
열하일기라는 키워드를 통해서 『열하일기』를 저술한 박지원임을 알 수 있다.

정답 분석
① 박지원은 『양반전』을 저술하여 양반들의 무능함을 풍자하였다.

선지 분석
② 박제가에 대한 설명이다.
③ 이익에 대한 설명이다.
④ 유수원에 대한 설명이다.
⑤ 박세당에 대한 설명이다.

문제 및 키워드 분석
성호사설, 나라를 해치는 6가지 좀벌레 등의 키워드를 통해서 (가)가 이익임을 알 수 있다.

정답 분석
④ 이익은 개인이 소유할 수 있는 토지의 최대 한도를 제한하자는 한전론을 주장하였다.

선지 분석
① 박지원이 저술한 『열하일기』에 대한 설명이다.
② 정제두에 대한 설명이다.
③ 김정희에 대한 설명이다.
⑤ 박제가에 대한 설명이다.

PART 5

과학 기술의 발달과 문화의 새 경향

✦ 곤여만국전도
서양 선교사였던 마테오 리치가 그린 세계 지도이다.

1 과학 기술의 발달

(1) 서양 문물 수용: 화포·천리경·천주교·세계 지도(곤여만국전도✦) 등이 전래(실학자들 관심↑)

(2) 분야별 발달

천문학		김석문·홍대용 등, 중국 중심의 사상 벗어나 근대적 우주관에 접근
역법		효종 때 김육의 건의로 청의 시헌력(아담 샬) 채용
의학	『동의보감』	• 광해군 때 허준이 편찬, 우리나라 전통 한의학을 정리(예방 의학 중심) • 유네스코 지정 세계 기록 문화유산
	『마과회통』	정약용이 저술, 홍역과 천연두에 대한 지식과 치료법 기재
	『동의수세보원』	• 19세기 이제마가 편찬 • 태양·태음인 등 **사람의 체질 연구한 사상 의학을 정립**
농업	『농가집성』	효종 때 신속이 편찬, 이앙법 보급에 공헌
	『임원경제지』	서유구, 농촌 생활 백과 사전, 농업 기술 정리
어류학	『자산어보』	정약전이 저술, 흑산도의 각종 어종과 해양 생태 연구

2 문화의 새 경향

(1) 서민 문화의 발달

한글 소설	허균의 「홍길동전」, 「춘향전」 등 ➡ **소설을 읽어주는 전기수가 등장**하기도 함
사설 시조	격식에 구애 받지 않고 서민의 감정 표현, 현실 비판 등
판소리	양반과 서민층까지 폭넓은 호응, 「춘향가」·「심청가」 등
산대놀이✦	일종의 탈놀이 ➡ 양반의 위선 비판 등 민중 오락으로 정착

✦ 산대놀이
탈을 쓰고 하는 우리나라의 전통 민속 공연이다.

(2) 회화와 서예

① 주요 회화: **진경산수화**(정선), **풍속화**(신윤복·김홍도·김득신) 등이 많이 그려짐

정선	우리의 자연을 사실적으로 묘사		김홍도	일상 생활을 익살스럽고 역동적으로 묘사	
「인왕제색도」		「금강전도」	「서당도」		「씨름도」
신윤복	애정 행각을 감각적·해학적 묘사		강세황(서양화풍)	민화(작자 미상)	
「단오풍정」		「미인도」	「영통골 입구도」		「호작도」

② 서양 화풍: 강세황 등이 서양화의 원근법 반영(「영통골 입구도」)

③ 민화: 작자 미상의 작품, 소박한 민간의 정서 반영

④ 서예: 이광사(단아한 동국진체), 김정희(굳센 기운과 다양한 조형성의 추사체)

(3) 건축과 공예

① 건축: 금산사 미륵전(김제), 법주사 팔상전(보은)✦, 수원 화성 등

② 공예: **회회청 안료를 사용한** 청화 백자✦가 유행

✦ 법주사 팔상전
현존하는 우리나라 유일의 조선 시대 목탑 건물이다. 5층 목탑의 형태를 띠고 있지만 내부는 단층으로 되어 있다.

✦ 청화 백자

다른 시대와 마찬가지로 문화재의 경우 그림을 숙지하고 특징을 정리해 두는 것이 중요하다. 조선의 경우 궁궐과 건축물 문제들이 자주 등장하는 편인데, 이렇게 출제되면 생소하고 난이도가 어려운 것이 특징이다. 과거부터 지금까지 꾸준히 빈출되고 있는 주제이다.

01
●61회 28번

(가) 인물의 작품으로 옳은 것은? [2점]

이 작품은 단원 [(가)]이/가 그린 추성부도(秋聲賦圖)로, 인생의 허망함과 쓸쓸함을 묘사한 글인 추성부를 그림으로 표현했습니다. 죽음을 앞둔 노년에 자신의 심정을 나타낸 것으로 보입니다. 도화서 화원 출신인 그는 풍속화, 산수화, 인물화 등 다양한 분야에서 뛰어난 작품을 남겼습니다.

①   ②

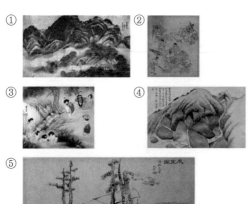

③   ④

⑤

문제 및 키워드 분석

단원이라는 키워드를 통해서 김홍도에 대한 설명임을 알 수 있다. 단원은 김홍도의 호(號)이다. 정조의 총애를 많이 받았으며 주로 풍속화를 많이 남겼다. 그러나 해당 문제에서 제시된 그림은 우리에게 익숙한 김홍도의 풍속화는 아니었기 때문에 단원이라는 키워드 하나만으로 맞춰야 했던 문제였다.

정답 분석

② 김홍도의 풍속화 중 하나인 「벼타작」이다.

선지 분석

① 정선의 「인왕제색도」이다.
③ 신윤복의 대표적인 작품인 「단오풍정」이다.
④ 강세황의 「영통골 입구도」이다.
⑤ 추사 김정희의 「세한도」이다.

02
●55회 27번

(가)에 해당하는 문화유산으로 옳은 것은? [1점]

나
어제, 오전 9시 30분

#국보 #충청북도 #보은군
#조선 시대 #불교 건축 #부처의 생애

(가)

👍 좋아요 6   💬 댓글 2   ➔ 공유

정유재란으로 소실되었다가 인조 때 중건되었다고 해.

현존하는 유일한 조선 시대 목탑이다.

① 법주사 팔상전   ② 화엄사 각황전   ③ 금산사 미륵전

④ 무량사 극락전   ⑤ 마곡사 대웅보전

문제 및 키워드 분석

현존하는 유일의 조선 시대 목탑이라는 표현을 통해서 법주사 팔상전 5층 목탑임을 알 수 있다. 법주사 팔상전의 5층 목탑은 조선 시대 목탑 중 유일하게 보존되어 전해지고 있다.

정답 분석

① 법주사 팔상전 5층 목탑의 모습이다. 겉으로는 층이 구분되어 있으나 내부는 하나의 연결된 통로로 구성되어 있는 것이 특징이다.

01

(가)에 들어갈 역사적 사실로 옳은 것을 모두 고르시오.

① 나선 정벌에 조총 부대가 동원되었다. [53회]
② 임경업이 백마산성에서 항전하였다. [54회]
③ 이괄이 난을 일으켜 한양을 점령하였다. [61회]
④ 삼수병으로 구성된 훈련도감을 설치하였다. [59회]
⑤ 정봉수와 이립이 용골산성에서 항쟁하였다. [53회]
⑥ 정여립 모반 사건으로 기축옥사가 일어났다. [57회]
⑦ 서인이 반정을 일으켜 정권을 장악하였다. [62회]
⑧ 곽재우가 의병장이 되어 의령 등에서 활약하였다. [60회]
⑨ 총융청과 수어청을 창설하여 노성을 방비하였다. [52회]
⑩ 이조전랑 임명을 둘러싸고 김효원과 심의겸이 대립하였다. [60회]

02

다음 사건이 있었던 시기에 재위했던 왕의 업적으로 옳은 것을 모두 고르시오.

① 대전통편이 편찬되었다. [55회]
② 업무 일지인 내각일력을 작성하였다. [61회]
③ 준천사를 신설하여 홍수에 대비하였다. [52회]
④ 훈련 교범인 무예도보통지가 간행되었다. [54회]
⑤ 대외 관계를 정리한 동문휘고를 편찬하였다. [52회]
⑥ 국왕의 친위부대인 장용영을 실치하였다. [53회]
⑦ 동국문헌비고를 편찬하여 역대 문물을 정리하였다. [54회]
⑧ 삼정의 문란을 해결하기 위해 삼정이정청을 두었다. [52회]
⑨ 이인좌를 중심으로 한 일부 소론 세력이 난을 일으켰다. [59회]
⑩ 육의전을 제외한 시전 상인의 금난전권이 폐지되었다. [61회]

정답 및 해설

정답 ②, ③, ⑤, ⑦, ⑨

강홍립의 죄라는 키워드를 통해서 (가) 이전은 광해군 시기, 삼전도라는 키워드를 통해서 (가) 이후는 병자호란 직후 항복하는 상황임을 알 수 있다. 따라서 이 사이에 들어올 수 있는 인조 시기의 역사적 사실을 고르면 된다.

선지분석
① 효종 때의 역사적 사실이다.
② 병자호란과 정묘호란 때 있었던 사실이다.
③ 인조 때 있었던 역사적 사실이다.
④ 임진왜란(선조) 때 있었던 역사적 사실이다.
⑤ 병자호란과 정묘호란 때 있었던 사실이다.
⑥ 선조 때 있었던 역사적 사실이다.
⑦ 인조 때 있었던 역사적 사실이다.
⑧ 임진왜란(선조) 때 있었던 역사적 사실이다.
⑨ 인조 때 있었던 역사적 사실이다.
⑩ 선조 때 있었던 역사적 사실이다.

정답 및 해설

정답 ①, ②, ④, ⑤, ⑥, ⑩

윤지충이라는 키워드를 통해서 1791년에 일어난 진산 사건과 관련된 신해박해에 대한 설명임을 알 수 있다. 따라서 정조의 업적을 고르면 된다.

선지분석
① 정조 때 『대전통편』을 편찬하여 법체계를 새롭게 하였다.
② 정조 때 규장각에서 일종의 업무 일지인 내각일력을 작성하였다.
③ 영조의 업적이다.
④ 정조의 업적이다.
⑤ 정조의 업적이다.
⑥ 정조의 업적이다.
⑦ 영조 때 일종의 백과사전류 저서인 『동국문헌비고』를 편찬하였다.
⑧ 철종 때 임술 농민 봉기를 진압하고 삼정의 문란을 해결하기 위해 삼정이정청을 신설하였다.
⑨ 영조 때 이인좌를 중심으로 하는 일부 소론 계열이 영조에게 불만을 품고 난을 일으켰다. 이를 이인좌의 난이라고 부른다.
⑩ 정조의 업적이다.

03

이 그림이 그려진 시기의 경제적 상황으로 옳은 것을 모두 고르시오.

이 그림은 김득신이 대장간의 모습을 묘사한 풍속화이다. 한 명이 화덕에서 달궈진 쇳덩어리를 방울집게로 집어 모루 위에 올려놓자 두 명이 쇠망치로 두드리는 모습, 도리에 매어 놓은 그네에 상체를 기대고 어깨너머로 구경하는 아이의 모습 등이 생동감 있게 표현되어 있다.

① 염포의 왜관에서 교역하는 상인 [53회]
② 송상이 전국 각지에 송방을 두었다. [61회]
③ 개시 무역과 후시 무역이 이루어졌다. [45회]
④ 만상이 대청 무역으로 부를 축적하였다. [62회]
⑤ 고추, 담배를 상품 작물로 재배하는 노인 [52회]
⑥ 여러 장시를 돌며 물품을 판매하는 보부상 [45회]
⑦ 당항성, 영암이 국제 무역항으로 번성하였다. [61회]
⑧ 경시서의 관리들이 수도의 시전을 감독하였다. [61회]
⑨ 한강을 무대로 상업에 종사하는 경강상인 [60회]
⑩ 민간의 광산 개발을 허용하는 설점수세제를 시행하였다. [54회]

04

(가)에 대한 설명으로 옳은 것을 모두 고르시오.

이 책은 [(가)]이/가 학문과 사물의 이치를 논한 글과 제자들의 질문에 응답한 내용을 모아 엮은 성호사설입니다. [(가)]은/는 노비제도의 개혁, 서얼 차별 폐지 등 다양한 개혁안을 제시하였습니다.

성호사설   이익

① 한전론을 주장하였다. [58회]
② 의산문답에서 무한 우주론을 주장하였다. [52회]
③ 양반전에서 양반의 허례와 무능을 지적하였다. [58회]
④ 목민심서에서 지방 행정의 개혁안을 제시하였다. [56회]
⑤ 사회 폐단을 여섯 가지 좀으로 규정하였다. [56회]
⑥ 기기도설을 참고하여 거중기를 설계하였다. [54회]
⑦ 북학의에서 절약보다 적절한 소비를 권장하였다. [58회]
⑧ 열하일기에서 수레와 선박의 필요성을 강조하였다. [56회]
⑨ 우서에서 사농공상의 직업적 평등을 주장하였다. [54회]
⑩ 농민 생활의 안정을 위하여 화폐 사용을 반대하였다. [62회]

✎ 정답 및 해설

정답 ②, ③, ④, ⑤, ⑥, ⑨, ⑩

김득신은 조선 후기에 활동한 화가이므로 조선 후기의 경제적 상황을 고르면 된다.

선지분석
① 염포는 세종 때 계해약조로 개항된 3개의 항구 중 하나이다(부산포·제포·염포).
② 조선 후기의 경제적 상황이다.
③ 조선 후기의 경제적 상황이다.
④ 만상은 조선 후기 때 의주를 중심으로 활동했던 상인들이다.
⑤ 고추, 담배 등은 모두 임진왜란 이후에 우리나라로 전래된 상품들이다.
⑥ 조선 후기 때 장시가 여러 군데에 많이 생긴 덕분에 보부상들이 여기를 돌아다니면서 상권을 형성하였다.
⑦ 신라의 경제 상황에 대한 설명이다.
⑧ 고려~조선 세조 때까지의 경제적 상황이다. 경시서는 조선 세조 때 평시서로 개칭되었다.
⑨ 조선 후기의 경제적 상황이다.
⑩ 조선 후기의 경제적 상황이다.

✎ 정답 및 해설

정답 ①, ⑤, ⑩

성호사설이라는 키워드를 통해서 조선 후기의 실학자 이익임을 알 수 있다.

선지분석
① 이익에 대한 설명이다.
② 홍대용에 대한 설명이다.
③ 박지원에 대한 설명이다.
④ 정약용에 대한 설명이다.
⑤ 이익에 대한 설명이다.
⑥ 정약용에 대한 설명이다.
⑦ 박제가에 대한 설명이다.
⑧ 박지원에 대한 설명이다.
⑨ 유수원에 대한 설명이다.
⑩ 이익에 대한 설명이다.

테마 33

01 훈련도감은 포수, 사수, 살수의 삼수병으로 편제되었다.   58회

02 훈련도감은 급료를 받는 상비군이 주축을 이루었다.   43회

03 어영청은 후금과의 항쟁 과정에서 창설되었다.   38회

04 비변사는 임진왜란을 거치면서 국정 전반을 총괄하였다.   61회

05 비변사는 흥선 대원군이 집권한 시기에 혁파되었다.   59회

06 광해군 때 정여립 모반 사건을 계기로 기축옥사가 발생하였다.   39회

07 선조 때 훈련도감이 설치되었다.   56회

08 선조 때 서인 세력이 폐모살제를 이유로 반정을 일으켰다.   58회

09 광해군 때 전통 한의학을 집대성한 동의보감이 완성되었다.   61회

10 광해군 때 이괄이 반란을 일으켜 도성을 장악하였다.   60회

테마 34

01 이괄의 난 때 왕이 도성을 떠나 공산성으로 피난하였다.   41회

02 병자호란 때 임경업이 백마산성에서 항전하였다.   60회

03 정묘호란 때 송상현이 동래성 전투에서 항전하였다.   55회

04 병자호란의 결과 소현 세자와 봉림 대군 등이 청에 인질로 끌려갔다.   53회

05 효종 때 나선 정벌을 위하여 조총 부대를 파견하였다.   54회

06 효종 때 어영청을 중심으로 북벌을 추진하였다.   53회

07 현종 때 자의대비의 문제로 예송이 전개되었다.   60회

08 예송논쟁 당시 송시열이 주자가례에 따라 기년설을 주장하였다.   26회

테마 35

01 숙종 때 수도 방위를 위하여 금위영을 창설하였다. [ ] 58회

02 숙종 때 상평통보를 발행하여 법화로 사용하였다. [ ] 54회

03 민암·김춘택 등 남인은 갑술환국으로 정계에서 축출되었다. [ ] 62회

04 갑술환국의 결과 송시열이 관직을 삭탈당하고 유배되었다. [ ] 57회

05 영조는 전세를 1결당 4~6두로 고정하는 영정법을 제정하였다. [ ] 53회

06 영조는 속대전을 편찬하여 통치 제도를 정비하였다. [ ] 58회

07 영조는 붕당의 폐해를 경계하기 위한 탕평비를 건립하였다. [ ] 54회

08 정조 때 초계문신제가 시행되었다. [ ] 56회

09 정조는 시전 상인의 특권을 축소한 신해통공을 실시하였다. [ ] 55회

10 정조는 통치 체제를 정비하기 위해 대전통편을 간행하였다. [ ] 62회

테마 36

01 세도 정치기에 왕실의 외척인 안동 김씨 가문이 권력을 장악하게 되었다. [ ] 25회

02 철종 때 박규수의 건의로 삼정이정청이 설치되었다. [ ] 58회

03 임진왜란 이후 포로 송환을 위하여 유정을 회답 겸 쇄환사로 파견하였다. [ ] 58회

04 숙종 때 백두산 정계비를 세워 국경을 정하였다. [ ] 58회

05 임진왜란 이후 막부의 요청에 따라 통신사를 파견하였다. [ ] 55회

테마 37

01 영정법에 따라 일부 부유한 양민에게 선무군관포를 징수하였다. [ ] 54회

02 공납의 폐단을 시정하기 위해 대동법이 실시되었다. [ ] 62회

03 대동법에 따라 관청에 필요한 물품을 납부하는 공인이 등장하였다. [ ] 57회

04 균역법에 따라 재정을 보충하기 위해 지주에게 결작이 부과되었다. [ ] 57회

05 균역법에 따라 어염세, 선세 등이 국가 재정으로 귀속되었다. [ ] 57회

테마 35
01 O
02 O
03 O
04 X (기사환국)
05 X (인조)
06 O
07 O
08 O
09 O
10 O

테마 36
01 O
02 O
03 O
04 O
05 O

테마 37
01 X (균역법)
02 O
03 O
04 O
05 O

테마 38

01 조선 후기에는 감자, 고구마 등의 작물이 재배되었다. `[     ]` 60회

02 조선 후기에는 모내기법의 확대로 벼와 보리의 이모작이 성행하였다. `[     ]` 45회

03 조선 후기에는 민간의 광산 개발을 허용하는 설점수세제를 시행하였다. `[     ]` 54회

04 조선 후기에는 덕대가 광산을 전문적으로 경영하였다. `[     ]` 59회

05 조신 후기에는 국경 지대에서 개시 무역과 후시 무역이 이루어졌다. `[     ]` 30회

06 조선 후기에는 담배, 면화, 생강 등 상품 작물을 널리 재배하였다. `[     ]` 61회

07 조선 후기에는 육의전을 제외한 시전 상인의 금난전권이 폐지되었다. `[     ]` 62회

08 송상이 전국 각지에 송방을 설치하였다. `[     ]` 58회

09 송상은 혜상공국을 통해 국가의 보호를 받았다. `[     ]` 44회

10 송상은 포구에서의 중개·금융·숙박업에 주력하였다. `[     ]` 33회

테마 39

01 중인은 잡과를 통해 선발되었다. `[     ]` 58회

02 중인은 조선 후기 시사(詩社)를 조직해 위항 문학 활동을 하였다. `[     ]` 45회

03 서얼은 조선 후기에 통청 운동으로 청요직 진출을 시도하였다. `[     ]` 58회

04 서얼은 규장각 검서관에 등용되기도 하였다. `[     ]` 35회

테마 40

01 홍경래 등이 난을 일으켜 정주성을 점령하였다. `[     ]` 55회

02 홍경래의 난은 서북인에 대한 차별에 반발하여 일어났다. `[     ]` 54회

03 임술 농민 봉기는 세도 정치기의 수탈과 지역 차별에 반발하여 일어났다. `[     ]` 32회

04 임술 농민 봉기는 삼정이정청이 설치되는 계기가 되었다. `[     ]` 59회

05 임술 농민 봉기 때 박규수가 안핵사로 파견되었다. `[     ]` 53회

06 신해박해는 이승훈, 정약용 등이 연루되어 처벌되었다. `[     ]` 38회

07 천주교는 청을 다녀온 사신들에 의하여 서학으로 소개되었다. `[     ]` 58회

08 홍경래의 난~임술 농민 봉기 사이에 최제우가 동학을 창시하였다. `[     ]` 53회

09 동학은 유·불·선을 바탕으로 민간 신앙의 요소까지 포함하였다. `[     ]` 28회

10 동학은 마음속에 한울님을 모시는 시천주를 강조하였다. `[     ]` 45회

<table>
<tr><td colspan="2">테마 38</td></tr>
<tr><td>01 O</td><td></td></tr>
<tr><td>02 O</td><td></td></tr>
<tr><td>03 O</td><td></td></tr>
<tr><td>04 O</td><td></td></tr>
<tr><td>05 O</td><td></td></tr>
<tr><td>06 O</td><td></td></tr>
<tr><td>07 O</td><td></td></tr>
<tr><td>08 O</td><td></td></tr>
<tr><td>09 X (보부상)</td><td></td></tr>
<tr><td>10 X (객주)</td><td></td></tr>
<tr><td colspan="2">테마 39</td></tr>
<tr><td>01 O</td><td></td></tr>
<tr><td>02 O</td><td></td></tr>
<tr><td>03 O</td><td></td></tr>
<tr><td>04 O</td><td></td></tr>
<tr><td colspan="2">테마 40</td></tr>
<tr><td>01 O</td><td></td></tr>
<tr><td>02 O</td><td></td></tr>
<tr><td>03 O</td><td></td></tr>
<tr><td>04 O</td><td></td></tr>
<tr><td>05 O</td><td></td></tr>
<tr><td>06 X (신유박해)</td><td></td></tr>
<tr><td>07 O</td><td></td></tr>
<tr><td>08 O</td><td></td></tr>
<tr><td>09 O</td><td></td></tr>
<tr><td>10 O</td><td></td></tr>
</table>

01   정제두는 양명학을 연구하여 강화 학파를 형성하였다.   ☐   62회

02   택리지는 정상기가 100리 척을 사용하여 제작되었다.   ☐   52회

03   이익은 남북국이라는 용어를 처음 사용하였다.   ☐   54회

04   정약용은 성호사설에서 한전론의 실시를 주장하였다.   ☐   58회

05   정약용은 경세유표를 저술하여 국가 제도의 개혁 방향을 제시하였다.   ☐   58회

06   홍대용은 여전론을 통해 토지의 공동 소유와 공동 경작을 주장하였다.   ☐   37회

07   박지원은 의산문답에서 중국 중심의 세계관을 비판하였다.   ☐   58회

08   박제가는 열하일기에서 화폐 유통의 필요성을 강조하였다.   ☐   56회

09   김정희는 북한산비가 진흥왕 순수비임을 처음으로 밝혔다.   ☐   59회

10   유득공은 서얼 출신으로 규장각 검서관에 기용되었다.   ☐   62회

PART 5

테마 41

01 O
02 X (동국지도)
03 X (유득공)
04 X (이익)
05 O
06 X (정약용)
07 X (홍대용)
08 X (박지원)
09 O
10 O

최근 3개년
출제비율

15.8%

근대

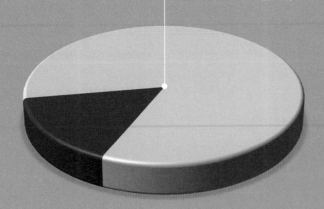

매회 6~8문제 가량 출제되고 있다. 분야도 골고루
나오고 있으며 출제비중도 높은 파트이기 때문에
합격을 위해서는 반드시 공략해야 한다.

빈출 키워드

근대

합격기준 **박문각**

www.pmg.co.kr

흥선 대원군의 정책

✦ **대원군**
대원군이란, 적통의 대가 끊겨 그 이외의 종친이 왕이 될 때 그 왕의 아버지를 일컫는 말이다. 흥선 대원군은 고종의 아버지였다.

★★ 1 흥선 대원군⁺의 대내 정책

(1) 왕권의 강화
　① 세도 정치 척결: 능력에 따른 인재 등용, 부패 관리 제거

> **세도 정권 탄압**
> "나는 천리를 끌어다 지척을 삼겠으며 태산을 깎아 내려 평지를 만들고, 또한 남대문을 3층으로 높이려 하는데 여러 공들은 어떠시오?" … 대저 천리 지척이라는 함은 종친을 높인다는 뜻이요, 남대문 3층이라 함은 남인을 천거하겠다는 뜻이요, 태산을 평지라 함은 노론을 억압하겠다는 말이다.　－『매천야록』

　② 비변사 폐지: 비변사 기능 축소 후 폐지 ➡ 의정부와 삼군부 기능 부활
　③ 법전 정비: 『대전회통』, 『육전조례』 편찬 ➡ 통치 체제 재정비
　④ 경복궁 중건: 왕실의 권위 과시 ➡ **원납전 강제 징수**, 당백전⁺ 주조, 백성들 강제 동원
　　└➡ 원해서 납부한다는 뜻

✦ **당백전**
당시 법정 화폐였던 상평통보의 100배의 가치를 지닌다고 하여 당백전이라고 불렸지만, 실질적 가치는 5배 정도에 불과하여 물가 상승을 유발하는 주원인이 되었다.

(2) 민생 안정
　① 삼정의 문란 시정　　　　　┌➡ 숨겨둔 토지
　　㉠ 전정: 양전 사업 실시 ➡ 은결 색출
　　㉡ 군정: 호포법을 실시하여 양반에게도 군포 징수
　　㉢ 환곡: 민간이 환곡을 주도하는 사창제⁺를 시행
　② 서원 철폐: 47개의 서원만 남기고 모든 서원 철폐 ➡ 양반 유생들의 저항

✦ **사창제**
조선 후기 이래 가장 폐단이었던 환곡을 국가가 아닌 지방의 유력자들이 주도하고 정부가 관리하는 방식으로 전환한 제도이다.

> **서원 철폐**
> 나라 안의 서원과 사묘를 모두 철폐하고 남긴 것은 48개소에 불과하였다. 만동묘는 철폐한 후 그 황묘위판은 북원의 대보단으로 옮겨 봉안하였다. … 서원은 오랜 세월이 흐르는 동안 날로 폐단이 심하였다. 그러므로 서원 철폐령을 어찌 막을 수 있겠는가? 흥선 대원군으로부터 나온 것이라 해서 모두 비방할 것은 아니다.　－『매천야록』

2 통상 수교 거부 정책

★★ (1) 병인박해와 병인양요
　① 병인박해(1866)
　　㉠ 배경: 흥선 대원군이 프랑스를 이용하여 러시아 견제 시도 ➡ 실패하자 천주교 탄압
　　㉡ 전개: 프랑스 주교 9명과 천주교 신자 8천여 명 처형
　② 병인양요(1866)
　　㉠ 배경: 병인박해를 구실로 프랑스가 침입
　　㉡ 전개: 로즈 제독의 강화도 침공 ➡ 한성근(문수산성), 양헌수(정족산성) **부대의 활약**
　　㉢ 결과: 프랑스군의 퇴각 ➡ 퇴각하는 길에 외규장각에 보관된 의궤⁺ 등 문화재 약탈

✦ **의궤**

조선 왕실의 행사가 있을 때 이를 그림으로 그려 진행 과정 등을 덧붙여 쓴 기록물이다. 그 가치를 인정받아 유네스코 세계 기록유산으로 지정되었다.

> **병인양요**
> 지난 달 조선에서 국왕의 명령에 의해 선교 중이던 프랑스인 주교 2명과 선교사 9명, 사제 7천여 명 등 무수히 많은 이들이 학살되었다고 한다. … 며칠 내로 우리 군대가 조선을 정복하기 위해 출발할 것이다.
> － 베이징 주재 프랑스 대리공사 벨로네의 서한

✦(2) 오페르트 도굴 사건(1868)

    ① 배경: 독일 상인 오페르트의 통상 요구 ➡ 조선이 거절

    ② 전개: 오페르트가 충남 **덕산의 남연군**(대원군의 아버지) **묘 도굴 시도** ➡ 실패

> **오페르트 도굴 사건**
>
> 이번 덕산 묘지에서 저지른 사건은 사람으로서 차마 할 수 없는 일이다. …… 따라서 우리나라 신하와 백성들은
> 있는 힘을 다하여 한마음으로 너희와 같은 하늘을 이고 살 수 없다는 것을 다짐할 뿐이다.
> - 영종진 첨사 신효철의 서신

✦✦(3) 제너럴 셔먼호 사건과 신미양요

    ① 제너럴 셔먼호 사건(1866.7)

        ㉠ 배경: **미국 상선 제너럴 셔먼호가 통상 요구**(대동강), 민가 약탈, 방화 등

        ㉡ 전개: 평안 감사 **박규수**가 제너럴 셔먼호를 불태움

    ② 신미양요(1871)

        ㉠ 배경: 제너럴 셔먼호 사건을 뒤늦게 알게 된 미국이 침공

        ㉡ 전개: 미국이 강화도 점령(**초지진·덕진진**) ➡ 광성보에서 어재연 부대의 항전

        ㉢ 결과

            – 아무 소득 없이 미국 퇴각 ➡ 퇴각하는 길에 어재연 장군의 깃발 약탈✦

            – 통상 수교 거부 정책 강화 ➡ 전국 각지에 척화비 건립

> **척화비의 건립**
>
> 이때에 이르러 돌을 캐어 종로에 비석을 세웠다. 그 비면에 글을 써서 이르기를, "서양 오랑캐가 침범하는데 싸
> 우지 않으면 화친하는 것이요, 화친을 주장함은 나라를 팔아먹는 것이다."라고 하였다.
> - 『대한계년사』

🔆 통상 수교 거부 정책

1866 병인박해
    ↓
   제너럴 셔먼호 사건
    ↓
   병인양요

1868 오페르트 도굴 사건

1871 신미양요
    ↓
   척화비 건립

✦ 어재연 장군 수자기

장군 수(帥)자가 그려져 있는 깃발이
라서 수자기라고 부른다.

해당 테마는 흥선 대원군의 여러 개혁 정책과 병인양요·신미양요의 특징을 묻는 문제들이 빈출되고 있다. 외세의 침략을 시간 순서로 묻는 문제들도 더러 나오기 때문에 해당 유형들을 중심으로 대비하면 득점에는 큰 문제가 없을 것이다. 과거부터 지금까지 꾸준하게 출제되고 있으며, 근대 전체로 놓고 봐도 출제율 세 손가락 안에 꼽히는 테마이다.

01
●47회 30번

(가), (나) 사이의 시기에 있었던 사실로 옳은 것은? [2점]

(가) 왕이 창덕궁 인정전에서 즉위하였다. 그때 나이가 12살이었기 때문에 [신정]익황후가 수렴청정을 하였다. 친아버지인 흥선군을 높여 대원군으로 삼아 모든 정사에 참여하게 하고 신하의 예와는 달리 대우하였다.
― 『대한계년사』

(나) 최익현이 상소를 올려 대원군의 잘못을 탄핵하기를, "만약 그 자리가 아닌데도 국정에 관여하는 자는 단지 그 지위와 자리의 녹을 중요하게 여기기 때문입니다."라고 하였다. 왕이 너그러운 비답을 내려 특별히 그를 호조 참판에 발탁하고 총애하였다. …… 대원군이 분노하여 양주 직곡으로 물러나자 권력은 모두 민씨의 손아귀에 들어갔다.
― 『대한계년사』

① 사창제가 실시되었다.
② 속대전이 편찬되었다.
③ 장용영이 설치되었다.
④ 계해약조가 체결되었다.
⑤ 백두산정계비가 건립되었다.

02
●55회 29번

밑줄 그은 '중건' 시기에 있었던 사실로 옳은 것을 〈보기〉에서 고른 것은? [2점]

경복궁 영건일기는 한성부 주부 원세철이 경복궁 중건의 시작부터 끝날 때까지의 상황을 매일 기록한 것이다. 이 일기에 광화문 현판이 검은색 바탕에 금색 글자였음을 알려주는 '묵질금자(黑質金字)'가 적혀 있어 광화문 현판의 옛 모습을 고증하는 근거가 되었다.

─〈보 기〉─

ㄱ. 비변사가 설치되었다.
ㄴ. 사창제가 실시되었다.
ㄷ. 원납전이 징수되었다.
ㄹ. 대전통편이 편찬되었다.

① ㄱ, ㄴ
② ㄱ, ㄷ
③ ㄴ, ㄷ
④ ㄴ, ㄹ
⑤ ㄷ, ㄹ

문제 및 키워드 분석
(가)는 **대원군** 등의 키워드를 통해서 1863년 고종이 즉위한 직후의 역사적 사실임을 알 수 있고, (나)는 **최익현, 흥선 대원군의 잘못을 탄핵**이라는 역사적 사실을 통해 1873년에 있었던 흥선 대원군의 하야와 관련된 자료임을 알 수 있다. 따라서 이 사이에 일어난 흥선 대원군의 개혁을 고르면 된다.

정답 분석
① 흥선 대원군은 환곡의 폐단을 개혁하고자 사창제를 실시하여 환곡을 관청이 아니라 지방 사족들이 운영하도록 하였다.

선지 분석
② 속대전은 영조 때 편찬되었다.
③ 장용영은 정조 때 편성된 군사 기구이다.
④ 계해약조는 세종 때 일본과 체결한 조약이다.
⑤ 백두산 정계비는 숙종 때 청나라와 조선의 국경을 정하기 위해 세운 비석이다.

문제 및 키워드 분석
경복궁 중건이라는 키워드를 통해서 흥선 대원군 시기임을 알 수 있다.

정답 분석
③ 흥선 대원군 때 사창제를 실시(ㄴ)하였으며, 경복궁 중건을 위한 비용을 마련하기 위해 원납전을 징수(ㄷ)하였다.

선지 분석
ㄱ. 비변사는 중종 때 처음으로 설치되었다.
ㄹ. 대전통편은 정조 때 편찬되었다.

03

●62회 30번

밑줄 그은 '이 사건'이 일어난 시기를 연표에서 옳게 고른 것은? [2점]

○○○님이 강화도에 있습니다.
23시간 전 ·인천광역시·

이곳은 강화도 광성보 끝자락 용두돈대. 광성보는 이 사건 당시 침입한 미군에 맞서 어재연 장군의 지휘 아래 조선군이 결사 항전한 곳임.

👍 △△△님 외 28명   댓글 5개

	(가)	(나)	(다)	(라)	(마)
	홍경래의 난	고종 즉위	제너럴 셔먼호 사건	오페르트 도굴 사건	척화비 건립	강화도 조약

① (가)　② (나)　③ (다)　④ (라)　⑤ (마)

04

●55회 30번

밑줄 그은 ㉠이 원인이 되어 발생한 사건에 대한 설명으로 옳은 것은? [2점]

> 해군 제독 로즈 귀하
> 　당신이 지휘하는 해군 병력에 주저없이 호소합니다. ㉠프랑스인 주교 2명과 선교사 9명을 희생시킨 사건이 조선에서 벌어졌습니다. 이에 대한 확실한 복수가 필요합니다. 당신의 지휘로 가능한 모든 수단을 사용하여 조선에 대한 공격을 최대한 빨리 개시하도록 간곡히 요청합니다.
> 　　　　　　　　　　　　　　7월 13일 베이징에서
> 　　　　　　　　　　　　　　　　　　　벨로네

① 운요호가 강화도와 영종도를 공격하였다.
② 양헌수 부대가 정족산성에서 승리하였다.
③ 정부가 청군의 출병을 요청하는 계기가 되었다.
④ 사태 수습을 위해 박규수가 안핵사로 파견되었다.
⑤ 흥선 대원군이 톈진으로 압송되는 결과를 가져왔다.

문제 및 키워드 분석

광성보, 미군, 어재연 등의 키워드를 통해서 밑줄 친 '이 사건'이 신미양요임을 알 수 있다.

정답 분석

④ 신미양요는 1871년에 일어났으므로 (라)에 들어오는 것이 가장 적절하다.

문제 및 키워드 분석

밑줄 친 ㉠의 내용은 1866년 1월에 일어났던 병인박해에 대한 설명이다. 따라서 병인박해가 원인이 되어 발생한 병인양요에 대한 설명을 선지에서 찾아서 고르면 된다.

정답 분석

② 병인양요 때 활약한 조선의 장수로는 양헌수 · 한성근 등이 있다. 양헌수 부대는 정족산성에서 프랑스 군대에게 큰 타격을 주었다.

선지 분석

① 강화도 조약이 체결되는 결과를 가져온 운요호 사건에 대한 설명이다.
③ 임오군란 · 갑신정변 · 동학 농민 운동 등이 해당된다.
④ 임술 농민 봉기에 대한 설명이다.
⑤ 임오군란에 대한 설명이다.

개항과 불평등 조약 체결

1 일본과의 조약 체결

(1) 강화도 조약(조일 수호 조규, 1876) 일본 측 대표 구로다와 조선 측 대표 신헌이 체결

배경	국내외	흥선 대원군의 하야(1873) ➡ 대외적 유화 정책, 일본 내 정한론[+] 대두
	운요호 사건	일본 군함 운요호가 강화도에 접근하여 강제 개항 요구
성격		조선이 외국과 맺은 최초의 근대적 조약이자 불평등 조약
내용		청과의 종속 관계 부인 ➡ 청의 간섭 배제
		부산 외 2개 항구(원산·인천) 개항, 해안 측량권 ➡ 경제·군사적 침략 의도
		치외법권[+]의 인정 ➡ 정치적 침략 의도

> 제1조 조선국은 자주국으로서 일본국과 평등한 권리를 보유한다.
> 제5조 경기·충청·전라·경상·함경 5도 가운데 연해의 통상하기 편리한 항구 두 곳을 골라 지명을 지정한다.
> 제10조 일본국 인민이 조선국이 지정한 각 항구에서 죄를 범하였을 경우 조선국과 교섭하여 인민은 모두 **일본국 관원**이 심리하여 처리한다.
> – 강화도 조약

(2) 조일 무역 규칙(통상 장정, 1876): 일본 상품에 대한 무관세, **양곡의 무제한 유출 허용**

(3) 조일 수호 조규 부록(1876): 개항장에서 일본 화폐 유통 허용, 일본인 거류지[+]를 10리로 제한

(4) 개정 조일 통상 장정(1883): **관세 자주권 회복**, **방곡령** 선포권 획득, 최혜국 대우 인정
 └▶ 양곡의 유출을 제한하는 법령

2 열강과의 조약 체결

★★(1) 조미 수호 통상 조약(1882)

 ① 배경: 황쭌셴의 『조선책략』 유포 ➡ 미국과의 수교 필요성 대두 ➡ 청 이홍장의 알선으로 체결

 ② 내용: 치외법권 규정, **최혜국 대우[+] 인정(최초)**, 관세 부과(최초), **거중조정[+]** 규정

 ③ 의의: **조선이 서양과 맺은 최초의 조약**

 ④ 영향: 조약 체결 이후 사절단으로 **미국에 보빙사 파견(1883)**

> 제5조 무역을 목적으로 조선국에 오는 미국 상인 및 상선은 모든 수출입 상품에 대하여 관세를 지불해야 한다.
> 제14조 양국이 의논해 정한 이후 대조선국 군주가 어떤 혜택이나 이익을 타국 혹은 그 나라 상인에게 베풀면 미국과 그 상인이 종래 점유하지 않고 이 조약에 없는 것 또한 미국 관민이 일체 균점하도록 승인한다.
> – 조미 수호 통상 조약

★(2) 조청 상민 수륙 무역 장정(1882)

 ① 배경: 임오군란 이후 청의 내정 간섭 강화

 ② 내용: 조선이 청의 종주국(속방)임을 명시, **청 상인의 내지 통상[+] 허용(최초)**

 ③ 결과: 조선 내 청·일 상인 경쟁 치열 ➡ 조선의 상인(보부상, 객주)의 몰락

> 이번에 제정한 **수륙 무역 장정은 중국이 속방을 우대하는 뜻**이며, 각국과 똑같은 이득을 보는 데 있지 않다.
> 제1조 앞으로 북양대신(北洋大臣)의 신임장을 가지고 파견된 상무위원(商務委員)은 개항한 조선의 항구에 주재하면서 전적으로 본국의 상인을 돌본다.
> 제3조 양국 상선은 피차 통상 항구에 들어가 교역을 할 수 있다. – 조청 상민 수륙 무역 장정

(3) 기타 열강과의 조약 최혜국 대우와 치외법권을 인정한 불평등 조약

 ① 조러 수호 통상 조약(1884): 청과 일본의 반대 ➡ 외국(청)의 알선없이 직접 수교

 ② 조프 수호 통상 조약(1886): 천주교 포교권 인정

✦ 정한론
일본은 메이지 유신을 통해 근대화 개혁을 추진하였는데, 이 과정에서 기존의 무사들이 홀대를 받자 국내의 불만을 외부로 돌리기 위해 한국을 정벌하자는 정한론이 대두되었다.

✦ 치외법권(영사 재판권)
다른 나라의 영토 안에 거주하는 외국인이 그 나라의 법률을 따르지 않고 자국의 법률에 의하여 보호를 받을 수 있게 한 권리이다. 대표적인 불평등 조약의 사례 중 하나이다.

✦ 거류지
조약에 의해 영토의 일부를 한정적으로 개방하여 상업과 거주를 허가한 지역을 가리킨다. 조계라고도 불린다.

✦ 최혜국 대우
통상 조약을 체결한 나라가 제3국에게 더 유리한 대우를 제공할 경우 조약 당사국에도 그 권리를 부여하는 제도이다. 치외법권과 함께 대표적인 불평등 조약의 사례이다.

✦ 거중조정
양국 중 한 나라가 제3국의 압박을 받을 경우 이를 도와줄 것을 명시한 규정이다. 조선은 이를 적극적으로 활용하려고 했던 반면, 미국은 이를 형식적인 표현으로 여겼다.

✦ 내지 통상
본래 거류지에서만 행해지던 무역이 거류지 이외의 내륙까지 퍼지는 것을 일컫는 말이다.

테마 44 문항별 빅데이터 분석

주로 조약에 대해 자세히 묻는 유형으로 출제되기 때문에 조약의 특징을 구분하여 암기하는 것이 포인트이다.

01

●59회 31번

다음 검색창에 들어갈 조약에 대한 설명으로 옳은 것은? [1점]

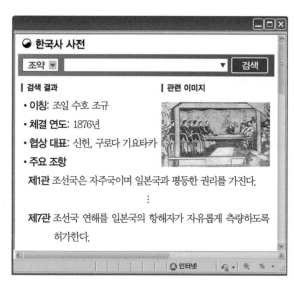

> **🌐 한국사 사전**
>
> [조약 ▼] [　　　　　　　　　　　　　　▼] [검색]
>
> **| 검색 결과**　　　　　　　**| 관련 이미지**
> - **이칭**: 조일 수호 조규
> - **체결 연도**: 1876년
> - **협상 대표**: 신헌, 구로다 기요타카
> - **주요 조항**
>   제1관 조선국은 자주국이며 일본국과 평등한 권리를 가진다.
>   ⋮
>   제7관 조선국 연해를 일본국의 항해자가 자유롭게 측량하도록 허가한다.

① 최혜국 대우를 최초로 규정하였다.
② 통감부가 설치되는 계기가 되었다.
③ 천주교 포교 허용의 근거가 되었다.
④ 일본 경비병의 공사관 주둔을 명시하였다
⑤ 부산 외 2곳에 개항장이 설치되는 결과를 가져왔다.

02

●45회 31번

(가), (나) 조약에 대한 설명으로 옳은 것은? [2점]

> (가) 제7관 일본국 인민은 본국의 현행 여러 화폐로 조선국 인민이 소유한 물품과 교환할 수 있으며, 조선국 인민은 그 교환한 일본국의 여러 화폐로 일본국에서 생산한 여러 가지 상품을 살 수 있다.
>
> (나) 제6칙 조선국 항구에 거주하는 일본 인민은 양미와 잡곡을 수출, 수입할 수 있다.

① (가) - 임오군란을 계기로 체결되었다.
② (가) - 최혜국 대우를 처음으로 규정하였다.
③ (나) - 조선책략의 영향으로 체결되었다.
④ (나) - 거중 조정에 대한 내용을 포함하였다.
⑤ (가), (나) - 조일 수호 조규의 후속 조치로 체결되었다.

문제 및 키워드 분석
조일 수호 조규, 1876년 등의 키워드를 통해 강화도 조약임을 유추할 수 있다. 키워드가 워낙 많이 제시되어 난이도는 매우 낮은 편이었다. 참고로 조일 수호 조규는 강화도 조약의 공식 명칭이다.

정답 분석
⑤ 강화도 조약의 결과 부산·원산·인천의 3개 항구를 개항하였다.

선지 분석
① 조미 수호 통상 조약에 대한 설명이다.
② 을사조약(을사늑약)에 대한 설명이다.
③ 1886년에 체결된 조프 수호 통상 조약에 대한 설명이다.
④ 제물포 조약에 대한 설명이다.

문제 및 키워드 분석
(가)는 **일본국의 현행 여러 화폐로 조선국 물품과 교환**할 수 있다는 것을 키워드로 하여 일본국 화폐의 통용을 허용한 조일 수호 조규 부록(1876)임을 알 수 있다. (나)는 **일본 인민이 잡곡을 수출·수입**이라는 키워드를 통해서 조일 무역 규칙(1876)임을 알 수 있다.

정답 분석
⑤ 두 개의 조약 모두 조일 수호 조규(강화도 조약)의 후속 조치로 체결되었다.

선지 분석
① 제물포 조약과 조청 상민 수륙 무역 장정에 대한 설명이다.
②, ③, ④ 조미 수호 통상 조약에 대한 설명이다.

위정척사와 개화 운동

1 위정척사 운동의 전개

(1) 배경 및 성격: 외세의 침투와 개화 정책에 대한 유생 세력의 반발

(2) 전개 과정

	1860년대	1870년대	✦✦1880년대	1890년대 이후
계기	병인양요	운요호 사건	『조선책략』✦ 유포에 대한 반발	을미사변, 단발령
주요 인물	이항로, 기정진	**최익현✦**, 유인석	이만손	유인석, 이소응
주장	통상 반대 운동	**개항 반대 운동(일본)**	개화 반대 운동	항일 의병 운동
내용	척화 주전론	**왜양 일체론**	영남만인소✦	을미 의병

▶일본이나 서양이나 침략적 본질은 똑같다는 논리

(3) 의의 및 한계: 반침략·반외세 운동이지만 성리학적 질서에서 벗어나지 못함

2 개화파의 등장과 개화 정책

(1) 개화파의 등장

① 배경: 북학파의 사상 계승 ➡ 박규수✦·오경석✦·유홍기 등이 초기 개화파를 형성

② 분화: 청에 대한 입장 차이로 온건 개화파와 급진 개화파로 분열

온건 개화파(사대당, 수구당)	명칭	급진 개화파(개화당)
김홍집, 어윤중, 김윤식 등	인물	김옥균, 박영효, 홍영식, 서광범, 서재필 등
청의 양무 운동을 모방한 동도서기론 추구	개혁방법	일본의 메이지 유신을 모델로 입헌군주제 지향
민씨 정권에 참여, 1차 갑오개혁에 영향	영향	갑신정변 주도

(2) 개화 정책

✦✦① 해외 시찰단 파견

수신사(일본)	1차(1876)	김기수 중심으로 일본의 근대 문물 시찰 ▶미국과 조약 체결에 영향
	2차(1880)	김홍집 중심으로 시찰, 귀국 후 황쭌셴의 『조선책략』을 들여옴
조사 시찰단✦(일본, 1881)		개화 반대 여론을 의식 ➡ 암행어사 형태로 **비밀리에 일본에 파견**
영선사(청, 1881)		• **김윤식** 등을 중심으로 청(톈진)에 파견 ▶최초 근대식 무기 공장 • 기기국에서 무기 제조 기술 습득 ➡ 기기창 설치(1883)
보빙사(미국, 1883)		• 조미 통상 조약 체결 후 답례로 파견 ➡ **서양 국가에 파견된 최초 사절단** • 민영익을 전권대신으로 하여 **홍영식·서광범·유길준** 등을 파견

『조선책략』

조선의 땅은 실로 아시아의 요충에 자리 잡고 있어서 형세가 반드시 싸우는 곳이 되니, 조선이 위태로우면 즉 동아시아의 형세가 날로 급해질 것이다. 러시아가 땅을 공략하고자 하면 반드시 조선으로부터 시작할 것이다. … 그러므로 오늘날 조선의 책략은 러시아를 막는 일보다 더 급한 것이 없을 것이다. 러시아를 막는 책략은 무엇인가. 중국과 친하고 일본과 맺고, 미국과 연결함으로써 자강을 도모할 따름이다.

✦② 제도 개혁
교린사, 군무사 등 ◀

㉠ 정치 제도: 통리기무아문 설치(1880) ➡ **초기 개화 정책의 중심 기구**, 산하에 12사 설치

㉡ 군제 개편: **5군영을 2영으로 축소**(무위영·장어영), 신식 군대인 **별기군** 창설(1881)

㉢ 기타: **전환국**을 설치(1883)하여 화폐를 발행

✦ 『조선책략』
일본 주재 청나라 공사관인 황쭌셴이 저술한 책이다. 당시 조선이 취해야 할 외교적 방침을 담고 있는데, 러시아의 남침을 막기 위해 미국과 연대할 것을 주장하였다.

✦ 최익현

대표적인 위정척사 운동가이다. 1873년에 상소문을 올려 흥선 대원군의 하야를 주도하였으며, 강화도 조약을 체결하려 하자 '개항 5불가소(왜양일체론)'을 올려 반대하였다. 이로 인하여 유배되었다가 풀려난 후 1905년 을사의병을 주도하였으나, 체포되어 대마도에서 순국하였다(1906).

✦ 영남만인소
수신사 김홍집이 가지고 온 황쭌셴의 『조선책략(朝鮮策略)』 1책이 유포된 것을 보고, 지도 모르게 통곡하면서 눈물을 흘렸습니다. … 러시아는 본래 우리와 아무런 감정도 없습니다. 공연히 남이 이간질하는 말을 믿었다가는 손상되는 바가 클 것입니다.

✦ 박규수
박지원의 손자이다. 임술민란 때 경상도 안핵사, 제너럴 셔먼호 사건 때 평양 감사로 활동했으며, 강화도 조약의 체결을 주도하였다.

✦ 오경석
초기 개화파 인물 중 한 명이다. 역관 출신으로 중국을 왕래하면서 『해국도지』와 『영환지략』 등 여러 개화 서적을 들여왔다.

✦ 조사 시찰단
박정양과 어윤중 등이 중심이 되었으며, 당시 수행원으로 참여했던 유길준과 윤치호는 최초의 일본 유학생이 되었다.

테마 45 문항별 빅데이터 분석 📦

위정척사 운동은 자주 출제되는 편은 아니지만 선지를 통해서 빈번하게 등장하기 때문에 인물사 위주로 대비해 둘 필요는 있다. 또한 개화 정책과 위정척사는 서로 영향을 주면서 전개되었기 때문에 인과 관계를 중심으로 연계하면서 정리하는 것이 필요하다.

01
● 51회 31번

(가) 사절단에 대한 설명으로 옳은 것은? [2점]

> 한국사 동영상 제작 계획안
>
> [(가)], 서양의 근대 문물을 직접 목격하다
>
> ◈ 기획 의도
>
> 미국 공사의 부임에 대한 답례로 파견된 [(가)]의 발자취를 통해 근대 문물을 시찰한 과정을 살펴본다.
>
> ◈ 장면별 구성
>
> #1. 대륙 횡단 열차를 타고 워싱턴에 도착하다.
> #2. 뉴욕에서 미국 대통령 아서를 접견하다.
> #3. 보스턴 만국 박람회를 참관하다.
> #4. 병원, 전신 회사, 우체국 등을 시찰하다.

① 수신사라는 이름으로 보내졌다.
② 조선책략을 들여와 국내에 소개하였다.
③ 기기국에서 무기 제조 기술을 배우고 돌아왔다.
④ 개화 반대 여론을 의식하여 비밀리에 파견되었다.
⑤ 전권대신 민영익과 부대신 홍영식 등으로 구성되었다.

02
● 47회 31번

다음 가상 대화 이후 전개된 사실로 옳은 것을 〈보기〉에서 고른 것은? [2점]

현재 조선에 가장 시급한 외교 사안이 무엇이라고 생각하십니까?

러시아를 막는 것입니다. 이를 위해서는 중국을 가까이 하고, 일본과 관계를 공고히 하며, 미국과 연계하여 자강을 도모해야 합니다.

김홍집 / 황준헌

〈보 기〉

ㄱ. 운요호 사건이 일어났다.
ㄴ. 전국에 척화비가 건립되었다.
ㄷ. 이만손 등이 영남 만인소를 올렸다.
ㄹ. 조미 수호 통상 조약이 체결되었다.

① ㄱ, ㄴ
② ㄱ, ㄷ
③ ㄴ, ㄷ
④ ㄴ, ㄹ
⑤ ㄷ, ㄹ

문제 및 키워드 분석
미국 공사의 부임에 대한 답례라는 키워드를 통해서 (가)가 1883년 미국에 파견된 사절단인 보빙사임을 알 수 있다. 1882년 조미 수호 통상 조약의 체결 이후 미국이 조선에 공사관을 설립하고 공사를 파견하자 조선은 이에 대한 답례로 사절단을 보냈는데 이것이 바로 보빙사이다.

정답 분석
⑤ 보빙사의 핵심 멤버로 민영익, 홍영식 등이 있었다. 특히 민영익은 단장의 역할을 맡았다.

선지 분석
② 2차 수신사에 대한 설명이다.
③ 영선사에 대한 설명이다.
④ 조사시찰단에 대한 설명이다.

문제 및 키워드 분석
황준헌이라는 키워드를 통해서 조선책략 유포(1880)가 조선에 끼친 영향을 묻는 것임을 알 수 있다. 황준헌의 『조선책략』은 우리나라의 개화 정책의 방향에 큰 영향을 끼친 책이기 때문에 이 책의 유입이 가져온 영향을 꼼꼼히 알아두어야 한다.

정답 분석
ㄷ. 이만손 등은 황준헌의 『조선책략』에 담겨 있는 내용에 반발하여 1881년에 영남 만인소를 올렸다.
ㄹ. 『조선책략』의 핵심 내용이었던 미국과 연계하자는 주장에 따라서 조선은 1882년 미국과 조미 수호 통상 조약을 체결하였다.

선지 분석
ㄱ. 운요호 사건은 1875년에 일어났다.
ㄴ. 척화비는 1871년 신미양요 직후에 전국에 건립되었다.

임오군란과 갑신정변

1 임오군란(1882)

(1) 배경: 별기군과 구식 군인간의 차별 대우, 정치 세력간의 대립, 외세의 경제 침탈(일본)

✦ 급료 문제
월급이 1년치가 밀린 상황에 있던 구식 군인들에게 그 중에 1개월치가 지급되었다. 그러나 그것마저도 쌀에 모래가 섞여 있었다.

(2) 전개
→ 책임자 민겸호를 사살
① 구식 군인의 봉기: 구식 군인의 급료 문제✦ 터짐 ➡ 선혜청과 일본 공사관 습격 ➡ 민비 피신✦
② 대원군 재집권: 군인들의 요구로 대원군 재집권 ➡ 개화 정책 중단, 5군영·삼군부 부활
③ 청의 개입: 김윤식의 요청으로 청군 파견 ➡ 대원군을 톈진으로 압송하고 군란 진압

✦ 민비 피신
민비는 장호원까지 도망쳤다가 사건이 수습되자 복귀하였다.

> **임오군란**
> 난병들이 대궐을 침범하니 왕비는 밖으로 피신하고 이최응, 민겸호, 김보현은 모두 살해되었다. …… 고종은 난이 일어났다는 소식을 듣고 급히 대원군을 불렀으며, 대원군은 난병을 따라 들어갔다. …… 대원군은 명령을 내려 통리기무아문과 무위영, 장어영을 폐지하고 5영의 군제를 복구하였다. — 「매천야록」

💡 임오군란과 3차 수신사
임오군란이 터지자 조선은 사죄의 의미에서 박영효와 김옥균을 3차 수신사를 파견하였는데, 이 때 파견된 박영효의 건의로 박문국이 설립되었다(1883).

(3) 결과
→ 마젠창, 묄렌도르프
① 조선: 민씨 정권의 친청 정책 강화, 개화 정책 후퇴
② 청: 조선에 내정 간섭, **조청 상민 수륙 무역 장정 체결**(1882), **고문 파견**
③ 일본: 제물포 조약 체결 ➡ 배상금 지불, **일본 공사관의 보호 명목으로 경비병 주둔**을 허용

✦ 김옥균

급진 개화파의 핵심 인물이다. 임오군란 이후 조선이 개화 정책에 필요한 자금을 마련하기 위한 방안을 강구할 때 일본에서 차관 도입을 주장했다가 실패하자 입지가 더욱 좁아졌다. 이를 타개하기 위해 갑신정변을 일으켰다가 실패하자 일본으로 망명하였다.

> **제물포 조약**
> 제3조 조선국이 지불한 5만원은 해를 당한 일본 관원의 유족 및 부상자에게 지급하여 특별히 돌본다.
> 제5조 일본 공사관에 일본군 약간 병을 두어 경비를 서게 한다.

2 갑신정변(1884)

→ 청군 절반이 조선에서 철수
(1) 배경: 임오군란 이후 급진개화파 입지 축소 ➡ 일본의 지원 약속, **청프 전쟁** 발발

✦ 14개조 개혁 정강(일부)
• 청에 대한 조공을 폐지할 것
• 능력에 따라 관리를 임명할 것
• 지조법을 개혁할 것
• 국가 재정은 호조에서 관할할 것
• 혜상공국을 혁파할 것

(2) 전개
→ 김옥균✦, 박영효, 홍영식 등
① 정변 단행: 급진 개화파 세력이 우정총국 개국 축하연을 계기로 정변 단행
② 정부 수립: 개화당 정부를 수립하고 14개조 개혁 정강✦ 발표 ➡ 입헌 군주제를 표방
③ 청의 개입: 청군의 개입과 일본의 도망 ➡ 3일 만에 실패로 끝나고 주도자들은 해외 망명

> **갑신정변**
> 이날 밤 우정국에서 낙성연을 열었는데 총판 홍영식이 주관하였다. 연회가 끝나갈 무렵 담장 밖에 불길이 일어나는 것이 보였다. 이때 민영익이 불을 끄기 위해 문 밖으로 나갔다가 …… 민영익이 칼에 맞아 당상 위로 돌아가 쓰러졌다. … 왕이 경우궁으로 거처를 옮기자 각 비빈과 동궁도 황급히 따라갔다. — 「고종실록」

✦ 거문도 사건
러시아가 조선으로 남하하자 유럽에서 러시아와 적대 관계에 있던 영국이 거문도를 불법으로 점령한 사건이다.

(3) 결과
① 청의 내정 간섭: 갑신정변 이후로 청의 내정 간섭이 더욱 심화 → 제물포 조약과 구분!
② 한성 조약 체결(1884): 조선과 일본 사이에 체결, 배상금과 신축 공사관 비용 지불
③ **톈진 조약**(1885): 청과 일본 사이에 체결, 양국 군대 철수, 조선에 군대 파병시 사전 통보

✦ 유길준

• 1881년 조사시찰단 파견
• 1883년 보빙사에 참여
• 1895년 「서유견문」 저술

(4) 이후 한반도 정세
① 외교의 변화: 청 견제를 위해 러시아를 끌어들임(조러 수호 통상 조약 체결)
② 영국의 개입: 러시아 견제 위해 영국이 거문도 점령✦(1885~1887)
③ 한반도 중립화론 대두: **부들러(독일 부영사관)와 유길준✦** 등이 한반도 영세 중립화론 제기

임오군란과 갑신정변은 배경·전개 과정·결과로 체결된 조약순으로 정리해두는 것이 포인트이다. 시험 문제도 이러한 범위 안에서 출제되고 있다. 과거부터 지금까지 꾸준히 출제되고 있는 파트이다.

01
•55회 31번

밑줄 그은 '이 사건'에 대한 설명으로 옳은 것은? [2점]

이것은 구식 군인들이 일으킨 이 사건 당시 민응식이 왕비를 호종(扈從)하며 기록한 자료입니다. 궁궐을 빠져 나온 왕비의 피란 과정과 건강 상태 등이 상세히 기록되어 있습니다.

▲ 임오유월일기

① 전개 과정에서 전주 화약이 체결되었다.
② 통리기무아문이 설치되는 배경이 되었다.
③ 우정총국 개국 축하연을 이용하여 일어났다.
④ 홍범 14조를 개혁의 기본 방향으로 제시하였다.
⑤ 일본 공사관에 경비병이 주둔하는 계기가 되었다.

02
•60회 30번

다음 사건이 일어난 이후의 사실로 옳은 것은? [2점]

우정국 총판 홍영식이 우정국의 개국 축하연을 열면서 각국의 공사도 초청했다. …… 8시를 알리는 종이 울리자 담장 밖에서 불길이 치솟았다. …… 우영사 민영익이 불을 끄려고 먼저 일어나서 문밖으로 나왔는데, 자객 다섯 명이 잠복하고 있다가 칼을 휘두르며 습격했다. 민영익이 중상을 입고 되돌아와서 대청 위에 쓰러졌다.

– 『대한계년사』

① 김기수가 일본에 수신사로 파견되었다.
② 평양 관민이 제너럴 셔먼호를 불태웠다.
③ 일본 군함 운요호가 영종도를 공격하였다.
④ 박규수가 삼정이정청의 설치를 건의하였다.
⑤ 청과 일본 사이에 톈진 조약이 체결되었다.

문제 및 키워드 분석
구식 군인, 궁궐을 빠져 나온 왕비 등의 키워드를 통해서 1882년 일어난 임오군란에 대한 설명임을 알 수 있다. 임오군란을 주도한 군인들은 왕비였던 민비를 죽이려고 했으나, 민비는 궁궐 뒷문으로 빠져나가서 도주하는 데 성공하였다.

정답 분석
⑤ 임오군란이 일어나자 일본은 자국민을 지킨다는 명목으로 일본 공사관에 경비병을 주둔시키는 내용을 담은 제물포 조약을 체결하였다.

선지 분석
① 동학 농민 운동에 대한 설명이다.
② 통리기무아문은 1880년에 설치되었고 임오군란은 1882년에 일어났기 때문에 시기상 맞지 않다.
③ 갑신정변에 대한 설명이다.
④ 2차 갑오개혁에 대한 설명이다.

문제 및 키워드 분석
우정국의 개국 축하연, 민영익이 중상 등의 키워드를 통해서 1884년에 일어난 갑신정변에 대한 설명임을 알 수 있다. 따라서 갑신정변의 결과를 선지에서 고르면 된다. 갑신정변은 우정국 개국 축하연을 빌미로 급진 개화파 세력이 일으킨 정변이다. 이때 민영익은 자객의 칼을 맞고 중상을 입었으나 가까스로 구조되었다.

정답 분석
⑤ 갑신정변(1884)이 일어나면서 일본군과 청군이 모두 조선에 주둔하는 상황이 발생하자 두 나라 사이에 톈진 조약(1885)을 체결하여 양군을 모두 철수하고 향후 파병 시 서로에게 알리기로 합의했다.

선지 분석
① 1876년의 일이다.
② 1866년의 일이다.
③ 1875년의 일이다.
④ 1862년 철종 때의 일이다.

동학 농민 운동과 갑오·을미개혁

1 동학 농민 운동

(1) 교조 신원 운동: 삼례 집회·보은 집회(1893) ➡ 최제우 신원 복구·동학 탄압 중지 요구
└▶ '척왜양창의' 주장(반외세적 성격)

(2) 전개 과정

고부 농민 봉기 (1894.1)	원인	전라도 고부 군수 **조병갑**의 수탈(만석보 사건)
	전개	전봉준의 고부 관아 습격(**사발통문**⁺)
☆☆1차 농민 봉기 (1894.3~4)	원인	민란 진상 조사를 위해 파견된 안핵사 이용태의 농민 탄압과 수탈
	전개	전봉준이 백산에서 봉기 ➡ '보국안민, 제폭구민'의 격문과 4대 강령 발표 ➡ 황토현·황룡촌 전투에서 관군에 승리 ➡ 전주성 점령(1894.4)
☆☆전주 화약기 (1894.5~8)	원인	청과 일본이 군대 파병하자 외세 개입을 막기 위해 휴전 협상 추진
	전개	**정부와 전주 화약을 체결**하고 스스로 해산
	개혁	농민군은 정부와 폐정 개혁안 12개조⁺에 합의하고 전라도 지역에 집강소⁺ 설치 정부도 **교정청⁺을 설치**(1894.6)하고 자체적으로 개혁 시도
☆2차 농민 봉기 (1894.9~11)	원인	일본군의 경복궁 무력 점령 ➡ 일본군 몰아내기 위해 봉기
	전개	**전봉준의 남접군이 봉기 ➡ 손병희가 이끄는 북접과 합류**(논산) ➡ 우금치 전투(공주)에서 패배 ➡ 전봉준 등 주요 지도자들 체포

(3) 의의와 한계: 아래로부터의 개혁 ➡ 갑오개혁에 영향, 농민층 외에 지지 기반 없는 한계

교정청의 설치
우리 정부는 왕명을 받들어 **교정청을 설치**하여 당상관 15명을 두고 먼저 폐정 몇 가지를 개혁하니, 이는 모두 동학당(東黨)이 호소한 일이다. 자주 개혁을 점진적으로 추진하여 일본인들의 개입을 막고자 하였다. …… 6월 16일 교정청에서 혁폐 조목을 의정하였다.
– 「속음청사」

2 갑오개혁

☆☆(1) 1차 갑오개혁(1894.6)
① 배경: 일본의 개혁 압력, 동학 농민군의 개혁 요구
② 특징
㉠ 흥선 대원군 섭정(민씨 견제), 김홍집 총재 ➡ 개혁 총괄 기구로 군국기무처 수립
㉡ 청일 전쟁으로 일본의 간섭 약화되면서 비교적 자주적으로 개혁
③ 내용

정치	•연호로 '개국기년'을 사용, 정부와 왕실 사무 분리(궁내부 신설) •행정 기구를 6조에서 8아문으로 개편, **과거제 폐지**, 경무청 설치(경찰 업무)
경제	국가·왕실 재정 일원화(탁지아문), 은본위제 확립, 조세 금납제와 도량형 통일
사회	신분제 폐지(공·사 노비법 철폐), 과부의 재가 허용, 고문과 **연좌제 폐지**, 조혼 금지

사이드바

포접제
30~70호 정도를 하나의 접으로 포함하고 그 상위에 포를 두었다.

✦ 사발통문

주도자가 누군지 알 수 없도록 사발을 댄 채로 이름을 썼다고 하여 사발통문이라고 불렸다.

✦ 폐정 개혁안 12개조(일부)
•노비문서는 소각할 것
•천인 차별을 개선하고 백정이 쓰는 평량갓을 없앨 것
•과부의 재가 허용할 것
•지벌을 타파하고 인재를 등용할 것
•토지는 평균하여 분작할 것

✦ 집강소
농민군이 폐정 개혁안의 실현을 위해 전라도 일대에 자치적으로 설치한 기구이다.

✦ 교정청
일본이 조선의 내정 개혁을 빌미로 군대를 일으키자 정부가 자치 개혁을 추진하려는 의도에서 설치한 기구이다. 갑오개혁의 실시와 함께 폐지되었다.

남접과 북접
당시 동학군은 전봉준이 이끄는 남접과 손병희가 이끄는 북접으로 크게 나뉘어 있었다. 1차 농민 봉기 때는 손병희가 이끄는 북접군이 가담하지 않았으나, 2차 봉기 때는 연합하여 군사를 일으켰다.

격동의 1894년
•1월: 고부 농민 봉기
•3월: 황룡촌·황토현 전투
•4월: 전주성 점령
•5월: 전주 화약
•6월: ┌ 교정청 설치
    ├ 경복궁 점령(일)
    ├ 청일 전쟁 발발
    └ 1차 갑오개혁
•9월: 2차 농민 봉기
•11월: 우금치 전투
•12월: 2차 갑오개혁

✦(2) 2차 갑오개혁(1894.11)

① 배경: 청일 전쟁✦에서 일본 승리로 내정 간섭 심화

② 특징

　　㉠ 흥선 대원군 퇴진과 군국기무처 폐지 ➡ **제2차 김홍집·박영효 연립 내각 성립**

　　㉡ 개혁 정강으로 홍범 14조✦ 반포

③ 내용

정치	중앙 행정 기구를 8아문에서 7부로 개편, 지방 행정 제도를 8도에서 23부로 개편
경제·사회	지방에 **재판소 설치**, 지방에 징세 기관 설치
교육	교육 입국 조서 반포 ➡ 한성 사범 학교·외국어 학교 등 설립

└▶ 행정과 사법 분리

✦ **3** 을미사변(1895)

(1) 배경

　　　　　　　　　　　　　　　　　　　　　　▶ 요동 반도를 일본이 획득

① 청일 전쟁(1894.6~1895.4): 일본의 승리로 청일 전쟁 종결 ➡ 시모노세키 조약 체결

② **삼국 간섭**(1895): 러시아가 독일·프랑스 끌어들여 랴오둥(요동) 반도 반환 요구 ➡ 일본 굴복

③ 친러 세력 확산: 삼국 간섭 이후 일본 세력 약화(박영효 실각) ➡ 친러 내각의 수립

(2) 전개: 일본이 반일의 핵심이었던 민비 시해를 계획 ➡ 경복궁 건청궁에서 명성황후 시해

명성황후 시해의 현장

이날 동이 틀 무렵 일본 병사가 일제히 고함을 지르고 총을 쏘며 광화문을 통해 들어와서, 몇 갈래 길로 나뉘어 건청궁(建淸宮)으로 향하였다. … 자객들은 여러 방을 샅샅이 조사하여 마침내 조금 더 깊은 방안에서 **왕후를 찾아내고는, 칼날로 베어 그 자리에서 시해하였다.** 왕후의 시신을 비단으로 만든 홑이불에 싸서, 소나무 판자 위에 받들어 모시고는 궁전 뜰로 옮겨 놓았다.

　　　　　　　　　　　　　　　　　　　　　　　　　　　　　　　　　　　　　　　– 「대한계년사」

✦ **4** 을미개혁(1895)

(1) 배경: 을미사변 이후 일본이 다시 김홍집 중심의 친일 내각 수립

(2) 내용

| 정치 | 연호 '건양' 사용, 군제 개편 ➡ 친위대(중앙)와 진위대(지방) 설치 |
| 사회 | 단발령 실시, **태양력 채택**, 종두법 실시, 소학교령 반포(소학교 설치) 등 |

(3) 반발: 을미사변과 단발령에 반발하는 을미의병이 전개

단발령

11월 15일 고종은 비로소 머리를 깎고 내외 신민에게 명하여 모두 깎도록 하였다. …… 궁성 주위에 대포를 설치한 후 머리를 깎지 않는 자는 죽이겠다고 선언하니 고종이 긴 한숨을 내쉬며 정병하를 돌아보고 말하기를 "경이 짐의 머리를 깎는 게 좋겠소."라고 하였다.

　　　　　　　　　　　　　　　　　　　　　　　　　　　　　　　　　　　　　　– 「매천야록」

✦ 청일 전쟁

동학 농민군의 진압을 위해 조선이 청에 요청하여 청군이 파병하자 일본은 톈진 조약을 빌미로 군대를 파병하여 조선에서 양군이 격돌한 전쟁이다(1894.6). 시모노세키 조약을 체결하면서 일본의 승리로 끝났다. 한편 일본은 이 전쟁을 진행하면서 조선에 갑오개혁을 강요하였다.

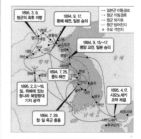

△ 청일 전쟁의 진행 과정

✦ 홍범 14조(일부)

• 청에 의존하는 생각을 버릴 것
• 왕실 사무와 국정 사무는 서로 나눌 것
• 조세의 징수와 경비 지출은 모두 탁지아문이 관할할 것
• 문벌을 가리지 않고 인재를 등용할 것

테마 47 문항별 빅데이터 분석 🎲

근대사 빈출 주제 중 하나로, 동학 농민 운동이나 각 개혁별 특징을 묻기도 하지만 시간 순서로 물어보기도 한다. 특히 시간 순서로 물어볼 경우 상당히 까다롭게 느껴질 수 있기 때문에 사건 간 인과 관계를 중심으로 명확히 정리해두는 것이 중요하다.

01

● 62회 32번

(가)에 들어갈 내용으로 옳은 것은?

[2점]

① 교정청 설치
② 전봉준 체포
③ 13도 창의군 결성
④ 안핵사 이용태 파견
⑤ 남접과 북접의 연합

02

● 58회 32번

밑줄 그은 '이 개혁'의 내용으로 옳은 것은?

[2점]

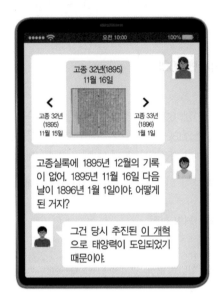

① 지계아문을 설립하였다.
② 대한국 국제를 반포하였다.
③ 건양이라는 연호를 제정하였다.
④ 개혁 추진 기구로 교정청을 설치하였다.
⑤ 군제를 개편하여 5군영을 2영으로 통합하였다.

문제 및 키워드 분석

동학 농민 운동의 진행 순서를 묻는 전형적인 문제이다. 위 문제처럼 동학 농민 운동과 관련된 것만 묻기도 하지만, 어렵게 출제될 경우 갑오개혁이나 청일 전쟁과 연계해서 묻는 경우도 있으므로 흐름을 잘 파악해두는 것이 중요하다.

정답 분석

⑤ 일본군의 경복궁 점령은 2차 동학 농민 운동이 일어나는 계기가 되었던 사건이다. 이를 계기로 동학군의 남접과 북접이 논산에서 병력을 합치고, 서울을 향해 북상하였다.

문제 및 키워드 분석

태양력 도입이라는 키워드를 통해서 1895년에 일어났던 을미개혁에 대한 설명임을 알 수 있다.

정답 분석

③ 을미개혁 이후 대한제국을 선포하기 전까지는 건양이라는 연호를 사용했다.

선지 분석

①, ② 1897년에 선포된 대한제국의 정책이다.
④ 1894년에 교정청이 설치되었다.
⑤ 1880년대 초기 개화 정책에 대한 설명이다.

03

(가)~(다)를 일어난 순서대로 옳게 나열한 것은?　　[3점]

(가) 왕이 경복궁을 나오니 이범진, 이윤용 등이 러시아 공사관으로 옮기게 하였다. 김홍집 등이 군중에게 잡혀 살해되자 유길준, 장박 등은 도주하였다.

(나) 오늘 대군주 폐하께서 내리신 조칙에서 "짐이 신민(臣民)에 앞서 머리카락을 자르니, 너희들은 짐의 뜻을 잘 본받아 만국과 나란히 서는 대업(大業)을 이루라."라고 하셨다.

(다) 광화문을 통해 들어온 일본 병사들은 건청궁으로 침입하였다. …… 일본 장교는 흉악한 일본 자객들이 왕후를 수색하는 것을 도왔다. 자객들은 여러 방을 샅샅이 뒤졌고 마침내 왕후를 찾아내어 시해하였다.

① (가) – (나) – (다)
② (가) – (다) – (나)
③ (나) – (가) – (다)
④ (나) – (다) – (가)
⑤ (다) – (나) – (가)

04

다음 대화에 나타난 상황 이후의 사실로 옳은 것은?　　[3점]

며칠 전 러시아, 프랑스, 독일의 압력으로 일본이 청에 랴오둥반도를 반환했다는 소식 들었는가?

들었네. 우리도 이 기회에 러시아를 이용하여 일본의 간섭에서 벗어날 방도를 찾아야 할 것이네.

① 조청 상민 수륙 무역 장정을 체결하였다.
② 건양이라는 독자적인 연호를 사용하였다.
③ 행정 기구를 6조에서 8아문으로 개편하였다.
④ 군국기무처를 설치하여 근대적 개혁을 추진하였다.
⑤ 영국이 러시아를 견제하기 위해 거문도를 점령하였다.

문제 및 키워드 분석

(가)는 **러시아 공사관**이라는 키워드를 통해서 1896년에 일어난 아관파천임을 알 수 있고, (나)는 **짐이 머리카락을 자르니** 라는 키워드를 통해서 1895년에 일어난 을미개혁임을, (다)는 **왕후를 시해, 건청궁**이라는 표현을 통해서 1895년에 일어난 을미사변임을 알 수 있다. 명성황후가 시해된 궁궐이 건청궁이다.

정답 분석

⑤ 1895년 을미사변이 일어난 후 궁궐을 장악한 일본군은 을미개혁을 단행하였다. 이에 위협을 느낀 고종이 러시아 공사관으로 피하는 아관파천이 단행되었다.

문제 및 키워드 분석

일본이 청에 랴오둥(요동)반도를 반환했다는 키워드를 통해서 1895년에 일어난 삼국 간섭과 관련된 내용임을 알 수 있다. 따라서 그 이후에 일어난 사실을 고르면 된다.

정답 분석

② 삼국 간섭으로 러시아의 영향력을 확인한 조선이 러시아에 붙으려는 움직임을 보이자 일본은 이러한 조선의 움직임의 배후에 명성황후가 있다고 판단하고 그를 시해한 뒤 을미개혁을 단행하였다. 을미개혁 당시 건양이라는 연호가 사용되었다.

선지 분석

① 1882년의 일로, 시기상 맞지 않다.
③, ④ 1차 갑오개혁 당시 실시된 개혁의 내용이다.
⑤ 영국이 거문도를 점령한 것은 1885~1887년에 일어났다.

대한제국과 독립 협회

✦ 1 아관 파천(1896.2~1897.2)

(1) 배경: 을미사변 이후 반일 정서 확산, 고종의 위기감

(2) 전개: 야밤에 기습적으로 러시아 공사관으로 파천 단행

(3) 영향: 친일 내각 붕괴, 러시아에게 많은 이권 제공

✦✦ 2 대한제국의 수립

✦ 고종

대한제국을 선포한 후 고종의 모습이다.

✦ 환구단

1897년 고종이 황제로 즉위한 곳이다. 하늘에 제사를 지내는 기능을 담당하였다.

(1) 수립 과정: 고종✦의 경운궁 환궁 ➡ 원구단(환구단✦)에서 황제 즉위식 거행 ➡ 국호를 대한제국, 연호를 광무로 선포(1897.10) ➡ 황제의 국가임을 대내외에 알림

> **고종의 황제 즉위**
> (환구단에서) 천지에 고하는 제사를 지냈다. 예를 마치고 의정부 의정 심순택이 백관을 거느리고 무릎을 꿇고 아뢰기를, "제례를 마치었으므로 황제의 자리에 오르소서."라고 하였다. 고종이 세 번 사양한 후 친히 옥새를 받고 황제의 자리에 올랐다. … 삼가 천지의 신과 종묘 사직에 고하고 **광무라는 연호를 세웠다.** ─ 『고종실록』

(2) 광무개혁: 구본신참을 기치로 내걸음

① 정치

㉠ 대한국 국제 반포(1899): (법규)교정소에서 제정, 전제 정치 및 황제권의 무한함 강조

㉡ 원수부 설치: 황제 직속 기구, 황제가 군 통수권 장악

㉢ 외교 정책: 한·청 통상 조약(1899) 체결, **칙령 제41호에서 독도가 관할 영토**임을 명시, 이범윤을 간도 관리사로 파견 ➡ 청과 국제적으로 대등한 관계가 됨

② 경제

㉠ 양전·지계 사업: **양지아문** 설치하고 두 차례 양전 사업 실시, **지계아문**을 설치하고 **지계(근대적 토지 소유 증명서)**를 발급, 러일 전쟁 중 일본의 압력으로 중단

㉡ 재정 관리: 광산·홍삼, 철도 등의 수입을 **황제 직속 궁내부 산하의 내장원**으로 이관

㉢ 식산 흥업: 근대식 상공 학교와 회사 등 지원, 관립 의학교·광제원 등을 설립, 서북 철도국(경의선 부설 작업 추진) 설치

> **대한국 국제**
> 이제 조칙을 받들어 보니, 본 **교정소**에서 **국제(國制)**를 잘 상의하여 세워서 보고하여 분부를 받으라고 하였으므로 … 공법(公法)을 참조하여 국제 1편을 정함으로써 우리나라의 정치는 어떤 정치이고 우리나라의 군권은 어떤 군권인가를 밝히려 합니다.
> 제1조 대한국은 세계만국에 공인된 자주 독립한 제국(帝國)이다.
> 제2조 대한제국의 정치는 과거 500년간 전래되었고, 앞으로 만세토록 불변할 전제 정치(專制政治)이다.
> 제3조 대한국 대황제는 무한한 군권(君權)을 향유하니 공법에서 말한 바 정체(政體)를 스스로 세우는 것이다.
> ─ 관보, 1899년 3월 22일

3 독립 협회

★★(1) 창립 및 활동

① 창립: **서재필**⁺이 귀국 후 **독립신문 창간**하고 독립 협회를 창립

② 구성: **윤치호**·이상재·남궁억 등 진보 지식층 지도부 + 도시 시민·학생·노동자 등
→ 광범위한 사회 계층 참여

③ 활동

자주 국권	• 영은문과 모화관을 헐고 각각 **독립문과 독립관을 건립** • 러시아의 절영도 조차 요구 저지·러시아 군사 교련단과 재정 고문 등 철수
자유 민권	• 국민의 기본권인 신체와 재산 보호권, 언론의 자유 확보 위해 노력 • 만민 공동회⁺ 개최: **토론·강연회 등을 개최**하여 지식 보급, 민권 신장에 기여
자강 개혁	• 관민 공동회 개최하고 **박정양**⁺ 등과 **연계**하여 헌의 6조⁺ 결의 ➡ 고종의 허락 • 의회 설립: 중추원⁺ 관제 반포하여 의회 설립 추진하고 입헌 군주제를 표방

(2) 해체와 의의

① 해체: 보수 세력 반발 ➡ 공화정 음모론을 꾸며 독립 협회 공격 ➡ 독립 협회의 반발
→ 익명서 사건
➡ 고종이 **황국 협회**⁺ 상인을 이용하여 **만민 공동회 탄압** ➡ 독립 협회 해체

② 의의: 민중을 계몽시켜 민권 신장 ➡ 애국 계몽 운동에 영향

독립 협회 익명서 사건

11월 4일 밤, 조병식 등은 도약소의 잡배들로 하여금 광화문 밖에 내국 조방 및 큰길가에 **익명서를 붙이도록** **하였다.** … 익명서에는 "독립 협회가 11월 5일 본관에서 대회를 열고, 박정양을 대통령으로, 윤치호를 부통령으로, 이상재를 내부대신으로, … 임명하여 **나라의 체제를 공화정치 체제로 바꾸려 한다.**"라고 꾸며서 폐하께 모함하고자 한 것이다.

– 「대한계년사」

✦ **서재필**

✦ **만민 공동회**
독립 협회가 개최한 일종의 토론 집회로, 1898년 3월 종로에서 최초로 열렸다.

✦ **박정양**
초대 주미 공사에 임명되었다. 독립 협회가 주관하는 관민 공동회에 참여하여 헌의 6조를 결의하고 중추원 관제 개편을 약속하는 등 개혁에도 적극적이었다.

✦ **헌의 6조(일부)**
• 외국인에게 의지하지 말고 전제 황권을 확립할 것
• 국가 재정은 탁지부에서 전관할 것
• 칙임관을 임명할 때는 정부에 그 뜻을 물을 것

✦ **중추원**
서양식 의회를 모델로 삼아 만든 기구로, 주로 자문 역할을 담당하는 기구로 만들고자 하였다.

✦ **황국 협회**
대한제국이 보부상을 중심으로 조직한 일종의 보수 단체로, 황실의 어용 단체 역할을 담당하였다.

PART 6

테마 48 문항별 빅데이터 분석 🎲

해당 주제는 독립 협회의 활동과 대한제국의 정책을 묻는 문제들이 주로 출제되고 있다. 인물과 연계하여 묻거나 자료를 까다롭게 물어보는 경우도 종종 있기 때문에 이러한 부분까지 대비하는 것이 고득점을 할 수 있는 포인트이다. 매회 꾸준하게 출제되고 있다.

01
● 59회 37번

밑줄 그은 '이 시기'에 볼 수 있는 모습으로 적절한 것은? [2점]

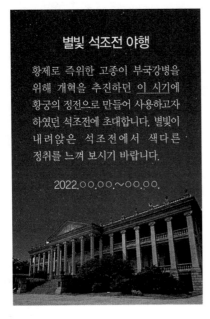

별빛 석조전 야행

황제로 즉위한 고종이 부국강병을 위해 개혁을 추진하던 이 시기에 황궁의 정전으로 만들고자 하였던 석조전에 초대합니다. 별빛이 내려앉은 석조전에서 색다른 정취를 느껴 보시기 바랍니다.

2022.○○.○○.~○○.○○.

① 영선사 일행으로 청에 가는 생도
② 육영 공원에서 영어를 공부하는 학생
③ 거문도를 불법 점령하고 있는 영국 해군
④ 양전 사업을 실시하고 지계를 발급하는 관리
⑤ 보은 집회에서 교조 신원을 주장하는 동학교도

문제 및 키워드 분석

황제로 즉위한 고종이라는 키워드를 통해서 밑줄 친 '이 시기'는 대한제국이 존속하던 시기임을 알 수 있다. 따라서 선지에서 대한제국의 정책을 고르면 된다.

정답 분석

④ 대한제국은 근대식 토지 제도를 수립하기 위해 양전 사업을 실시하고 지계를 발급하였다.

선지 분석

① 영선사는 1881년에 파견되었다.
② 육영 공원은 1886년에 설립되었지만, 1894년 즈음에 운영이 어려워져서 폐지되었다.
③ 거문도 사건으로 영국이 거문도를 점령한 기간은 1885년부터 1887년까지이다.
⑤ 보은 집회는 동학 교도들이 참여한 대규모 집회로, 1893년에 일어났다.

02
● 44회 33번

(가) 인물에 대한 설명으로 옳은 것은? [2점]

본국은 서양의 여러 나라 중 귀국과 가장 먼저 조약을 체결하였고, 우의가 돈독하여 사절이 왕래한 지 여러 해가 되었습니다. 이에 짐이 믿고 아끼는 종2품 협판 내무부사 (가) 을/를 초대 주미 공사에 임명하여, 귀국으로 가서 수도에 머물며 교섭 사무를 처리하도록 하려고 합니다. 본 대신은 충성스럽고 근실하며 매사에 꼼꼼하고 자세하므로 그 직책을 능히 감당할 수 있을 것이니, 대통령께서도 성실하게 서로 믿고 우대하는 예에 따라 대해 주시기를 바랍니다.

① 민족 교육을 위해 대성 학교를 설립하였다.
② 서유견문을 집필하여 서양 근대 문물을 소개하였다.
③ 영국인 베델과 제휴하여 대한매일신보를 창간하였다.
④ 헤이그에서 열린 만국 평화 회의에 특사로 파견되었다.
⑤ 독립 협회의 제안을 받아들여 중추원 관제 개편을 추진하였다.

문제 및 키워드 분석

초대 주미 공사라는 키워드를 통해서 (가)가 박정양임을 알 수 있다. 박정양은 초대 주미 공사에 임명되었다.

정답 분석

⑤ 박정양은 독립협회가 주관했던 관민 공동회에 참여하여 헌의 6조를 결의하고 중추원 관제 개편을 적극적으로 추진하였다.

선지 분석

① 안창호에 대한 설명이다.
② 유길준에 대한 설명이다.
③ 양기탁에 대한 설명이다.
④ 이상설, 이준, 이위종에 대한 설명이다.

03

●62회 31번

밑줄 그은 '개혁'에 해당하는 내용으로 옳은 것은? [2점]

삽화로 보는 한국사

[해설]
이 그림은 프랑스 일간지에 실린 삽화로 파리 만국 박람회장에 설치된 한국관의 모습을 담고 있습니다. 경복궁 근정전을 재현한 한국관은 당시 언론의 관심을 끌었습니다. 황제로 즉위한 뒤 개혁을 추진하던 고종은 만국 박람회 참가를 통해 대한 제국을 세계에 소개하고, 서구의 산업과 기술을 받아들이고자 하였습니다.

① 건양이라는 연호를 사용하였다.
② 신식 군대인 별기군을 창설하였다.
③ 관립 의학교과 광제원을 설립하였다.
④ 박문국을 설치하여 한성순보를 발간하였다.
⑤ 한일 관계 사료집을 편찬하고 독립 공채를 발행하였다.

04

●53회 36번

(가) 단체에 대한 설명으로 옳은 것은? [1점]

이달의 독립운동가

국권을 지키기 위해 노력한 남궁억

• 생몰년: 1863~1939
• 생애 및 활동
서울 정동에서 태어났다. 동문학에서 교육을 받았다. 1896년 서재필 등과 함께 [(가)]을/를 창립하여 활동하였다. [(가)]의 의회 설립 운동이 공화제를 수립하려는 것이라는 의심을 받아 이상재 등과 함께 체포되었다. 러시아와 일본의 한국 침략을 고발하는 논설과 기사를 실은 황성신문 사장을 역임하였다. 정부는 그의 공훈을 기려 건국훈장 독립장을 추서하였다.

① 고종의 강제 퇴위 반대 운동을 전개하였다.
② 일제가 조작한 105인 사건으로 와해되었다.
③ 영은문이 있던 자리 부근에 독립문을 건립하였다.
④ 광주 학생 항일 운동의 진상 조사단을 파견하였다.
⑤ 독립운동 자금 마련을 위해 독립 공채를 발행하였다.

문제 및 키워드 분석
자료에 대한제국이 제시되어 있으므로, 1897년 대한제국 수립 이후부터 1910년까지 대한제국에서 추진한 정책을 고르면 된다.

정답 분석
③ 관립 의학교와 광제원 모두 1899년 이후에 설립된 기구들이다.

선지 분석
① 1895년 을미개혁 때의 일이다.
② 1881년 초기 개화 정책의 내용이다.
④ 1883년의 일이다.
⑤ 1919년에 수립된 대한민국 임시 정부의 활동에 대한 설명이다.

문제 및 키워드 분석
남궁억, 서재필 등의 키워드를 통해서 독립 협회임을 알 수 있다.

정답 분석
③ 독립 협회는 청에 대한 사대의 상징인 영은문을 허물고, 그 자리에 독립문을 건립했다.

선지 분석
① 대한 자강회에 대한 설명이다.
② 신민회에 대한 설명이다.
④ 신간회에 대한 설명이다.
⑤ 대한민국 임시 정부에 대한 설명이다.

국권 피탈 과정

1 러일 전쟁

(1) 배경

① 대외적: 일본과 러시아 대립 심화(용암포 사건✦, 1903), 제1차 영일 동맹 체결(1902)

② 대내적: 한반도 내 전쟁 위기감 ➡ 고종은 국외 중립 선언을 함

✦ **용암포 사건**
러시아가 압록강 일대의 용암포를 무단으로 점거한 사건으로, 일본과 러시아의 갈등이 심화되는 계기가 되었다.

(2) 전개

① 전쟁의 전개(1904.2~1905.9): 일본의 러시아(뤼순항) 선제 타격 ➡ 일본의 선전포고 ➡ 러시아 발트 함대 침몰 ➡ 미국이 러·일 간 강화 중재 ➡ 포츠머스 강화 조약 체결

② 일본과 조약 체결

㉠ **한일 의정서(1904.2)**: 한반도 내에서 **일본이 군사전략상 필요한 지역**을 제공하도록 함

한일 의정서
- 대일본 제국 정부는 대한제국의 독립과 영토 보전을 확실히 보증할 것
- 대한제국 정부는 대일본 제국 정부의 행동이 용이하도록 충분히 편의를 제공할 것. 대일본 제국 정부는 전항(前項)의 목적을 성취하기 위하여 군략상 필요한 지점을 임기수용 할 수 있을 것

㉡ 제1차 한일 협약(1904.8): 재정 고문 메가타와 외교 고문 스티븐스(미국인) 파견

제1차 한일 협약
- 대한제국 정부는 일본 제국 정부가 추천한 일본인 1명을 재정 고문에 초빙하여 재무에 관한 사항은 모두 그의 의견을 들어 시행할 것
- 대한제국 정부는 외국과의 조약 체결, 기타 중요한 안건의 처리에 관하여는 미리 일본 정부와 협의할 것

③ 열강의 묵인

㉠ 가쓰라·태프트 밀약(1905.7): 미국이 한반도 내 일본의 우위권(권익) 인정

㉡ 제2차 영일 동맹(1905.8): 영국이 일본의 한국 지배권 인정

㉢ 포츠머스 강화 조약(1905.9): 러일 전쟁을 종결짓는 조약, 러시아가 일본의 한국 지배 인정

2 일제의 국권 피탈

✦ **을사조약**
을사조약은 고종이 끝까지 비준을 하지 않았기 때문에 국제법상 무효이다. 또한 조약의 공식 명칭도 없다. 강제로 체결했기 때문에 을사늑약이라고도 부른다.

★✦(1) 을사조약✦(1905.11) ┌▶ 을사 5적: 이완용·이근택·이지용·박제순·권중현

① 체결: 고종과 대신을 협박 ➡ 고종은 거부, 대신 5명이 조약에 서명

② 내용: **대한제국의 외교권 박탈, 통감부✦ 설치** ➡ 초대 통감에 **이토 히로부미** 임명

✦ **통감부**
1906년 2월 일본이 조선의 원활한 지배를 위해 설치한 기구이다. 1910년에 총독부로 계승되었다.

일본의 을사조약 겁박
지금 너희 대사와 공사가 병력을 이끌고 와 대궐을 포위하여 참정 대신을 감금하고 외부 대신을 협박해서, 법도와 절차도 갖추지 않고 강제로 조인하게 하여 억지로 우리의 외교권을 빼앗았으니, 이것은 공법을 어기어 약속을 지키려 하지 않는 것이다. — 「매천야록」

을사조약
제2조 일본국 정부는 한국과 타국 사이에 현존하는 조약의 실행을 완수하는 책임을 지며 한국 정부는 금후 **일본국 정부의 중개를 거치지 않고서는 국제적 성질을 가진 어떠한 조약이나 약속을 하지 않을 것**을 약속한다.

제3조 일본국 정부는 그 대표자로서 한국 황제 폐하의 아래에 1명의 통감(統監)을 두되, 통감은 오로지 외교에 관한 사항을 관리하기 위하여 서울에 주재한다. — 「고종실록」

③ 을사조약에 대한 반발
　　㉠ 고종의 대처: 워싱턴 특사(헐버트)와 헤이그 특사를 파견하여 을사조약 체결의 부당
　　　함을 알리려 함, 조약의 무효를 선언하는 친서를 대한매일신보에 게재함
　　㉡ 헤이그 특사 파견⁺(1907): **을사늑약의 무효성**을 알리기 위해 **이상설·이준·이위종**을
　　　헤이그 만국 평화 회의에 특사로 파견 ➡ 실패로 끝나면서 **고종이 강제 퇴위됨**
　　㉢ 민영환: **자결로써 을사늑약에 항거**
　　㉣ 장지연: 황성신문에 「시일야방성대곡」 발표
　　㉤ 나철·오기호: 5적 암살단 조직, 일진회 습격 등
　　㉥ 장인환·전명운: 미국인 스티븐스를 샌프란시스코에서 살해(1908)
　　㉦ 안중근⁺: 만주 하얼빈에서 이토 히로부미 저격(1909)
　　㉧ 이재명: 친일파 이완용을 칼로 찔러 중상 입힘(1909)

(2) 이후의 과정
　① 정미 7조약(한일 신협약, 1907)
　　㉠ 체결: 헤이그 특사 사건을 계기로 고종 강제 퇴위 ➡ 순종 옹립 후 조약 강제 체결
　　㉡ 내용: **통감이 추천하는 일본인을 각 부서에 차관으로 임명**, 비밀 협약으로 군대를 해산⁺
　　㉢ 반발: 해산 군인들의 합류로 **정미의병 전개**
　② 기유각서(1909.7): 사법권과 감옥 사무 박탈
　③ 한일 병합 조약(1910.8): 병합 조약 체결하고 대한제국의 국권을 강제 피탈(경술국치)

정미 7조약
제1조 한국 정부는 시정 개선에 관해 통감의 지도를 받을 것
제2조 한국 정부의 법령 제정 및 중요한 행정상의 처분은 미리 통감의 승인을 거칠 것
제5조 한국 정부는 통감이 추천하는 일본인을 한국 관리에 임명할 것

✦ **헤이그 특사 파견**
고종은 이상설·이준·이위종뿐만 아니라 미국인 헐버트도 헤이그에 특사로 파견하였다.

✦ **안중근**

감옥 생활 중에 『동양 평화론』을 저술하여 동아시아의 평화를 모색하기도 했다.

✦ **군대 해산 반발**
일제의 군대 강제 해산에 반발하여 당시 제1시위대장 박승환은 자결로써 항거하였다.

테마 49 문항별 빅데이터 분석

국권 피탈 과정에서 일어난 사실을 순서와 연관 지어 물어보는 것이 일반적인 유형이다. 각 조약별로 일어난 의병 활동과 연계하는 경우도 많기 때문에 이러한 부분까지 대비하는 것이 중요하다.

01

● 55회 37번

다음 상소가 올려진 이후의 사실로 옳은 것은? [3점]

> 일본이 러시아에 선전 포고한 이후 우리의 독립과 영토를 보전한다고 몇 번이나 말하였지만, 그것은 우리나라의 이익을 빼앗아 차지하려는 것이었습니다. …… 지금 저들이 황실을 보전하겠다는 말을 폐하께서는 과연 믿으십니까? 지금까지 군주의 지위가 아직 바뀌지 않았고 백성도 아직 죽지 않았으며 각국 공사도 아직 돌아가지 않았습니다. 그리고 조약서가 다행히 폐하의 인준과 참정의 인가를 받은 것이 아니니, 저들이 가지고 있는 것은 역적들이 억지로 만든 헛된 조약에 불과합니다.

① 제1차 영일 동맹이 체결되었다.
② 일본이 경인선 부설권을 인수하였다.
③ 뮐렌도르프가 외교 고문으로 파견되었다.
④ 통감부가 설치되고 초대 통감이 부임하였다.
⑤ 러시아가 용암포를 점령하고 조치를 요구하였다.

02

● 42회 36번

(가), (나) 조약 사이의 시기에 있었던 사실로 옳은 것은? [2점]

> (가) 제4조 …… 대한제국 정부는 대일본 제국 정부의 행동이 용이하도록 충분한 편의를 제공한다. 대일본 제국 정부는 …… 군사 전략상 필요한 지점을 수시로 사용할 수 있다.
>
> (나) 제2조 한국 정부의 법령 제정 및 중요한 행정상 처분은 미리 통감의 승인을 거칠 것.
>   제5조 한국 정부는 통감이 추천하는 일본인을 한국 관리에 임명할 것.

① 안중근이 하얼빈에서 이토 히로부미를 사살하였다.
② 의병 진압을 위한 남한 대토벌 작전이 전개되었다.
③ 일본이 경복궁을 점령하고 내정 개혁을 요구하였다.
④ 헤이그에서 열린 만국 평화 회의에 특사가 파견되었다.
⑤ 영국군이 러시아를 견제하기 위해 거문도를 불법 점령하였다.

문제 및 키워드 분석
명확한 키워드가 제시된 문제는 아니다. 하지만 **일본이 러시아에 선전 포고한 이후, 조약서가 다행히 폐하의 인준과 참정의 인가를 받은 것이 아니니** 등의 표현을 통해서 1905년에 체결된 을사늑약과 관련된 내용임을 짐작할 수 있다. 을사조약은 고종이 최종 통수권자로서 서명하는 절차인 비준을 거부한 조약이기 때문에 국제법상 무효에 해당된다.

정답 분석
④ 을사늑약이 체결된 다음 해(1906) 통감부가 설치되어 조선의 내정을 간섭하였다.

선지 분석
① 1차 영일 동맹은 1902년에 체결되었다.
② 1896년의 역사적 사실이다.
③ 1882년 조청 상민 수륙 무역 장정 체결의 결과이다.
⑤ 1903년에 일어난 사건으로, 러일 전쟁의 발단이 되었다.

문제 및 키워드 분석
(가)는 **군사 전략상 필요한 지점**이라는 키워드를 통해서 1904년에 2월에 체결된 한일 의정서임을, (나)는 **통감이 추천하는 일본인**이라는 키워드를 통해서 1907년 7월에 체결된 정미 7조약임을 알 수 있다.

정답 분석
④ 1907년에 헤이그에서 만국 평화 회의가 열리자 고종은 여기에 특사를 파견하여 을사늑약의 부당성을 알리려고 하였다. 결국 일본에 의해 고종이 퇴위당하고 순종이 즉위한 직후 정미 7조약이 강제로 체결되었다.

선지 분석
① 1909년에 일어난 사실이다.
② 1909년부터 남한 대토벌 작전이 전개되었다.
③ 1894년 1차 갑오개혁에 대한 설명이다.
⑤ 1885년에 영국이 거문도를 불법으로 점령하였다.

(가), (나) 조약 사이의 시기에 있었던 사실로 옳은 것은? [2점]

> (가) 제2조 일본국 정부는 한국과 타국 사이에 현존하는 조약의
> 실행을 완수하는 책임을 지며 한국 정부는 금후 일본
> 국 정부의 중개를 거치지 않고서는 국제적 성질을 가
> 진 어떤 조약이나 약속을 맺지 않을 것을 약속한다.
> 제3조 일본국 정부는 그 대표자로서 한국 황제 폐하의 아
> 래에 1명의 통감을 두되, 통감은 오로지 외교에 관
> 한 사항을 관리하기 위하여 서울에 주재하고 직접
> 한국 황제 폐하를 궁중에서 알현할 권리를 가진다.
> (나) 제2조 한국 정부의 법령 제정 및 중요한 행정상의 처분은
> 미리 통감의 승인을 거친다.
> 제4조 한국 고등 관리를 임명하고 해임시키는 것은 통감
> 의 동의에 의하여 집행한다.
> 제5조 한국 정부는 통감이 추천한 일본인을 한국 관리로
> 임명한다.

① 13도 창의군이 서울 진공 작전을 전개하였다.
② 관민 공동회가 개최되어 헌의 6조를 결의하였다.
③ 동학 농민군이 우금치에서 관군 및 일본군에 맞서 싸웠다.
④ 영국이 러시아를 견제하기 위해 거문도를 불법 점령하였다.
⑤ 고종이 헤이그에서 열린 만국 평화 회의에서 특사를 파견하
　 였다.

다음 자료에서 나타난 상황 이후의 사실로 옳은 것은? [3점]

> 오늘 신문에 강화(講和) 조약 전문이 공개되었다. 러시아는
> 일본이 조선에서 갖고 있는 막대한 정치적·군사적·경제적 이
> 익을 인정하고, 일본이 조선의 내정을 지도·보호 및 감리(監
> 理)하는 데 필요하다고 여기는 어떠한 조치도 방해하거나 간
> 섭하지 않을 것을 약속하였다. …… 러시아는 전쟁으로 교훈
> 을 얻었다. 일본은 전쟁으로 영예를 얻었다. 조선은 전쟁으로
> 최악의 것을 얻었다.
>
> － 『윤치호 일기』

① 메가타가 재정 고문으로 부임하였다.
② 고종이 러시아 공사관으로 거처를 옮겼다.
③ 베델과 양기탁이 대한매일신보를 창간하였다.
④ 관민 공동회가 개최되어 헌의 6조를 결의하였다.
⑤ 민종식이 이끄는 의병 부대가 홍주성을 점령하였다.

문제 및 키워드 분석

(가)는 **통감을 두되**라는 키워드를 통해서 1905년 11월에 체결된 을사늑약임
을, (나)는 **통감이 추천하는 일본인**이라는 키워드를 통해서 1907년에 체결된
정미 7조약임을 알 수 있다.

정답 분석

⑤ 1907년에 헤이그에서 만국 평화 회의가 열리자 고종은 여기에 특사를 파견
하여 을사늑약의 부당성을 알리려고 하였다. 이후 일본에 의해 고종이 퇴위당하
고 정미 7조약이 강제로 체결되었다.

선지 분석

① 1907년 정미 7조약의 체결 이후에 일어난 정미의병에 대한 설명이다.
② 1898년의 일이다.
③ 1894년에 일어난 동학 농민 운동에 대한 설명이다.
④ 1885년에 영국이 거문도를 불법으로 점령하였다.

문제 및 키워드 분석

러시아, 강화 조약 등의 키워드를 통해서 포츠머스 조약이 체결된 1905년 9월
이후의 상황임을 알 수 있다.

정답 분석

⑤ 민종식은 을사조약 체결에 반발하여 일어난 을사의병 때 활약한 인물이다.

선지 분석

① 메가타는 1904년에 재정 고문으로 부임하였다.
② 1896년 2월에 일어난 아관파천에 대한 설명이다.
③ 대한매일신보는 1904년에 창간되었다.
④ 1898년에 헌의 6조가 결의되었다.

항일 의병과 애국 계몽 운동

1 항일 의병 운동

✤(1) 을미의병(1895)

배경	을미사변과 단발령을 계기로 봉기
특징	• 위정척사 유생들이 주도, 동학 농민군 잔여 세력 가담 • **고종의 해산 권고 조칙으로 자진 해산 ➡ 활빈당✦ 등으로 계승**
의병장	유인석 부대가 충주성 점령, 이소응(춘천)의 활약 등

(2) 을사의병(1905)

배경	을사늑약의 체결
특징	유생들 이외에 평민들도 의병에 참여하면서 계층 확대
의병장	• 신돌석(평민 의병장)✦의 활약, 민종식 부대가 홍주성을 점령 • 최익현이 태인에서 거병 ➡ 정부군과 마주치자 스스로 해산 ➡ 쓰시마 섬에서 순국 　　　　　　　　　　└▶임금의 군대와는 싸울 수 없다고 하여 해산함

✤(3) 정미의병(1907)

배경	고종 황제의 강제 퇴위, 정미 7조약 체결, 대한제국의 군대 해산
특징	해산 군인의 합류 ➡ 전투력 강화, 의병 계층의 다양화
주요 활동	• 1907년에 이인영과 허위를 중심으로 13도 창의군 구성 ➡ 서울 진공 작전(1908) • 각국 영사관에 의병을 국제법상 교전 단체로 인정해 줄 것을 요구

(4) 일제의 탄압: 일제가 호남 중심으로 **남한 대토벌 작전**(1909) 실시 ➡ 간도나 연해주로 이동
　　　　　　　　　└▶가장 의병 운동이 강한 지역이었음

2 애국 계몽 운동

(1) 성격: 사회 진화론✦의 영향 ➡ 실력 양성을 통한 국권 회복 추구(교육·언론·산업 진흥 등)

(2) 주요 단체

보안회(1904)	일제의 황무지 개간권 요구 철회
헌정 연구회(1905)	입헌군주제 수립 노력, 일진회의 반민족 행위 규탄
대한 자강회(1906)	• 고종의 강제 퇴위 반대 운동 전개, 지회 설치·월보 간행 • 고종 퇴위 반대 운동 전개 중 일제의 탄압으로 해산(1907)

✤✤(3) 신민회(1907)

설립		안창호✦·양기탁·이승훈 등 서북 계층 인사들 중심으로 설립
특징		**무장 투쟁 + 실력 양성 운동을 함께 전개, 공화정체의 근대 국가 수립 목표, 비밀 결사**
활동	교육	대성 학교(평양)와 오산 학교(정주)를 설립하여 민족교육 전개
	산업	태극서관과 자기회사(평양) 설립
	군사	남만주 삼원보에 신흥 무관 학교 설립 ➡ 독립운동 기지 마련
해체		일제가 날조한 105인 사건✦으로 해체(1911)

> **105인 사건**
> 피고 **이승훈**은 … **안창호**, 이갑 등과 함께 미국에 있는 이대위·김유순 그리고 러시아에 있는 김성무 등과 **신민회**를 조직하였다. 이들은 옛 청국 영토 내에 있는 **서간도에 무관 학교를 설립**하고 청년의 군사 교육을 실시하였다. 그리고 일본과 미국 혹은 일본과 청국 사이에 갈등이 생기면 그 기회를 틈타 독립 전쟁을 일으켜 국권을 회복하고자 하였다.　　– 105인 사건 판결문(1911)

✦ 활빈당
을미의병 해산 이후 의병에 참여했던 농민들이 중심이 되어 조직된 무장 단체이다. 『홍길동전』에 등장하는 의적 무리인 활빈당을 본따서 이름을 지었다.

✦ 신돌석
울진과 평해 일대를 중심으로 활동했다. '태백산 호랑이'라고 불릴 정도로 유격전에 능하였다.

✦ 사회 진화론
영국인 스펜서가 창안한 논리로, 찰스 다윈의 생물 진화론을 사회에도 적용하였다. 인간 사회 역시 강한 국가만이 살아남는다는 적자생존의 법칙이 적용된다고 주장하였다. 당시 제국주의 세력의 침탈을 옹호하는 논리로 이용되었다.

✦ 안창호

호는 도산이다. 신민회를 주도하면서 평양에 대성학교를 설립하여 민족 교육에도 힘썼다. 미국으로 건너가서는 대한인국민회와 흥사단의 조직을 주도했으며, 3·1 운동 직후에는 임시 정부에서 활동하였다. 1937년 투옥 생활 중 병세가 악화되어 보석되었으나 이듬해에 사망하였다.

✦ 105인 사건
안중근과 친척이었던 안명근이 독립운동을 하다가 일제 경찰에게 붙잡히게 되었다. 안명근은 신민회 회원이 아니었지만, 일제는 이를 확대 해석해서 신민회가 배후에 있다고 간주하고 서북 일대의 신민회 주요 인사들을 체포하였다. 이로 인하여 신민회는 정체가 낱낱이 드러나면서 해체되었다.

테마 50 문항별 빅데이터 분석 🎲

의병 항쟁은 을미·을사·정미의병의 특징 및 시간의 순서대로 구분을 해두는 것이 중요하다. 애국 단체들 역시 빈출 주제인 신민회를 중심으로 여러 단체들의 특징을 정리해두는 것이 포인트이다. 매회 꾸준하게 출제되고 있다.

01

• 55회 35번

(가)~(다) 학생이 발표한 내용을 일어난 순서대로 옳게 나열한 것은?　　　[2점]

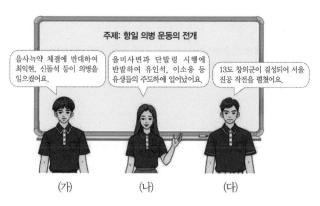

① (가) - (나) - (다)
② (가) - (다) - (나)
③ (나) - (가) - (다)
④ (나) - (다) - (가)
⑤ (다) - (나) - (가)

02

• 48회 36번

밑줄 그은 '이 단체'에 대한 설명으로 옳은 것은?　　　[2점]

① 일제가 조작한 105인 사건으로 와해되었다.
② 파리 강화 회의에 독립 청원서를 제출하였다.
③ 만민 공동회를 열어 민권 신장을 추구하였다.
④ 독립운동 자금 마련을 위해 독립 공채를 발행하였다.
⑤ 어린이 등의 잡지를 발간하여 소년 운동을 주도하였다.

문제 및 키워드 분석

(가)는 **을사늑약 체결에 반대**이기 때문에 을사의병(1905), (나)는 **을미사변과 단발령 시행에 반대**이기 때문에 을미의병(1895), (다)는 **13도 창의군**이 등장하기 때문에 정미의병(1907)이다.

정답 분석

③ (나) 을미의병(1895) → (가) 을사의병(1905) → (다) 정미의병(1907)

문제 및 키워드 분석

태극 서관, 오산 학교 등의 키워드를 통해서 신민회와 관련된 자료임을 알 수 있다. 둘 다 신민회가 민족 교육과 산업을 육성하기 위해 설립한 것들이다.

정답 분석

① 신민회는 1911년에 일제가 날조한 105인 사건으로 인하여 조직이 발각되면서 와해되었다.

선지 분석

②, ④ 대한민국 임시 정부에 대한 설명이다.
③ 독립 협회에 대한 설명이다.
⑤ 일제 강점기 때 활동한 천도교 소년회에 대한 설명이다.

PART

6

열강의 경체 침탈과 경제적 구국 운동

1 열강의 경제 침탈

(1) 개항과 외국 상인의 침투

1870년대 일본 주도	• 거류지 무역(일본 상인의 활동 범위 제한) ➡ 면제품 수입하고 곡물·쇠가죽·금 수출 • 일본 상인들의 약탈석 무역 ➡ 영사 재판권, 일본 화폐 사용권, 무관세 등
1880년대 청vs일본	• 청: 임오군란 이후 침투 강화 ➡ 내지 통상권 허용으로 거류지 무역 붕괴 • 일본: 개정 통상 장정의 최혜국 대우를 통해 내륙 진출 가능 ➡ 임오군란 이후 조선 상권을 둘러싸고 청과 일본의 경쟁 더욱 치열
1890년대 일본 독점	• 미곡 유출: 일본 상인들이 곡물 유출 ➡ 조선 내 곡물 가격 폭등, 농촌 경제 파탄 • 국내 경제 몰락: 국내 상인들의 몰락, 일본산 면직물 수입으로 면직업도 큰 타격

(2) 열강의 이권 침탈

러시아	압록강·두만강·울릉도 삼림 채벌권, **절영도 조차 요구**
미국	운산 금광 채굴권, 전기·전차 등의 개발권, **최초로 최혜국 대우 보장**
영국·프랑스·독일	최혜국 대우를 이용하여 광산 채굴권 등 이권 획득

(3) 일본의 경제 침탈

✦ 화폐 정리 사업 (1905)✦	주도	재정 고문 메가타가 주도
	내용	**조선 화폐(백동화)를 일본의 제일은행권으로 교환**, 화폐의 상태로 교환
	결과	국내 상인과 국내 민간 은행의 몰락　↳ 갑·을·병종으로 분류
토지 약탈		**동양 척식 주식회사✦** 설립(1908) ➡ 약탈 토지 관리
철도 부설권		경부선 부설권 획득, 경인선(미)·경의선(프) 부설권을 매입

✦ **화폐 정리 사업**
일본은 화폐를 교환할 때 기존 백동
화의 액면가를 무시하고 상당수 평
가절하해서 매겼기 때문에 이 과정
에서 국내 상인들이 상당수 몰락하
였다.

✦ **동양 척식 주식회사**
조선의 토지 침탈을 위해 일본이 세
운 회사이다. 영국이 인도 지배를
할 때 세운 동인도 회사를 모델로
삼아 설립되었다.

> **구(舊) 백동화(白銅貨) 교환에 관한 건**
> 제1조 구 백동화 교환에 관한 사무는 금고(金庫)로 처리하도록 하며 탁지부 대신이 이를 감독한다.
> 제3조 구 백동화의 백동 비율·무게·무늬 모양·형체가 정식 화폐 기준을 충족할 경우, 1개 당 금 2전 5리로 새
> 로운 화폐와 교환한다.　　　　　　　　　　　　　　　　　　　　　　　　　– 관보, 1905년 6월 29일

2 경제적 구국 운동

✦✦ 국채 보상 운동 (1907)	배경	**일본의 강제 차관 대여(1,300만원)** ➡ 경제적 예속화 정책
	전개	• 대구에서 서상돈·김광제 등의 발의로 국채 보상 기성회 조직 • 금연·금주 운동과 **모금 운동** 전개, 대한매일신보 등 언론 기관들의 지원
	결과	양기탁을 횡령 혐의로 구속 ➡ **통감부의 탄압으로 실패**
방곡령		곡물 유출 막기 위해 1889년을 전후하여 **함경도·황해도 등지에서 방곡령 선포** ➡ 실패
이권 수호 운동	보안회	**일본의 황무지 개간권 획득 저지**
	민간은행(금융)	조선은행(1896), 대한천일은행(1899) 등 설립 ➡ 화폐 정리 사업으로 몰락(1905)
	황국 중앙 총상회(1898)	시전 상인들의 이권 수호 위해 조직
	독립협회	러시아의 절영도 조차 요구 저지 등 각종 이권 수호 운동 전개

테마 51 문항별 빅데이터 분석 📦

자주 빈출되는 주제는 아니기 때문에 굵직한 사건과 단체를 중심으로 암기를 한다면 쉽게 대비할 수 있는 주제이다.

01

●57회 34번

다음 자료를 활용한 탐구 활동으로 가장 적절한 것은? [2점]

이달 20일, 함경도 관찰사로부터 보고를 받았는데, 그 내용은 다음과 같았습니다.

"큰 수해를 당하여 조만간 여러 곡식의 피해가 클 듯한데, 콩 등은 더욱 심하여 모두 흉작이 될 것이라고 고하고 있으니, 궁핍하여 식량난을 겪을 것이 장차 불을 보듯 훤합니다. 도내(道內)의 쌀과 콩 등의 곡물에 대해서는 내년 가을걷이할 때까지를 기한으로 삼아 잠정적으로 유출을 금지하여 백성들의 식량 사정을 넉넉하게 하는 것이 마땅할까 합니다. 바라건대 통촉하시어 유출 금지 시행 1개월 전까지 일본 공사에게 알리시어, 일본의 상민들이 일체 준수하게 해주십시오."

① 화폐 정리 사업의 결과를 분석한다.
② 산미 증식 계획의 실상을 조사한다.
③ 조일 통상 장정 체결의 영향을 살펴본다.
④ 토지 조사 사업의 추진 과정을 파악한다.
⑤ 양지아문과 지계아문을 설치한 목적을 알아본다.

02

●48회 32번

밑줄 그은 '이 운동'에 대한 설명으로 옳은 것은? [2점]

이것은 일제로부터 도입한 차관을 갚기 위해 일어난 이 운동을 기념하여 대구에 세운 조형물입니다. 개화 지식인, 상인, 여성이 엽전을 떠받치고 있는 모습으로 형상화되었습니다.

① 황국 중앙 총상회의 주도로 전개되었다.
② 러시아의 절영도 조차 요구에 반대하였다.
③ 조선 총독부의 방해와 탄압으로 실패하였다.
④ 대한매일신보 등 당시 언론이 적극적으로 참여하였다.
⑤ 일본, 프랑스 등의 노동 단체로부터 격려 전문을 받았다.

문제 및 키워드 분석
함경도 관찰사, 유출 금지 등의 키워드를 통해서 방곡령에 대한 설명임을 알 수 있다. 방곡령은 곡식의 유출을 금지하는 조항으로 여러 차례 발동을 시도했었는데 함경도에서 실시하려고 했던 방곡령이 대표적이다. 그러나 조선 측의 조약 미숙지와 일본의 술수로 인하여 제대로 발동된 적은 한 번도 없었다.

정답 분석
③ 1883년에 조일 통상 장정을 체결하여 곡물 수출을 금지할 수 있는 방곡령을 선포할 수 있게 하였다.

문제 및 키워드 분석
차관을 갚기 위해, 대구 등의 키워드를 통해서 해당 운동이 1907년에 전개된 국채 보상 운동임을 알 수 있다.

정답 분석
④ 국채 보상 운동은 전개 당시 대한매일신보와 같은 여러 언론 단체들의 적극적인 지원으로 전국적으로 확장되었다.

선지 분석
① 황국 중앙 총상회는 시전 상인들을 중심으로 1898년에 세워진 단체로, 상권 수호 운동을 전개하였다.
② 독립 협회에 대한 설명이다.
③ 국채 보상 운동은 조선 총독부가 아닌 통감부의 방해로 실패하였다.
⑤ 1929년에 전개된 원산 노동 총파업에 대한 설명이다.

언론의 발달과 근대 문물의 수용

📍 우정총국
우편을 총괄하던 관청이었다. 1884년에 일어난 갑신정변으로 인하여 폐지되었다.

✦ 덕수궁 석조전

✦ 명동 성당

대한민국의 근·현대사에서 수많은 일들이 일어난 장소이다. 이재명이 이완용을 습격한 곳, 3·1 민주구국선언이 발표된 곳, 박종철 고문치사 사건의 진상이 처음으로 발표된 곳이다.

✦ 원각사

✦ 독립신문

✦ 대한매일신보
대한매일신보는 일제강점기 때 매일신보로 변경되어 일제의 어용 신문으로 발행되었다.

✦ 베델

조선에서 활약한 영국 언론인으로, 대한매일신보를 통하여 반일사상 고취에 크게 기여하였다.

1 근대 문물의 수용

각종 시설		연대	내용
출판	박문국	1883년	한성순보 발행
화폐	전환국	1883년	근대식 화폐 주조(당오전)
무기제조	기기창	1883년	영선사(청)의 건의로 세운 최초의 근대식 무기제조 공장
전기	회사	1898년	**한성 전기 회사 설립(황실과 미국인 콜브란 합작)**
통신	전신	1885년	서울~의주 간 전신선 가설, 서울~인천 간 가설
	우편	1895년	•우정총국(1884) ➡ 갑신정변으로 중단, 을미개혁 때 재개 •만국 우편 연합에 가입(1900)
	전화	1898년	경운궁에 최초 설치
✦교통 기관	철도 경인선	1899년	**서울과 인천을 잇는 최초의 철도**, 일본에 의해 완성
	철도 경부선	1904년	일본이 프랑스로부터 경의선 부설권 획득해서 완공
	철도 경의선	1906년	
	전차	1899년	서대문~청량리 구간 전차 운행
금융 기관	대한 천일 은행	1899년	고종의 지원으로 설립된 은행, 황실 자금 운용
의료 기관	광혜원	1885년	알렌이 설립(최초의 근대식 병원) ➡ 제중원 ➡ 세브란스 병원(1904)
	광제원	1899년	대한제국 정부가 설립 ➡ 대한의원(1907)으로 개편
✦✦근대건축	독립문	1897년	프랑스 개선문 모방, 영은문을 허물고 건립
	덕수궁 석조전✦	1909년	르네상스식 건축 양식, 제1차 미·소 공동 위원회 개최
	명동성당✦	1898년	중세 유럽식 고딕 양식
	원각사✦	1908년	최초의 서양식 극장, '은세계', '치악산' 등을 공연

✦✦ 2 언론 기관의 등장

구분	발행	기간	활동과 성격
한성순보	박문국	1883~1884년	**최초의 신문(관보 성격), 순한문, 10일마다 발행**
독립신문✦	독립 협회	1896~1899년	•**최초의 민간 신문이자 한글 신문** •대중 계몽을 위한 한글판과 외국인 위한 영문판 발행
황성신문	남궁억	1898~1910년	•**장지연이 「시일야방성대곡」 게재** •양반 유생 층이 주 독자층 ➡ 국한문 혼용체
제국신문	이종일	1898~1910년	순한글, 부녀자와 서민층 대상
대한매일신보✦	베델✦, 양기탁	1904~1910년	•고종이 을사조약 부당성 폭로 친서 발표 •순한글·국한문·영문판 모두 간행 •강력한 항일 논조 ➡ 의병에 대해서도 호의적 •황무지 개간권 반대 운동, 국채 보상 운동 주도
만세보	천도교	1906~1907년	**천도교 기관지**, 국한문 혼용
경향신문	천주교	1906년	천주교 기관지, 민중 계몽을 위해 노력

전차의 개통

경인 철도 회사에서 어제 개업 예식을 거행하는데 …… 화륜거 구르는 소리는 우레 같아 천지가 진동하고 기관차 굴뚝 연기는 반공에 솟아오르더라. 수레를 각기 방 한 칸씩 되게 만들어 여러 수레를 철구로 연결하여 수미상접하게 이었는데 …

– 독립신문

언론 매체의 발달

여러 가지 신문이 있었으나, 제일 환영을 받기는 **영국인 베델이 경영하는** 대한매일신보였다. 관 쓴 노인도 사랑방에 앉아서 이 신문을 보면서 혀를 툭툭 차고 각 학교 학생들은 주먹을 치고 통론하였다.

– 「별건곤」

3 근대 교육과 국학·문예·종교

(1) 근대 교육과 학교 설립

① 1880년대

원산 학사(1883)	•**최초의 근대적 사립학교**, 함경도 덕원 지역의 관민들이 합심하여 설립(덕원 부사 정현석 주도) •문예와 무예를 모두 가르침
동문학(1883)	정부가 세운 영어 강습 기관 ➡ 통역관 양성
육영 공원(1886)	최초의 관립 학교, 좌원(관료)과 우원(유생)으로 구성, 헐버트⁺·길모어 등을 교사로 초빙
배재 학당(1885)	개신교 선교사 아펜젤러가 설립
이화 학당(1886)	개신교 선교사 스크랜턴이 설립, 우리나라 최초의 여학교

② 갑오개혁: 교육 입국 조서(1895) 반포 ➡ 한성 사범 학교·외국어 학교·소학교 등 설립

교육 입국 조서

짐이 정부에 명하여 학교를 널리 세우고 인재를 양성하는 것은 너희들 신하와 백성의 학식으로 나라를 중흥시키는 큰 공로를 이룩하기 위해서이다. 너희는 임금에게 충성하고 나라를 사랑하는 마음으로 덕성·체력·지혜를 기르라. 왕실의 안전도 신하와 백성의 교육에 달려 있고, 나라의 부강도 신하와 백성의 교육에 달려 있다.

③ 광무개혁: 식산흥업 정책의 일환으로 추진 ➡ 상공 학교·실업 학교 등 설립
④ 을사늑약 이후: **대성 학교(안창호)⁺, 오산 학교(이승훈)** 등 설립 ➡ 사립학교령(1908)으로 탄압

(2) 국학 연구

국어		**주시경⁺·지석영 등이 국문 연구소 설립(1907)**, 국문 정리 및 한글 체계적 연구
역사	신채호	•외국 흥망사 번역, 애국 명장의 전기 편찬 ➡ 「을지문덕전」, 「이순신전」 등 •**「독사신론」(1908)**: 대한매일신보에 게재, 민족주의 사학의 연구 방향 제시
	박은식	애국 명장들의 전기 저술, '국혼'을 강조
민족 고전		최남선·박은식 등이 조선 광문회 설립(1910), 민족의 고전 정리 및 간행

(3) 문학과 종교

① 문학
  ㉠ 신소설: 이인직의 『혈의 누』(최초의 신소설, 1906), 안국선의 『금수회의록』 등
  ㉡ 신체시: 최남선의 「해에게서 소년에게」(최초의 신체시)
② 종교

천주교	1886년 이후 포교의 자유 ➡ 자선·선교 활동, **경향신문 간행**
개신교	선교사들을 중심으로 교육·의료 활동
천도교	**손병희가 동학 세력을 이어받아 천도교 창설(1905), 만세보 간행**
대종교	**나철·오기호 등이 창설(1909)**, 단군 신앙을 현대 종교로 발전, 무장 독립 투쟁 전개

✚ 호머 헐버트

미국인 선교사이다. 육영 공원의 교사로 초빙되어 조선에 입국하였다. 고종의 신임을 얻어 외교 자문을 맡았으며, 1907년에는 헤이그 특사로 파견되기도 하였다. 한글에도 관심이 많아 주시경과 함께 한글을 연구했으며, 세계 지리서를 한글로 번역한 「사민필지」를 저술하였다. 광복을 기념하여 1949년에 86세의 나이로 입국하였으나 한국에서 사망하였다.

✚ 대성 학교

1907년에 안창호가 민중 계몽을 위해 평양에 세운 학교이다.

✚ 주시경

대표적인 국문학자로, 독립신문의 발간에도 관여하였다. 최초의 국문 연구회인 **국문동식회**를 조직하였으며, 1907년에는 **국문연구소**를 설립하여 국문 연구와 정리에 힘쓰는 등 일생을 국어와 국문 연구에 바친 학자이다. 과로사로 인하여 1914년에 사망하였다.

테마 52 문항별 빅데이터 분석

근대 개항기의 문화는 자주 출제되는 문물들의 특징과 설립 연도를 숙지하는 것이 가장 핵심이라고 할 수 있다. 암기량이 다소 많아 보이지만 빈출되는 몇몇 개념들 위주로 알아둔다면 생각 외로 쉬운 주제가 될 수도 있다. 간혹 시기와 관련하여 묻는 경우도 있다. 과거부터 지금까지 꾸준히 출제되고 있는 파트이며, 시대 통합형 문제에서도 자주 등장하고 있는 부분이기 때문에 반드시 공략이 필요하다.

01

● 58회 30번

다음 상황 이후의 사실로 옳은 것은? [3점]

> 전화 설비 가설 및 운영권을 가진 한성 전기 회사가 설립되다니 새로운 직업이 생기는군.

> 새로운 문물이 계속 들어오니 앞으로 더 많은 변화가 나타나겠군.

> **〈모집 공고〉**
> 전화를 연결해주는 교환수를 모집합니다.
> • 모집 인원: ㅁㅁ명
> • 지원 자격: 목소리가 분명하고 신체가 튼튼한 자
>
> 광무 6년 ○○월 ○○일

① 알렌의 건의로 광혜원이 세워졌다.
② 박문국에서 한성순보가 발행되었다.
③ 무기 제조 공장인 기기창이 설립되었다.
④ 서울과 부산을 연결하는 경부선이 개통되었다.
⑤ 우편 사무를 관장하는 우정총국이 처음 설치되었다.

02

● 55회 36번

(가) 신문에 대한 설명으로 옳은 것은? [1점]

> 여기는 양기탁과 함께 [(가)] 을/를 창간하여 항일 언론 활동을 전개한 베델의 묘입니다. 그는 "나는 죽지만, [(가)] 은/는 영원히 살려 한국 동포를 구하시오."라는 유언을 남겼습니다.

① 최초로 상업 광고를 실었다.
② 천도교의 기관지로 발행되었다.
③ 우리나라 최초의 민간 신문이었다.
④ 국채 보상 운동의 확산에 기여하였다.
⑤ 일장기를 삭제한 손기정 사진을 게재하였다.

문제 및 키워드 분석

근대 문물이 처음 수용되거나 만들어진 연도를 정확히 암기하고 있어야 풀 수 있는 문제이다. 다소 까다로운 편에 속할 수도 있었지만 해당 문제에서는 **광무 6년**이라는 키워드를 제시해주었다. 광무는 대한제국의 연호이기 때문에 광무 6년은 1902년에 해당되므로, 이 이후의 사실을 찾아도 접근이 가능했다.

정답 분석

④ 한성 전기 회사는 1898년에 설립되었고, 경부선 개통은 1905년의 사실이다.

선지 분석

① 광혜원은 1885년에 설립되었다.
② 한성순보는 1883년부터 1884년까지 발행되었다.
③ 기기창은 1883년에 설립되었다.
⑤ 우정총국은 1884년에 설립되었지만, 갑신정변 발생으로 인하여 설립과 동시에 폐지되었다.

문제 및 키워드 분석

양기탁 · 베델 등의 키워드를 통해서 (가) 신문이 대한매일신보임을 알 수 있다. 양기탁과 베델은 대한매일신보의 공동 사장으로 활약했다.

정답 분석

④ 대한매일신보는 영국인 베델이 발행한다는 것을 장점으로 이용하여 일제를 비판하고 국내 구국 운동을 지원하는 기사를 많이 작성했는데, 특히 국채 보상 운동을 전국적으로 확산시키는데 기여하였다.

선지 분석

① 한성주보에 대한 설명이다.
② 만세보에 대한 설명이다.
③ 독립신문에 대한 설명이다.
⑤ 동아일보에 대한 설명이다.

03

다음 퀴즈의 정답으로 옳은 것은?　　　　　[1점]

> 덕원부의 관민이 힘을 합쳐 설립한 우리나라 최초의 근대 학교로, 외국어 교육 등을 실시한 이 교육 기관은 무엇일까요?

① 동문학
② 명동학교
③ 원산학사

④ 서전서숙
⑤ 배재 학당

04

(가) 종교의 활동으로 옳은 것은?　　　　　[2점]

이달의 독립운동가

항일 무장 독립운동가

오석禑石 **김 혁**

1875 ~ 1939

대한 제국 육군 무관 학교 출신의 김혁은 나철이 창시한 　(가)　에 귀의하였다. 자유시 참변 이후 그는 북만주 일대의 독립운동 단체를 통합하여 신민부를 조직하고 최고 책임자로 활동하였다. 성동 사관학교를 설립하여 교장으로 활동하며, 부교장 김좌진과 함께 500여 명의 독립군을 양성하였다. 정부는 선생의 업적을 기려 1962년 건국 훈장 독립장을 추서하였다.

① 개벽, 신여성 등의 잡지를 발행하였다.
② 만세보를 발행하여 민중 계몽에 힘썼다.
③ 여성 교육을 위해 이화 학당을 설립하였다.
④ 중광단을 조직하여 무장 투쟁을 전개하였다.
⑤ 박중빈을 중심으로 새생활 운동을 추진하였다.

문제 및 키워드 분석

덕원부(원산)의 관민이 힘을 합쳐 설립, **우리나라 최초의 근대 학교**라는 키워드를 통해서 해당 퀴즈의 정답이 원산학사임을 알 수 있다.

정답 분석

③ 원산학사는 덕원부(원산)에 설립된 우리나라 최초의 근대적 사립 교육 기관이다.

선지 분석

① 동문학은 외국어 교육을 담당하던 기관이다.
② 명동 학교는 독립운동을 위해 북간도에 설립된 교육 기관이다.
④ 서전서숙은 연해주에 설립된 교육 기관이다.
⑤ 배재 학당은 선교사 아펜젤러가 설립한 학교이다.

문제 및 키워드 분석

나철이라는 키워드를 통해서 (가)는 나철이 창시한 종교인 대종교임을 알 수 있다.

정답 분석

④ 대종교 세력은 만주에서 중광단이라는 군사 단체를 조직하여 무장 독립 투쟁을 이어갔다.

선지 분석

①, ② 천도교에 대한 설명이다.
③ 개신교 선교사인 스크랜튼에 의해 이화 학당이 설립되었다.
⑤ 원불교에 대한 설명이다.

01

다음 상황과 관련된 사건에 대한 설명으로 옳은 것을 모두 고르시오.

> 진무사 정기원의 장계에, "초지와 덕진을 제대로 지키지 못한 것도 저의 불찰인데, 광성보에서는 군사가 다치고 장수가 죽었으니 저의 죄가 더욱 큽니다."라고 하였다. 이에 전교하기를, "병가의 승패는 늘 있는 일이다. 저 흉측한 무리들이 지금 다소 물러가기는 했으나 목전의 방비를 더욱 소홀히 할 수 없다."라고 하였다.

① 어재연 부대가 광성보에서 항전하였다. [53회]
② 종로와 전국 각지에 척화비가 세워졌다. [53회]
③ 로즈 제독의 부대가 양화진을 침공하였다. [52회]
④ 오페르트가 남연군 묘 도굴을 시도하였다. [56회]
⑤ 일본 군함 운요호가 영종도를 공격하였다. [52회]
⑥ 김기수가 수신사로 일본에 파견되었다. [56회]
⑦ 조약 체결에 대한 답례로 보빙사를 보냈다. [59회]
⑧ 양헌수 부대가 정족산성에서 적군을 물리쳤다. [60회]
⑨ 부산 외 2곳에 개항장이 설치되는 결과를 가져왔다. [59회]
⑩ 김홍집이 가지고 온 조선책략이 국내에 유포되었다. [56회]

02

(가) 시기에 일어난 사실을 모두 고르시오.

1894, 녹두꽃 피고 지다
낡은 체제와 외세의 압박에 맞섰던 농민들. 그들이 이끈 변혁의 과정을 시간의 흐름에 따라 재구성해 본다.

1부 고부 민란이 일어나다
2부 전주성을 점령하다
3부 　　(가)
4부 우금치에서 패배하다

① 태양력을 시행하였다. [56회]
② 교정청이 설치되었다. [54회]
③ 남북접이 논산에 집결하다. [58회]
④ 황토현에서 관군에 승리하였다. [56회]
⑤ 교조 신원을 요구하는 삼례 집회가 열리다. [58회]
⑥ 집강소를 중심으로 폐정 개혁안을 실천하였다. [56회]
⑦ 왕비가 궁궐을 빠져나와 장호원으로 피신하였다. [59회]
⑧ 통리기무아문을 설치하여 개혁을 추진하였다. [60회]
⑨ 각 궁방과 중앙 관서의 공노비를 해방하였다. [53회]
⑩ 조병갑의 탐학에 저항하여 고부 관아를 습격하였다. [56회]

✏️ 정답 및 해설

정답 ①, ②

초지와 덕진, 광성보 등의 키워드를 통해서 1871년에 일어난 신미양요에 대한 설명임을 알 수 있다.

선지분석

① 신미양요와 관련된 내용이다.
② 신미양요와 관련된 내용이다.
③ 병인양요와 관련된 내용이다.
④ 신미양요 이전인 1868년에 일어난 사실이다.
⑤ 강화도 조약에 대한 설명이다.
⑥ 강화도 조약에 대한 설명이다.
⑦ 조미 수호 통상 조약에 대한 설명이다.
⑧ 병인양요에 대한 설명이다.
⑨ 강화도 조약에 대한 설명이다.
⑩ 2차 수신사에 대한 설명이다.

✏️ 정답 및 해설

정답 ②, ③, ⑥

1894년 4월 전주성 점령~1894년 11월 우금치 전투 사이에 있었던 사실을 고르면 된다.

선지분석

① 1895년 을미개혁 때 있었던 사실이다.
② 1894년 6월에 교정청이 설치되었다.
③ 2차 농민 봉기 때인 1894년 10월의 일이다.
④ 1894년 5월에 황토현 전투가 일어났다.
⑤ 1893년에 삼례 집회가 전개되었다.
⑥ 1894년 5월 전주화약 체결 직후에 동학 농민군은 집강소를 설치·운영하였다.
⑦ 1882년에 일어난 임오군란과 관련된 사실이다.
⑧ 1880년 초기 개화 정책에 대한 설명이다.
⑨ 1801년 순조 때 실시된 정책이다.
⑩ 1894년 1월에 일어난 고부 민란에 대한 설명이다.

03

(가)에서 추진했던 정책으로 옳은 것을 모두 고르시오.

고종은 이곳 환구단에서 황제 즉위식을 거행하고, 경운궁에서 국호를 ⬚(가)⬚ (으)로 선포했습니다. 환구단은 일제에 의해 헐려버렸고 지금은 황궁우가 외로이 남아 있습니다.

① 지계아문을 설립하였다. [58회]
② 대한국 국제를 반포하였다. [58회]
③ 공사 노비법을 혁파하였다. [59회]
④ 황제 직속의 원수부를 설치하였다. [60회]
⑤ 이범윤을 간도 관리사로 파견하였다. [60회]
⑥ 초대 총독으로 데라우치가 부임하였다. [52회]
⑦ 양전 사업이 실시되어 지계가 발급되었다. [56회]
⑧ 여성 권리 선언문인 여권통문을 발표하였다. [57회]
⑨ 독립문 건립을 위한 모금 운동을 전개하였다. [61회]
⑩ 6조에서 8아문으로 개편하고 과거제를 폐지하였다. [52회]

04

다음 신문이 보도된 이후 일어난 역사적 사실로 옳은 것을 모두 고르시오.

역사신문

제△△호   ○○○○년 ○○월 ○○일

전차 운행 중 사망 사고 발생

오늘 종로 거리를 달리던 전차에 다섯 살 난 아이가 치여 죽는 사고가 발생하였다. 이를 목격한 사람들이 격노하여 전차를 부수었고, 이어 달려오던 전차까지 전복시켜 파괴하고 기름을 뿌려 불태웠다. 동대문에서 성대한 개통식을 열고 전차를 운행한 지 한 달도 되지 않아 참혹한 사건이 발생한 것이다.

① 전환국이 설치되었다. [56회]
② 혜상공국이 설립되었다. [56회]
③ 육영 공원을 설립하였다. [56회]
④ 광제원을 설립하였다. [62회]
⑤ 박문국에서 한성순보가 발행되었다. [58회]
⑥ 한성 전기 회사가 설립되었다. [61회]
⑦ 알렌의 건의로 광혜원이 세워졌다. [58회]
⑧ 베델이 대한매일신보를 창간하였다. [60회]
⑨ 통역관 양성을 목적으로 동문학을 설립하였다. [60회]
⑩ 우편 사무를 관장하는 우정총국이 처음 설치되었다. [58회]

PART 6

✏ 정답 및 해설

정답 ①, ②, ④, ⑤, ⑦
고종, 환구단, 황제 즉위식 거행 등의 키워드를 통해서 (가)가 대한제국임을 알 수 있다.

선지분석
① 대한제국에서 실시된 정책이다.
② 대한제국에서 실시된 정책이다.
③ 1차 갑오개혁에 대한 설명이다.
④ 대한제국에서 실시된 정책이다.
⑤ 대한제국에서 실시된 정책이다.
⑥ 1910년 8월 한일 병합 조약이 체결된 직후에 데라우치가 초대 총독으로 취임하였다(10월 1일).
⑦ 대한제국에서 실시된 정책이다.
⑧ 찬양회에 대한 설명이다.
⑨ 독립 협회에 대한 설명이다.
⑩ 2차 갑오개혁에 대한 설명이다.

✏ 정답 및 해설

정답 ④, ⑧
전차 개통은 1899년으로 그 이후의 역사적 사실을 고르면 된다.

선지분석
① 전환국은 1883년에 만들어졌다.
② 혜상공국은 1883년에 설립되었다.
③ 육영 공원은 1886년에 설립되었다.
④ 국립 병원인 광제원은 1900년에 설립되었다.
⑤ 한성순보는 1883~1884년에 발행되었다.
⑥ 한성 전기 회사는 1898년에 설립되었다.
⑦ 광혜원은 1885년에 설립되었다.
⑧ 대한매일신보는 1904년에 창간되었다.
⑨ 동문학은 1883년에 만들어졌다.
⑩ 우정총국은 1884년에 설립되었다.

테마 43

01 흥선 대원군 때 사창제가 실시되었다. ☐ 55회

02 흥선 대원군은 삼군부를 부활시켜 군국 기무를 전담하게 하였다. ☐ 35회

03 흥선 대원군은 당백전을 발행하여 경복궁 건설 비용에 충당하였다. ☐ 62회

04 흥선 대원군은 통치 체제를 정비하기 위해 대전통편을 간행하였다. ☐ 62회

05 흥선 대원군 때 원납전이 징수되었다. ☐ 55회

06 병인양요의 결과 평양 관민이 제너럴 셔먼호를 불태웠다. ☐ 60회

07 병인양요 때 한성근 부대가 문수산성에서 항전하였다. ☐ 61회

08 신미양요 이후 오페르트가 남연군 묘 도굴을 시도하였다. ☐ 61회

09 신미양요 때 양헌수 부대가 정족산성에서 적군을 물리쳤다. ☐ 60회

10 신미양요의 결과 종로를 비롯한 전국 각지에 척화비가 건립되었다. ☐ 54회

테마 44

01 강화도 조약의 영향으로 부산, 원산, 인천 항구가 개항되었다. ☐ 62회

02 조청 상민 수륙 무역 장정은 방곡령 시행에 대한 규정을 명시하였다. ☐ 53회

03 프랑스와 조약을 체결하여 천주교 포교가 허용되었다. ☐ 54회

04 조미 수호 통상 조약은 최혜국 대우를 최초로 규정하였다. ☐ 59회

05 조일 무역 규칙은 양곡의 수출을 허용하고 관세를 설정하지 않았다. ☐ 38회

테마 45

01 영선사는 조선책략을 처음으로 소개하였다. ☐ 52회

02 최익현이 주도하여 영남 만인소를 올렸다. ☐ 56회

03 영선사는 관세 문제로 두모포에서 무력 시위를 벌였다. ☐ 54회

테마 43

01 O
02 O
03 O
04 X (대전회통)
05 O
06 X (병인양요 이전의 사실)
07 O
08 X (신미양요 이전)
09 X (병인양요)
10 O

테마 44

01 O
02 X (1883년에 체결된 개정 조일 통상 장정)
03 O
04 O
05 O

테마 45

01 X (2차 수신사)
02 X (이만손)
03 X (1878년 일본 군함의 두 모포 무력 시위)
04 O

04 김기수가 일본에 수신사로 파견되었다. ☐ 60회

05 영선사는 기기창 설립의 계기가 되었다. ☐ 52회

06 조사 시찰단은 개화 반대 여론으로 비밀리에 출국되었다. ☐ 52회

07 강화도 조약의 체결에 대한 답례로 보빙사를 파견하였다. ☐ 59회

08 보빙사는 민영익, 홍영식, 서광범 등이 참여하였다. ☐ 52회

09 초기 개화 정책으로 군제를 개편하여 5군영을 2영으로 통합하였다. ☐ 58회

10 초기 개화 정책으로 개화 정책을 담당하는 통리기무아문이 설치되었다. ☐ 54회

테마 46

01 임오군란은 청군의 개입으로 종결되었다. ☐ 60회

02 임오군란은 일본 공사관에 경비병이 주둔하는 계기가 되었다. ☐ 55회

03 임오군란은 구식 군인에 대한 차별 대우가 발단이 되어 일어났다. ☐ 61회

04 갑신정변의 결과 조청 상민 수륙 무역 장정이 체결되었다. ☐ 56회

05 갑신정변의 결과 청과 일본 사이에 톈진 조약이 체결되었다. ☐ 60회

06 갑신정변 이후 김홍집이 가지고 온 조선책략이 국내에 유포되었다. ☐ 56회

테마 47

01 동학 농민 운동은 백산에 모여 4대 강령을 선포하였다. ☐ 58회

02 동학 농민군은 개혁의 방향을 제시한 홍범 14조를 반포하였다. ☐ 54회

03 1차 갑오개혁은 청의 연호를 쓰지 않고 개국 기원을 사용하였다. ☐ 52회

04 1차 갑오개혁은 과거제를 폐지하였다. ☐ 56회

05 2차 갑오개혁은 개혁의 방향을 제시한 홍범 14조를 반포하였다. ☐ 54회

06 2차 갑오개혁은 공사 노비법을 혁파하였다. ☐ 59회

07 을미개혁은 건양이라는 연호를 제정하였다. ☐ 62회

08 을미개혁은 개혁 추진 기구로 교정청을 설치하였다. ☐ 58회

09 황룡촌 전투~남북접 논산 집결 사이에 전주 화약이 체결되었다. ☐ 43회

10 청일 전쟁은 제물포 조약의 체결로 이어졌다. ☐ 60회

05 O
06 O
07 X (수신사)
08 O
09 O
10 O

테마 46
01 O
02 O
03 O
04 X (임오군란)
05 O
06 X (갑신정변 이전)

테마 47
01 O
02 X (2차 갑오개혁)
03 O
04 O
05 O
06 X (1차 갑오개혁)
07 O
08 X (1894년 6월)
09 O
10 X (임오군란)

테마 48

01 독립 협회는 러시아의 절영도 조차 요구를 저지하였다. 56회

02 독립 협회는 영은문이 있던 자리 부근에 독립문을 건립하였다. 54회

03 독립 협회는 한성 사범 학교 관제를 반포하였다. 59회

04 독립 협회는 독립운동 자금 마련을 위해 독립 공채를 발행하였다. 53회

05 대한제국은 대한국 국제를 반포하였다. 60회

06 대한제국은 양전 사업을 실시하여 지계를 발급하였다. 56회

07 대한제국은 중추원 개편을 통해 의회 설립을 추진하였다. 61회

08 대한제국은 군 통수권 장악을 위해 원수부를 설치하였다. 57회

09 대한제국은 만민공동회를 개최하여 민권 신장을 추구하였다. 61회

테마 49

01 을사늑약~정미 7조약의 체결 사이에 영국이 러시아를 견제하기 위해 거문도를 불법 점령하였다. 53회

02 제1차 한일 협약의 결과 메가타가 대한제국의 재정 고문으로 부임하였다. 37회

03 을사조약은 통감부가 설치되는 계기가 되었다. 59회

04 을사조약에 대한 저항으로 나철이 5적 처단을 위해 자신회를 조직하였다. 59회

05 을사조약에 대한 저항으로 조약 체결에 반대하여 민영환이 자결하였다. 32회

06 대한제국 군대 해산의 배경은 정미 7조약의 체결이었다. 58회

07 정미 7조약이 체결된 이후 고종이 헤이그 만국 평화 회의에 특사를 파견하였다. 54회

테마 50

01 을미의병 때 유생 출신 유인석이 이끄는 의병이 충주성을 점령하였다. 54회

02 을미의병 때 민종식이 이끄는 의병 부대가 홍주성을 점령하였다. 59회

03 을사의병 때 최익현, 민종식 등이 주도하였다. 39회

테마 48
01 O
02 O
03 X (2차 갑오개혁)
04 X (대한민국 임시 정부)
05 O
06 O
07 X (독립 협회)
08 O
09 X (독립 협회)

테마 49
01 X (을사늑약 체결 이전)
02 O
03 O
04 O
05 O
06 O
07 X (정미 7조약 체결 이전)

테마 50
01 O
02 O
03 O
04 O

04 정미의병 때 13도 창의군이 서울 진공 작전을 전개하였다. `[  ]` 53회

05 보안회는 안창호, 양기탁 등이 비밀결사로 조직하였다. `[  ]` 62회

06 보안회는 고종 강제 퇴위 반대 운동을 전개하였다. `[  ]` 61회

07 대한 자강회는 일제의 황무지 개간권 요구를 저지하였다. `[  ]` 61회

08 신민회는 계몽 서적의 보급을 위해 태극 서관을 운영하였다. `[  ]` 61회

09 신민회는 대성 학교와 오산 학교를 세워 민족 교육을 실시하였다. `[  ]` 54회

10 신민회는 일제가 조작한 105인 사건으로 조직이 해체되었다. `[  ]` 60회

테마 51

01 일본과 방곡령 관련 조항이 포함된 통상 장정을 체결하였다. `[  ]` 27회

02 화폐 정리 사업은 재정 고문 메가타의 주도로 시행되었다. `[  ]` 60회

03 미국은 울릉도 삼림 채벌권을 가져갔다. `[  ]` 52회

04 국채 보상 운동은 김광제 등의 발의로 시작되었다. `[  ]` 54회

05 국채 보상 운동은 대한매일신보의 후원을 받아 전국으로 확산되었다. `[  ]` 56회

테마 52

01 북촌의 양반 여성들은 여성의 평등한 권리를 주장하는 여권통문을 발표하였다. `[  ]` 62회

02 대한매일신보는 우리나라 최초의 민간 신문이었다. `[  ]` 55회

03 한성순보는 납으로 만든 활자를 사용해 박문국에서 발행하였다. `[  ]` 60회

04 천도교는 만세보를 발행하여 민중 계몽에 힘썼다. `[  ]` 61회

05 스크랜튼은 여성 교육 기관인 이화 학당을 설립하였다. `[  ]` 62회

06 베델이 대한매일신보를 창간하였다. `[  ]` 60회

07 주시경은 국문 연구소의 연구 위원으로 활동하였다. `[  ]` 61회

08 통역관 양성을 목적으로 동문학을 설립하였다. `[  ]` 60회

09 헐버트는 한글로 된 교재인 사민필지를 집필하였다. `[  ]` 62회

10 기독교 선교사 아펜젤러는 배재 학당을 세워 신학문 보급에 기여하였다. `[  ]` 59회

05 X (신민회)
06 X (대한 자강회)
07 X (보안회)
08 O
09 O
10 O

테마 51

01 O
02 O
03 X (러시아)
04 O
05 O

테마 52

01 O
02 X (독립신문)
03 O
04 O
05 O
06 O
07 O
08 O
09 O
10 O

VII

최근 3개년
출제비율

14.6%
일제 강점기

매회 6~8문제 가량 출제되고 있다. 시간의 순서를 묻는 문제가 자주 출제되기 때문에 난이도가 다소 높은 편에 속한다. 근대와 마찬가지로 합격을 위해서는 반드시 공략이 필요하다.

빈출 키워드

테마 53 태형, 회사령, 토지 조사 사업, 사이토, 징용 · 징병제, 중일 전쟁, 조선사상범예방 구금령

테마 54 제암리 학살, 국민 대표 회의, 삼균주의

테마 55 순종 인산일, 민족 유일당, 신간회, 광주 학생 항일 운동

테마 56 조선 혁명 선언, 김원봉, 상하이 의거, 대한 광복군 정부, 대한 독립군, 대전자령, 쌍성보, 지청천, 관내 결성 최초의 한인 부대, 국내 진공 작전

테마 57 어린이, 천도교, 강주룡, 물산 장려 운동

테마 58 신채호, 백남운, 조선어 학회, 중광단, 윤동주

일제 강점기

합격기준 **박문각**
www.pmg.co.kr

일제의 식민 통치 체제와 경제 수탈

1 1910년대 식민 통치 체제 무단 통치

(1) 조선 총독부

① 총독: 일본 천황 직속의 최고 통치자, 육·해군 대장 중에서 임명

② 조직: 치안을 총괄하는 경무총감과 행정을 담당하는 정무총감 등이 존재

③ 중추원: **조선 총독부의 자문 기구**로 주로 친일파 임명, 실권은 없음

(2) 주요 정책

헌병 경찰제	헌병이 경찰 업무까지 담당하는 헌병 경찰제 실시
범죄 즉결례	조선인에 한하여 **즉결 처분권**✦ 부여 ➡ 기본권 박탈
조선 태형령	조선인에 한하여 태형 실시
민족 교육 억압	교사들도 제복 입고 칼 착용, **1차 조선 교육령 제정(1911)**

➡ 보통학교(조선인)의 수업 연한을 4년으로 규정, 소학교(일본)는 6년

(3) 토지 조사 사업(1910~1918)

배경	**근대적 토지 소유권의 확립**을 명분으로 함 ➡ 실제로는 재정 기반 확보와 토지 약탈
과정	토지 조사령 공포(1912) ➡ 정해진 기간 내에 절차에 따라 소유주가 신고
원칙	신고주의 원칙, 신고한 토지의 소유권만 인정 ➡ 소작농들의 관습적 경작권✦은 부정
결과	•**토지 약탈**: 총독부의 재정 수입 증가, 국공유지·미신고 토지 등을 모두 총독부가 소유 ➡ 일본인 지주와 동양척식주식회사에 싼 값에 불하 •**농민 몰락**: 농민들은 기한부 계약제 소작농으로 전락, 일본 농민들의 한국 이민 촉진

> 제4조 **토지 소유자는 조선 총독이 정하는 기간 내에** 주소, 씨명, 명칭 및 소유지의 소재, 지목, 자번호, 사표, 등급, 지적, 결수를 **임시 토지 조사 국장에게 신고해야 한다.** — 조선 총독부 관보, 토지 조사령(1912)

(4) 산업 침탈

① 회사령 실시(1910): 회사 설립은 조선 총독의 허가 받도록 함 ➡ 민족 자본 성장 억제

② 기초 자원 약탈: 삼림령(1911), 어업령(1911), 조선 광업령(1915), 임야 조사령(1918) 등

> 제1조 회사의 설립은 조선 총독의 허가를 받아야 한다.
> 제5조 회사가 본령에 기초해 발표된 명령 및 허가의 조건을 위반하거나 또는 공공의 질서 및 선량한 풍속에 반하는 행위를 했을 때에는 조선 총독은 사업의 … 회사의 해산을 명령할 수 있다. — 조선 총독부 관보, 회사령(1920)

2 1920년대 식민 통치 체제 문화 통치

(1) 배경: 무단 통치에 대한 반발 ➡ 3·1 운동 전개, 세계 여론 악화, 일본 내 민주주의 발전 등

(2) 내용

정책	내용	실상
총독 임명	문관 총독도 임명 가능하도록 수정	실제로 임명된 적은 없음
보통 경찰제	헌병 경찰제 폐지	경찰 숫자와 관서 대폭 증가(3배 이상)
언론·출판의 자유	**동아일보와 조선일보 간행**	**신문의 검열과 삭제 강화**(압수·정간 빈번)
지방 자치제 실시	도 평의회와 부·면 협의회 설치	의결권은 없고 자문 기구에 불과
교육 정책	•**제2차 조선 교육령**✦ 실시(1922) •**경성 제국 대학 설립**(1924)	•조선인 차별은 변하지 않음 •민립 대학 설립 운동 탄압이 주목적
치안 유지법(1925)	독립 운동과 **사회주의 사상 탄압** 위해 치안 유지법 제정	

조선 총독부 조직도

✦ 즉결 처분권
재판 절차없이 현장에서 즉시 형벌을 가할 수 있는 권한이다.

역대 주요 조선 총독
•데라우치 마사타케(1910~1916)
•사이토 마코토(1919~1927)
•우가키 가즈시게(1931~1936)
•미나미 지로(1936~1942)

✦ 관습적 경작권
지주와 소작농의 관계는 오늘날 건물 임대인과 임차인의 관계와 비슷하다. 임차인이 임대 기간을 법적으로 보호받듯이, 소작농들도 남의 토지에서 일하는 소작권을 관습적으로 보호받았다. 하지만 일제는 토지 조사 사업을 실시하면서 이러한 권리를 모조리 부정하였다.

✦ 제2차 조선 교육령
보통학교의 수업 연한을 6년으로 늘리고, 조선어를 필수 과목으로 지정하였다.

(3) 실상: 기만 정책(식민 통치 은폐), **친일파 양성으로 우리 민족의 분열 조장**(자치 운동 등)

(4) 산미 증식 계획(1920~1934)

배경	일제의 공업화(도시화)로 인한 식량 부족 ➡ **한반도에서 미곡 착취를 목적으로 추진**
내용	수리 시설 확충과 개간 사업으로 생산량 확대 추진
결과	• 목표량은 미달되었으나 수탈량은 원래대로 진행 • 농민 부담 증가, 식민지 지주제의 강화

(5) 일본 자본 침투

　① **회사령 철폐(1920): 회사 설립이 신고제로 전환** ➡ 일본 독점 자본의 한반도 진출 용이

　② 관세 철폐(1923): 일본 상품에 대한 관세 철폐

> ### 치안 유지법
> 제1조 **국체를 변혁하는 것을 목적으로 하는 결사를 조직한 자** 또는 결사의 임원, 기타 지도자의 임무에 종사한 자는 사형이나 무기 또는 5년 이상의 징역 또는 금고에 처한다. …… **사유 재산 제도를 부인하는 것을 목적으로 결사를 조직한 자**, 결사에 가입한 자 또는 결사의 목적 수행을 위해 행위를 한 자는 10년 이하의 징역 또는 금고에 처한다.

✦✦✦ 3 1930년대 이후 민족 말살 통치

(1) 배경: 만주 사변(1931)과 중일 전쟁(1937) 이후 전시 체제 돌입 ➡ 한국인도 전쟁에 동원

(2) 민족 탄압 정책

황국 신민화	**신사 참배** 강요, 황국 신민 서사 암송을 강요
민족 말살	내선일체✦·일선 동조론 유포, **창씨 개명**✦, 우리말 사용 금지
교육 정책	제3차 조선 교육령(1938)·제4차 조선 교육령(1943) 실시, 국민학교령(1941)✦
언론 정책	동아일보와 조선일보 강제 폐간(1940)
독립운동 탄압	조선 사상범 예방 구금령(1941)✦ 실시

> ### 조선 사상범 예방 구금령
> 제1조 ① 치안 유지법의 죄를 범하여 형에 처하여진 자가 집행을 종료하여 석방되는 경우에 동일 범죄를 다시 저지를 우려가 현저할 때에는 본인을 예방 구금에 부친다는 취지를 명할 수 있다.
> ② 조선 사상범 보호 관찰령에 의하여 보호 관찰에 부쳐져 있는 경우에 보호 관찰을 하여도 동법의 죄를 저지를 경우가 현저하게 있는 때에도 전항과 같다.

(3) 경제 침탈 정책

남면북양 정책	공업 원료 생산 위해 남쪽은 면화, 북쪽은 양 사육
농촌 진흥 운동	1932~1940, 농촌의 자력갱생 도모, 본질은 소작 쟁의 약화
국가 총동원법	1938년부터 시행, **한국의 물적·인적 자원 수탈 강화**, 국민 정신 총동원 조선 연맹 조직
물적 수탈	• 식량: 산미 증식 계획 재개, 식량 배급제·미곡 공출제✦ 실시(1940) ⟶애국반✦ 운영 • 자원: 물자 통제령, 금속류 회수 및 공출 제도 실시, 강제 저축과 모금 강요
인적 수탈	• 군사: 육군 지원병제(1938) ➡ **학도 지원병제(1943)** ➡ 징병제(1944) • 노동: **국민 징용령(1939), 여자 정신대 근로령(1944)**, 일본군 위안부✦ 강요

> ### 국가 총동원법
> 제1조 국가총동원이란 **전시에 국방 목적을 달성하기 위하여 국가의 전력을 가장 유효하게 발휘하도록 인적 및 물적 지원**을 운영하는 것이다.
> 제4조 정부는 전시에 국가 총동원상 필요할 때에는 칙령이 정하는 바에 따라 제국 신민을 징용하여 총동원 업무에 종사하게 할 수 있다.

✦ 내선일체
내지인(일본인)과 조선인은 한 몸이다.

✦ 창씨 개명
일본식 성으로 강제로 개명하도록 한 정책으로, 만약 개명을 안 할 시 각종 물자 배급과 행정 업무를 모두 차단해버렸다.

✦ 국민학교령
소학교의 명칭을 국민학교로 개칭하였다. 국민이란 황국신민의 줄임말이다.

✦ 조선 사상범 예방 구금령
이전에 치안유지법에 따라 처벌받았던 독립 운동가들을 재판없이 체포·구금 가능

☺ 조선 농지령(1934)
농민 쟁의를 무마시키기 위해 실시한 정책이다. 토지의 임대 기간을 법적으로 보호하였다.

✦ 애국반
10호 단위로 반을 구성하여 일상생활에서 독립운동을 하는지를 감시하도록 한 기구이다.

✦ 미곡 공출제
식량의 유통을 통제하고 농민들이 일정량의 농산물을 정부에 강제로 팔도록 한 정책이다.

✦ 위안부
일본이 점령지의 주민 강간 방지와 군 사기 진작을 명분으로 운영한 제도이다. 1932년 상하이 사변 때부터 이미 설치를 시작했으며, 중일 전쟁이 발발하자 본격적으로 확대 운영하였다. 자발적으로 간 여성들이 많았다는 일본 측 주장과는 달리 실제로는 취업 사기 등으로 가장하여 속이거나 강제로 징발하여 운영하였다.

테마 53 문항별 빅데이터 분석

일제 강점기는 크게 1910년대, 1920년대, 1937년 이후로 구분을 할 수 있다. 각 년대별로 이루어진 일제의 통치 방식을 구분하는 것이 문제에 접근하는 핵심이라고 할 수 있다. 여러 정책들이 많긴 하지만, 정책을 디테일하게 묻기보다는 해당 정책이 어떤 시기에 실시되었느냐를 묻는 경우가 더 많기 때문에 여기에 포인트를 맞춰 대비한다면 충분히 득점이 가능할 것이다. 과거부터 지금까지 매회 1~2문제씩 꾸준히 출제되고 있기 때문에 합격을 위해서는 반드시 공략이 필요한 테마이다.

01

●53회 42번

밑줄 그은 '시기'에 있었던 사실로 옳은 것은? [1점]

난징 리지샹 위안소 구지(舊址) 진열관에 있는 '만삭의 위안부' 동상은 고(故) 박영심 할머니를 모델로 조성되었습니다. 중일 전쟁을 일으킨 일제가 침략 전쟁을 확대하던 시기에 운영된 이 위안소는 박영심 할머니의 피해 증언 등에 힘입어 기념관으로 거듭나게 되었습니다.

① 만주 군벌과 일제가 미쓰야 협정을 체결하였다.
② 한국인에 한해 적용되는 조선 태형령이 공포되었다.
③ 내선일체를 강조한 황국 신민 서사의 암송이 강요되었다.
④ 강압적인 통치를 목적으로 헌병 경찰 제도가 실시되었다.
⑤ 평양 등지에서 반중 폭동을 초래한 만보산 사건이 일어났다.

02

●61회 37번

밑줄 그은 '시기'에 볼 수 있는 모습으로 옳은 것은? [1점]

이것은 일제가 임시 토지 조사국을 설치하고 토지 조사 사업을 진행하던 시기에 작성한 지적 원도의 일부입니다. 토지를 측량해 그 위치와 경계 및 지번 등을 표시하였습니다.

① 경성 제국 대학에서 공부하는 학생
② 근우회의 창립 기사를 작성하는 기자
③ 보빙사 일행으로 미국에 파견되는 관리
④ 조선인에게 태형을 집행하는 헌병 경찰
⑤ 거문도를 불법 점령하고 있는 영국 해군

문제 및 키워드 분석
위안부 · 중일 전쟁 · 침략 전쟁을 확대 등의 키워드를 통해서 밑줄 친 '시기'가 1937년 이후의 민족 말살 통치를 가리키고 있음을 알 수 있다.

정답 분석
③ 1930년대 중반 이후 일제는 민족 말살 통치의 일환으로 조선인의 정체성을 말살시키기 위해서 황국 신민 서사의 암송을 강요하였다.

선지 분석
① 미쓰야 협정은 1925년에 체결되었다.
② 조선 태형령은 1912년에 실시되었다.
④ 헌병 경찰 제도는 1910년대에 시행된 일제 통치 방식이다.
⑤ 만보산 사건은 만주에서 조선인 농민과 중국인 농민들이 수로를 둘러싸고 충돌한 사건으로, 1931년에 일어났다.

문제 및 키워드 분석
키워드로 제시된 **토지 조사 사업**은 1912년부터 1918년까지 실시되었기 때문에 이 시기에 일어난 역사적 사실을 고르면 된다.

정답 분석
④ 조선 태형령은 1912년부터 실시되었다.

선지 분석
① 경성 제국 대학은 1924년에 설립되었다.
② 근우회는 1927년에 설립되었다.
③ 보빙사는 1883년에 파견되었다.
⑤ 영국은 1885년부터 1887년까지 거문도를 불법 점령하였다(거문도 사건).

03

● 45회 43번

다음 문서가 작성된 당시에 실시된 일제의 정책으로 옳은 것은? [2점]

> 안으로는 세계적 불안의 여파를 받아서 우리 조선 내부의 민심도 안정되지 못하였다. …… 다른 한편으로는 지방 자치를 실시하여 민의 창달의 길을 강구하고, 교육 제도를 개정하여 교화 보급의 신기원을 이루었고, 게다가 위생적 시설의 개선을 촉진하였다. …… 일본인과 조선인 사이의 차별 대우를 철폐하고 동시에 조선인 소장층 중 유력자를 발탁하는 방법을 강구하여, 군수·학교장 등에 발탁된 자가 적지 않다.
>
> – 사이코 마코토, 「조선 통치에 대하여」

① 노동력 동원을 위해 국민 징용령을 시행하였다.

② 한국인에 한해 적용되는 조선 태형령을 공포하였다.

③ 쌀 수탈을 목적으로 하는 산미 증식 계획을 실시하였다.

④ 독립운동 탄압을 위한 조선 사상범 보호 관찰령을 공포하였다.

⑤ 회사 설립 시 총독의 허가를 받도록 하는 회사령을 제정하였다.

04

● 43회 45번

밑줄 그은 '이 시기'에 시행된 일제의 정책으로 옳은 것은? [1점]

> 이 국민 노무 수첩은 일제가 중일 전쟁을 일으키고 침략 전쟁을 확대하던 이 시기에 노동력을 통제하고 관리하기 위하여 발행한 것입니다. 특히, 강제 동원된 한국인의 국민 노무 수첩은 일제에 의해 수많은 한국인들이 광산 등으로 끌려가 열악한 환경에서 혹사당했음을 보여주는 자료입니다.

① 한국인에 한하여 적용하는 조선 태형령을 시행하였다.

② 민족 자본의 성장을 억제하기 위해 회사령을 공포하였다.

③ 조선 사상범 예방 구금령을 통해 독립운동을 탄압하였다.

④ 식민지 교육 방침을 규정한 제1차 조선 교육령을 제정하였다.

⑤ 근대적 토지 소유권 확립을 명분으로 토지 조사 사업을 실시하였다.

PART 7

문제 및 키워드 분석

지방 자치, 차별 대우를 철폐 등의 문구도 있지만 **사이토 마코토**라는 키워드를 통해서 1920년대 문화 통치임을 파악할 수 있다. 마코토는 1919년부터 1927년까지 조선 총독으로 부임하면서 1920년대 문화 통치를 주도했던 인물이다. 따라서 1920년대의 일제 통치 방식을 고르면 된다.

정답 분석

③ 일제는 1920년부터 1934년에 걸쳐서 일본 내부에서 부족해진 쌀 생산을 보완하기 위해 식민지 조선에서 산미 증식 계획을 실시하였다.

선지 분석

①, ④ 1930년대 중반 이후 민족 말살 통치의 일환으로 실시된 정책들이다.

②, ⑤ 1910년에 일제는 조선 태형령과 회사령 등을 공포하였다.

문제 및 키워드 분석

중일 전쟁, 침략 전쟁의 확대 등의 키워드를 통해서 1937년 이후의 민족 말살 통치 시기임을 알 수 있다. 따라서 이 시기의 역사적 사실을 고르면 된다.

정답 분석

③ 일제는 1941년부터 조선 사상범 예방 구금령을 실시하면서 독립 운동의 가능성이 있는 운동가들을 예방의 명목으로 감옥에 가둬 민족 운동을 탄압하였다.

선지 분석

①, ②, ④, ⑤ 모두 1910년대에 실시된 일제 정책이었다.

3·1 운동과 대한민국 임시 정부

★★ **1** 3·1 운동

(1) 배경

① 국외적 배경

㉠ 민족 자결주의: **윌슨의 민족 자결주의**⁺ ➡ 식민지 국가의 민족 해방 운동 자극

㉡ 국외 독립 선언: 상하이에서 **대동 단결 선언**(1917, 조소앙 등), 만주에서 무오독립선언(대종교), 일본에서 2·8 독립 선언 발표

② 국내적 배경: 대한제국의 황제였던 **고종이 승하** ➡ 일본에 의한 독살설이 유포됨

+ 민족 자결주의

1차 세계대전의 종결 이후 미국 대통령 윌슨이 제창한 논리로, 모든 민족은 자신의 정치적 운명을 스스로 결정할 권리가 있다는 것이다. 그러나 실제로는 패전국 식민지를 독립시키기 위한 명분에 불과했다.

> **대동 단결 선언** ┌→영토·인민·주권 ┌→한일 병합 조약 발표일
>
> 융희 황제가 삼보(三寶)를 포기한 경술년(1910) 8월 29일은 곧 우리 동지가 삼보를 계승한 날이니, 그 사이 대한의 삼보는 한 순간도 빼앗기거나 쉰 적이 없다. 우리 동지들이 대한국을 완전히 상속한 사람들이다. 저 **황제권**이 소멸한 때가 바로 **민권**이 발생한 때다.

(2) 전개 과정

┌→ 국왕과 그 직계 가족의 장례 날짜

준비	민족 대표 33인의 **독립선언서 작성**(최남선), 고종의 인산일을 계기로 거사 날짜 잡음
1단계	• 태화관 선언: 민족 대표 33인이 **태화관**에서 독립 선언서를 낭독하고 자진 체포 • 탑골 공원: 학생과 시민들이 독립 선언서 낭독
2단계	지방 주요 도시로 확산 ➡ 상인들의 철시 운동, 노동자들의 비폭력 시위
3단계	농촌까지 확산 ➡ 폭력 시위 증가(사망자, 부상자 증가), 만주·연해주·일본 등 국외까지 확산

⚑ 유관순

천안 아우내 장터에서 만세 운동에 참여했다. 일제의 모진 고문으로 19살 때 순국했다.

+ 제암리 학살 사건

경기도 화성 제암리에서 일본군이 마을 사람 30여 명을 교회에 감금시키고 불을 질러 죽인 사건이다.

> **제암리 학살 사건**⁺
>
> 만세 시위가 확산되자, 일제는 **헌병 경찰**은 물론이고 군인까지 긴급 출동시켜 시위 군중을 무차별 살상하였다. … 화성 제암리에서는 전 주민을 교회에 집합, 감금하고 불을 질러 학살하였다.
> — 「한국독립운동지혈사」

(3) 결과 성별과 계층을 가리지 않고 모두 참여한 최초의 독립운동

① 사회 운동 활성화: 1920년대 이후 노동자·농민 운동이 증가, 사회주의 사상 유입

② 통치 방식 변화: **일제의 통치 방식이 무단에서 이른바 문화 통치로 변경**

③ 정부 수립: 독립운동의 구심점 역할을 할 정부의 수립 필요성 ➡ 대한민국 임시 정부 수립의 계기

④ 국외: 세계의 민족 해방 운동에 영향 ➡ **중국의 5·4 운동**, 인도의 비폭력 운동 등

2 대한민국 임시 정부

(1) 통합 과정과 조직

배경	3·1 운동 이후 대한 국민 의회(연해주), 상하이 임시 정부, 한성 정부(서울)가 수립
통합	정부 통합 시도 ➡ 위치 문제로 대립 ➡ 장소는 상하이로 하되 한성 정부의 법통 계승
조직	대통령 중심제와 3권 분립에 입각한 공화주의 정부, 대통령 이승만·국무총리는 이동휘

✔✔(2) 임시 정부의 활동

┌──➡ 이륭 양행에 교통국을 설치

국내 연락과 군자금 조달	• 기구: 연통제(비밀 행정 조직망) 교통국(통신 기관)을 설치하여 국내와 연락 • 자금 조달: 이륭 양행✦과 백산 상회✦를 통해 조달, 독립 공채 발행 등
외교	파리 강화 회의에 김규식 파견, 미국에 구미 위원부 설치하고 외교 활동 전개
군사	광복군 총영(광복군 사령부), 육군 주만 참의부를 산하 부대로 둠(1923)
문화	독립신문 발행, 사료 편찬소에서 『한일 관계 사료집』 발행 등

✔(3) 국민 대표 회의(1923)

┌──➡ 무장 투쟁 vs 외교

① 배경: 자금난, 외교 성과 미흡으로 노선 갈등 심화 ➡ 갈등을 극복하기 위해 개최
③ 대립: **창조파**(새 정부 수립, 신채호), **개조파**(체제 개편, 안창호), 현상 유지파(김구)로 나뉨
④ 결과: 회의 결렬 ➡ 대다수 독립운동 세력 이탈 ➡ 임시 정부 침체(1932년부터 이동)

> #### 임시 정부의 침체기
> 정부는 자리가 잡혔으나 경제 곤란으로 정부의 이름을 유지할 길도 막연하였다. … 정부의 집세가 30원, 심부름꾼 월급이 20원 미만이었으나 이것도 지불할 여력이 없어서 집주인에게 여러 번 송사를 겪었다. – 『백범일지』

✔(4) 임시 정부의 개편

① **이승만 탄핵**: 위임 통치 청원서 제출의 책임을 물어 탄핵, **박은식 2대 대통령**으로 선출(1925)
② 개헌 과정: 2차 **국무령 중심 내각 책임제**(1925) ➡ 3차 국무위원 중심 집단 지도 체제(1927)
➡ 4차 **주석 중심 체제**(1940, 주석에 김구) ➡ 5차 주석·부주석 체제(1944, 김구·김규식)

> #### 위임 통치 청원서 사건
> 이승만이 미국에 조선을 위임 통치해달라는 내용을 담은 청원서를 제출한 것이 세상에 알려져 큰 논란을 낳았던 사건이다. 이승만 단독이 아닌 외교론자들이 주장했던 이론이었으며 국제정세를 활용하여 독립을 단계적으로 이루려던 원래 뜻과는 달리 대중들에게는 또 다시 나라를 팔아먹으려는 매국 행위로 비쳐지면서 이승만이 탄핵되는 계기가 되었다.

✔✔(5) 충칭 임시 정부(1940년 충칭 정착)

① 체제 개편: 주석제 실시(4차 개헌·주석 김구), 한국 광복군 창설(1940·지청천), 한국 독립당 창당(지청천·조소앙·김구)
② 건국 강령: 조소앙✦의 삼균주의에 의거한 건국 강령 발표(1941) ┌──➡ 일본의 항복으로 무산
③ 선전 포고: 태평양 전쟁 이후 **일본 상대로 선전 포고**✦(1941) ➡ **국내 진공 작전 준비**(1945)

> #### 임시 정부 건국강령
> 임시 정부는 13년 4월에 대외 선언을 발표하고 삼균제도의 건국 원칙을 천명하였으니, 이른바 보통선거 제도를 실시하여 정권을 균등히 하고 국유제도를 채용하여 이권을 균등히하고 공비 교육으로써 학권을 균등히하며, 국내외에 대하여 민족 자결의 권리를 보장하여서 민족과 국가의 불평등 등을 고쳐버릴 것이니,
> – 『백범일지』

✦ 이륭 양행

아일랜드 인 조지 루이스 쇼가 1919년 중국에 세운 무역 선박 회사이다. 아일랜드 역시 오랫동안 영국의 통치를 받아왔기에, 루이스 쇼는 일본의 통치를 받고 있는 조선의 독립운동을 여러 방면에서 지원해 줬다. 외국인이라는 이점을 이용하여 일본의 포위망을 피해갔으며, 임시 정부가 세운 교통국을 이륭양행 회사 건물에 설치하여 자금 조달 및 연통제 운영 등의 역할을 담당하였다.

✦ 백산 상회

백산 안희제가 1914년 부산에 세운 민족 기업이다. 임시 정부의 자금을 조달하는 역할을 담당하였다.

✦ 조소앙

임시 정부의 주요 인사 중 한명이다. 대동 단결 선언, 임시 정부 건국 강령 등을 주도적으로 작성하였다.

✦ 대일 선전 포고문

임시 정부는 자신들도 하나의 국가로서 전쟁에 참여하기 위해서 일본을 상대로 대일 선전 포고문을 발표하였다.

PART

7

3·1 운동은 전체적으로 출제 난이도가 낮은 편이다. 임시 정부는 활약상과 시기별 특징을 명확하게 구분해 두면 어떤 유형으로 출제되더라도 대비가 가능하다. 1940년대 이후 임시 정부의 활약상은 무장 독립 투쟁과 연계하여 출제하는 경우가 많다.

01

●58회 34번

다음 기사가 나오게 된 배경으로 적절한 것은?　[1점]

아무리 그럴듯하게 내세워도 이러한 통치 방식은 결국 우리 조선인을 기만하는 거야.

총독의 임용 범위를 확장하고, 지방 자치 제도를 실시한다.
……
이로써 관민이 서로 협력 일치하여 조선에서 문화적 정치의 기초를 확립힌다.

① 3 · 1 운동이 전국적으로 전개되었다.
② 조선 사상범 예방 구금령이 시행되었다.
③ 브나로드 운동이 동아일보를 중심으로 추진되었다.
④ 조선 노동 총동맹과 조선 농민 총동맹이 설립되었다.
⑤ 내선일체를 강조한 황국 신민 서사의 암송이 강요되었다.

02

●47회 41번

다음 자료에 나타난 민족 운동에 대한 설명으로 옳은 것은?　[2점]

> 문: 오늘 종로 1가 사거리 큰 길에서 모인 동기를 진술하라.
> 답: 나는 어제 오후 5시 무렵 경성부 남대문로에 있었는데, 자동차에서 뿌린 독립 선언서를 습득하였다. 나는 그 선언서를 읽고 우리 조선국이 독립되었다고 생각하고 기쁨을 참지 못하였다. 그래서 오늘 오후 1시 무렵 종로 1가 사거리 큰 길 중앙에서 독립 만세를 큰 소리로 계속 외쳤더니 5백 명 가량의 군중이 내 주위에 모여 들었고, 함께 모자를 흔들면서 만세를 계속 부르며 행진하였다.
> 문: 그 선언서의 내용을 진술하라.
> 답: 우리 조선이 독립국임과 조선인이 자주민인 것을 선언함 등의 내용이었다. 그리고 조선 민족 대표자 33인의 성명을 기재하고 있었다.
>
> － ○○○ 신문조서

① 사회주의 세력의 주도 아래 계획되었다.
② 대한민국 임시 정부 수립의 계기가 되었다.
③ 일제가 105인 사건을 조작하여 탄압하였다.
④ 한국인 학생과 일본인 학생 간의 충돌에서 비롯되었다.
⑤ 배우자 가르치자 다 함께 브나로드 등의 구호를 내세웠다.

문제 및 키워드 분석
총독의 임용 범위 확대 · 지방 자치 제도, 문화적 정치의 기초, 조선인을 기만 등의 키워드를 통해서 1920년대 문화 통치임을 알 수 있다.

정답 분석
① 3 · 1 운동의 가장 큰 의의는 바로 일제의 통치 방식을 무단 통치에서 문화 통치로 바꿨다는 것이다. 이처럼 3 · 1 운동은 의의와 결과를 잘 알아두는 것이 매우 중요하다.

문제 및 키워드 분석
민족 대표자 33인이라는 키워드를 통해서 3 · 1 운동임을 알 수 있다. 3 · 1 운동의 특징을 찾으면 된다.

정답 분석
② 3 · 1 운동으로 결과로 대한민국 임시 정부가 수립되었다.

선지 분석
① 1910년대 국내에는 아직 사회주의가 본격적으로 유입되지 않았다. 3 · 1운동으로 인하여 조선에 사회주의가 유입되었다.
③ 신민회에 대한 설명이다.
④ 광주 학생 항일 운동에 대한 설명이다.
⑤ 1931년에 전개된 브나로드 운동에 대한 설명이다.

03

밑줄 그은 '회의'가 개최된 시기를 연표에서 옳게 고른 것은?

[2점]

이 자료는 대한민국 임시 정부가 침체에 빠지자 독립 운동의 새로운 활로와 방향을 모색하기 위해 상하이에서 개최된 <u>회의</u>의 의사일정입니다. 국내외 각지에서 온 대표들은 대한민국 임시 정부에 대한 처리를 둘러싸고 창조파와 개조파 등으로 나뉘어져 격론을 벌였습니다.

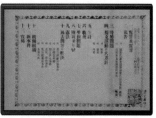

	1919		1925		1931		1935		1940		1945
		(가)		(나)		(다)		(라)		(마)	
	대한민국 임시 정부 수립		박은식 대통령 취임		한인 애국단 조직		한국 국민당 창당		김구 주석 취임		8·15 광복

① (가)　　② (나)　　③ (다)　　④ (라)　　⑤ (마)

문제 및 키워드 분석

창조파, 개조파 등의 키워드를 통해서 1923년 임시 정부에서 개최된 국민 대표 회의에 대한 설명임을 알 수 있다.

정답 분석

① 국민 대표 회의는 1923년에 개최되었으므로 (가)에 위치해야 제일 적합하다.

04

다음 사건이 일어난 시기를 연표에서 옳게 고른 것은? [3점]

역사신문

제△△호　　　　　　　　　　○○○○년 ○○월 ○○일

대한민국 임시 정부, 내각 책임제와 국무령제 채택

대한민국 임시 정부는 제2차 개헌을 통하여 내각 책임제를 채택하였다. 국무령과 국무원으로 조직된 국무회의가 임시 정부를 운영하며 임시 의정원에 대해 책임을 지고, 임시 의정원이 국무령과 국무원을 선임하게 만들었다. 기존의 대통령제를 유지하는 동안 독재적인 상황이 나타났던 경험을 고려한 것으로 보인다.

1920		1923		1931		1935		1941		1945
	(가)		(나)		(다)		(라)		(마)	
대한민국 임시 정부 수립		국민 대표 회의 개최		한인 애국단 조직		한국 국민당 창당		대한민국 건국 강령 발표		8·15 광복

① (가)　　② (나)　　③ (다)　　④ (라)　　⑤ (마)

문제 및 키워드 분석

임시 정부가 국무령제를 실시한 시기를 알아야 풀 수 있는 문제이다. **대통령제를 유지하는 동안 독재적인 상황**이라는 키워드를 통해서 그 이전에 이승만의 전횡이 있었음을 추론할 수 있다.

정답 분석

② 임시 정부에서 국무령제를 실시한 것은 이승만 탄핵 이후인 1925년의 사실이다. 따라서 (나)가 시기상 제일 적합하다.

테마 55 국내의 항일 독립 투쟁

최근 3개년
출제 횟수
총 **9** 회

1 국내의 항일 독립운동

(1) 1910년대 독립운동 무단 통치로 인한 비밀 결사의 형태로 진행

독립 의군부 (1912)	• 조직: 임병찬이 고종의 밀지를 받아 결성한 비밀 결사 단체 • 내용: 복벽주의✦ 표방, 조선 총독부에 국권 반환 요구서 제출 시도
✦대한 광복회 (1915)	• 조직: 박상진·김좌진 등, 풍기 광복단·조선 국권 회복단의 일부 인사들이 연합 • 내용: **공화주의** 표방, 의연금 징수·**친일 부호 처단**, 만주에 독립군 사관학교 건설 추진

(2) 1920년대 독립운동

① 배경: 3·1 운동 이후 국내의 독립운동이 활발히 전개

㉠ 민족주의의 분화: 타협적 민족주의✦와 비타협적 민족주의로 분화되어 위축

㉡ 사회주의의 등장: 사회주의 유입으로 조선 공산당 등 많은 단체 조직 ◆➡ 일제의 치안 유지법 제정(1925)

✦✦② 6·10 만세 운동(1926)

배경	일제의 수탈과 식민지 교육에 대한 반발, 순종✦이 승하하자 인산일을 거사 날짜로 잡음
주도	**사회주의 계열·민족주의 천도교 계열 주도** ➡ 사회주의자들이 사전 체포당하면서 큰 타격
경과	학생들(조선 학생 과학 연구회) 중심으로 순종 인산일에 대규모 만세 운동
결과	• 일제의 탄압으로 널리 확산되지는 못함 • 민족주의와 사회주의의 연대 필요성 ➡ 민족 유일당 운동이 전개되는 계기 마련

6.10 만세 운동의 현장
어제 오전 8시에 **창덕궁 돈화문**을 떠나기 시작한 **순종 황제의 인산 행렬**이 황금정 거리에까지 뻗쳤다. 대여(大擧)가 막 관수교를 지나가시며 그 뒤에 이왕 전하, 이강 곤 전하가 타신 마차가 지나는 오전 8시 40분경에 그 행렬 동편에 학생 수십 인이 활판으로 인쇄한 격문 수만 매를 뿌리며 조선 독립 만세를 불렀다.

✦③ 광주 학생 항일 운동(1929)

배경	식민지 차별 교육, 학생 운동의 역량 강화(독서회 등 조직 구성)
경과	광주에서 한·일 학생 간 충돌을 일본 경찰이 편파적으로 처리 ➡ 학생 단체들 중심으로 투쟁 전개 ➡ 신간회의 조사단 파견 등 여러 단체들의 지원으로 전국적 확대(국외까지 확산)
결과	3·1 운동 이후 최대 규모의 항일 운동

광주 학생 운동 궐기문
조선 학생 청년 대중이여! 궐기하라. 제국주의적 침략에 반항적 투쟁으로써 **광주 학생 사건을 지지하고 성원**하자! 우리는 이제 과거의 약자가 아니다. 반항의 유혈이 있는 곳에 결정적 승리가 있는 것은 역사가 이를 입증하고 있지 않은가? 단결하고 궐기하라! 전투적 반항으로써 학살당하고 있는 광주 학생들을 지지하고 성원하자! 금후의 역사는 우리의 것이다.
– 광주 학생 항일 운동 격문 중 일부

✦ **복벽주의**
나라를 되찾아 임금을 다시 세우는 것을 목표로 함

✦ **타협적 민족주의**
일제가 허용하는 범위 내에서 민족 운동을 전개해야 한다는 주장이다. 이광수는 『민족적 경륜』(1924)이라는 논설을 동아일보에 발표하여 타협적 민족주의를 대대적으로 알리기도 하였다.

✦ **순종 이왕(李王)**
일본은 대한제국을 병합한 이후 대한제국의 황제 및 그 후손들을 이왕(李王)이라고 별칭하였는데, 대한 제국의 마지막 황제가 순종이었기 때문에 최초의 이왕도 순종이었다. 고종은 순종과 구분을 하기 위해 이태왕(李太王)이라고 불렀다.

💡 **학생의 날**
광주 학생 항일 운동이 발발하였던 11월 3일을 학생의 날로 지정하여 매년 기념하고 있다.

2 민족 유일당 운동

(1) 배경
- ① 국외
  - ㉠ 중국: 한국 독립 유일당 북경 촉성회 결성(1926, 안창호)
  - ㉡ 소련: 코민테른⁺의 지시 ➡ 계급투쟁보다 통일 전선의 우선 형성 강조
- ② 국내   ↳이광수·최린 등
  - ㉠ 자치 운동 대두: 타협적 민족주의 세력 대두 ➡ 국내 독립운동 세력 분열
  - ㉡ 사회주의 탄압: 치안유지법 제정으로 사회주의 탄압 ➡ 민족주의와의 연대 필요성
  - ㉢ 6·10 만세 운동: 사회주의와 민족주의 세력 간 단결의 공감대 형성

(2) 단체 결성
- ① 조선 민흥회(1926): 일부 사회주의 + 민족주의(물산 장려회 계열) 세력의 주도로 결성
- ② 정우회 선언(1926)⁺: 사회주의 단체 정우회가 **민족주의 세력과의 제휴 필요성 강조**

> **정우회 선언**
> 민족주의적 세력에 대하여는 그 부르주아 민주주의적 성질을 명백하게 인식하는 동시에 또 과정적 동맹자적 성질도 충분히 승인하여, 그것이 타락하는 형태로 출현되지 아니하는 것에 한하여는 적극적으로 제휴하여 대중의 개량적 이익을 위하여서도 종래의 소극적 태도를 버리고 분연히 싸워야 할 것이다.

— sidebar notes —

✦ **코민테른**
세계 각국의 공산주의 단체의 연합체이자 지도부에 해당하는 단체로, 소련에 설립되었다. 각국에 설립된 공산당들은 이 코민테른의 지시에 따라 행동하였다.

✦ **정우회 선언**
정우회에서 민족주의 세력과의 연대를 주장한 선언문이다. 신간회의 창립에 가장 큰 영향을 끼쳤다.

★★ 3 신간회(1927~1931) 회장 이상재, 부회장 홍명희

(1) 성립: 비타협적 민족주의 + 사회주의 세력의 연대, 민족 유일당 운동의 일환으로 조직

(2) 강령: 정치·경제적 각성을 촉구함, 단결을 공고히 함, **기회주의는 일체 부인함**

(3) 활동
- ① 조직 확대: 전국 각지에 지회 설립 ➡ 만주 등 해외에도 지회 건설
- ② 대중 운동 지원: 소작·노동 쟁의·여성 운동·동맹 휴학, 광주 학생 항일 운동 지원
- ③ 근우회(1927): 신간회의 자매 단체로 결성, 여성계 민족 유일당 운동

(4) 해소   김병로 등 타협적 민족주의↵   ↳계급 투쟁을 더 우선시 할 것
- ① 배경: 지도부의 교체에 따른 우경화, 코민테른의 노선 변경, 일제의 탄압
- ② 과정: 사회주의자들이 해소론 제기 ➡ 전체 회의에서 해소안 가결(1931)

(5) 의의: 일제강점기 최대의 합법적 민족 운동 단체, 최대의 민족 협동 전선 단체

> **광주 학생 운동 진상 조사단 파견**
> 지난 3일 전남 광주에서 일어난 고보학생 대 중학생의 충돌 사건에 대하여 종로에 있는 신간회 본부에서는 구금된 학생들의 석방도 교섭하기 위하여 중앙집행위원장 허헌, 서기장 황상규, 회계 김병로 세 최고 간부를 광주까지 특파하기로 결정했다.   – 동아일보

> **근우회**
> 인류 사회는 많은 불합리를 생산하는 동시에 그 해결을 우리에게 요구하여 마지않는다. 여성 문제는 그 중 하나이다. 세계인은 이 요구에 응하여 분연하게 활동하고 있다. …… 우리 자체를 위하여, 우리 사회를 위하여 분투하려면 **우선 조선 자매 전체의 역량을 공고히 단결**하여 운동을 전반적으로 전개하지 아니하면 아니 된다. 일어나라! 오너라! 단결하자! 분투하자! 조선의 자매들아! 미래는 우리의 것이다.   – 근우회 창립 취지문

⊙ 남자현

일제강점기 대표적인 여성 독립 운동가이다. 남만주를 주무대로 활동하다가 국내로 잠입하여 사이토 총독의 암살을 모의했다. 그러나 실패로 끝나면서 다시 만주로 돌아가서 독립운동을 전개하다가 1933년에 순국하였다.

PART 7

테마 55 문항별 빅데이터 분석

국내의 독립운동은 주요 단체와 사건들의 특징을 이해하는 것은 물론 순서 나열형의 문제도 출제될 수 있기 때문에 모든 유형을 대비해 두어야 한다. 과거에 비해서는 출제율이 약간 하락한 편이지만 여전히 적지 않게 등장하고 있기 때문에 정리해 둘 필요성은 있다.

01
●61회 38번

(가) 단체에 대한 설명으로 옳은 것은? [2점]

○○신문

제ㅁㅁ호　　2022년 ○○월 ○○일

박상진 의사 유물, 국가등록문화재 등록

군자금 모집과 친일파 처단 등의 활동을 전개한 __(가)__ 의 총사령 박상진 의사의 유물이 국가등록문화재로 등록되었다. 이 유물은 친일 부호 처단 사건으로 체포된 박상진의 옥중 상황과 __(가)__ 의 비밀 연락 거점이었던 상덕태상회의 규모 등을 보여준다는 점에서 귀중한 가치를 지니고 있다.

▲옥중 편지 및 상덕태상회 청구서

① 고종 강제 퇴위 반대 운동을 전개하였다.
② 공화정체의 국민 국가 수립을 목표로 삼았다.
③ 파리 강화 회의에 독립 청원서를 제출하였다.
④ 미군과 연합하여 국내 진공 작전을 계획하였다.
⑤ 만민 공동회를 개최하여 민권 신장을 추구하였다.

02
●57회 42번

다음 자료에 나타난 사건의 영향으로 적절한 것은? [2점]

판결문

피고인: 이선호 외 10명
주　문: 피고인들을 각 징역 1년에 처한다.
이　유
　피고인들은 이왕(李王) 전하 국장 의식을 거행할 즈음, 이를 봉송하기 위하여 지방에서 다수 조선인이 경성부로 모이는 기회를 이용하여 조선 독립운동을 선동하는 불온 문서를 비밀리에 인쇄하여 국장 당일 군중 가운데 살포하여 조선 독립 만세를 소리 높여 외쳐 조선 독립의 희망을 달성하고자 기도하였다.

① 13도 창의군이 서울 진공 작전을 전개하였다.
② 복벽주의를 내세운 독립 의군부가 조직되었다.
③ 김광제 등의 발의로 국채 보상 운동이 일어났다.
④ 통상 수교 거부 의지를 담은 척화비가 건립되었다.
⑤ 민족 유일당 운동의 일환으로 신간회가 창립되었다.

문제 및 키워드 분석
박상진이라는 키워드를 통해서 1915년에 조직된 대한 광복회에 대한 설명임을 알 수 있다.

정답 분석
② 대한 광복회는 공화정을 중심으로 하는 국가 수립을 목표로 삼았다.

선지 분석
① 대한 자강회에 대한 설명이다.
③, ④ 대한민국 임시 정부에 대한 설명이다.
⑤ 독립 협회에 대한 설명이다.

문제 및 키워드 분석
이왕(李王) 전하 국장 의식이라는 키워드를 통해서 1926년에 일어난 6·10 만세 운동임을 알 수 있다. 이왕(李王)이라는 표현은 일제가 조선을 병합한 이후 대한제국의 황제 및 그 후손들에게 붙인 명칭이다. 최초의 이왕은 대한제국의 마지막 황제였던 순종이었다. 참고로 고종은 순종과 구분을 하기 위해 이태왕(李太王)이라고 불렀다.

정답 분석
⑤ 6·10 만세 운동의 준비 과정에서 다수의 사회주의 세력이 체포되었다. 따라서 사회주의 세력은 민족 운동을 위해서 민족주의 세력과의 연대를 모색하게 되었다. 그 결과 민족 유일당 운동이 전개되어 신간회가 창립되었다.

선지 분석
① 서울 진공 작전은 1907년에 전개되었다.
② 독립 의군부는 1912년에 조직되었다.
③ 국채 보상 운동은 1907년에 전개되었다.
④ 척화비는 1871년 신미양요 이후에 전국에 건립되었다.

(가), (나) 격문이 작성된 사이의 시기에 있었던 사실로 옳은 것은? [2점]

(가) 왕조의 마지막 군주였던 창덕궁 주인이 53세의 나이로 지난 4월 25일에 서거하였다. …… 지금 우리 민족의 통곡과 복상은 군주의 죽음 때문이 아니고 경술년 8월 29일 이래 사무친 슬픔 때문이다. …… 슬퍼하는 민중들이여! 하나가 되어 혁명 단체 깃발 밑으로 모이자! 금일의 통곡복상의 충성과 의분을 모아 우리들의 해방 투쟁에 바치자!

(나) 조선 청년 대중이여! 궐기하라. 제국주의적 침략에 대한 반항적 투쟁으로서 과주 학생 사건을 지지하고 성원하라. …… 저들은 소위 사법 경찰을 총동원하여 광주 조선 학생 동지 400여 명을 참혹한 철쇄에 묶어 넣었다. 여러분! 궐기하라! 우리들이 흘리는 선혈의 마지막 한 방울까지 조선 학생의 이익과 약소민족의 승리를 위하여 항쟁적 전투에 공헌하라!

① 김상옥이 종로 경찰서에 폭탄을 투척하였다.
② 동아일보를 중심으로 브나로드 운동이 전개되었다.
③ 고액 소작료에 반발하여 암태도 소작 쟁의가 발생하였다.
④ 사회주의 세력의 활동 방향을 밝힌 정우회 선언이 발표되었다.
⑤ 일제가 데라우치 총독 암살 미수 사건을 계기로 105인 사건을 날조하였다.

문제 및 키워드 분석
(가)는 **왕조의 마지막 군주의 서거**라는 키워드를 통해서 순종의 죽음이 계기가 되어 1926년에 발생한 6·10 만세 운동임을, (나)는 **광주 학생 사건**이라는 키워드를 통해서 1929년에 일어난 광주 학생 항일 운동임을 알 수 있다.

정답 분석
④ 6·10 만세 운동 준비 과정에서 사회주의 세력이 크게 와해되자 사회주의 세력은 민족주의 세력과의 연대를 주장하는 정우회 선언을 1926년에 발표하여 독립 운동을 이어가고자 하였다.

선지 분석
① 의열단 단원 김상옥이 1923년에 종로 경찰서에 투탄하였다.
② 1931년에 브나로드 운동이 전개되었다.
③ 암태도 소작 쟁의는 1923년에 일어났다.
⑤ 105인 사건은 1911년에 일어났다.

(가) 단체에 대한 설명으로 옳은 것은? [2점]

지난 3일 전남 광주에서 일어나 고보학생 대 중학생의 충돌 사건에 종로에 있는 (가) 본부에서는 제19회 중앙상무집행위원회의 결의로 장성·송정·광주 세 지회에 대하여 긴급 조사 보고를 지령하는 동시에 사태의 진전을 주시하고 있던 바, 지난 8일 밤 중요 간부들이 긴급 상의한 결과, 사건 내용을 철저히 조사하고 구금된 학생들의 석방도 교섭하기 위하여 중앙집행위원장 허헌, 서기장 황상규, 회계 김병로 세 최고 간부를 광주까지 특파하기로 하고 9일 오전 10시 특급 열차로 광주에 향하게 하였다더라.
　　　　　　　　　　　　　　　　　　　　　　－ 동아일보

① 조선 혁명 선언을 활동 지침으로 삼았다.
② 민족 유일당 운동의 일환으로 창립되었다.
③ 조선학 운동을 전개하여 여유당전서를 간행하였다.
④ 조소앙의 삼균주의를 기초로 기본 강령을 발표하였다.
⑤ 대성 학교와 오산 학교를 세워 민족 교육을 전개하였다.

문제 및 키워드 분석
허헌, 김병로, 최고 간부를 광주까지 특파 등의 키워드를 통해서 (가)가 신간회임을 알 수 있다. 허헌과 김병로는 모두 신간회의 간부를 역임했던 인물들이다. 참고로 해당 자료는 신간회가 광주 학생 항일 운동에 진상 조사단을 파견하는 것과 관련된 자료이다.

정답 분석
② 신간회는 민족주의와 사회주의 세력이 힘을 합친 민족 유일당 운동의 일환으로 설립되었다.

선지 분석
① 의열단에 대한 설명이다.
③ 정인보 등 민족사학자에 대한 설명이다.
④ 대한민국 임시 정부에 대한 설명이다.
⑤ 신민회에 대한 설명이다.

국외의 무장 독립 투쟁(+ 의열 투쟁)

1 1910년대 국외 독립운동 기지 건설

(1) 만주·간도

▲ 무장 독립운동 기지

✦ 이상설

1906년 만주에서 서전서숙을 설립하고 이듬해 헤이그 특사로 파견되었다. 이후에는 연해주를 중심으로 활동하다가 1917년 순국했다.

✦ 최재형

사업으로 거둔 많은 부를 바탕으로 연해주의 독립운동을 이끌었다. 안중근의 하얼빈 의거를 지원했으며, 권업회·대한 국민 의회의 설립을 주도하였다. 1920년 일제에 의해 순국하였다.

① 남만주(삼원보)

경학사(1911)	이회영·이동녕 등이 설립 ➡ 부민단·한족회로 계승
신흥 강습소(1911)	독립군 양성을 위해 설치, **신흥 무관 학교**로 계승
독립군 부대	서로 군정서 등이 설립

② 북간도(용정·연길 등)

서전서숙(1906)	**이상설**✦이 민족 교육 위해 설립한 최초의 국외 학교 ➡ 명동 학교(김약연)
중광단(1911)	대종교 세력이 설립 ➡ **북로 군정서**로 확대·개편, 무오 독립 선언서 발표 등

(2) 연해주(블라디보스토크)

신한촌	연해주의 한인 집단 거주지인 신한촌 설립
권업회(1911)	**이상설·최재형**✦ 등이 설립, 권업신문 발행
대한광복군정부(1914)	권업회를 기반으로 설립, **최초의 국외 정부** 대통령 이상설, 부통령 이동휘
대한 국민 의회(1919)	전로 한족회 중앙 총회를 기반으로 3·1 운동 직후 설립, 대통령에 손병희

(3) 기타 지역

중국		**신한 청년당**(1919, 여운형) 조직 ➡ 김규식을 파리 강화 회의에 파견
미국	대한인 국민회(1910)	**안창호·이승만** 등이 설립, 미주 일대 한인 통합 단체
	대조선 국민 군단(1914)	**박용만이 하와이**에서 조직한 부대, 사탕수수 농사로 경비 마련
	흥사단(1913)	**안창호**가 샌프란시스코에서 조직, 외교 및 교민 교화 활동
멕시코		숭무 학교 설립 ➡ 멕시코에서 설립된 무장 투쟁 단체

2 1920년대 무장 독립 투쟁과 의열 투쟁

(1) 무장 독립 전쟁

① 봉오동 전투(1920)

　㉠ 배경: 만주 일대 독립군의 국내 진공 작전 ➡ 일본이 군대 파병

　㉡ 전개: 대한 독립군(홍범도✦)과 연합 부대가 일본군을 봉오동에서 격파

② 청산리 대첩(1920)

　㉠ 배경: 일본군의 봉오동 전투 패배 ➡ **훈춘 사건**✦을 조작해 만주로 출병

　㉡ 전개: 북로 군정서(김좌진)와 대한 독립군 등이 연합 ➡ 청산리 전투에서 일본군을 크게 격파
　　　　　└➤ 백운평·어랑촌·천수평 전투에서 승리

③ 독립군의 시련

✦ 홍범도

정미의병 때부터 의병 운동을 했으며, 봉오동 전투를 승리로 이끌었다. 1937년에 소련에 의해 중앙아시아로 강제 이주 당하여 순국하였다.

✦ 훈춘 사건
일본이 만주의 마적단을 매수하여 만주의 일본 영사관을 공격하도록 조작한 사건이다. 이를 빌미로 만주에 일본 군대를 출병해 독립군을 소탕하고자 하였다.

간도 참변(1920~1921)	청산리 전투에 대한 보복으로 일본군이 간도 한인촌 무차별 공격
대한독립군단	**간도 참변** 이후 밀산에서 대한독립군단 조직(서일 총재) ➡ **자유시로 이동**(소련)
자유시 참변(1921)	소련 적색군의 배신 ➡ 소련에 의해 무장 해제 당함

④ 3부의 성립(1923~1925) 민정과 군정을 모두 갖춤
- ㉠ 성립: 자유시에서 돌아온 독립군 부대들이 결성
- ㉡ 구성: **참의부**(임정 직할 부대, 1923)·**정의부**(남만주, 1924)·**신민부**(북만주, 1925)
⑤ 미쓰야 협정(1925): 일본이 만주의 독립군 탄압하기 위해 만주 군벌과 맺은 비밀 협정

> **미쓰야 협정**(재만 한인 단속 방법에 관한 속약)
>
> 제2조 중국 관헌은 각 현에 통고하여 재류 조선인이 무기를 휴대하고 조선에 침입하는 것을 엄금한다.
>
> 제4조 일본 관헌에서 지명한 불령단 수령은 중국 관헌에서 신속히 체포하여 인도한다.

⑥ 3부 통합 운동
- ㉠ 배경: 미쓰야 협정 체결에 따른 활동 어려움, 민족 유일당 운동의 영향
- ㉡ 단체: 3부가 <u>국민부</u>(산하 조선 혁명군)와 <u>혁신의회</u>(산하 한국 독립군)로 통합
  - → 남만주 → 북만주

3 1930년대 무장 독립 투쟁

(1) 한·중 연합 작전(1930년대 초반)
- ① 배경: 만주 사변으로 일제가 만주 침략 ➡ 만주국 수립(1932) ➡ 한중 연합 작전 전개
- ②✦✦ 한국 독립군(북만주)
  - ㉠ **한국 독립당**의 산하 부대, 지청천✦이 총사령관
  - ㉡ **중국 호로군**과 연합 ➡ 쌍성보·대전자령·사도하자 전투에서 승리
- ③✦✦ 조선 혁명군(남만주)
  - ㉠ **조선 혁명당**의 산하 부대, 양세봉✦이 총사령관
  - ㉡ **중국 의용군**과 연합 ➡ 영릉가·흥경성 전투에서 승리
- ④ 항일 유격대: 동북 항일 연군과(1936) 조국 광복회(1937) 결성 ➡ 보천보 전투(1937)

> **조선 혁명군**
>
> 얼음이 풀리고 소자강은 수심이 깊었다. 게다가 얼음 덩어리가 뗏목처럼 흘러내렸다. 하지만 이 가을 건너지 못하면 영릉가도 쳐들어갈 수 없었다. 밤 12시 정각까지 **영릉가**에 들어가 공격을 알리는 신호탄을 울려야만 했다. **양세봉 사령관**은 전사들에게 소자강을 건너라고 명령하고 나서 자기부터 먼저 강물에 뛰어들었다.
> – 독립운동 편찬위원회, 독립운동사
>
> **한국 독립군**
>
> 대전자령의 공격은 이천만 대한 인민을 위하여 원수를 갚는 것이다. 총알 한 개 한 개가 우리 조상 수천 수만의 영혼이 보우하여 주는 피의 사자이니 제군은 단군의 아들로 굳세고 용감히 모든 것을 희생하고 만대 자손을 위하여 최후까지 싸우라. – 지청천, 중국 대전자령 전투에 앞서서

(2) **민족 혁명당**(난징, 1935)

배경	중국 관내에서 활발한 독립운동 ➡ 단일 정당의 필요성(사회주의 + 민족주의)
결성	**의열단**(김원봉)·한국 독립당(조소앙)·조선 혁명당(지청천) 등 5개 단체의 연합으로 결성
분열	김구의 참여 X ➡ 한국 국민당 설립(1935), 의열단이 주도하자 조소앙·지청천 계열 이탈
변화	좌익 세력을 모아 조선 민족 전선 연맹 결성(1937)

(3)✦✦ 조선 의용대(1938)
- ① 설립: 조선 민족 전선 연맹의 산하 부대 ➡ 중국 관내에서 결성된 최초의 한인 무장 부대
- ② 활약: **중국 국민당의 지원**, 정보 수집이나 후방 지원 등을 주로 담당
- ③ 변화
  - ㉠ 김원봉이 이끄는 일부 부대가 충칭의 **한국 광복군 부대에 편입**(1942)
  - ㉡ 나머지는 화북 지대에서 중국 팔로군과 함께 호가장 전투 승리 ➡ 조선 의용군으로 개편

✦ 지청천

독립운동사에 한 획을 그은 인물이다. 일본육군사관학교를 졸업하고 일본군 생활을 하다가 탈영하여 만주에서 독립운동을 이어갔다. 1930년대에는 한국 독립군을 이끌었으며, 1935년 민족 혁명당의 창설에도 참여하였다. 이후 1940년 임시 정부에 합류하여 한국 광복군의 총사령관이 되었다.

✦ 양세봉

📍 장준하

1960~70년대 민주화 운동을 주도한 인물이다. 1943년 학도병으로 전쟁터에 파병되었으나, 극적으로 탈출에 성공하고 한국 광복군에 합류하여 독립운동을 전개하였다.

4 1940년대 무장 독립 투쟁

✿✿(1) 한국 광복군(1940)

① 설립: 대한민국 임시 정부의 산하 부대로 창설 ➡ 총사령관 지청천

② 발전: **김원봉의 조선 의용대 일부 합류**, 일본군에서 탈출한 학도병 흡수

② 활동

　ㄱ 대일 선전포고(1941): **영국과 연합**하여 인도·미얀마 전선에서 활약

　ㄴ 국내 진공 작전: **미국 OSS군과 연계**하여 국내 진공 작전 준비 ➡ 일본의 항복으로 무산

(2) 조선 의용군(1942)

① 설립: 김두봉 등이 이끄는 조선 독립 동맹⁺의 산하 부대 ➡ 조선 의용대 화북 지대⁺를 개편하여 창설

② 활동: 중국 팔로군과 연계하여 항일 투쟁

5 의열 투쟁

✿✿(1) 의열단

결성	만주 길림성에서 김원봉⁺, 윤세주를 중심으로 조직(1919)
목표	일제 요인 암살과 식민통치기관 파괴 ➡ 신채호의 「조선 혁명 선언」⁺을 지침으로 삼음
활동	**박재혁이 부산 경찰서에 투탄(1920)**, 김상옥이 종로 경찰서에 투탄(1923), **나석주가 동양 척식 주식 회사와 조선 식산 은행에 투탄 시도(1926)**
변화	• 개별적 의열 투쟁의 한계 인식 ➡ 단원 일부가 **중국 황포 군관 학교에 입학(1926)** • **조선 혁명 간부 학교 설립(1932)**, 난징의 민족 혁명당 결성에 참여(1935)

┗➤ 중국 국민당 장제스의 지원

> **「조선 혁명 선언」**
> 내정 독립이나 참정권이나 자치를 운동하는 자가 누구냐? 너희들이 '동양평화', '한국 독립 보전' 등을 담보한 맹약이 먹도 마르지 않은 채 삼천리 강토를 집어먹던 역사를 잊었느냐? … 조선 민족의 생존을 유지하자면 강도 일본을 쫓아낼 것이며, **강도 일본을 쫓아내자면 오직 혁명으로써 할 뿐이니, 혁명이 아니고는 강도 일본을 쫓아낼 방법이 없는 바이다.**

✿✿(2) 한인 애국단

결성	임시 정부의 침체 극복 위해 김구가 상하이에서 조직(1931)
활동	• 이봉창⁺이 일본 천황을 향해 투탄 ➡ 실패(1932) • 윤봉길⁺이 상하이 훙커우 공원에서 의거 ➡ 성공(1932)
의의	중국 국민당 정부가 대한민국 임시 정부를 인정하고 지원하는 계기

(3) 국내 개별 의거: 강우규의 투탄활동(1919), 부민관 투탄 의거(1944)

┗➤ 사이토 총독에게 투탄 시도

6 동포들의 국외 이주

만주	1910년대 독립운동 기지 건설(삼원보·한흥동 등), 간도 참변(1920)
연해주	다수의 신한촌 건설, 중앙아시아 강제 이주(1937)
일본	유학생 + 정치적 망명, 다수의 농민들 이주(노동자), 관동 대학살(1923)
미주	사탕수수 농장 및 철도 건설 노동자로 활동

✦ 조선 독립 동맹
김두봉을 중심으로 화북에서 조직된 무장 독립운동 단체이다. 산하에 조선 의용군을 편성하였다.

✦ 조선 의용대 화북 지대
조선 의용대에서 갈라져 나와 화북에서 활동하던 부대를 별도로 지칭하는 표현이다.

✦ 김원봉

1919년 만주에서 의열단을 창설 하였으며, 1935년에는 민족 혁명당 창당을 주도하였다. 1942년에는 독립 운동의 좌우합작을 위해서 산하 부대를 이끌고 한국광복군에 편입되어 부사령관으로 활동하였다. 해방 이후 남한 경찰에 체포되어 모진 고문을 받고 월북하여 6·25 전쟁 때 인민군으로 참전하였다. 이후 북한의 정치 권력 다툼에서 밀려나 숙청되었다.

✦ 「조선 혁명 선언」
김원봉이 신채호를 찾아가 의열단의 행동 강령을 문서화해줄 것을 요청함에 따라 작성된 문서이다. 민중의 직접 혁명을 통한 독립의 쟁취를 주장하였다.

✦ 이봉창

수감 사진을 들고 웃고 있는 사진이 조작되었다는 설이 제기되면서 최근에는 위의 사진으로 대체되고 있다.

✦ 윤봉길

테마 56 문항별 빅데이터 분석 📦

과거부터 지금까지 한국사능력검정시험에서 전 테마를 통틀어서 가장 많이 빈출되고 있는 주제이다. 1910년대 지역별 독립운동, 1920년대 무장 투쟁의 특징과 순서 나열, 1930~40년대 여러 무장 독립 부대의 특징, 의열단과 한인 애국단의 특징 등 물어보는 유형도 매우 폭 넓고 다양하다. 매회 2~3문제 가량 출제되는 빈출 주제인 만큼 합격을 위해서는 반드시 공략해야 하는 테마이다.

01
●44회 37번

(가) 지역의 독립운동에 대한 탐구 활동으로 가장 적절한 것은?
[2점]

참정 김규홍이 아뢰기를, " (가) 은/는 우리나라와 청의 경계 지대인데 지금까지 수백 년 동안 비어 있었습니다. 수십 년 전부터 북쪽 변경의 백성들로서 그 지역에 이주하여 경작하며 살고 있는 사람이 이제는 수만 호에 십여만 명이나 됩니다. 그런데 청인들의 괴롭힘을 심하게 받고 있습니다. 그래서 지난해 신의 부서에서 시찰관 이범윤을 파견하여 황제의 교화를 선포하고 호구를 조사하게 하였습니다. …… 그들의 생명과 재산을 보호하고자 하는 조정의 뜻을 보여 주는 것이 어떻겠습니까?"하니, 윤허하였다.

① 숭무 학교의 설립 목적을 파악한다.
② 대조선 국민군단의 활동 내용을 분석한다.
③ 동제사를 통한 한중 교류 상황을 살펴본다.
④ 중광단이 북로 군정서로 개편된 과정을 조사한다.
⑤ 유학생들이 2·8 독립 선언서를 발표한 장소를 확인한다.

문제 및 키워드 분석

1910년대 국외 무장 투쟁은 특정 지역에서 일어난 단체의 활동을 물어보는 문제들이 대다수를 이루고 있다. 따라서 반드시 지역별로 구분하는 것이 중요하다. 자료의 (가)는 **우리나라와 청의 국경 지대**라는 키워드를 통해서 간도 지역임을 알 수 있다. 따라서 만주와 간도에서 일어난 독립운동을 고르면 된다. 일반적으로는 북만주·남만주·서간도·연해주 등으로 세세하게 구분을 해서 문제를 내는 편이지만 난이도가 낮으면 이렇게 출제되기도 한다.

정답 분석

④ 중광단은 만주에서 결성된 무장 단체이다. 만주 중에서도 구체적으로는 북간도 지역에 해당되지만, 이 문제에서는 만주로 접근하더라도 큰 문제가 없다.

선지 분석

① 숭무 학교는 멕시코에 설립된 한인 학교이다.
② 대조선 국민 군단은 하와이에 설립된 군부대이다.
③ 동제사는 중국 상하이에 설립된 독립운동 단체이다.
⑤ 2·8 독립 선언서는 일본 도쿄에서 조선 청년 독립단이 발표하였다.

02
●46회 36번

다음 사건이 일어난 이후의 사실로 옳은 것을 〈보기〉에서 고른 것은?
[2점]

천수평에서 북로 군정서의 기습 공격을 받아 참패한 일본군은 그들을 추격하여 어랑촌으로 들어갔다. 어랑촌 전투는 해가 질 때까지 계속되었는데, 북로 군정서는 지형적 이점을 활용하여 일본군의 공격을 효과적으로 방어하였다. 교전 중 독립군 연합 부대가 합류하였고, 치열한 접전 끝에 일본군에 큰 승리를 거두었다.

─────〈보기〉─────
ㄱ. 13도 창의군이 서울 진공 작전을 추진하였다.
ㄴ. 일제가 중국 군벌과 미쓰야 협정을 체결하였다.
ㄷ. 일제가 이른바 남한 대토벌 작전을 전개하였다.
ㄹ. 독립군이 전열을 정비하기 위해 자유시로 이동하였다.

① ㄱ, ㄴ
② ㄱ, ㄷ
③ ㄴ, ㄷ
④ ㄴ, ㄹ
⑤ ㄷ, ㄹ

문제 및 키워드 분석

천수평, 어랑촌 등의 키워드를 통해서 자료의 내용이 1920년에 일어난 청산리 전투임을 알 수 있다. 청산리 전투 당시 독립군은 천수평과 어랑촌 등에서 일본군과 격돌하였다.

정답 분석

ㄴ. 미쓰야 협정은 1925년에 일본 장군 미쓰야와 만주 군벌 장쭤린 사이에 체결된 협정이다.
ㄹ. 일본군의 추격을 받던 독립군은 1921년에 전열을 가다듬기 위해 자유시로 이동하였다.

선지 분석

ㄱ. 1907년에 일어난 정미의병에 대한 설명이다.
ㄷ. 1909년에 남한 대토벌 작전이 전개되었다.

03

(가) 단체의 활동으로 옳은 것은? [1점]

> 이달의 독립운동가
>
> # 이 봉 창
>
> 서울 출신으로 1925년에 일본으로 건너가 막일로 생계를 유지하다 민족 차별에 분노하여 독립 운동에 투신할 것을 결심하고 상하이로 갔다. 1931년 김구가 조직한 ___(가)___ 에 가입하고, 1932년 1월 도쿄에서 일왕이 탄 마차를 향해 폭탄을 던졌다. 같은 해 사형을 선고받아 순국하였으며, 광복 후 서울 효창 공원에 안장되었다.

① 중국군과 함께 영릉가 전투에서 큰 전과를 올렸다.
② 영국군의 요청으로 인도·미얀마 전선에 투입되었다.
③ 홍커우 공원에서 일어난 윤봉길 의거를 계획하였다.
④ 조선 총독부에 국권 반환 요구서를 제출하려 하였다.
⑤ 조선 혁명 간부 학교를 설립하여 군사 훈련에 힘썼다.

04

(가), (나) 인물에 대한 설명으로 옳은 것은? [3점]

> ### 국외 독립 전쟁을 이끈 독립운동가
>
> **(가)**
> • 생몰: 1896년 ~ 1934년
> • 대한 통의부 의군으로 활동
> • 조선 혁명군 총사령관으로 항일 투쟁 전개
> • 일제의 밀정에 의해 사망
> • 1962년 건국훈장 독립장 추서
>
> **(나)**
> • 생몰: 1888년 ~ 1957년
> • 신흥 무관 학교 교성 대장으로 독립군 양성
> • 한국 독립군 총사령관으로 항일 투쟁 전개
> • 한국광복군 총사령관에 취임
> • 1962년 건국훈장 대통령장 추서

① (가) – 조선 혁명 간부 학교를 설립하였다.
② (가) – 대한 광복회를 조직하여 친일파를 처단하였다.
③ (나) – 대전자령 전투에서 일본군에 대승을 거두었다.
④ (나) – 중광단을 중심으로 북로 군정서를 조직하였다.
⑤ (가), (나) – 황푸 군관 학교에 입학하여 군사 훈련을 받았다.

문제 및 키워드 분석

이봉창, 김구가 조직 등의 키워드를 통해서 (가)가 한인 애국단임을 알 수 있다.

정답 분석

③ 한인 애국단은 윤봉길을 상하이 홍커우 공원에서 열린 승전식에 보내서 폭탄을 투탄하여 수많은 일본 군 간부들을 사살하는 데 성공하였다.

선지 분석

① 조선 혁명군에 대한 설명이다.
② 한국 광복군에 대한 설명이다.
④ 독립 의군부에 대한 설명이다.
⑤ 의열단에 대한 설명이다.

문제 및 키워드 분석

(가)는 **조선 혁명군의 총사령관** 양세봉이며, (나)는 **한국 독립군의 총사령관** 지청천이다. 사실상 조선 혁명군과 한국 독립군의 활약상을 묻는 문제이다.

정답 분석

③ 지청천이 지휘하는 한국 독립군은 쌍성보·대전자령·사도하자 전투 등에서 일본군을 상대로 승리를 거두었다.

선지 분석

① 김원봉에 대한 설명이다.
② 박상진 등에 대한 설명이다.
④ 김좌진에 대한 설명이다.
⑤ 김원봉 등 일부 의열단원에 대한 설명이다.

05

(가) 부대에 대한 설명으로 옳은 것은? [3점]

조선 민족 혁명당 창립 제8주년 기념 선언

우리는 중국의 난징에서 5개 당을 통합하여 전체 민족을 대표하는 유일한 정당인 조선 민족 혁명당을 창립하였다. ...... 아울러 중국과 한국의 연합 항일 진영을 건립하였다. ...... 이 때문에 우리는 1938년 (가) 을/를 조직하고 조선의 혁명 청년들을 단결시켜 장제스 위원장의 영도 아래 직접 중국의 항전에 참가하였고, 각 전쟁터에서 찬란한 전투 성과를 만들어냈다. ...... 지난해 가을 (가) 와/과 한국 광복군의 통합 편성을 기반으로 전 민족의 통일을 성공적으로 구현하였다.

① 자유시 참변으로 큰 타격을 입었다.
② 대전자령 전투에서 일본군을 격퇴하였다.
③ 동북 항일 연군으로 개편되어 유격전을 펼쳤다.
④ 김원봉, 윤세주 등이 중국 관내(關內)에서 창설하였다.
⑤ 홍범도 부대와 연합하여 청산리에서 일본군과 교전하였다.

06

(가) 부대에 대한 설명으로 옳은 것은? [2점]

인도 전선에서 (가) 이/가 활동에 나선 이래, 각 대원은 민족의 영광을 위해 빗발치는 탄화도 두려워하지 않고 온갖 고초를 겪으며 영국군의 작전에 협조하였다. (가) 은/는 적을 향한 육성 선전, 방송, 전단 살포, 포로 신문, 정찰, 포로 훈련 등 여러 부분에서 상당한 성과를 거두었다. 그 결과 영국군 당국은 우리를 깊이 신임하고 있으며, 한국 독립에 대해서도 동정을 아끼지 않고 있다. 충칭에 거주하고 있는 한국 청년 동지들이 인도에서의 공작에 다수 참여하기를 희망한다.

– 「독립신문」

① 청산리에서 일본군에 맞서 대승을 거두었다.
② 미군과 연계하여 국내 진공 작전을 계획하였다.
③ 쌍성보 전투에서 한중 연합 작전을 전개하였다.
④ 중국 의용군과 연합하여 흥경성에서 승리하였다.
⑤ 동북 항일 연군으로 개편되어 유격전을 펼쳤다.

문제 및 키워드 분석

조선 민족 혁명당, 한국 광복군의 통합 편성 등의 키워드를 통해서 1938년에 결성된 조선 의용대에 대한 설명임을 알 수 있다.

정답 분석

④ 조선 의용대는 민족 혁명당이 분열된 이후 김원봉 등 좌익 세력을 중심으로 중국 관내에서 최초로 결성된 한인 부대이다.

선지 분석

① 대한 독립 군단에 대한 설명이다.
② 한국 독립군에 대한 설명이다.
③ 동북 인민 혁명군에 대한 설명이다.
⑤ 북로 군정서 등에 대한 설명이다.

문제 및 키워드 분석

인도 전선 · 포로 신문 · 영국군 당국 · 충칭 등의 키워드를 통해서 한국 광복군에 대한 설명임을 알 수 있다.

정답 분석

② 한국 광복군은 미군과 연계하여 국내 진공 작전을 실시하여 국내의 주요 식민 통치 기구를 파괴하려고 했으나 일본의 이른 항복으로 실패로 돌아갔다.

선지 분석

① 북로 군정서에 대한 설명이다.
③ 한국 독립군에 대한 설명이다.
④ 조선 혁명군에 대한 설명이다.
⑤ 동북 인민 혁명군에 대한 설명이다.

실력 양성 운동 & 사회 각 계층의 운동

✦ 물산 장려 운동 포스터

'우리가 만든 것, 우리가 쓰자'라는 문구가 새겨져 있다.

1 실력 양성 운동

✨✦(1) 물산 장려 운동✦

배경	회사령과 관세 철폐로 일본 기업의 조선 진출 증가 ➡ 민족 자본의 위기
활동	• 시작: 조만식이 **평양**에서 조선 물산 장려회 설립(1920) • 확대: 전국적으로 확대되면서 자작회, **토산 애용 부인회** 등의 단체들이 설립 • 내용: 국산품 애용과 근검·금주 운동, **민족 기업과 자본 육성 및 보호** • 구호: '내 살림 내 것으로', '조선 사람 조선 것'
결과	국산품 가격 상승 ➡ 사회주의 계열의 비판과 일부 기업들이 일제와의 타협 등으로 실패

물산 장려 운동 비판

물산 장려 운동에 대한 반대 측 의견을 종합하건대 크게 두 가지 논점이 있는 것 같다. 하나는 일본인 측이나 또는 관청의 일부분에서 일종의 일본 제품 배척 운동으로 간주하고 불온한 사상이라고 공격하는 것이다. 또 하나는 소위 사회주의자 중 일부 논객이 주장하는 것인데, 물산 장려 운동은 유산 계급의 이익을 위한 것이며 무산 계급에는 아무 관련이 없으니 유산 계급만의 운동으로 남겨 버리자는 것이다. ─ 동아일보

(2) 민립 대학 설립 운동

배경	제2차 조선 교육령(1922)으로 대학 설립 가능 ➡ 고등교육 및 민족 대학 설립 필요성 대두
활동	• 시작: 이상재가 민립 대학 기성 준비회 조직(1922) • 내용: 일제의 차별 교육에 대항, **인재 양성을 위한 민립 대학 설립** • 구호: '한민족 1천만이 한 사람이 1원씩' ➡ 모금 활동으로 자금 마련
결과	자연재해로 모금 어려움, **일제가 경성 제국 대학 설립(1924)**

민립 대학 설립 운동

민중의 보편적 지식은 보통 교육으로도 가능하지만 **심오한 지식과 학문은 고등 교육이 아니면 불가**하며, 사회 최고의 비판을 구하며 유능한 인물을 양성하려면 최고 학부의 존재가 가장 필요하도다. … 그러므로 우리는 감히 만천하 동포에게 향하여 **민립 대학 설립을 제창**하노니, 자매, 형제로 모두 와서 성원하라. ─ 민립 대학 발기 취지서

✦ 문자 보급 운동

(3) 문맹 퇴치 운동

① 배경: 민중 계몽을 위한 문자 교육과 구습 타파의 필요성 ➡ 언론 기관의 지원

② 문자 보급 운동(1929)✦: 조선일보 주도 ➡ '아는 것이 힘, 배워야 산다', 문맹 퇴치 운동

③ 브나로드 운동(1931)✦: **동아일보** 주도 ➡ '배우자, 가르치자, 다 함께 브나로드', 농촌 계몽 운동

✦ 브나로드 운동

브나로드 운동

오늘날 학생들의 풍조를 보면 너무도 이기적이고 타산적이며 명예만을 앞세운다. … 우리는 보수를 바라지 않는 일꾼이 되어야 할 것이다. … 참으로 민중을 생각하는 마음으로 민중을 대하라. 그리하여 민중의 계몽자가 되고 민중의 지도자가 되라! ─ 동아일보

브나로드란, '민중 속으로'를 뜻하는 러시아어이다. 민중 속으로 들어가서 계몽 운동을 펼치자는 의미가 담겨 있다.

2 사회 각 계층의 운동

(1) 농민 운동

① 1920년대: 생존권 투쟁

㉠ 활동: 고액 소작료에 반발하는 소작 쟁의 중심 ➡ **암태도 소작 쟁의(1923)**✦

㉡ 단체 결성: **조선 노농 총동맹(1924)** ➡ 조선 농민 총동맹 조직(1927)

② 1930년대: 항일 민족 운동, 혁명적 농민 운동으로 전환

③ 일제의 탄압: 소작 쟁의 약화를 위해 1932년 농촌 진흥 운동, 소작 조정령 등이 실시되었다.

(2) 노동 운동

① 배경: 일제의 식민지 공업화 ➡ 열악한 노동 환경 ➡ 노동 운동 활성화

② 1920년대

㉠ 활동: 노동자의 생존권 투쟁 중심 ➡ 원산 노동자 총파업(1929)✦

㉡ 단체: 조선 노동 공제회(1920) ➡ 조선 노농 총동맹(1924) ➡ 조선 노동 총동맹 조직(1927)

③ 1930년대: 항일 민족 운동, 혁명적 노동 운동으로 전환, **강주룡**✦**의 투쟁(1931)** 등

> **원산 노동 총파업**
> 금번 우리의 노동 정지는 다만 국제 통상 주식회사 **원산 지점이 계약을 무시**하고 부두 노동 조합 제1구에 대하여 노동을 정지시킨 것으로 인하여 각 세포 단체가 동정을 표한 것뿐이다. … 또한 원산 상업 회의소가 우리 연합회 회원가 그 가족 만여명을 비시민과 같이 보는 행동을 감행하고 있는 것이 사실임으로, … 상업 회의소에 대하여 입회 연설회를 개최할 것을 요구하였다.
> – 동아일보

(3) 여성 운동

① 근우회(1927): 신간회의 자매단체, 여성계 민족 유일당으로 활동

② 활동: 여성 계몽, 문맹 퇴치, 생활 개선 등을 주장

(4) 소년 운동

① 천도교 소년회(1920): **방정환**이 주도하여 설립, 천도교 계열

② 활동: 어린이날 제정, 잡지 『어린이』✦ 발간 등

> **천도교 소년회**
> 1. 어린이를 재래의 윤리적 압박으로부터 해방하여 그들에 대한 완전한 인격적 예우를 허(許)하게 하라.
> 2. 어린이를 재래의 경제적 압박으로부터 해방하여 만 14세 이하의 그들에 대한 무상 또는 유상의 노동을 폐(廢)하게 하라.
> 3. 어린이를 그들이 고요히 배우고 즐거이 놀기에 족(足)한 각양의 가정 또는 사회 시설을 행(行)하게 하라.
> – 소년 운동 기초 조항

(5) 형평 운동✦

① 조선 형평사(1923): 이학찬을 중심으로 진주에서 창립되어 형평 운동 전개

② 활동: 백정에 **대한 사회적 차별 철폐 주장** ➡ 점차 민족 해방 운동으로 발전

> **형평 운동 취지문**
> 공평은 사회의 근본이고 애정은 인류의 근본 강령이다. 그런 고로 우리는 계급을 타파하고 모욕적 칭호를 폐지하여 교육을 장려하며, 우리도 참다운 인간이 되는 것을 기대하는 것이 본사의 큰 뜻이다. **지금까지 조선의 백정은 어떠한 지위와 어떠한 압박을 받아 왔던가?** 과거를 회상하면 종일토록 통곡하여도 피눈물을 금할 길이 없다. 이에 40여 만의 단결로써 본사(本社)의 목적을 선명하게 표방하고자 하는 바이다. – 조선일보

✦ **암태도 소작 쟁의**
전라도의 암태도라는 섬에서 일어난 소작 쟁의이다. 지주 문재철의 횡포에 저항한 끝에 소작료 인하에 성공하였다.

✦ **원산 노동자 총파업**
1929년 함경남도 원산에서 부두 노동자들이 일으켰던 총파업 운동이다. 이 파업 운동은 해외의 노동자들이 격려와 지지까지 보낼 정도로 큰 관심을 모았으나, 결국 실패하였다.

✦ **강주룡**

강주룡은 평양 고무 공장 출신 노동자로, 1931년 회사가 일방적으로 임금을 삭감하자 이에 반발하여 을밀대 옥상에 올라가 파업 투쟁을 주도하였다.

✦ **잡지 『어린이』**

✦ **형평 운동**

당시 백정들은 갑오개혁 때 신분제가 폐지되었음에도 불구하고, 여전히 호적에 도한(屠漢: 짐승을 잡는다는 뜻)이라고 표기가 되거나 붉은 점이 찍혀서 구별되는 차별을 받고 있었다. 이에 반발하여 형평 운동이 일어났다.

01
● 52회 41번

다음 강령을 발표한 단체에 대한 설명으로 옳은 것은? [2점]

행동 강령

1. 여성에 대한 사회적·법률적 일체 차별 철폐
2. 일체 봉건적 인습과 미신 타파
3. 조혼 폐지 및 결혼의 자유
4. 인신매매 및 공창 폐지
5. 농민 부인의 경제적 이익 옹호
6. 부인 노동의 임금 차별 철폐 및 산전 산후 임금 지불
7. 부인 및 소년공의 위험 노동 및 야업 폐지

① 3·1 운동에 주도적으로 참여하였다.
② 상하이에서 대동 단결 선언을 발표하였다.
③ 여성 교육을 위해 이화 학당을 설립하였다.
④ 최초의 여성 권리 선언문인 여권통문을 공표하였다.
⑤ 민족주의 계열과 사회주의 계열의 여성들이 연합하였다.

02
● 60회 38번

(가) 민족 운동에 대한 설명으로 옳은 것은? [2점]

이것은 경성 방직 주식회사의 광목 신문 광고야. '우리가 만든 것 우리가 쓰자.'라는 문구가 인상적이야.

그래, 이 광고는 민족 기업을 육성해 경제적 자립을 이루려는 (가) 중에 등장했지.

① 통감부의 탄압으로 중단되었다.
② 국채 보상 기성회를 중심으로 전개되었다.
③ 자작회, 토산 애용 부인회 등이 활동하였다.
④ 한성 은행, 대한 천일 은행 등이 설립되는 계기가 되었다.
⑤ 일본, 프랑스 등지의 노동 단체로부터 격려 전문을 받았다.

문제 및 키워드 분석
특정 키워드보다는 자료 자체를 알아두어야 하는 문제이다. 사료는 여성의 권리 신장을 위해 노력한 근우회 행동 강령 중 일부이다.

정답 분석
⑤ 근우회도 신간회의 영향을 받아서 민족주의 계열과 사회주의 계열 여성 독립 운동가들이 합작하여 만든 단체이다.

선지 분석
① 손병희·이승훈·한용운 등에 대한 설명이다.
② 1917년 상하이에서 신규식·신채호 등이 발표하였다.
③ 이화 학당은 1886년에 선교사 스크랜튼이 설립하였다.
④ 1898년 서울의 양반 부인들이 발표한 문서이다.

문제 및 키워드 분석
우리가 만든 것 우리가 쓰자라는 키워드를 통해서 1920년부터 전개된 물산 장려 운동임을 알 수 있다. 물산 장려 운동은 보통 위의 포스터를 많이 출제하는 편이기 때문에 눈에 익혀두는 것이 중요하다.

정답 분석
③ 물산 장려 운동을 주도한 단체로 자작회와 토산 애용 부인회 등이 있다.

선지 분석
①, ② 국채 보상 운동에 대한 설명이다.
④ 대한 천일 은행은 1899년에 설립되었으므로 시기상 맞지않다.
⑤ 원산 노동자 총파업에 대한 설명이다.

03
●54회 39번
다음 기사에 보도된 민족 운동에 대한 설명으로 옳은 것은?

[2점]

역사신문

제△△호   2022년 ○○월 ○○일

민대총회(民大總會) 개최, 460여 명의 대표 참석

조선 민립 대학 기성회 발기총회(민대총회)가 오후 1시부터 종로 중앙청년회관에서 열렸다. 총회에서는 사업계획을 확정하고 '이제 우리 조선인도 생존을 위해서는 대학의 설립을 빼고는 다른

▲조선 민립 대학 기성회 발기 총회

길이 없도다. 만천하 동포에게 민립대학의 설립을 제창하노니, 자매형제는 모두 와서 성원하라.'라는 요지의 발기 취지서를 발표하였다.

① 중국의 5 · 4 운동에 영향을 주었다.
② 사립 학교령 공포의 계기가 되었다.
③ 이상재 등이 모금 활동을 주도하였다.
④ 통감부의 방해와 탄압으로 실패하였다.
⑤ 여성 교육의 중요성을 강조한 여권통문을 발표하였다.

문제 및 키워드 분석
민립 대학 기성회라는 단체가 대놓고 자료에서 등장했기 때문에 민립 대학 설립 운동에 대한 옳은 설명을 선지에서 고르면 된다.

정답 분석
③ 민립 대학 기성회는 이상재 등이 주도한 단체이다. 주로 모금 활동을 통해서 대학 설립 자금을 마련하고자 하였다.

선지 분석
① 3 · 1 운동에 대한 설명이다.
② 사립 학교령은 1908년에 실시되었기 때문에 시기상 맞지 않다.
④ 국채 보상 운동에 대한 설명이다. 민립 대학 설립 운동은 총독부가 경성 제국 대학을 설립하면서 점차 무산되었다.
⑤ 근우회에 대한 설명이다.

04
●47회 42번
다음 자료에 나타난 사회 운동에 대한 설명으로 옳은 것은?

[2점]

어린 동무들에게

• 돋는 해와 지는 해를 반드시 보기로 합시다.
• 어른에게는 물론이고 당신들끼리도 서로 존대하기로 합시다.
• 뒷간이나 담벽에 글씨를 쓰거나 그림 같은 것을 그리지 말기로 합시다.
• 길가에서 떼를 지어 놀거나 유리 같은 것을 버리지 말기로 합시다.
• 꽃이나 풀을 꺾지 말고, 동물을 사랑하기로 합시다.
• 전차나 기차에서는 어른에게 자리를 사양하기로 합시다.
• 입은 꼭 다물고 몸은 바르게 가지기로 합시다.

– 1923년 5월 1일 어린이날 기념 선전문

① 통감부의 탄압으로 중단되었다.
② 김광제, 서상돈 등이 주도하였다.
③ 서당 규칙을 제정하는 계기가 되었다.
④ 천도교 세력이 중심이 되어 추진하였다.
⑤ 평양에서 시작하여 전국으로 확산되었다.

문제 및 키워드 분석
어린이날이라는 표현을 통해서 자료에 나타난 사회 운동이 소년 운동임을 알 수 있다.

정답 분석
④ 소년 운동은 주로 천도교 세력에 의해서 전개되었는데, 이들은 1921년에 천도교 소년회라는 단체를 세워 소년 운동을 전개해나갔다.

선지 분석
① 통감부는 1910년에 총독부로 개칭되었기 때문에 시기상 맞지 않다. 소년 운동은 주로 1920년대에 전개되었다.
② 국채 보상 운동에 대한 설명이다.
③ 서당 규칙은 1918년에 제정되었다.
⑤ 평양에서 시작된 일제 강점기 사회 운동으로는 물산 장려 운동 등이 있다.

PART 7

민족 문화 수호 운동

1 국학 운동

(1) 일제의 한국사 왜곡

① 배경: 일본 침략과 식민지배를 정당화하고 한국인의 독립의지를 약화

② 식민 사관✦: 한국사의 타율성론·정체성론·당파성론 등을 주장

③ 단체 조직: **조선사 편수회**(1925)에서 『조선사』 편찬

(2) 민족주의 사학

✦① 박은식✦ 민족의 '국혼'을 강조, '나라는 형이요 역사는 혼이다'

   ㉠ 저술: 『**한국통사**』, 『**한국독립운동지혈사**』 ➡ 일제의 불법적 침략과정과 독립운동사 정리

   ㉡ 활동: 대한민국 임시 정부의 2대 대통령으로 활약, 유교구신론 제창

> **박은식**
>
> 옛사람이 이르기를 나라는 멸할 수 있으나 역사는 멸할 수 없다고 하였다. 나라는 형체이고 역사는 정신이다.
> 이제 한국의 형체는 허물어졌으나 정신만을 홀로 보존하는 것이 어찌 불가능하겠는가.　　　　　　　　 – 『한국통사』

✦② 신채호✦ 자주적 '낭가 사상'을 강조

   ㉠ 저술: 『**조선상고사**』, 『**조선사연구초**』 ➡ 한국의 고대사 정리, 『**독사신론**』 ➡ 민족주의
       사학의 기반 마련 └➡ 묘청의 서경 천도 운동을 높이 평가

   ㉡ 활동: 주로 **고대사 연구**에 치중, 민족주의 역사학의 기본 확립

> **신채호**
>
> 역사란 무엇이뇨? **인류 사회의 아(我)와 비아(非我)의 투쟁**이 시간부터 발전하며 공간부터 확대하는 심적 활동
> 상태의 기록이니, 세계사라 하면 세계 인류의 그리되어 온 상태의 기록이며, 조선사라 하면 조선 민족의 그리
> 되어 온 상태의 기록이니라.　　　　　　　　　　　　　　　　 – 『조선상고사』

✦③ 조선학 운동(1930년대) 실학에서 자주적 근대 사상과 학문의 주체성을 발견

   ㉠ 활동: 다산 정약용 서거 99주년 기념 ➡ 저서를 모아 『**여유당전서**』 간행

   ㉡ 주요 학자들: **정인보**✦(조선의 '얼' 강조, 『조선사연구』 저술), 문일평(조선'심' 강조)

✦(3) 사회 경제 사학

① 특징: 유물 사관, 한국사를 **세계사적 보편성**에서 체계화 ➡ 식민 사학의 **정체성론 반박**

② 학자: **백남운**이 『**조선사회경제사**』·『**조선봉건사회경제사**』 등을 저술

> **백남운**
>
> 우리 조선의 역사적 발전의 전 과정은, … 외관상의 이른바 특수성이 다른 문화 민족의 역사적 발전 법칙과 구
> 별될 만큼 독자적인 것은 아니며, 세계사적인 일원론적 역사 법칙에 의해 다른 여러 민족과 거의 같은 궤도의
> 발전 과정을 거쳐 왔던 것이다. …　　　　　　　　　　　　　 – 『조선사회경제사』

(4) 실증주의 사학

① 특징: 객관적 사실에 근거하는 문헌 고증 연구

② 단체: 이병도·손진태 등이 **진단 학회**(1934) 창립, '**진단 학보**' 발간 ➡ 청구 학회에 대항

✦ **식민 사관의 종류**

타율성론이란 조선의 발전은 언제나 자율적이 아닌 다른 국가나 민족에 의해 이루어졌다는 이론이며, 정체성론이란 조선의 발전 단계가 아직 중세에 머물러 있다는 이론이며, 당파성론이란 조선은 항상 여러 당파로 분열하고 갈라져서 싸워 스스로 멸망을 단초했다는 이론이다. 모두 사실 관계를 교묘하게 왜곡한 것들로써, 일본의 조선 지배를 합리화하는 용도로 이용되었다.

✦ **박은식**

유교론자이자 역사학자이다. 유교의 개혁을 위해 양명학을 수용할 것을 주장하기도 했다.

✦ **신채호**

『독사신론』, 『조선상고사』, 『을지문덕전』, 『조선 혁명 선언』 등을 저술하였다.

✦ **정인보**

2 국어 연구

조선어 연구회 (1921)	결성	이윤재·최현배 등이 조직
	활동	한글 기념일인 '가갸날' 지정, **잡지 「한글」** 간행 등
✦ 조선어 학회 (1931)	결성	조선어 연구회를 확대 개편
	활동	한글 맞춤법 통일안과 표준어 제정, 외래어 표기법 제정, **'우리말 큰사전'** 편찬 시작
	탄압	일제가 조선어 학회 사건(1942)✦을 일으켜 탄압 ➡ 강제 해산 ──▶ 일제 방해로 완간 실패

3 종교·문학·예술

✦✦(1) 종교

천도교	•3·1 운동을 주도, 제2의 3·1 운동 계획(실패) •잡지 「개벽」·「신여성」·「어린이」 간행 ➡ 청년·어린이·여성 운동 주도
대종교	•나철이 1909년 단군교 결성 ➡ 1910년 대종교로 개칭, 2대 주교 김교헌의 활약 •무장 투쟁 주도 ➡ 만주에 중광단·**북로 군정서** 결성, **단군 숭배**로 민족 의식 고양
개신교	신사 참배 거부, YMCA 결성
천주교	만주에서 **의민단** 조직 ➡ 무장 투쟁 전개
불교	**한용운✦**이 조선 불교 유신회 조직(1921) ➡ **사찰령 폐지 운동** 전개
원불교	**박중빈**이 창시, 금주·단연·저축 등 새생활 운동 전개

✦✦(2) 문학

① 1910년대: 이광수✦의 『무정』 발간(1917)

② 1920년대: 동인지, 잡지 간행 활발 ➡ 현대 문학의 태동(사실주의 등)

신경향파	**사회주의의 영향**으로 **1925년**에 카프(KAPF) 단체 결성 ➡ 계급 의식 고취
저항 문학	한용운의 「님의 침묵」, 김소월의 「진달래꽃」, 이상화의 「빼앗긴 들에도 봄은 오는가」 등

③ 1930~40년대

친일 문학	서정주·최남선·이광수✦ 등이 친일 문학을 발표
항일 문학(1940년대)	**이육사✦**의 「광야」, **윤동주✦**의 「별 헤는 밤」, **심훈✦**의 「상록수」·「그날이 오면」

(3) 예술

미술	이중섭(소)과 나혜석 ➡ 서양화, 안중식 ➡ 전통 회화
연극	토월회(1923), 극예술 연구회(1931) 등 결성
영화	나운규가 '아리랑'✦(1926) 제작✦
과학	1920년대 안창남의 고국 방문 비행, 1930년대에 발명 학회 등이 설립

✦ 이육사

✦ 윤동주

✦ 심훈

✦ 나운규의 '아리랑' 중 한 장면

✦ 조선어 학회 사건
함흥의 한 여학생이 조선어를 사용하다 붙잡힌 사건을 계기로, 조선어 학회의 정체가 들통나면서 관련 회원들이 큰 탄압을 받았던 사건이다. 이윤재, 최현배 등 주요 간부들이 체포되었다.

◉ 손병희
호는 의암이다. 최시형이 처형된 뒤 동학의 3대 교주로 활동했다. 1905년에는 동학을 천도교로 개칭하고 교세 확장에 힘썼다. 3·1 운동 당시 천도교의 대표로 참여하였으나, 투옥 생활 중 병세가 악화되어 병보석 후 1922년 순국하였다.

✦ 한용운
호는 만해이다. 3·1 운동 당시 불교계를 대표하여 민족대표 33인으로 참여하였다. 「조선 불교유신론」을 저술했으며, 「님의 침묵」이라는 유명한 시를 발표했다.

✦ 이광수

대표적인 친일파 문인이다. 1917년에 「무정」이라는 소설을 발표하여 소설계에 큰 반향을 일으켰다. 1924년에는 「민족적 경륜」이라는 사설을 발표하여 자치 운동을 주도하였다.

◉ 손기정 마라톤 사건
1936년 손기정이 베를린 올림픽에서 금메달을 땄는데 가슴에 일장기가 달려있는 사진을 동아일보에서 지운 상태로 편집하여 내보낸 사건이다.

✦ 아리랑
나운규가 제작하고 주연을 맡은 영화이다. 민족적 저항의식을 바탕으로 하고 있었으며 완성도 수준급이어서 매우 인기가 많아 개봉 당시는 물론이고 해방 이후에도 계속 상영되었다고 한다. 우리가 흔히 아는 아리랑의 구절이 이 영화의 주제가였다.

테마 58 문항별 빅데이터 분석

일제 강점기의 문화는 역사학자들의 활동과 종교·문예·국학 활동을 잘 정리해 두는 것이 핵심 포인트이다. 과거부터 지금까지 꾸준히 출제되고 있는 파트이며, 시대 통합형 문제로도 종종 나오고 있으니 반드시 대비해 둘 필요가 있다.

01

●46회 40번

(가)~(마)에 들어갈 내용으로 옳은 것은? [2점]

〈수행 평가 보고서〉

1. 주제: 민족 문화 수호를 위한 노력
2. 내용: 일제의 역사 왜곡과 동화(同化) 정책에 맞서 우리의 말과 역사를 지키고자 헌신한 인물들의 활동에 대하여 조사하였다.

인물	활동
신채호	(가)
백남운	(나)
정인보	(다)
이윤재	(라)
최현배	(마)

① (가) – 잡지 한글의 간행을 주도하였다.
② (나) – 한글 맞춤법 통일안 제정에 참여하였다.
③ (다) – 민족의 얼을 강조하고 조선학 운동을 추진하였다.
④ (라) – 애국심 고취를 위해 을지문덕전을 집필하였다.
⑤ (마) – 조선사회경제사에서 식민 사학의 정체성론을 반박하였다.

문제 및 키워드 분석

일제 강점기 때 국학 운동을 주도했던 인물과 업적을 올바르게 연결하는 문제이다. 업적을 정확히 알아두는 것이 중요하다.

정답 분석

③ 정인보는 민족의 정신을 지키기 위해서 '얼'의 중요성을 강조하였고, 조선학 운동을 주도하여 민족 문화를 수호하고자 하였다.

선지 분석

① 조선어 연구회의 활동에 대한 설명이므로 신채호와는 관련이 없다.
② 조선어 학회의 활동에 대한 설명이므로 백남운과는 관련이 없다.
④ 신채호에 대한 설명이다.
⑤ 백남운에 대한 설명이다.

02

●55회 42번

(가) 단체에 대한 설명으로 옳은 것은? [2점]

이것은 [(가)]이/가 1933년에 만든 한글 맞춤법 통일안의 총론입니다. [(가)]은/는 기관지 한글을 간행하고 외래어 표기법 통일안을 마련하는 등 우리말을 지키기 위해 노력하였습니다. 그러나 일제가 1942년에 치안 유지법 위반 명목으로 회원들을 구속하면서 활동이 중단되었습니다.

총론
1. 한글 마춤법(綴字法)은 표준말을 그 소리대로 적되, 어법에 맞도록 함으로써 원칙을 삼는다.
2. 표준말은 대체로 현재 중류 사회에서 쓰는 서울말로 한다.
3. 문장의 각 단어는 띄어 쓰되, 또는 그 웃 말에 붙여 쓴다.

① 우리말 큰사전 편찬을 시도하였다.
② 한글 신문인 제국신문을 간행하였다.
③ 최초로 한글에 띄어쓰기를 도입하였다.
④ 우리말 음운 연구서인 언문지를 저술하였다.
⑤ 한글 연구를 목적으로 학부 아래에 설립되었다.

문제 및 키워드 분석

1942년 회원 구속, 한글 맞춤법 통일안이라는 키워드를 통해서 (가)가 조선어 학회임을 알 수 있다. 조선어 학회는 1942년에 단체가 일제에 의해 발각되면서 해산되었다.

정답 분석

① 조선어 학회는 우리말로 된 국어사전을 집대성하는 작업의 일환으로 우리말 큰사전 편찬을 시도하였으나, 위에서 언급한 1942년 조선어 학회 사건으로 인하여 단체가 발각되면서 무산되었다.

선지 분석

② 제국신문은 1898년부터 1910년까지 발간되었다.
③ 구한말에 활동한 기독교 선교사 존 로스라는 인물에 의해서 최초로 한글에 띄어쓰기가 도입되었다.
④ 언문지는 1824년에 유희가 편찬하였다.
⑤ 1907년에 설립된 국문 연구소에 대한 설명이다.

03

•42회 41번

(가), (나)에 들어갈 내용으로 옳은 것은? [2점]

일제 강점기 종교계의 저항		
불교	천도교	대종교
조선 불교 유신회를 조직하여 사찰령 철폐 운동을 전개하였다.	(가)	(나)

① (가) - 의민단을 조직하여 무장 투쟁을 전개하였다.
② (가) - 잡지 개벽을 발행하여 민족 의식을 고취하였다.
③ (나) - 경향신문을 발간하여 민중 계몽에 힘썼다.
④ (나) - 배재 학당을 세워 신학문 보급에 기여하였다.
⑤ (가), (나) - 을사오적을 처단하기 위해 자신회를 결성하였다.

04

•57회 44번

(가) 인물의 활동으로 옳은 것은? [3점]

도시샤 대학에 있는 이 시비는 민족 문학가인 [(가)]을/를 기리기 위해 세워졌습니다. 비석에는 '죽는 날까지 하늘을 우러러'로 시작되는 그의 작품인 서시가 새겨져 있습니다. 북간도 출신인 그는 일본 유학 중 치안 유지법 위반 혐의로 체포되어 옥중에서 순국하였습니다.

① 조선상고사를 저술하였다.
② 소설 상록수를 신문에 연재하였다.
③ 저항시 광야, 절정 등을 발표하였다.
④ 영화 아리랑의 제작과 감독을 맡았다.
⑤ 별 헤는 밤, 참회록 등의 시를 남겼다.

문제 및 키워드 분석

일제 강점기 천도교와 대종교의 활동을 선지에서 찾아서 연결하는 문제이다. 각 종교의 업적을 굵직한 것들 위주로 알아두면 충분히 정답에 접근할 수 있다.

정답 분석

② 천도교 계열은 잡지 「개벽」, 「신여성」 등을 발간하여 민중 계몽에 힘썼다.

선지 분석

① 천주교에 대한 설명이다.
③ 경향신문은 천주교 계열에서 발간한 신문이다.
④ 개신교 선교사인 아펜젤러에 의해 배재 학당이 설립되었다.
⑤ 자신회는 나철이 을사오적을 처단하기 위해서 설립한 단체로, 나철은 훗날 대종교를 설립하였다. 따라서 (나)는 맞지만 (가)에는 해당되지 않는 설명이다.

문제 및 키워드 분석

서시라는 키워드를 통해서 일제 강점기 대표적인 저항 문인 윤동주임을 알 수 있다. 문학 문제의 경우 문인들의 대표적인 작품들을 알아두는 것이 좋다.

정답 분석

⑤ 윤동주의 대표적인 작품으로 「별 헤는 밤」, 「참회록」 등이 있다.

선지 분석

① 신채호에 대한 설명이다.
② 심훈에 대한 설명이다.
③ 이육사에 대한 설명이다.
④ 나운규에 대한 설명이다.

01

밑줄 친 '시기'에 있었던 사실로 옳은 것을 모두 고르시오.

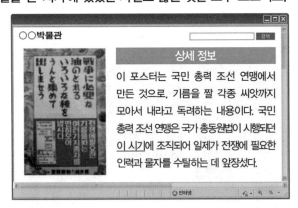

① 애국반을 조직하였다. [60회]

② 미곡 공출제를 실시하였다. [60회]

③ 토지 조사령을 제정하였다. [62회]

④ 국민학교에서 공부하는 학생 [54회]

⑤ 경성 제국 대학을 설립하였다. [59회]

⑥ 신사 참배에 강제 동원되는 학생 [56회]

⑦ 국민 징용령에 의해 끌려가는 청년 [54회]

⑧ 보통학교의 수업 연한을 4년으로 정하였다. [62회]

⑨ 여자 정신 근로령으로 한국인 여성이 강제 동원되었다. [61회]

⑩ 일제가 독립군을 탄압하고자 미쓰야 협정을 체결하였다. [52회]

02

밑줄 친 '그'에 대한 설명으로 옳은 것을 모두 고르시오.

이곳 난징의 천녕사 옛터는 독립군 간부 양성을 위해 설립된 조선 혁명 군사 정치 간부 학교의 훈련 장소입니다. 의열단 단장이었던 그가 설립한 이 학교는 1932년부터 3년 동안 운영되었으며 윤세주, 이육사를 비롯한 수많은 졸업생을 배출하였습니다.

① 조선 혁명 간부 학교를 설립하였다. [60회]

② 분단을 막기 위해 남북 협상에 참여하였다. [54회]

③ 도쿄에서 일어난 이봉창 의거를 계획하였다. [55회]

④ 청산리에서 일본군에 맞서 대승을 거두었다. [59회]

⑤ 배재 학당을 세워 신학문 보급에 기여하였다. [55회]

⑥ 황포 군관 학교에 입학하여 군사 훈련을 받았다. [62회]

⑦ 월간지 유심을 발간하여 불교 개혁 운동에 힘썼다. [56회]

⑧ 의열단의 활동 강령인 조선 혁명 선언을 집필하였다. [52회]

⑨ 중국 국민당과 협력하여 조선 의용대를 창설하였다. [53회]

⑩ 권업회를 창립하여 항일 신문을 발행하였다. [54회]

✏ 정답 및 해설

정답 ①, ②, ④, ⑥, ⑦, ⑨

총동원법, 국민 총력 조선 연맹 등의 키워드를 통해서 밑줄 친 '시기'는 1937년 이후의 일제 식민 통치임을 알 수 있다.

선지분석

① 1937년 이후의 일제 식민 통치에 해당되는 설명이다.

② 1937년 이후의 일제 식민 통치에 해당되는 설명이다.

③ 1910년대 일제 통치이다.

④ 1937년 이후의 일제 식민 통치에 해당되는 설명이다.

⑤ 1924년에 경성 제국 대학이 설립되었다.

⑥ 1937년 이후의 일제 식민 통치에 해당되는 설명이다.

⑦ 1937년 이후의 일제 식민 통치에 해당되는 설명이다.

⑧ 1911년에 시행된 제1차 조선 교육령에 대한 설명이다.

⑨ 1937년 이후의 일제 식민 통치에 해당되는 설명이다.

⑩ 1925년에 미쓰야 협정이 체결되었다.

✏ 정답 및 해설

정답 ①, ⑥, ⑨

조선 혁명 군사 정치 간부 학교, 의열단 단장, 윤세주 등의 키워드를 통해서 밑줄 친 '그'는 김원봉임을 알 수 있다.

선지분석

① 김원봉에 대한 설명이다.

② 김구·김규식 등에 대한 설명이다.

③ 김구에 대한 설명이다.

④ 김좌진에 대한 설명이다.

⑤ 아펜젤러에 대한 설명이다.

⑥ 김원봉에 대한 설명이다.

⑦ 한용운에 대한 설명이다.

⑧ 신채호에 대한 설명이다.

⑨ 김원봉에 대한 설명이다.

⑩ 이상설에 대한 설명이다.

03

(가)에 대한 설명으로 옳은 것을 모두 고르시오.

이 부부의 활동에 대해 말씀해 주시겠습니까?

두 사람은 지청천을 총사령관으로 하여 충청에서 창립된 (가) 에서 첩보 담당 및 주석 비서로 활동하였습니다. 특히 오희영은 부모, 동생이 모두 독립 운동가이기도 합니다.

오희영   신송식

① 호가장 전투에서 활약하였다. [59회]
② 영릉가에서 일본군에 승리를 거두었다. [59회]
③ 대전자령 전투에서 일본군을 격퇴하였다. [61회]
④ 쌍성보 전투에서 한중 연합 작전을 전개하였다. [52회]
⑤ 중국 팔로군에 편제되어 항일 전선에 참여하였다. [54회]
⑥ 미군과 연계하여 국내 진공 작전을 계획하였다. [60회]
⑦ 조선 독립 동맹 산하의 군사 조직으로 개편되었다. [60회]
⑧ 중국 관내(關內)에서 결성된 최초의 한인 무장 부대이다. [58회]
⑨ 국내 정진군을 편성하여 국내 진공 작전을 추진하였다. [58회]
⑩ 영국군의 요청으로 인도·미얀마 전선에서 활동하였다. [54회]

04

밑줄 친 '나'에 대한 설명으로 옳은 것을 모두 고르시오.

나는 일제 침략에 맞서 민족의식을 고취하기 위해, 국난을 극복한 영웅의 전기인 이순신전과 을지문덕전을 집필하였습니다. 또 조선상고사에서는 역사를 아(我)와 비아(非我)의 투쟁으로 정의하였습니다.

조선상고사   이순신전

① 조선상고사를 저술하였다. [57회]
② 영화 아리랑의 제작과 감독을 맡았다. [57회]
③ 고종의 밀지를 받아 독립 의군부를 조직하였다. [52회]
④ 조선사 편수회에 들어가 조선사 편찬에 참여하였다. [60회]
⑤ 조선어 학회 사건으로 구속되어 옥고를 치렀다. [61회]
⑥ 조선학 운동을 주도하여 여유당전서를 간행하였다. [59회]
⑦ 국권 피탈 과정을 정리한 한국 통사를 집필하였다. [61회]
⑧ 진단 학회를 설립하여 실증주의 사학을 발전시켰다. [56회]
⑨ 민중의 직접 혁명을 주장한 조선 혁명 선언을 집필하였다. [60회]
⑩ 독사신론을 저술하여 민족주의 사학의 기반을 마련하였다. [56회]

✏️ 정답 및 해설

정답 ⑥, ⑨, ⑩

지청천, 충청 등의 키워드를 통해서 한국 광복군임을 알 수 있다.

선지분석
① 조선 의용대 화북 지대에 대한 설명이다.
② 조선 혁명군에 대한 설명이다.
③ 한국 독립군에 대한 설명이다.
④ 한국 독립군에 대한 설명이다.
⑤ 조선 의용군에 대한 설명이다.
⑥ 한국 광복군의 활동이다.
⑦ 조선 의용군에 대한 설명이다.
⑧ 조선 의용대에 대한 설명이다.
⑨ 한국 광복군의 활동이다.
⑩ 한국 광복군의 활동이다.

✏️ 정답 및 해설

정답 ①, ⑨, ⑩

이순신전, 을지문덕전, 조선상고사 등의 키워드를 통해서 밑줄 친 '나'는 신채호임을 알 수 있다.

선지분석
① 신채호에 대한 설명이다.
② 나운규에 대한 설명이다.
③ 임병찬에 대한 설명이다.
④ 조선사 편수회는 일제가 조선의 역사 왜곡을 위해 만든 단체로, 신채호는 이 단체에 참여하지 않았다.
⑤ 이윤재, 최현배 등에 대한 설명이다.
⑥ 정인보 등에 대한 설명이다.
⑦ 박은식에 대한 설명이다.
⑧ 손진태, 이병도 등에 대한 설명이다.
⑨ 신채호에 대한 설명이다.
⑩ 신채호에 대한 설명이다.

PART 7

테마 53

01 1910년대에는 회사 설립 시 총독의 허가를 받도록 하는 회사령을 공포하였다. ☐ 61회

02 1910년대에는 강압적 통치를 목적으로 헌병 경찰 제도를 실시하였다. ☐ 58회

03 1910년대에는 조선 태형령이 시행되었다. ☐ 55회

04 1920년대에는 근대적 토지 소유권 확립을 명분으로 토지 조사 사업을 시행하였다. ☐ 58회

05 1920년대에는 조선 사상범 예방 구금령을 공포하였다. ☐ 59회

06 1920년대에는 쌀 수탈을 목적으로 하는 산미 증식 계획을 실시하였다. ☐ 45회

07 1920년대에는 치안 유지법을 공포하였다. ☐ 62회

08 1930년대 이후에는 경성 제국 대학을 설립하였다. ☐ 59회

09 1930년대 이후에는 황국 신민 서사의 암송이 강요되었다. ☐ 57회

10 1930년대 이후에는 미곡 공출제가 시행되었다. ☐ 57회

테마 54

01 1919년 2월 일본 유학생들은 일본 도쿄에서 독립 선언서를 발표하였다. ☐ 59회

02 3·1 운동은 중국의 5·4 운동에 영향을 주었다. ☐ 56회

03 3·1 운동 당시 민족 대표 33인의 명의로 독립 선언서가 발표되었다. ☐ 56회

04 3·1 운동은 대한민국 임시 정부 수립의 계기가 되었다. ☐ 37회

05 대한민국 임시 정부는 이륭 양행에 교통국을 설치하여 국내와 연락을 취하였다. ☐ 61회

06 대한민국 임시 정부는 한·일 관계 사료집을 편찬하고 독립신문을 발행하였다. ☐ 62회

07 대한민국 임시 정부는 파리 강화 회의에 독립 청원서를 제출하였다. ☐ 61회

08 대한민국 임시 정부는 복벽주의를 내세우며 의병 전쟁을 준비하였다. ☐ 58회

09 조소앙은 삼균주의를 바탕으로 건국 강령을 기초하였다. ☐ 58회

10 대한민국 임시 정부는 외교 활동을 펼치기 위해 구미 위원부를 설치하였다. ☐ 62회

테마 53

01 O
02 O
03 O
04 X (1910년대)
05 X (1937년 이후)
06 O
07 O
08 X (1920년대)
09 O
10 O

테마 54

01 O
02 O
03 O
04 O
05 O
06 O
07 O
08 X (독립의군부)
09 O
10 O

01 독립의군부는 조선 총독에게 제출하기 위해 국권 반환 요구서를 작성하였다. [ ] 59회

02 박상진은 대한 광복회를 조직하여 친일파를 차단하였다. [ ] 62회

03 6·10 만세 운동은 공화정체의 국민 국가 수립을 목표로 삼았다. [ ] 61회

04 6·10 만세 운동은 신간회 중앙 본부가 진상 조사단을 파견하여 지원하였다. [ ] 55회

05 6·10 만세 운동은 순종의 인산일을 기회로 삼아 추진되었다. [ ] 55회

06 신간회는 정우회 선언의 영향으로 결성되었다. [ ] 61회

07 민족 유일당 운동의 일환으로 신간회가 결성되었다. [ ] 57회

08 광주 학생 항일 운동은 한국인 학생과 일본인 학생 간의 충돌이 발단이 되었다. [ ] 32회

09 광주 학생 항일 운동은 시위를 준비하는 과정에서 사회주의자들이 대거 검거되었다. [ ] 61회

10 광주 학생 항일 운동은 치안 유지법이 제정되는 결과를 가져왔다. [ ] 53회

01 서간도에서 신흥 강습소를 세워 독립군을 양성하였다. [ ] 59회

02 남만주에서 대종교 계열의 중광단이 결성되었다. [ ] 58회

03 북간도에서 서전서숙을 설립하여 민족 교육을 실시하였다. [ ] 54회

04 북간도에서 권업회가 조직되어 권업신문을 창간하였다. [ ] 58회

05 연해주에서 숭무 학교를 설립하여 독립군을 양성하였다. [ ] 54회

06 연해주에서 한인 자치 기관인 경학사를 조직하였다. [ ] 62회

07 미주에서 박용만의 주도로 대조선 국민 군단이 창설되었다. [ ] 61회

08 이동휘는 대한 광복군 정부 수립을 주도하였다. [ ] 52회

09 북로 군정서는 홍범도 부대와 연합하여 청산리에서 일본군과 교전하였다. [ ] 61회

10 봉오동 전투~대한 독립 군단 결성 사이에 북로 군정서군 등 연합 부대가 청산리 일대에서 일본군에 승리 하였다. [ ] 33회

테마 55

01 O
02 O
03 X (신민회, 대한 광복회 등)
04 X (광주 학생 항일 운동)
05 O
06 O
07 O
08 O
09 X (6·10 만세 운동)
10 X (치안유지법 1925년 제정, 광주 학생 항일 운동·1929년)

테마 56

01 O
02 X (북간도)
03 O
04 X (연해주)
05 X (멕시코)
06 X (남만주)
07 O
08 O
09 O
10 O

PART 7

11 독립군 부대는 간도 참변 이후 밀산에서 집결하여 자유시로 이동하였다. [ ] 58회

12 의열단은 조선 혁명 선언을 행동 강령으로 삼았다. [ ] 55회

13 김원봉은 대일 항전을 준비하기 위해 조선 독립 동맹을 결성하였다. [ ] 56회

14 한인 애국단은 동양 척식 주식회사에 폭탄을 투척하였다. [ ] 56회

15 이봉창이 일왕의 행렬에 폭탄을 투척하였다. [ ] 61회

16 조선 혁명군은 흥경성 전투에서 승리하였다. [ ] 54회

17 한국 독립군은 총사령 양세봉의 지휘 아래 활동하였다. [ ] 60회

18 한국 독립군이 대전자령 전투에서 일본군을 격퇴하였다. [ ] 59회

19 조선 의용대는 중국 관내에서 결성된 최초의 한인 무장 부대였다. [ ] 58회

20 한국 광복군은 영국군의 요청으로 인도·미얀마 전선에서 활동하였다. [ ] 54회

테마 57

01 방정환은 어린이 등의 잡지를 발간하여 소년 운동을 주도하였다. [ ] 56회

02 근우회는 민족주의 계열과 사회주의 계열의 여성들이 연합하였다. [ ] 52회

03 원산 노동자 총파업은 중국, 프랑스 등지의 노동 단체로부터 격려 전문을 받았다. [ ] 54회

04 1930년대 이후 강주룡은 임금 삭감에 저항하여 을밀대 지붕에서 농성하였다. [ ] 60회

05 암태도 소작쟁의는 진주에서 시작되어 전국으로 퍼져나갔다. [ ] 25회

06 형평 운동은 백정에 대한 사회적 차별 철폐를 목적으로 하였다. [ ] 39회

07 동아일보는 농촌 계몽을 위한 브나로드 운동을 전개하였다. [ ] 60회

08 물산 장려 운동은 '한민족 1천만이 한 사람이 1원씩'이라는 구호를 내세웠다. [ ] 34회

09 물산 장려 운동은 자작회, 토산 애용 부인회 등이 활동하였다. [ ] 61회

10 민립 대학 설립 운동은 이상재 등이 주도하여 모금 활동을 전개하였다. [ ] 54회

11 O
12 O
13 X (김두봉)
14 X (의열단의 나석주 의거)
15 O
16 O
17 X (조선 혁명군)
18 O
19 O
20 O

테마 57

01 O
02 O
03 O
04 O
05 X (물산 장려 운동)
06 O
07 O
08 X (민립 대학 설립 운동)
09 O
10 O

01 박은식은 유교의 개혁을 주장하는 유교구신론을 제창하였다. [ ] 60회

02 신채호는 한국독립운동지혈사에서 독립 투쟁 과정을 정리하였다. [ ] 41회

03 백남운은 독사신론을 저술하여 민족주의 사학의 기반을 마련하였다. [ ] 56회

04 정인보는 여유당전서를 간행하고 조선학 운동을 전개하였다. [ ] 61회

05 백남운은 조선사회경제사에서 식민 사학의 정체성론을 반박하였다. [ ] 60회

06 조선어 학회는 우리말 큰사전 편찬 사업을 추진하였다. [ ] 55회

07 천도교는 개벽, 신여성 등의 잡지를 발행하였다. [ ] 56회

08 대종교는 의민단을 조직하여 무장 투쟁을 전개하였다. [ ] 61회

09 1920년대에 나운규가 제작한 영화 아리랑이 처음 개봉되었다. [ ] 40회

10 윤동주는 별 헤는 밤, 참회록 등의 시를 남겼다. [ ] 57회

PART 7

테마 58

01 O
02 X (박은식)
03 X (신채호)
04 O
05 O
06 O
07 O
08 X (천주교)
09 O
10 O

VIII

10.6%

현대

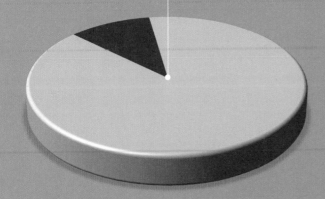

매회 4~6문제씩 출제되고 있다. 출제비중이 낮다는 이유로 포기하는 경우가 종종 있는 단원이지만, 실제로는 약 10%에 가까운 비중을 보인다. 오히려 내용 대비 출제 비율은 높은 편이고, 그마저도 반복적인 사건들이 많이 등장하는 편이기 때문에 충분히 공략이 가능하다.

빈출 키워드

- **테마 59** 여운형, 모스크바 3상 회의, 좌·우 합작 위원회, 반민족 행위 처벌법, 정전협정
- **테마 60** 발췌 개헌, 중임 제한 철폐, 3·15 부정 선거
- **테마 61** 한일 협정, 3선 연임, 통일 주체 국민 회의, 5·18 광주 민주화 운동, 프로 스포츠 출범, 4·13 호헌 조치, 5년 단임 직선제
- **테마 62** 공산권 국가 수교, 국민 기초 생활 보장법
- **테마 63** 경부 고속 국도, 금융 실명제, 외환 위기
- **테마 64** 남북 조절 위원회, 남북 기본 합의서, 유엔 공동 가입, 6·15 남북 공동 선언, 10·4 남북 공동 선언

현대

합격기준 박문각
www.pmg.co.kr

대한민국 수립과 6·25 전쟁

1 광복과 국내 동향

(1) 건국 준비와 8·15 광복

    ① 조선 건국 동맹(1944): 일제의 패망을 대비, **여운형**이 국내에서 비밀리에 결성

    ② 독립 약속: 카이로 회담(1943)⁺에서 최초로 독립을 약속

(2) 광복 직후 국내 상황

    중도 좌파◄─   ─►중도 우파

    ① 건국 준비 위원회(1945.8): 조선 건국 동맹을 바탕으로 **여운형·안재홍** 등이 조직(좌익 + 우익)

    ② 미군정⁺ 실시: 38도선 이남에 미군 진주, 일제의 총독부 체제를 그대로 이용해서 통치

    ③ 정치 세력의 등장: 좌익에 박헌영, 우익에 김성수(한국 민주당⁺), 이승만, 김구 등

> **조선 건국 준비 위원회 강령**
> • 우리는 완전한 독립 국가의 건설을 기함
> • 우리는 전민족의 정치적·경제적·사회적 기본 요구를 실현할 수 있는 민주주의 정권의 수립을 기함
> • 우리는 일시적 과도기에 있어서 국내 질서를 자주적으로 유지 하며 대중 생활의 확보를 기함

2 대한민국 수립 과정

★★(1) 좌·우의 대립과 좌·우 합작 운동

    ① 모스크바 3국 외상 회의(1945.12)

        ㉠ 개최: 미·영·소 3개국 외무장관들이 **모스크바에 모여 전후 처리 문제 논의**

        ㉡ 결정: 미·영·중·소 4개국의 신탁 통치안 합의, 미·소 공동 위원회 개최 등 결정

        ㉢ 국내의 반응: 좌·우익 모두 반대 ➡ 이후 좌익은 찬성·우익은 반대

> **모스크바 3국 외상 회의 결정문**
> 1. 조선을 독립시킬 목적으로 '조선 민주주의 임시 정부'를 창설한다.
> 2. 조선 임시 정부 조직에 협력하며 이에 적응한 방책들을 예비 작성하기 위하여 미군 사령부 대표들과 소련군 사령부 대표들로써 공동 위원회를 조직한다.
> 3. 공동 위원회의 제안은 조선 임시 정부와 협의 후 **5년 이내를 기한**으로 하는 조선에 대한 **4개국 신탁 통치**의 협정을 작성하기 위하여 미·소·영·중 각국 정부의 공동 심의를 받아야 한다.

    ② 1차 미·소 공동 위원회(1946.3~5)

        ㉠ 개최: 모스크바 3상 회의안에 따라 미국과 소련이 **미·소 공동 위원회를 개최**

        ㉡ 경과: 임시 정부에 참여할 단체를 놓고 미·소의 대립 ➡ 무기한 휴회

    ③ 이승만의 정읍 발언(1946.3): **남한만의 단독 정부 수립** 주장

> **정읍 발언**
> 이제 우리는 무기 휴회된 공위가 재개될 기색도 보이지 않으며 통일 정부를 고대하나 여의케 되지 않으니 남방만이라도 임시 정부 혹은 위원회 같은 것을 조직하여 38 이북에서 소련이 철퇴하도록 세계 공론에 호소하여야 될 것이니 여러분도 결심하여야 될 것이다.
>   – 서울신문

✦ 카이로 선언
2차 세계대전 당시 이집트 카이로에서 발표된 선언문으로, 적당한 시기에 한국을 자주 독립시킬 것을 결의하였다.

💡 여운형과 엔도
일제의 패망 직전에 정무총감 엔도는 여운형을 만나 재한 일본인들이 무사히 한국을 빠져나갈 것을 요구하였고, 여운형은 정치적 자유와 3개월분 식량 확보 등을 요구하면서 이를 받아들였다.

✦ 미군정
미군은 하지 중장을 앞세워 1945년 9월에 들어와 38도선 이남을 통치할 것을 선포하였다.

✦ 한국 민주당
주로 일제 강점기의 기업가와 지주 세력이 중심이 되었다.

💡 신탁과 반탁
신탁 통치안이 국내에 전해지자 좌·우를 망라하고 격렬한 반대운동이 전개되었으나, 좌익 세력은 그 본질이 정부의 수립에 있음을 깨닫고 찬성으로 선회하였다. 하지만 우익 세력은 이를 끝까지 결사반대하였다.

💡 미국과 소련의 대립

미국은 표현의 자유를 이유로 모스크바 3상 회의 결과를 반대하는 우익 세력까지 임시 정부에 참여시키려 하였다. 반면 소련은 모스크바 3상 회의 사항을 반대하는 단체는 임시 정부에 참여시킬 수 없다고 주장했는데, 이는 반공을 주장하는 우익 세력을 배제하고 좌익 세력만으로 정부를 구성하기 위함이었다. 사진의 왼쪽은 하지 중장, 오른쪽은 소련군 사령관 스티코프이다.

④ 좌·우 합작 운동(1946.7~1947.12)

배경	미·소 공동 위원회 휴회와 단독 정부 수립 운동 ➡ 신탁 통치 둘러싼 좌·우익의 대립 심화
결성	여운형과 김규식이 주도하여 좌·우 합작 위원회 결성(1946.7) ➡ 미군정이 지원
활동	좌·우 합작 7원칙 발표(1946.10) ➡ 토지 문제와 친일파 처리 문제 등 논의
결과	좌·우익 주요 세력의 불참, 여운형 피살, 미군정 지원 철회 등으로 해산(1947.12)

⑤ 2차 미·소 공동 위원회(1947.5~8): 결렬 ➡ 미국이 한국 문제를 유엔에 상정(1947.9)

✦(2) 한국 문제의 UN 상정
  ① UN 총회(1947.11): 인구 비례에 따른 한반도 총선거 실시안 가결 ➡ 소련이 유엔 한국 임시 위원단 입북 거부✦
  ② UN 소총회(1948.2)
    ㉠ 결의: 소련이 입북을 거부하자 선거 가능 지역(남한)에서라도 선거 실시할 것을 결의
    ㉡ 반응: 김구의 『삼천만 동포에게 읍고함』(1948.2) ➡ 단독 정부 수립 반대

3천만 동포에게 읍고함
나의 연령이 이제 70하고도 3인 바 나에게 남은 것은 금일 금일하는 여생이 있을 뿐이다. 이제 새삼스럽게 재물을 탐내며 영예를 탐낼 것이냐? 더구나 외국 군정 하에 있는 정권을 탐낼 것이냐? ⋯ 나는 통일된 조국을 건설하려다가 38선을 베고 쓰러질지언정 일신에 구차한 안일을 취하여 단독 정부를 세우는 데는 협력하지 아니하겠다.
– 「백범일지」

✦✦(3) 단독 정부 수립 반대 운동
  ① 남북 협상(1948.4)
    ㉠ 배경: UN 소총회에서 남한만의 단독 선거 결의
    ㉡ 경과: 김구와 김규식의 주도로 평양에서 김일성·김두봉 등과 남·북 협상 개최
      ➡ 남·북한이 공동 성명 발표(단독 선거 반대, 미·소 양군 철수) ➡ 구체적 방안 없음

남북 공동 성명서
4. 천만여 명 이상을 망라한 남조선 제 정당 사회 단체들이 남조선 단독 선거를 반대하느니만큼 유권자 수의 절대 다수가 반대하는 남조선 단독 선거는 설사 실시된다 하여도 절대로 우리 민족의 의사를 표현하지 못할 것이며 다만 기만(欺瞞)에 불과한 선거가 될 뿐이다. – 전조선 제정당 사회 단체 지도자 협의회 성명서

  ② 4·3 사건(1948.4)
    ㉠ 배경: 제주에서 단독 정부 수립과 5·10 총선거 반대 운동 ➡ 무고한 양민을 학살
    ㉡ 결과: 제주도 일부 지역구에서 총선거 무산

4·3사건의 실체
1948년 제주섬에서는 국제법이 요구하는, 문명 사회의 기본 원칙이 무시 되었다. 특히 법을 지켜야 할 국가 공권력이 법을 어기면서 민간인들을 살상하기도 하였다. ⋯ 특히 어린이와 노인까지도 살해한 점은 중대한 인권 유린이며 과오이다. 결론적으로 제주도는 냉전의 최대 희생지였다고 판단된다. 바로 이 점이 4·3 사건의 진상 규명을 50여 년 동안 억제해 온 요인이 되기도 했다. – 4·3 사건 진상 보고서(2003)

  ③ 여수·순천 10·19 사건(1948.10)
    ㉠ 배경: 4·3 사건 진압하기 위해 여수 일대 군인들에게 진압 명령
    ㉡ 경과: 군대 내 좌익 세력이 출병 거부하고 봉기 ➡ 이승만 정부의 진압

✦ **소련의 입북 거부**
소련은 유엔의 한반도 총선거 실시안이 모스크바 3국 외상 회의에서 의결된 사안이 아니기 때문에 시행할 수 없다고 주장하였다.

🎯 **정부 수립 과정**

1945. 8 해방, 건준위
⬇
1945.9 군정 실시
⬇
1945.12 모스크바 3상 회의
⬇
1946.3 1차 미·소 공위
⬇
1945.6 이승만의 정읍 발언
⬇
1946. 7 좌·우합작위원회(여운형·김규식)
⬇
1947. 5 2차 미·소 공위
⬇
1947. 11 유엔총회(남북한 총선거 결의)
⬇
1948.4 남북협상(김구·김규식) 제주4·3 사건
⬇
1948.5 5·10 총선거(제헌국회)
⬇
1948.7 헌법 제정
⬇
1948.8 대한민국 정부 수립

💡 **4·3 사건 특별법(2000)**
노무현 정부 때인 2000년 1월에 4·3 사건 특별법이 제정되어 희생자와 유족의 권리를 명시하고 정부의 공식적인 사과가 이루어졌다.

(4) 대한민국 정부 수립

① 5·10 총선거(1948.5): 우리나라 역사상 **최초의 보통 선거**, 38도선 이남에서만 실시되었으나 **4·3 사건**으로 인하여 제주도 일부 지역에서는 선거 무산

② 제헌 헌법 제정(1948.7): 대통령 중심제, 삼권 분립, **국회에서 간접 선거로 대통령 선출**

③ 정부 수립(1948.8.15): 이승만이 대통령, 이시영이 부통령으로 선출

④ 유엔 총회 승인(1948.12): 대한민국이 한반도 내 유일한 합법 정부임을 인정

3 제헌 국회의 활동과 6·25 전쟁

(1) 제헌 국회의 활동

① 친일파 청산

㉠ 배경: 민족 반역자 청산에 대한 국민 대다수의 공감대 형성

㉡ 과정: 반민족 행위 처벌법 제정(1948.9) ➡ **반민족 행위 특별 조사 위원회**(반민특위) 구성하고 활동 ➡ 정부의 비협조, 국회 프락치 사건[+]과 반민 특위 습격 사건[+] 일어남 ➡ 반민 특위 해산으로 친일파 청산 실패

> **반민족 행위 특별법**
> 제1조 일본 정부와 통모하여 한일 합병에 적극 협력한 자, 한국의 주권을 침해하는 조약 또는 문서에 조인한 자와 모의한 자는 사형 또는 무기 징역에 처하고 그 재산과 유산의 전부 혹은 2분의 1 이상을 몰수한다.
> 제3조 일본 치하 독립운동자나 그 가족을 악의로 살상, 박해한 자 또는 이를 지휘한 자는 사형, 무기 또는 5년 이상의 징역에 처하고 그 재산의 전부 혹은 일부를 몰수한다.

② 농지 개혁법

㉠ 배경: 토지 개혁에 대한 국민 대다수의 공감대 형성

㉡ 과정: 3정보를 한도로 '유상 매수, 유상 분배' 하는 **농지 개혁법 제정**(1949.6) ➡ 지주 계층의 반대로 1년 뒤에 시행(1950.3)

(2) 6·25 전쟁(1950.6~1953.7)

① 배경: 중국의 공산화, 미국의 애치슨 선언(1950.1) ──▶ 극동 방어선에서 한국 제외

② 전개

㉠ 북한의 남침: 서울 함락 후 낙동강까지 국군 후퇴

㉡ 유엔군 참전: 유엔군의 참전 결의 후 인천 상륙 작전(1950.9) 전개, 서울 수복(9.28), 국군과 연합군이 38도선을 넘어 압록강까지 진격(1950.10)

㉢ 중공군 참전: 중국군이 개입(1950.10) ➡ 흥남 철수(1950.12) ➡ 1·4 후퇴(1951.1)

㉣ 휴전 협상: 38도선에서 전쟁이 교착화 ➡ 휴전 협상 시작(1951.7) ➡ 포로 송환 문제[+] 등을 놓고 갈등 ➡ 이승만 정부의 반공 포로 석방(1953.6) ➡ 정전 협정[+] 조인(1953.7)

③ 결과

㉠ 정치: 분단의 고착화에 따른 남북 간 적대 감정 심화 ➡ 남북한 모두 독재 체제 강화

㉡ 기타: 엄청난 인적·물적 피해 ➡ 산업 기반 시설 파괴, 이산가족 양산 등

㉢ **한·미 상호 방위 조약**(1953.10)[+]: 이승만이 휴전을 허락하는 대가로 미국과 체결

④ 6·25 중 민간 피해

㉠ 국민 방위군 사건: 대규모 방산비리 사건, 보급품을 받지 못해 9만명 가량이 동사(凍死)

㉡ 거창 양민 학살 사건: 거창 인근에서 공산군 토벌을 명목으로 수백명이 학살됨

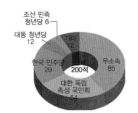
△ 제헌 국회의 구성

✦ 국회 프락치 사건
이승만 정부는 반민특위 소속의 국회의원 중 일부를 공산당과 내통했다는 구실로 구속하였다.

✦ 반민특위 습격 사건
친일 경찰들이 반민특위 사무실을 습격하여 직원들을 연행, 이후 반민특위의 활동은 점차 유명무실해졌다.

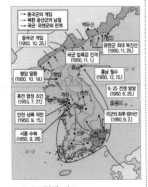
△ 6·25 전쟁 지도

✦ 포로 송환 문제
유엔군은 포로의 자유 송환, 북한군은 포로의 자동 송환을 주장하였다.

✦ 정전 협정
군사 분계선과 비무장 지대의 설정, 포로 문제 등이 큰 쟁점이었다.

✦ 한·미 상호 방위 조약
한국과 미국 양국이 서로를 보호한다는 내용을 담고 있다.

테마 59 문항별 빅데이터 분석 🎲

해당 테마는 전체적인 순서의 흐름을 물어보거나 제헌 국회의 활동을 주로 물어보고 있으며, 때로는 해방기에 활동한 주요 인물의 업적을 물어보는 경우도 있다. 주요 사건들의 인과 관계를 중심으로 정리해둔다면 충분히 득점을 할 수 있다. 근현대사를 통틀어서 빈출 테마에 해당되기 때문에 반드시 정리가 필요하다. 한편 6 · 25 전쟁은 지금까지는 거의 1년에 한 번 출제될 정도로 나오지 않았었는데 최근 들어 출제 빈도가 약간 늘어난 것이 특징이다.

01

● 47회 47번

㉠ 기구에 대한 설명으로 옳은 것은? [2점]

(가) 모스크바 삼상 회의에서 결정한 조선에 관한 제3조 제2항에 의거하여 구성된 ┃ ㉠ ┃이/가 3천만의 큰 희망 속에 20일 드디어 덕수궁 석조전에서 출범하였다. 조선의 진로를 좌우하는 중대한 관건을 쥐고 있는 만큼 그 추이는 자못 3천만 민중의 주목을 받고 있다.

(나) 조선인이 다 아는 것과 같이 ┃ ㉠ ┃이/가 난관에 봉착함으로 인하여 미국 측은 조선의 독립과 통일 문제를 유엔총회에 제출하였다. 그리고 대다수의 세계 각국은 41대 6으로 이 문제를 유엔 총회에 상정시키기로 가결하였다. …… 조선인에게 권고하고 싶은 것은 이 중요한 시간에 유엔 총회가 조선 문제를 해결할 수 있다는 믿음을 가지고 평화를 애호하는 세계의 모든 국가가 모인 유엔 총회의 결정을 전적으로 지지하여야 할 것이다.

① 반공을 국시로 내건 혁명 공약을 발표하였다.
② 정치인들의 활동을 규제하고, 언론 기관을 통폐합하였다.
③ 정수의 3분의 1에 해당하는 국회의원 선출권을 행사하였다.
④ 조선 인민 공화국을 수립하고 전국 각 지역에 인민 위원회를 조직하였다.
⑤ 임시 민주 정부 수립을 위한 협의에 참여할 단체의 범위를 두고 논쟁하였다.

문제 및 키워드 분석
모스크바 3상 회의에서 결정, 덕수궁 석조전에서 출범, 통일 문제를 유엔 총회에 상정 등의 키워드를 통해서 ㉠이 두 차례에 걸쳐 열린 미 · 소 공동 위원회임을 알 수 있다.

정답 분석
⑤ 미 · 소 공동 위원회의 목적은 임시 민주 정부 수립을 돕는 데 있었기 때문에 이 민주 정부에 참여할 단체를 놓고 미 · 소 양국이 크게 대립하였다. 미국은 신탁 통치를 반대하는 단체라도 표현의 자유가 있기 때문에 정부 수립 단체에 포함시킬 것을 요구했고, 소련은 모스크바 3상 외상 회의의 합의 사항을 어기면 포함시킬 수 없다며 신탁 통치를 반대하는 단체의 참여를 거부하였다.

선지 분석
①, ② 1961년 5 · 16 군사 쿠데타 당시 박정희가 내건 공약문의 내용이다.
③ 통일 주체 국민 회의에 대한 설명이다.
④ 조선 건국 준비 위원회에 대한 설명이다.

02

● 41회 48번

(가)~(다)를 발표된 순서대로 옳게 나열한 것은? [3점]

(가)
1. 조선의 민주 독립을 보장한 삼상 회의 결정에 의하여 남북을 통한 좌우 합작으로 민주주의 임시 정부를 수립할 것
4. 친일파 민족 반역자를 처리할 조례를 본 합작위원회에서 입법 기구에 제안하여 입법 기구로 하여금 심리 결정하여 실시케 할 것

(나)
3. …… 공동 위원회의 제안은 최고 5년 기한의 4개국 신탁 통치 협약을 작성하기 위해 미·영·소·중 4국 정부가 공동 참작할 수 있도록 조선 임시 정부와 협의한 후 제출되어야 한다.

(다)
3. 외국 군대가 철퇴한 이후 하기(下記) 제 정당·단체들은 공동 명의로써 전 조선 정치 회의를 소집하여 조선 인민의 각층 각계를 대표하는 민주주의 임시 정부가 즉시 수립될 것이며 ……
4. 상기 사실에 의거하여 본 성명서에 서명한 제 정당·사회 단체들은 남조선 단독 선거의 결과를 결코 인정하지 않을 것이다.

① (가) – (나) – (다)
② (가) – (다) – (나)
③ (나) – (가) – (다)
④ (나) – (다) – (가)
⑤ (다) – (나) – (가)

문제 및 키워드 분석
(가)는 **좌우 합작으로 민주주의 임시 정부 수립**이라는 키워드를 통해서 1946년 10월에 발표된 좌 · 우 합작 7원칙을, (나)는 **최고 5년 기한의 신탁 통치 협약, 4국 정부가 공동 참작**이라는 키워드를 통해서 1945년 12월에 발표된 모스크바 3국 외상 회의임을, (다)는 **외국 군대가 철퇴 · 남조선 단독 선거의 결과를 결코 인정하지 않으며**라는 키워드를 통해서 1948년 4월에 발표된 남북 협상 공동 성명서임을 알 수 있다.

정답 분석
③ (나) 1945년 12월에 발표된 모스크바 3국 외상 회의 선언문 → (가) 1946년 10월에 발표된 좌우 합작 7원칙 → (다) 1948년 4월에 발표된 남북 협상 공동 성명서

03

다음 자료의 상황이 나타나게 된 배경으로 적절한 것은? [2점]

> 우리는 조국 흥망의 관두(關頭)*에서 이 위기를 극복하기 위해 오직 민족 자결 원칙에 의하여 조국의 남북통일과 민주 독립을 촉진해야겠다. 우리 민족자주연맹 중앙집행위원회는 김구 선생과 김규식 박사의 제안에 의하여 실현되는 남북 정치 협상을 전적으로 지지하며, 아울러 그 성공을 위하여 적극적으로 협력할 것을 결의한다.
>
> *관두: 가장 중요한 지점

① 허정 과도 정부에서 헌법이 개정되었다.
② 통일 주체 국민 회의에서 대통령이 선출되었다.
③ 유엔 소총회에서 남한만의 단독 총선거가 결의되었다.
④ 유상 매수, 유상 분배 원칙의 농지 개혁법이 제정되었다.
⑤ 국가 보안법 개정안을 통과시킨 보안법 파동이 일어났다.

문제 및 키워드 분석
남북 정치 협상이라는 키워드를 통해서 1948년 4월에 전개된 남북 협상에 대한 설명임을 알 수 있다. 따라서 남북 협상이 일어난 배경을 찾으면 된다.

정답 분석
③ 유엔 소총회에서 남한만의 단독 총선거가 결의되자 단독 정부 수립을 막기 위해서 김구와 김규식이 북한으로 건너가 남북 협상을 시도하였다.

선지 분석
① 1960년 4·19 혁명 이후의 사실이다.
② 1972년 유신 헌법 제정 이후의 역사적 사실이다.
④ 1949년 제헌 국회에서 농지 개혁법이 제정되었다.
⑤ 1958년 이승만 정부 때 보안법 파동이 일어났다. 개정된 국가보안법은 대공 사찰을 강화하고 언론을 통제하려는 내용을 담고 있었다.

04

(가) 사건에 대한 설명으로 옳은 것은? [2점]

① 유신 헌법의 철폐를 요구하였다.
② 통일 주체 국민 회의가 설치되는 결과를 가져왔다.
③ 희생자들의 명예 회복을 위한 특별법이 제정되었다.
④ 4·13 호헌 철폐와 독재 타도 등의 구호를 내세웠다.
⑤ 귀속 재산 처리를 위한 신한 공사 설립의 계기가 되었다.

문제 및 키워드 분석
제주도·남한만의 단독 선거 반대 등의 키워드를 통해서 1948년 4월에 있었던 4·3사건에 대한 설명임을 알 수 있다.

정답 분석
③ 4·3 사건은 사건이 종결된 이후 별로 언급이 되지 않았다가 1980년대 이후부터 공론화가 되었으며 마침내 김대중 정부 때인 2000년에 '제주 4·3사건 진상규명 및 희생자 명예 회복에 관한 특별법'이 제정되면서 결실을 맺었다.

05

●42회 45번

밑줄 그은 '국회'에 대한 설명으로 옳은 것은?　　　[2점]

> 지난 5·10 총선을 통해 구성된 국회가 반민족 행위자를 처벌할 수 있는 법안을 통과시켰습니다. 이 법의 적용을 받는 자는 한·일 합방에 협력한 자, 한국의 주권을 침해하는 데 도움을 준 자, 일본 치하 독립운동자나 그 가족을 살상·박해한 자 등입니다. 아울러 반민족 행위를 예비 조사하기 위해 특별 조사 위원회를 설치하기로 했습니다.

① 민의원, 참의원의 양원으로 운영되었다.
② 한 · 미 자유 무역 협정(FTA)을 비준하였다.
③ 초대 대통령에 한해 중임 제한을 철폐하였다.
④ 유상 매수 · 유상 분배 원칙의 농지 개혁법을 제정하였다.
⑤ 의원 정수 3분의 1이 통일 주체 국민 회의에서 선출되었다.

06

●61회 46번

(가) 전쟁 중에 있었던 사실로 옳지 않은 것은?　　　[1점]

> 대성동 마을은 경기도 파주시에 있으며, 군사 분계선 남쪽 비무장지대에 위치한 민간인 마을입니다.
>
> ____(가)____의 정전 협정 체결 직후 비무장 지대에 남북이 민간인 마을을 하나씩만 남긴다는 후속 합의에 따라 마을로 조성되었습니다.
>
> '자유의 마을'로 불리는 대성동 마을은 유엔군 사령부의 관할 지역으로, 외부인은 허락 없이 들어가지 못합니다.

1/3　　2/3　　3/3

① 애치슨 선언이 발표되었다.
② 부산이 임시 수도로 정해졌다.
③ 흥남 철수 작전이 전개되었다.
④ 인천 상륙 작전 이후 서울을 수복하였다.
⑤ 국회에서 국민 방위군 사건이 폭로되었다.

문제 및 키워드 분석
반민족 행위자를 처벌하는 법이라는 키워드를 통해서 반민족 행위 특별법을 제정한 제헌 국회에 대한 설명임을 알 수 있다.

정답 분석
④ 제헌 국회에서는 국민들의 오랜 염원이었던 토지 소유를 위해서 농지 개혁법을 실시하였다.

선지 분석
① 장면 내각에 대한 설명이다.
② 노무현 정부 때의 사실이다.
③ 이승만 정부의 사사오입 개헌에 대한 설명이다.
⑤ 유신 헌법이 적용된 1970년대 유신 정권 때의 일이다.

문제 및 키워드 분석
대성동 마을 · 비무장 지대 등의 표현을 통해서 (가)는 6 · 25 전쟁임을 알 수 있다. 대성동 마을은 남한에서는 유일하게 비무장 지대에 설치된 마을로, 사전 허가를 받아야만 출입을 할 수 있는 것이 특징이다.

정답 분석
① 애치슨 선언은 6 · 25 전쟁의 배경이 되었던 선언문으로, 1950년 1월에 발표되었다.

선지 분석
②, ③, ④, ⑤ 모두 6 · 25 전쟁 때 일어난 사건들이다.

이승만 정부와 4·19 혁명

1 이승만 정부의 정책

★★(1) 반(反)민주적 개헌

① 발췌 개헌(1952) 6·25 전쟁 중에 실시

➤ 부산 정치 파동✦

배경	2대 총선에서 정부에 비판적인 무소속 후보 대거 당선 ➡ 이승만 재선 어려워짐
과정	정부의 대통령 직선제 개헌안 제출했으나 부결 ➡ 부산에 계엄령 선포하고 강제 통과
내용	대통령 직선제와 국회 양원제를 골자로 함 ➡ 이승만의 재선 성공(2대 대통령)

② 사사오입 개헌(1954)

배경	제헌 헌법에 대통령의 3선 금지 명시 ➡ 이승만의 장기 집권 야욕
과정	개헌 통과 정족수에 1명 부족 ➡ 사사오입 논리✦를 내세워 통과시킴
내용	초대 대통령에 한하여 중임 제한 철폐 ➡ 대통령 이승만, 부통령 장면 당선(1956)

> **사사오입 개헌**
> 제55조 대통령과 부통령의 임기는 4년으로 한다. 단, 재선에 의하여 1차 중임할 수 있다.
> 부칙 이 헌법 공포 당시의 대통령에 대해서는 제55조 단서의 제한을 적용하지 아니한다.

(2) 독재 체제의 강화

① 정당 설립: 자신의 지지 기반을 위한 정당으로 자유당 창당(1951)

② **진보당 사건(1958)✦**: 3대 대선에서 **조봉암**이 선전하자 **간첩 혐의 씌워 사형**

③ 독재 강화·언론 탄압: **보안법 파동**(1958), 경향신문 폐간(1959)

★★2 4·19 혁명(1960)✦

(1) 3·15 부정 선거(1960)

① 배경: 부통령 이기붕을 당선시키기 위해 부정 선거 자행

② 내용: 3인·5인조 공개 투표, 40% 사전 투표, 야당 선거 참관인 축출 등

(2) 전개: 마산에서 의거 중 **김주열**군의 시체 발견 ➡ 서울에서 대규모 시위(4.19) ➡ **대학 교 수단의 시국 선언문 발표**(4.25) ➡ 이승만 대통령 사임(4.26)

> **서울대학교 문리대 선언문**
> 상아의 진리탑을 박차고 거리에 나선 우리는 질풍과 같은 역사의 조류에 자신을 참여시킴으로써 이성과 진리,
> 그리고 자유의 대학정신을 현실의 참담한 박토(薄土)에 뿌리려 하는 바이다. … 보라! 우리는 캄캄한 밤의 침묵
> 에 자유의 종을 난타하는 타수(打手)의 일익(一翼)임을 자랑한다.
> － 「시사자료 광복 30년사」

(3) 결과 및 의의

① 결과: 이승만의 하야와 **허정 과도 정부 수립**

② 의의: 독재 정권을 무너뜨린 우리나라 최초의 민주주의 혁명(그러나 미완의 혁명)

★★3 장면 내각의 성립

(1) 허정 과도 정부

① **제3차 개헌**: 의원 내각제와 양원제 국회(**민의원과 참의원**)로 개헌

② 총선거 실시: 민주당 압승, 대통령 **윤보선**·국무총리 **장면** 당선

(2) 장면 내각: 민주당 내 신·구파 분열, **경제 개발 5개년 계획**을 최초로 수립

✦ **부산 정치 파동**
이승만이 개헌을 강제로 진행하기 위하여 6·25 전쟁 당시 임시 수도였던 부산에서 깡패를 동원하여 국회의원들을 강제로 구금하고 법안을 통과시킨 사건이다.

✦ **사사오입 논리**
당시 개헌안 통과를 위해서는 국회 의원 203명 중 2/3인 135.333.. 즉 136명의 동의가 필요했는데 개헌에 찬성한 인원은 135명이었다. 하지만 이승만은 반올림을 하면 135명이 된다는 논리를 내세워 3선 개헌 법안을 강제로 통과시켰다.

✦ **진보당 사건(1958)**
1956년 3대 대통령 선거에서 무소속이었던 조봉암 후보가 예상외로 많은 수를 득표하고 진보당을 창당하자 이승만은 큰 위기의식을 느꼈다. 그래서 이승만은 정적(政敵) 제거를 위해 조봉암이 주장하는 '평화 통일' 정책을 빌미로 그에게 간첩 혐의를 뒤집어 씌운 다음 사형시켰다.

💡 제3대 대통령 선거

이때 대통령 후보 신익희는 선거유세 중 뇌출혈로 사망하였다.

✦ 4·19 혁명

테마 60 문항별 빅데이터 분석 📦

이승만 정부의 두 차례 개헌 및 4·19 혁명과 그 결과가 주로 출제되고 있다. 현대사 특성상 반복적인 선지 외에도 간혹 지엽적인 선지가 등장하는 경우가 있기 때문에 고득점이 필요하다면 이러한 부분도 대비를 해 두면 좋다. 지엽적이라 하더라도 상당수는 기출 선지를 활용하는 경우가 많다.

01
●59회 45번 문제

밑줄 그은 '이 사건'이 일어난 시기를 연표에서 옳게 고른 것은?

1. 이 사건은 검찰이 아무런 증거도 없이 공소 사실도 특정하지 못한 채 조봉암 등 진보당 간부들에 대해 국가 변란 혐의로 기소를 하였고 ……

⋮

5. 이 사건은 정권에 위협이 되는 야당 정치인을 제거하려는 의도에서 표적 수사에 나서 극형인 사형에 처한 것으로 민주국가에서 있어서는 안 될 비인도적, 반인권적 인권 유린이자 정치 탄압 사건이다.

6. 국가는 …… 피해자와 유가족에게 총체적으로 사과하고 화해를 이루는 등 적절한 조치를 취하여야 하며, 명예를 회복시키기 위해 형사소송법이 정한 바에 따라 재심 등 상응한 조치를 취하는 것이 필요하다.

－「진실·화해를 위한 과거사 정리위원회 조사보고서」

1948	1954	1960	1965	1969	1974
	(가)	(나)	(다)	(라)	(마)
대한민국 정부 수립	사사오입 개헌	4·19 혁명	한일 기본 조약	3선 개헌	인민 혁명당 재건위 사건

① (가)   ② (나)   ③ (다)   ④ (라)   ⑤ (마)

02
●45회 46번

밑줄 그은 '개헌안'의 시행 결과로 옳은 것은? [2점]

정부, 개헌안 통과로 인정
－ 28일 국무 회의 후, 갈 처장 발표 －

27일 국회에서 개헌안에 대하여 135표의 찬성표가 던져졌다. 그런데 민의원 재적수 203석 중 찬성표 135, 반대표 60, 기권 7, 결석 10이었다. 60표의 반대표는 총수의 3분의 1이 훨씬 되지 못한다는 사실을 잘 주의해서 보아야 한다. 민의원의 3분의 2는 정확하게 계산할 때 $135\frac{1}{3}$인 것이다. 한국은 표결에 있어서 단수(端數)를 계산하는 데에 전례가 없었으나 단수는 계산에 넣지 않아야 할 것이며 따라서 개헌안은 통과되었다는 것이 정부의 견해이다.

*단수(端數): '일정한 수에 차고 남는 수'로, 여기에서는 소수점 이하의 수를 의미함

① 대통령 중심제가 의원 내각제로 바뀌었다.
② 통일 주체 국민 회의에서 대통령이 선출되었다.
③ 개헌 당시의 대통령에 한하여 중임 제한이 철폐되었다.
④ 선거인단이 선출하는 7년 단임의 대통령제가 실시되었다.
⑤ 우리나라 최초의 보통 선거인 5·10 총선거가 실시되었다.

문제 및 키워드 분석

조봉암·진보당 간부와 같은 키워드를 통해서 밑줄 그은 '이 사건'이 1958년에 일어난 진보당 사건임을 알 수 있다.

정답 분석

② 진보당 사건은 1958년에 일어났기 때문에 (나)가 가장 적절한 시기이다.

문제 및 키워드 분석

자료 자체가 사사오입 개헌과 관련된 내용이다. 이승만은 대통령의 중임 제한을 철폐하고 3선에 도전하기 위해서 개헌을 시도하였다. 이때 개헌에 찬성한 국회 의원 숫자가 정족수에 미치지 못했는데도 불구하고 사사오입이라는 희대의 황당한 논리를 앞세워서 개헌을 강제로 통과시켰다.

정답 분석

③ 제헌 국회의 헌법에 따르면 대통령은 3선 이상을 할 수 없도록 되어 있었으나, 이러한 중임 제한을 사사오입 개헌으로 철폐하였다. 이에 따라 이승만이 3대 대통령 선거에 출마하여 당선되었다.

선지 분석

① 장면 내각 때 정치 체제가 의원 내각제로 바뀌었다.
② 유신 정권 때의 대통령 선출 방식이다.
④ 전두환 정권 때의 8차 개헌(1980)에 따라 7년 단임의 대통령제가 실시되었다.
⑤ 1948년 5월의 일이다.

박정희 정부와 전두환 정권

1 박정희 정부 시기(1961~1972)

(1) 5·16 군사 정변과 군정 시행

배경	박정희를 중심으로 한 일부 군인이 군사정변을 일으킴(1961) ➡ 혁명 공약 발표
기구	국가 재건 최고 회의✦ 수립(군정 실시), 중앙정보부✦ 설치
수립 과정	대통령 중심제와 단원제 개헌(1962) ➡ 민주공화당 창당 ➡ 박정희가 당선(1963)

✦ 국가 재건 최고 회의
박정희가 군정기에 설치한 국가 최고 권력 기구이다.

✦ 중앙정보부
박정희가 설치한 정보 수집 기관이다.

✦ 한일 협정
'무상 3억 달러, 유상 2억 달러, 은행 차관 1억 달러 이상'의 경제 협력 자금을 식민 지배에 대한 배상이 아닌 독립 축하금 명목으로 제공하기로 하였다.

(2) 박정희 정부의 정책 제3공화국

① 한일 협정✦(1965)

ㄱ 배경: 경제 개발 위한 자금 마련, 미국의 동아시아 전략 강화(한·미·일 안보 동맹)

ㄴ 과정: **김종필·오히라 비밀 회담** 추진(1962) ➡ 한일 협정 체결로 한·일 국교 정상화

ㄷ 반발: 굴욕적 대일 외교에 반발하는 6·3 시위 발발(1964)

② 베트남 파병(1965)

ㄱ 배경: 경제 개발 위한 자금 마련, 미국의 파병 요청

ㄴ 브라운 각서(1966): 미국이 파병의 대가로 **한국군의 현대화**와 차관 지원 약속

ㄷ 내용: 베트남 파병으로 베트남 특수 발생, 외화 획득 등으로 경제 개발 자금 마련

③ 3선 개헌(1969)

ㄱ 배경: 박정희의 장기 집권 야욕

ㄴ 내용: 대통령의 3선 허용 개헌안 상정 ➡ 국회에서 날치기 통과 ➡ 박정희 당선

한일 기본 조약

대한민국과 일본국은 양국 간의 관계의 역사적 배경을 고려하며 … 양국 간의 관계의 정상화를 상호 희망함을 고려하고 … 다음과 같이 합의하였다.
제2조 1910년 8월 22일 및 그 이전에 양국 간에 체결된 모든 조약·협정이 이미 무효임을 확인한다.
제3조 대한민국 정부가 UN의 결의에서 명시된 바와 같이 한반도에 있어서 유일한 합법 정부임을 확인한다.

브라운 각서

1. 한국에 있는 한국군의 현대화 계획을 위하여 앞으로 수년에 걸쳐 상당량의 장비를 제공한다.
2. 월남에 파견되는 추가 병력에 필요한 장비를 제공하는 한편, 파월 추가 병력에 따르는 모든 추가적 원화 경비를 부담한다.

⚲ 유신 집권기의 일상 탄압
여러 대중 가요들이 퇴폐적이라는 이유로 금지되었다. 또한 미니스커트의 길이를 단속하는 등 일상생활까지 탄압하였다.

2 유신 체제(1972~1979)

(1) 유신 체제의 성립

배경	국내의 경기 침체, 야당 후보 김대중의 선전, 냉전 완화에 따른 반공주의 약화
과정	**10월 유신 선포**(1972.10) ➡ 전국에 비상계엄령 내리고 국민투표로 유신 헌법 통과
유신 헌법	• 대통령 간선제: 통일 주체 국민 회의✦가 대통령 선출(6년, 중임 제한 없음) • 대통령 권한 강화: 국회의원 1/3을 추천, 초헌법적 긴급조치권, 국회 해산권 등 보유

✦ 통일 주체 국민 회의
초헌법적인 기관으로, 의장은 대통령이 임명되었다. 헌법 개정안은 물론이고, 대통령 선출 등 막강한 권한을 지닌 회의 기구였다.

유신 헌법

제39조 대통령은 **통일 주체 국민 회의**에서 토론 없이 무기명 투표로 선거한다.
제40조 통일 주체 국민 회의는 국회의원 정수의 3분의 1에 해당하는 수의 국회의원을 선거한다.
제47조 대통령의 임기는 6년으로 한다.

✦(2) 유신 체제에 대한 저항과 붕괴

① 저항: 장준하의 개헌 청원 1백만인 서명운동(1975), 3·1 민주 구국 선언(1976, 명동 성당) 등

② 탄압: 긴급조치 1~9호 발동, 민청학련 사건, 인혁당 사건✦ 조작, 일상 생활 규제

③ 붕괴

   ⊙ YH 사건: YH 무역 노동자들의 농성 ➡ 진압 과정에서 김영삼 국회의원직 제명

   ⓛ **부·마 항쟁(1979)**: YH 사건 계기로 유신 체제에 대한 반발 심화 ➡ **부산과 마산 일대에서 항쟁**

   ⓒ 10·26 사태(1979)✦: 중앙정보부장 김재규가 박정희를 총으로 살해 ➡ 유신 체제 몰락

3·1 민주 구국 선언문

오늘로 3·1절 쉰일곱 돌을 맞으면서 우리는 1919년 3월 1일전 세계에 울려 퍼지던 이 민족의 함성, 자주 독립을 부르짖던 그 아우성이 쟁쟁히 울려와서 이대로 앉아있는 것은 구국 선열들의 피를 땅에 묻어버리는 죄가 되는 것 같아 우리의 뜻을 모아 '민주 구국 선언'을 국내외에 선포하고자 한다.

---

3 전두환 정권과 6월 민주 항쟁

(1) 신군부와 5·18 민주화 운동

① 12·12 사태: 10·26 사태 이후 최규하 대통령 선출 ➡ **신군부✦ 세력이 쿠데타 일으켜 집권**

② 서울의 봄: 유신헌법 폐지·비상 계엄 해제·전두환 퇴진 요구(1980.5) ➡ 서울에서 전개

✦✦③ 5·18 민주화 운동

배경	5·17 비상계엄에 반대하는 광주 대학생들의 시위 ➡ 신군부✦의 탄압과 비상 계엄 확대
전개	광주에서 **학생들 시위(5.18)** ➡ 계엄군의 과잉 진압 ➡ 군중들이 시민군 조직 ➡ **계엄군의 무력 진압(5.27)**
의의	1980년대 반독재 민주화 운동의 밑거름, 관련 기록이 유네스코 세계 기록유산으로 지정

5·18 광주 민주화 운동

이번 사태의 모든 책임은 과도 정부에 있다. 과도 정부는 모든 피해를 보상하고 즉각 물러나라! 무력 탄압만 계속하는 명분 없는 계엄령을 즉각 해제하라! … 정부와 언론은 이번 광주 의거를 허위 조작, 왜곡 보도하지 말라! 우리가 요구하는 것은 단지 피해 보상과 연행자 석방만이 아니다. 우리는 진정한 '민주 정부 수립'을 요구한다!

---

(2) 전두환 정권

① 수립 과정: 통일 주체 국민 회의에서 11대 대통령으로 전두환 선출(1980) ➡ **7년 단임의 간접 선거로 개헌** ➡ 다시 12대 대통령으로 전두환 선출(1981)

② 정책

   ⊙ 강경책: 언론 통제 ➡ **언론 기본법✦ 제정·보도지침✦**, 삼청교육대 운영 등

   ⓛ 유화책: **야간 통금 해제, 중학교 의무 교육**, 프로스포츠 창설 등 3S 정책✦

✦✦(3) 6월 민주 항쟁(1987.6)

배경	대통령 직선제 개헌을 향한 국민들의 열망 ➤ '호헌 철폐, 독재 타도' 구호의 배경
전개	**박종철 고문 치사 사건(1987.1)✦** ➡ 전국적 시위 ➡ 4·13 호헌 조치(직선제 요구 무시)✦ ➡ **이한열** 열사 최루탄 사건 ➡ 6·10 대회 선언문 발표 ➡ 시위 전국 확산 ➡ 6·29 민주화 선언
결과	**6·29 민주화 선언문 발표** ➡ 노태우가 5년 단임의 대통령 직선제 개헌 요구 수용
의의	4·19 혁명 이후 가장 큰 민주주의 운동, 민주주의 발전에 큰 기여

6월 민주 항쟁

국민적 여망인 개헌을 일방적으로 파기한 4·13 폭거를 철회시키기 위한 민주 장정을 시작한다. … 무엇보다도 우리는 이른바 4·13 대통령의 특별조치를 국민의 이름으로 무효임을 선언한다. 이 나라의 주인은 국민이요, 국민이 국가권력의 주체이다. 따라서 전 국민적 여망인 민주헌법쟁취를 통한 민주정부의 수립의지를 정면으로 거부한 이 폭거는 결코 인정할 수 없다.

                           – 호헌반대 민주헌법쟁취 국민운동본부

✦ **인혁당 사건**

1964년 6·3 시위가 전국적으로 반발하자 정부는 인혁당 사건을 조작하여 반공 분위기를 조성하였는데, 1974년에 유신 반대 운동이 거세게 전개되자 2차 인혁당 사건을 터뜨려 관련 인물들을 18시간만에 사형 집행해버린 사건이다. '사법살인'으로 일컬어지며 전세계적으로도 이슈가 되었다.

✦ **10·26 사태**

김재규가 당시 상황을 재연하고 있는 모습이다.

✦ **신군부**

박정희와 전두환은 모두 군인 출신이었기 때문에 박정희 정부 인사와 구분을 하기 위해서 전두환 정권의 핵심 인사들을 신(新)군부라고 부른다.

💡 **민주화 추진 협의회**

1984년에 재야 정치인들이 민주화 운동을 위해 조직한 단체로, 김영삼과 김대중이 핵심 인물이었다. 개헌 청원 1천만명 서명 운동 등을 주도하였다.

✦ **언론 기본법**

정부가 신문의 발행 정지를 자의적으로 판단할 수 있도록 규정한 법으로, 당시에 언론의 자유를 제한했던 대표적인 악법이다.

✦ **보도지침**

정부에서 언론이 기사를 쓸 때 특정 방식으로만 보도하도록 내리는 지침이다. 보도의 내용 및 형식은 물론 세세한 단어와 표현까지 일일이 규제한 악법이었다.

✦ **3S 정책**

스포츠(Sports), 영화(Screen), 섹스(Sex)의 3가지 분야를 대대적으로 발전시킨 정책으로, 정치에 대한 국민의 관심을 분산시키기 위한 것이 목적이었다.

✦ **박종철 고문 치사 사건**

1987년 1월 서울 남영동 대공 분실에서 모진 고문을 받던 서울대 학생 박종철하여 사망한 사건으로, 사건의 정체가 탄로나면서 전국적인 시위가 전개되었다.

✦ **4·13 호헌 조치**

기존의 헌법은 대통령 간선제였는데, 전두환 대통령은 이러한 기존 헌법을 수호하겠다는 호헌(護憲) 조치를 발표하였다.

박정희 정부는 주로 정부의 정책이나 유신 집권기 탄압 등이 출제되는 편이며, 전두환 정권은 5·18 광주 민주화 운동과 6월 민주 항쟁이 단골 소재이다. 같은 주제가 반복되는 경향이 많기 때문에 빈출 주제 위주로 알아두면 대비가 충분히 가능하다. 최근 들어서 현대사에서 매우 자주 출제되고 있는 것도 특징이다.

01

• 60회 44번

밑줄 그은 '현행 헌법'에 대한 설명으로 옳은 것은? [3점]

오늘의 헌법은 그 개정의 발의권이 사실상 대통령에게만 속해 있는 것이다. 이에 우리 국민은 이와 같이 헌법 개정발의권으로부터의 소외를 극복하고 우리들의 천부의 권리를 제시하는 방법으로 대통령에게 <u>현행 헌법</u>의 개정을 요구하는 100만인 청원 운동을 전개하는 바이다.

장준하

① 내각 책임제를 채택하였다.
② 대통령의 연임을 3회로 제한하였다.
③ 대통령에게 국회 해산권을 부여하였다.
④ 대통령의 임기를 7년 단임제로 정하였다.
⑤ 국회를 참의원과 민의원의 양원제로 규정하였다.

02

• 62회 46번

(가) 민주화 운동에 대한 설명으로 옳은 것은? [1점]

이 곡은 (가) 기념식에서 제창하는 노래입니다. (가) 당시 계엄군에 맞서 시민군으로 활동하다 희생된 윤상원과 광주에서 야학을 운영하다 사망한 박기순의 영혼 결혼식에 헌정된 노래입니다. 여러 나라에서 민주화를 염원하는 사람들이 이 곡을 함께 부르고 있습니다.

① 시위 도중 대학생 이한열이 희생되었다.
② 경무대로 향하던 시위대가 경찰의 총격을 받았다.
③ 박종철 고문 치사 사건의 진상 규명을 요구하였다.
④ 신군부의 비상계엄 확대와 무력 진압에 저항하였다.
⑤ 3·1 민주 구국 선언을 통해 긴급 조치 철폐 등을 주장하였다.

문제 및 키워드 분석

장준하·100만인 청원 운동이라는 키워드를 통해서 1973년에 실시된 개헌 청원 100만인 서명 운동과 관련된 자료임을 알 수 있다. 따라서 밑줄 친 '현행 헌법'은 유신 헌법이다.

정답 분석

③ 유신 헌법에 따르면 대통령에게는 삼권 분립을 파괴하는 매우 막강한 권한들이 부여되었는데 그 중에 하나가 바로 국회 해산권이다. 이 외에도 국회의원 3분의 1 임명권, 법관 임명권, 긴급 조치권 등이 대통령에게 부여되었다.

선지 분석

① 1960년 장면 내각 때 내각 책임제가 실시되었다.
② 사사오입 개헌(1954), 3선 개헌(1969) 등에 대한 설명이다.
④ 전두환 정권 때 통과된 8차 개헌(1980)의 내용이다.
⑤ 이승만 정부 때 발췌 개헌(1952)의 내용이다.

문제 및 키워드 분석

광주·임을 위한 행진곡 등의 키워드를 통해서 1980년 5월에 있었던 광주 민주화 운동에 대한 설명임을 알 수 있다.

정답 분석

④ 광주에서 민주화 운동을 일으킨 세력들은 신군부의 비상계엄 확대와 무력 진압에 대해 저항하였다.

선지 분석

①, ② 4·19 혁명에 대한 설명이다.
③ 6월 민주 항쟁에 대한 설명이다.
⑤ 재야인사들은 1976년 3·1 민주 구국 선언을 발표하여 유신 체제에 저항하였다.

03

다음 헌법 조항이 시행된 시기의 민주화 운동으로 옳은 것은?

[2점]

> 제39조 ① 대통령은 통일 주체 국민 회의에서 토론 없이 무기
>   명 투표로 선거한다.
> 제40조 ① 통일 주체 국민 회의는 국회의원 정수의 3분의 1
>   에 해당하는 수의 국회의원을 선거한다.
>   ② 제1항의 국회의원의 후보자는 대통령이 일괄 추천
>   하며, 후보자 전체에 대한 찬반을 투표에 부쳐 재
>   적 대의원 과반수의 출석과 출석 대의원 과반수
>   의 찬성으로 당선을 결정한다.
> 제47조 대통령의 임기는 6년으로 한다.
> 제59조 ① 대통령은 국회를 해산할 수 있다.

① 굴욕적 대일 외교 반대를 주장하는 6 · 3 시위가 일어났다.
② 긴급 조치 철폐를 요구하는 3 · 1 민주 구국 선언이 발표되었다.
③ 부정 선거에 항거하는 4 · 19 혁명이 전국 각지에서 전개되었다.
④ 4 · 13 호헌 조치 철폐를 요구하는 전 국민적인 저항이 벌어졌다.
⑤ 김영삼과 김대중을 공동 의장으로 한 민주화 추진 협의회가
   조직되었다.

04

다음 기사에 보도된 민주화 운동의 결과로 옳은 것은? [2점]

> **□□신문**
>
> 제△△호   ○○○○년 ○○월 ○○일
>
> ### 민주 헌법 쟁취를 위한 국민 대회 열려
>
> 경찰이 사상 최대 규모인 5만 8천여 명의 병력을 동원하
> 여 전국 집회장을 원천 봉쇄한다는 방침을 밝힌 가운데 서
> 울을 비롯한 전국 20여 개 도시에서 국민 대회가 열렸다.
> 민주 헌법 쟁취 국민운동 본부는 "국민 합의를 배신한
> 4·13 호헌조치는 무효임을 전 국민의 이름으로 선언한다."
> 라고 발표하면서 민주 헌법 쟁취를 통한 민주 정부 수립 의
> 지를 밝혔다.

① 국가 보위 비상 대책 위원회가 설치되었다.
② 신군부가 비상계엄을 전국으로 확대하였다.
③ 5년 단임의 대통령 직선제 개헌이 이루어졌다.
④ 허정을 수반으로 하는 과도 정부가 수립되었다.
⑤ 조봉암이 혁신 세력을 규합하여 진보당을 창당하였다.

문제 및 키워드 분석
통일 주체 국민 회의라는 키워드를 통해서 유신 헌법이 적용된 시기(1972~1980)임을 알 수 있다. 따라서 이 시기의 민주화 운동을 고르면 된다.

정답 분석
② 3 · 1 민주 구국 선언은 1976년 명동 성당에서 재야인사와 종교인들이 모여 발표한 민주화 선언문이다. 유신 정권의 독재를 타도하는 내용으로 이루어져 있다.

선지 분석
① 박정희 정부 시기인 1964년에 6 · 3 시위가 일어났다.
③ 이승만 정부 시기인 1960년에 일어났다.
④ 전두환 정권 시기인 1987년에 일어난 6월 민주 항쟁에 대한 설명이다.
⑤ 전두환 정권 시기에 조직된 단체이다.

문제 및 키워드 분석
민주 헌법 쟁취, 4 · 13 호헌 조치는 무효 등의 키워드를 통해서 1987년 6월 민주 항쟁과 관련된 자료임을 알 수 있다.

정답 분석
③ 6월 민주 항쟁의 결과 전두환 정권은 국민의 요구에 굴복하여 대통령의 5년 단임과 직선제를 골자로 하는 헌법을 통과시켰다.

선지 분석
① 전두환 정권 초기에 설립된 단체이다.
② 1980년에 '서울의 봄' 시위가 전개되자 신군부는 비상계엄을 전국으로 확대하면서 대응하였다.
④ 4 · 19 혁명의 결과로 허정 과도 정부가 수립되었고 이어서 장면 내각이 수립되었다.
⑤ 이승만 정부 시기의 사실이다.

노태우 정부~현재

✦ **금융 실명제**
모든 금융, 부동산 거래를 실명으로 하도록 하는 정책. 비리 근절과 금융 거래의 투명성 확보를 위해 시행하였다.

1 노태우 정부 13대 대통령

(1) 정치

특징	총선에서 여당이 참패하며 여소야대 국회 ➡ 이후 3당 합당(1990, 민주 자유당)
정책	지방 자치제의 부분적 실시

(2) 외교
① 88 올림픽 개최: 제24회 서울 올림픽 대회 개최(1988)
② 북방 외교: **소련·중국을 비롯한 동구권 국가와 수교**
③ 대북 정책: 남북한 유엔 동시 가입·남북 기본 합의서 발표(1991) 등

✯✯ 2 김영삼 정부 문민 정부

(1) 정치

정책	•공직자 재산 등록제와 금융 실명제(1993)✦ 실시 •지방 자치제를 전면 실시(1995) ➡ 지방 자치 단체장 선거 실시
과거 청산	'역사 바로 세우기' 운동 ➡ 신군부 세력 구속, 5·18 진상 규명, 조선 총독부 건물 폭파

> **김영삼 대통령 취임사**
> 오늘 우리는 그렇게도 애타게 바라던 **문민 민주주의의 시대**를 열기 위하여 이 자리에 모였습니다. …… 저는 14대 대통령 취임에 즈음하여, 새로운 조국 건설에 대한 시대적 소명을 온 몸으로 느끼고 있습니다. …… 우리에게 새로운 결단, 새로운 출발을 요구하고 있습니다.

(2) 경제
① 외교: 우루과이 라운드(UR)·WTO 체제 편입, 경제 협력 개발 기구(OECD) 가입(1996)
② IMF 사태: 1997년 말 **외환 위기**로 IMF에 구제 금융 신청

3 김대중 정부

(1) 정치

특징	헌정 사상 최초로 선거에 의한 평화적 여·야 정권 교체
정책	•국민 기초 생활 보장 제도 실시, 김대중이 노벨 평화상 수상 •대북 정책: 개성 공단 사업, 금강산 관광 사업(1998), 최초로 남북 정상 회담 개최

(2) 경제
① IMF 극복: 금 모으기 운동 전개
② 노사정 위원회: 경제 극복 위해 노사정 위원회✦ 구성

✦ **노사정 위원회**
노동 정책과 경제 발전을 위해서 노동자·기업가·정부의 대표들이 협의한 다음 대통령에게 정책 자문을 하는 기구였다.

4 노무현 정부

(1) 정치: 행정 수도 이전 추진, 헌정 사상 최초 대통령 탄핵 사태, 국회의원 **비례대표제** 실시
(2) 경제: 칠레·미국 등과 자유 무역 협정 체결(FTA)
(3) 기타: **제2차 남북 정상 회담** 개최(2007), 호주제 폐지

5 이명박 정부

(1) 정치: 여야 정권 교체, 4대강 사업, 기업 활동 규제 완화, G20 정상회의 개최 등
(2) 대북 정책: 북한 핵 문제에 강경 대응

테마 63 현대의 경제

최근 3개년 출제 횟수 총 **8**회

1 미군정기~이승만 정부

(1) 미군정기와 정부 수립기의 경제 정책

① 미군정기(1945.8~1948.8): 경제 악화, 미곡 수집 실시, 신한 공사⁺ 설립

② 정부 수립기 **이승만 정부 시기**

㉠ 농지 개혁법(1949)

원칙	**경자유전**⁺의 원칙 실현 ➡ 자영농 육성, '유상 매수, 유상 분배'
방법	1가구당 3정보 이내 토지 소유 ➡ 3정보 이상의 토지는 국가가 유상 매입, 유상 분배 (5년간 분할 상환)
의의	지주제 폐지와 자영농 육성, 남한의 공산화 방지

㉡ 귀속 재산⁺ 불하: **귀속 재산 처리법**(1949) ➡ 민간에게 귀속 재산을 헐값으로 불하

(2) **이승만 정부의 경제 정책** 1950년대, 주로 미국의 원조에 의존

대충 자금⁺	미국이 무상으로 제공한 농산물을 대충 자금이라는 명목으로 별도 적립
삼백 산업	미국 원조가 소비재(면방직·설탕·밀가루 등)에 집중 ➡ 이른바 삼백(三白) 산업 발달
한계	농산물 가격 폭락(지나친 물자 유입), 무상 원조가 유상 차관으로 바뀌면서 경제 위기

2 박정희 정부~현재

(1) 박정희 정부의 경제 정책

① 제1·2차 경제 개발 5개년 계획(1차: 1962~1966, 2차: 1967~1971) 1960년대

비용	**한일 협정**(총액 6억 달러 규모)과 **베트남 파병**, 서독 광부 파견 등으로 자금 마련
정책	• 경공업 위주: 정부 주도의 경공업·소비재 산업 육성(가발·섬유 등) • 수출 위주 성장: 베트남 특수와 수출 산업 육성으로 빠르게 경제 성장 • 사회 간접 자본 확충: 경부 고속 국도(1970) 개통

② 제3·4차 경제 개발 5개년 계획(1972~1976, 1977~1981) 1970년대

배경	1960년대 말 경제 위기 극복
정책	• **중화학 공업 육성**: 재벌 중심, 자동차·제철 산업 육성 ➡ 포항제철 준공(1973) • 위기: 1차 석유 파동(1973)은 건설업의 중동 진출로 극복, **2차 석유 파동**(1978)은 극복 못함 • 새마을 운동⁺(1970): 농촌·도시의 격차 극복 위해 새마을 운동 전개 ➡ 농촌 소득 증대·환경 개선

③ 의의와 한계

㉠ 의의: **수출액** 100억 달러 달성(1977)⁺, 고도의 경제 성장 등

㉡ 한계: 재벌 형성, 저임금·저곡가 정책 ➡ 노동 운동 탄압(전태일 사건), 무역 의존도 심화 등

(2) 1980년대 이후 경제 정책

① 전두환 정권 1980년대

㉠ 경제 위기: 1978년 2차 석유 파동 + 중화학 공업 과잉 투자로 경제 위기

㉡ 3저 호황: 1980년대 중반 저달러·저금리·저유가(3저 호황) 현상으로 경제가 안정화

② 김영삼 정부: WTO 편입, 경제 협력 개발 기구(OECD) 가입(1996)

③ 김대중 정부: IMF 사태⁺ 극복 위해 **금 모으기 운동** 전개

④ 노무현 정부: **칠레·미국** 등과 자유 무역 협정 체결(FTA)

✦ 신한 공사
미군정이 세운 산하 기구로, 일본인이 소유했던 귀속 재산과 토지를 관리하였다.

✦ 경자유전
토지를 농작하는 농민이 토지를 소유해야 한다는 뜻이다.

✦ 귀속 재산
일제강점기 때 조선에 거주하던 일본인들이 자국으로 넘어가면서 조선에 남기고 간 재산이다. 이승만 정부는 이 귀속 재산을 민간에 헐값으로 불하하였고, 이러한 귀속 재산을 물려받은 기업들은 급속도로 성장할 수 있었다.

✦ 대충 자금
미국이 제공한 농산물을 정부가 받아 민간에 판매하면 이를 대충 자금이라 하여 별도로 관리하였다. 이 자금은 경제 발전 및 미국의 무기 구입 등 국방 강화에 사용되었다.

✦ 새마을 운동 주제가
새벽종이 울렸네 / 새 아침이 밝았네 / 너도 나도 일어나 / 새 마을을 가꾸세 / 살기 좋은 내 마을 / 우리 힘으로 만드세

✦ 100억 달러 달성 포스터

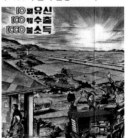

✦ IMF 사태
외국 자본의 상환 기간, 대기업 부도, 금융권 부실 등이 종합적으로 맞물리면서 외환 위기를 맞이하였다.

PART 8

테마 62~63 문항별 빅데이터 분석 📦

앞선 정부들과 마찬가지로 항상 등장하는 개념들이 돌아가면서 등장하고 있다. 특히 노태우 이후의 정부들은 통일 정책이나 경제 정책과 연계해서 출제되는 경우가 많기 때문에 이를 바탕으로 준비한다면 충분히 대비가 가능하다. 최근 들어서는 노무현 정부의 정책도 종종 단독 출제되고 있지만, 아직 이명박 정부 이후로는 단독 출제된 적이 없다. 경제 정책의 경우 각 정부별로 정리를 하는 것이 중요하다.

01

• 61회 49번

다음 연설이 있었던 정부 시기의 경제 상황으로 옳은 것은?

[2점]

> 오늘 우리나라 OECD 회원국이 되게 되었습니다. …… 한국은 수많은 어려움이 있었음에도 시장 경제 체제의 장점을 살리는 경제 개발 전략을 추진해 왔습니다. 이를 통해 폐허 속에서 한 세대 만에 세계 10위권의 경제 규모를 가진 나라로 성장하였습니다.

① 처음으로 수출액 100억 달러가 달성되었다.
② 대통령 긴급 명령으로 금융 실명제가 실시되었다.
③ 개성 공단 건설을 통해 남북 간 경제 교류가 이루어졌다.
④ 한국과 미국 사이에 자유 무역 협정(FTA)이 체결되었다.
⑤ 경제적 취약 계층을 위한 국민 기초 생활 보장법이 시행되었다.

02

• 59회 49번

다음 뉴스가 보도된 정부 시기에 있었던 사실로 옳은 것은?

[3점]

> 오늘 헌법 재판소는 헌정 사상 초유의 대통령 탄핵 소추 심판 청구에 대해 기각을 결정하였습니다. 국회가 제기한 탄핵 사유는 대통령을 파면시킬 만한 '중대한 직무상 위배'라고 보기 어렵다는 판단입니다.

대통령, 63일 만에 직무 복귀

① 서울 올림픽 대회가 개최되었다.
② 국가 인권 위원회가 설립되었다.
③ 전국 민주 노동조합 총연맹이 창립되었다.
④ 중국과 자유 무역 협정(FTA)이 체결되었다.
⑤ 친일 반민족 행위 진상 규명 위원회가 출범하였다.

문제 및 키워드 분석

OECD 회원국이라는 키워드를 통해서 김영삼 정부임을 알 수 있다. 삽화 또한 김영삼 대통령을 묘사하였다. 현대사 문제는 이처럼 그림에 해당 대통령을 묘사해서 출제하는 경우도 종종 있다.

정답 분석

② 김영삼 정부 때 금융 실명제가 실시되어 투명한 금융 정책을 추구하고자 하였다.

선지 분석

① 박정희 정부에 대한 설명이다.
③ 2000년 6·15 남북 공동 선언에 따라 개성 공단 건설을 추진하여 노무현 정부 때 완공되었다.
④ 노무현 정부에 대한 설명이다.
⑤ 김대중 정부 때 최초로 시행되었다.

문제 및 키워드 분석

헌정 사상 초유의 대통령 탄핵 소추 심판 청구에 대해 기각을 결정이라는 긴 표현을 통해서 노무현 정부에 대한 설명임을 알 수 있다. 노무현 정부 때 우리나라 역사상 처음으로 대통령 탄핵이 청구되어 헌법 재판소까지 넘어 갔으나 기각되었다.

정답 분석

⑤ 노무현 정부 때 친일 반민족 행위 진상 규명 위원회가 출범하여 반민족 행위를 주도했던 인물들을 공개하였다.

선지 분석

① 노태우 정부 때의 사실이다.
② 김대중 정부 때의 사실이다.
③ 김영삼 정부 때의 사실이다.
④ 2015년 박근혜 정부 때의 사실이다.

03

다음 판결이 있었던 정부 시기의 사실로 옳은 것은? [2점]

> • 김○○씨가 모 다방에서 동석한 사람들에게 "정부가 물가조정한다고 하면서 물가가 오르기만 하니 정부가 국민을 기만하는 것이 아니야.", "중앙정보부에서 모 대학교수를 잡아 조사를 하다 죽이고서는 자살하였다고 거짓 발표하였다." 등의 발언을 하여 유언비어를 유포했다는 이유로 징역 5년을 선고받았다.
> • 사상계 전 대표 장준하, 백범 사상 연구소 소장 백기완이 함석헌, 계훈제 등과 개헌 청원 100만인 서명 운동에 대해 논의하고 긴급조치를 비판하였다는 이유로 각각 징역 및 자격정지 15년, 12년을 선고받았다.

① 한일 월드컵 축구 대회가 개최되었다.
② 농촌 근대화를 표방하는 새마을 운동이 추진되었다.
③ 외환 위기 극복을 위한 금 모으기 운동이 전개되었다.
④ 금융 거래 투명성을 실현하고자 금융 실명제가 시행되었다.
⑤ 한미 자유 무역 협정(FTA) 체결에 반대하는 시위가 벌어졌다.

04

다음 사실이 있었던 정부 시기의 경제 상황으로 옳은 것은?

[2점]

포항 종합 제철 공장 제1기 준공식

연간 조강 생산량 1백 3만 톤 규모의 제철 일관공정을 갖춘 포항 종합 제철 공장 제1기 준공식이 대통령이 참석한 가운데 거행되었다. 총 공사비 1,200여억 원(외자 700여억 원 포함)을 들여 3년 3개월 만에 완공된 이 공장에서 생산된 철강은 조선, 기계, 자동차 등 중화학 공업 분야의 원재료로 쓰이게 된다.

① 경제 협력 개발 기구(OECD)에 가입하였다.
② 제3차 경제 개발 5개년 계획이 추진되었다.
③ 한·칠레 자유 무역 협정(FTA)이 체결되었다.
④ 대통령 긴급 명령으로 금융 실명제가 실시되었다.
⑤ 3저 호황으로 물가가 안정되고 수출이 증가하였다.

문제 및 키워드 분석
긴급조치를 비판이라는 키워드를 통해서 1970년대 유신 정권 때임을 알 수 있다. 따라서 유신 정권 시기의 경제 정책을 찾으면 된다.

정답 분석
② 새마을 운동은 농촌 근대화를 명목으로 1970년대에 전개된 운동이다.

선지 분석
①, ③ 김대중 정부 때의 사실이다.
④ 김영삼 정부 때의 사실이다.
⑤ 노무현 정부 때의 사실이다.

문제 및 키워드 분석
포항 종합 제철 공장이라는 키워드를 통해서 박정희 정부 시기임을 알 수 있다. 포항 제철은 1973년에 준공되었다.

정답 분석
② 제3차 경제 개발 5개년 계획은 박정희 정부 시기인 1972년부터 1977년까지 추진되었다.

선지 분석
① 김영삼 정부 때의 역사적 사실이다.
③ 노무현 정부 때의 역사적 사실이다.
④ 김영삼 정부 때의 역사적 사실이다.
⑤ 전두환 정권 때의 역사적 사실이다.

통일 정책과 현대 사회

1 정부별 통일 정책 총정리

(1) 이승만 정부: 6·25 전쟁 이후 적대감 ➡ 북진 정책과 멸공 통일

(2) 장면 내각: 학생·혁신계 인사 중심 ➡ 중립화 통일론, 남북 협상론, **남북 학생 회담 개최 주장**

★★(3) 박정희 정부

남북적십자회담	1971.8	대한적십자사의 이산가족 찾기 제의
7·4 남북 공동 성명	1972	•**자주·평화·민족적 대단결의 민족통일 3대 원칙** •남북 조절 위원회 설치 합의 •남북 집권세력은 7·4 남북 공동 성명을 독재체제 강화에 이용

(4) 전두환 정권

이산가족 상봉	1985	최초로 남북 이산가족 고향 방문, 예술 공연단 교환방문

★★(5) 노태우 정부

7·7 특별 선언	1988	남북한 관계를 대결관계가 아닌 민족 공동체 관계로 규정
남북한 UN 동시가입	1991	화해와 공존의 가능성 마련
남북 기본 합의서	1991.12	•남북 간의 화해와 불가침 및 교류·협력에 관한 합의서 채택(남북 기본 합의서) •통일을 지향하는 과정에서 잠정적으로 형성되는 특수 관계 인정 •한반도 비핵화에 관한 공동선언 채택(1991.12.31.)

(6) 김영삼 정부

민족공동체통일방안	1994.8	한민족 공동체 통일방안의 3원칙(자주·평화·민주)+3단계 통일방안+3대 기조
제네바 합의(북·미)	1994.10	북한 핵 동결 ➡ 나중에 북한이 핵 확산 조약 탈퇴 선언

★★(7) 김대중 정부 햇볕 정책

금강산 관광사업	1998	해로를 통해서 금강산 관광 사업 시작
6·15 남북 공동 선언	2000	•최초의 남북 정상 회담 개최 •**남측의 '남북 연합제안'과 북측의 '낮은 단계의 연방제안'의 공통성 인정** •**경의선 복구 사업**, 개성 공단 건설 합의, 남북 이산가족 상봉 등

★(8) 노무현 정부

10·4 남북 공동 선언	2007	•**제2차 남북 정상 회담 개최** •서해 평화 협력 지대의 설치 등을 합의
개성 공단	2003	**개성공단 착공식이 시작됨**

📍 정주영의 소떼 방북

💡 1차 남북 정상회담

김대중 대통령과 김정일 국방위원장
의 모습이다.

통일 정책 관련 주요 문서들

이 과정에서 쌍방은 오랫동안 서로 만나보지 못한 결과로 생긴 남북 사이의 오해와 불신을 풀고 긴장의 고조를 완화시키며 나아가서 조국 통일을 촉진시키기 위하여 다음과 같은 문제들에 완전한 견해의 일치를 보았다.
1. 쌍방은 다음과 같은 조국 통일 원칙들에 합의를 보았다.
첫째, 통일은 외세에 의존하거나 외세의 간섭을 받음이 없이 **자주적**으로 해결하여야 한다.
둘째, 통일은 서로 상대방을 반대하는 무력행사에 의거하지 않고 **평화적** 방법으로 실현하여야 한다.
셋째, 사상과 이념, 제도의 차이를 초월하여 우선 하나의 민족으로서 **민족적 대단결**을 도모하여야 한다.

– 7·4 남북 공동 성명(1972)

남과 북은 분단된 조국의 평화적 통일을 염원하는 온 겨레의 뜻에 따라 '7·4 남북 공동 성명'에서 천명된 조국 통일 3대 원칙을 재확인하고, **쌍방 사이의 관계가 나라와 나라 사이의 관계가 아닌 통일을 지향하는 과정에서 잠정적으로 형성되는 특수한 관계라는 것을 인정**하고, 평화통일을 성취하기 위한 공동의 노력을 경주할 것을 다짐하면서 다음과 같이 합의하였다.
제1조, 남과 북은 서로 상대방의 체제를 인정하고 존중한다.
제2조, 남과 북은 상대방의 내부문제에 간섭하지 아니한다.

– 남북 사이의 화해와 불가침 및 교류 협력에 관한 합의서(1991)

1. 남과 북은 나라의 통일문제를 그 주인인 우리 민족끼리 서로 힘을 합쳐 자주적으로 해결해 나가기로 하였다.
2. 남과 북은 나라의 통일을 위한 **남측의 연합제 안과 북측의 낮은 단계의 연방제 안이 서로 공통성이 있다고** 인정하고 앞으로 이 방향에서 통일을 지향시켜 나가기로 하였다.
3. 남과 북은 올해 8·15에 즈음하여 흩어진 가족, 친척 방문단을 교환하며, 비전향 장기수 문제를 해결하는 등 인도적 문제를 조속히 풀어 나가기로 하였다.

– 6·15 남북 공동 선언(2000)

2 현대 사회

(1) 현대 사회의 발전과 각 계층의 운동
① 도시화: 경제 개발 계획 ➡ 산업 사회로 진입, 환경 오염과 도시 주택 문제(**광주 대단지 사건**⁺)
② 농촌 사회: 농촌 사회의 열악 ➡ 새마을 운동 실시(주택 개량, 도로 확충 등)
③ 노동 운동: 노동자 증가에 비해 노동 환경은 열악 ➡ **전태일 분신 사건**(1970), YH 사건(1979)

전태일 열사가 박정희 대통령에게 보낸 편지

존경하시는 대통령 각하. … 저희들은 근로기준법의 혜택을 조금도 못 받으며 더구나 2만여 명을 넘는 종업원의 90% 이상이 평균 연령 18세의 여성입니다. 기준법이 없다고 하더라도 인간으로써 어떻게 여자에게 하루 15시간의 작업을 강요합니까? 미싱사의 노동이라면 모든 노동 중에서 제일 힘든(정신적으로, 육체적으로) 노동으로 여성들은 견뎌내지 못합니다. … 저희들의 요구는 1일 14시간의 작업시간을 단축하십시오. 1일 10시간~12시간으로, 1개월 휴일 2일을 일요일마다 휴일로 쉬기를 희망합니다.

④ 여성 운동: 남녀 고용 평등법(1987), 여성부 신설(2001), 호주제 폐지(2005) 등
⑤ 사회 보장 제도: 최저 임금법(1986), 국민 연금제(1988), 국민 기초 생활 보장법(1999) 등
⑥ 규제와 탄압: 유신 정권 때 여러 일상생활 규제 ➡ 복장 단속, 대중가요 금지, 통금 시간 등

(2) 현대의 교육

1950년대	미군정기 때 6-3-3-4제 도입, 초등학교 의무 교육(1950) 등
박정희 정부	국민 교육 헌장⁺ 제정(1968), **중학교 무시험 추첨**(1969), 고교 평준화 정책(1974) 등
전두환 정권	과외 전면 금지책, 대학 졸업 정원제, 본고사 폐지(1980) 등
김영삼 정부	대학 수학 능력 시험 도입(1994)
김대중 정부	중학교 의무 교육 전면 시행(2002)

✦ **광주 대단지 사건**
정부의 무계획적인 도시 정책에 반발하여 1971년 경기도 광주에서 주민들이 일으킨 소요 사태이다.

💡 **혼·분식 장려 운동**
1960~70년대에 쌀의 소비량을 줄이기 위해 실시한 정책 중 하나이다. 혼식이란 쌀 이외의 여러 잡곡을 섞는 것을 가리키고 분식이란 밀가루를 의미한다.

✦ **국민 교육 헌장**
박정희가 1968년에 국가주의 정신의 주입을 위해 만들어 낸 헌장문이다.

테마 64 문항별 빅데이터 분석 📊

현대사에서 주로 마지막 문제로 배치되고 있는 테마이다. 자주 등장하는 통일 정책들을 각 정부들 중심으로 정리한다면 충분히 득점이 가능하다. 주로 박정희·노태우·김대중·노무현 정부의 통일 정책이 등장하는 편인데, 과거에 비해서 김대중과 노무현 정부의 통일 정책이 자주 등장하고 있는 것이 특징이다. 현대의 사회는 가끔 1문제씩 등장하는 편인데, 생소한 개념이 많아 약간 난이도가 있는 편이다.

01

●57회 50번

(가) 정부의 통일 노력으로 옳은 것은? [2점]

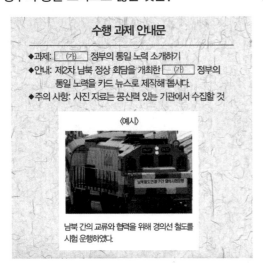

① 남북 기본 합의서를 채택하였다.
② 남북한이 유엔에 동시 가입하였다.
③ 10·4 남북 공동 선언을 발표하였다.
④ 남북 조절 위원회를 운영하기로 합의하였다.
⑤ 남북 이산가족 고향 방문단의 교환 방문을 최초로 성사하였다.

02

●61회 50번

다음 뉴스가 보도된 정부 시기의 통일 노력으로 옳은 것은? [2점]

① 남북 조절 위원회를 구성하였다.
② 남북한이 유엔에 동시 가입하였다.
③ 6·15 남북 공동 선언을 채택하였다.
④ 한반도 비핵화 공동 선언을 발표하였다.
⑤ 남북 이산가족의 교환 방문을 최초로 실현하였다.

문제 및 키워드 분석
2차 남북 정상 회담이라는 키워드를 통해서 노무현 정부임을 알 수 있다.

정답 분석
③ 노무현 정부 때 2차 남북 정상 회담에서 10·4 남북 공동 선언을 발표하였다.

선지 분석
①, ② 노태우 정부 시기의 통일 정책이다.
④ 박정희 정부 시기의 통일 정책이다.
⑤ 전두환 정권 시기의 통일 정책이다.

문제 및 키워드 분석
정주영의 소 떼 방북, 금강산 관광 사업 시작이라는 키워드를 통해서 김대중 정부임을 알 수 있다.

정답 분석
③ 김대중 정부 때 최초로 남북 정상 회담을 개최하여 6·15 남북 공동 선언문을 발표하였다.

선지 분석
① 박정희 정부 시기의 통일 정책이다.
②, ④ 노태우 정부 시기의 통일 정책이다.
⑤ 전두환 정권 시기의 통일 정책이다.

03

● 45회 50번

다음 경축사를 발표한 정부 시기의 통일 노력으로 옳은 것은?

[2점]

> 우리는 지난 2년 동안 지난날 냉전 체제의 다른 한 쪽 종주국이었던 소련과 국교를 열고 우호 협력하는 관계를 이루었습니다. 우리는 동중부 유럽 국가들과도 외교 관계를 수립하였으며 이웃 중국과도 무역 대표부를 교환 설치하였습니다. …… 이러한 변화 속에서 이루어지는 남북한의 유엔 가입은 한국 전쟁 이후 남북 관계의 가장 큰 전환일 것입니다.

① 남북 기본 합의서를 교환하였다.

② 7·4 남북 공동 성명을 발표하였다.

③ 10·4 남북 공동 선언을 채택하였다.

④ 금강산 해로 관광 사업을 시작하였다.

⑤ 최초의 이산가족 고향 방문을 실현하였다.

문제 및 키워드 분석

소련과 국교, 동중부 유럽 국가들과도 외교, 남북한의 유엔 가입 등의 키워드를 통해서 노태우 정부 시기의 외교 정책에 대한 설명임을 알 수 있다. 따라서 노태우 정부 때의 통일 정책을 고르면 된다.

정답 분석

① 노태우 정부 때 북한과 남북 기본 합의서를 발표하였다.

선지 분석

② 박정희 정부 시기의 통일 정책이다.
③ 노무현 정부 시기의 통일 정책이다.
④ 김대중 정부 시기의 통일 정책이다.
⑤ 전두환 정권 시기의 통일 정책이다.

04

● 45회 48번

다음 기사 내용이 보도된 정부 시기에 볼 수 있는 모습으로 옳은 것은?

[2점]

> **□□신문**
>
> 제△△호   ○○○○년 ○○월 ○○일
>
> ### 국내 대중 가요 222곡, 금지곡으로 선정
>
> 긴급 조치 제9호의 후속 조치로 수립된 「공연물 및 가요 정화 대책」에 따라 한국 예술 문화 윤리 위원회는 국내 대중 가요 222곡을 금지곡으로 선정하여 발표하였다. 한국 예술 문화 윤리 위원회는 국가 안보 위협, 왜색 풍, 창법 저속, 불신 풍조 조장, 퇴폐성 등이 금지곡 선정 이유라고 밝혔다. 대표적인 금지곡으로는 이미자의 '기러기 아빠', 김추자의 '거짓말이야', 이장희의 '그건 너', 신중현의 '미인' 등이 있다.

① 경기장에서 프로 축구를 관람하는 회사원

② 개성 공단 착공식에 참석하고 있는 공무원

③ 금융 실명제에 따라 신분증을 요구하는 은행 직원

④ 거리에서 자를 들고 미니 스커트를 단속하는 경찰

⑤ 외환 위기 극복을 위한 금 모으기 운동에 참여하는 학생

문제 및 키워드 분석

대중 가요의 금지라는 키워드를 통해서 1970년대 유신 정권 시기임을 알 수 있다. 유신 정권 시절에는 대중 가요가 퇴폐적이라는 이유로 금지를 하는 등 일상생활을 크게 탄압하였다.

정답 분석

④ 유신 정권 때는 국민들의 일상생활이 많이 탄압되었다. 대표적인 예시가 풍속을 교화한다는 명목으로 미니스커트의 길이를 단속하는 것이었다. 그래서 지나치게 짧은 미니스커트는 단속의 대상이 되었다.

선지 분석

① 프로 축구는 전두환 정권 때인 1982년에 처음으로 창설되었다.
② 개성 공단 착공식은 노무현 정부 때의 일이다.
③ 김영삼 정부 때 처음으로 금융 실명제가 실시되었다.
⑤ 금 모으기 운동은 김대중 정부 때 IMF를 극복하기 위해 실시되었다.

01

(가), (나) 발표 사이에 있었던 사실을 모두 고르시오.

> (가) 우리는 다음 달에 입국할 유엔 한국 임시 위원단을 환영하는 동시에, 그들로 하여금 우리가 원하는 자주 독립의 통일 정부를 수립하는 임무를 완수하도록 최선을 다하여야 할 것이다. 우리는 어떠한 경우든지 단독 정부는 절대 반대할 것이다.
>
> (나) 올해 10월 19일 제주도 사건 진압 차 출동하려던 여수 제14연대 소속 3명의 장교 및 40여 명의 하사관들은 각 대대장의 결사적 제지에도 불구하고 남로당 계열 분자 지도하에 반란을 일으켰다. 동월 20일 8시 여수를 점령하는 한편, 좌익 단체 및 학생들을 인민군으로 편성하여 동일 8시 순천을 점령하였다.

① 애치슨 선언이 발표되었다. [62회]
② 조선 건국 동맹이 결성되었다. [57회]
③ 좌우 합작 위원회가 출범하였다. [58회]
④ 제1차 미소 공동 위원회가 결렬되었다. [55회]
⑤ 모스크바 3국 외상 회의가 개최되었다. [60회]
⑥ 반민족 행위 특별 조사 위원회가 출범하였다. [60회]
⑦ 김구가 분단을 막기 위해 남북 협상에 참석하였다. [54회]
⑧ 이승만이 정읍에서 남한만의 단독 정부 수립을 주장하였다. [54회]
⑨ 유상 매수, 유상 분배 원칙의 농지 개혁법이 시행되었다. [55회]
⑩ 우리나라 최초의 보통 선거인 5 · 10 총선거가 실시되었다. [55회]

✏ **정답 및 해설**

정답 ⑦, ⑩
다음 달에 입국할 유엔 한국 임시 위원단이라는 표현을 통해서 (가)는 1947년 12월의 상황임을 알 수 있고, (나)는 1948년 10월에 일어난 여수 · 순천 10 · 19 사건이다. 따라서 이 사이에 일어난 사실을 고르면 된다.

선지분석
① 애치슨 선언은 1950년 1월에 발표되었다.
② 조선 건국 동맹은 1944년에 결성되었다.
③ 좌우 합작 위원회는 1946년 7월에 출범하였다.
④ 제1차 미 · 소 공동 위원회는 1946년 5월에 결렬되었다.
⑤ 모스크바 3상 회의는 1945년 12월에 개최되었다.
⑥ 반민족 행위 특별 조사 위원회는 1949년 1월에 출범하였다.
⑦ 1948년 4월에 남북 협상이 전개되었다.
⑧ 정읍 발언은 1946년 6월에 발표되었다.
⑨ 농지 개혁법은 1950년 3월에 실시되었다.
⑩ 1948년 5월에 총선거가 실시되었다.

02

이 사건이 일어난 정부에서 발생했던 사실로 옳은 것을 모두 고르시오.

> **시사만화로 보는 현대사**
>
> 이 만화는 민생고 해결을 외치는 여성 노동자들이 경찰에게 과잉 진압되는 모습을 풍자하고 있다. 가발 생산 공장의 여성 노동자 180여 명이 업주의 폐업 조치에 맞서 신민당사에서 농성을 하자, 1천여 명의 무장 경찰이 폭력적으로 진압하였다. 이후 이 사건은 'YH 무역 사건'으로 역사에 기록되었다.

① 박종철 고문 치사 사건이 발생하였다. [60회]
② 프로 야구가 6개 구단으로 출범하였다. [60회]
③ 시위 도중 대학생 이한열이 희생되었다. [62회]
④ 교육의 지표를 제시한 국민 교육 헌장을 선포하였다. [56회]
⑤ 호헌 철폐, 독재 타도를 요구하는 6 · 10 국민 대회가 개최되었다. [56회]
⑥ 민주 회복을 위한 개헌 청원 백만인 서명 운동이 전개되었다. [59회]
⑦ 국가 보안법 개정안을 통과시킨 보안법 파동이 일어났다. [61회]
⑧ 긴급 조치 철폐를 요구하는 3 · 1 민주 구국 선언이 발표되었다. [59회]
⑨ 유신 체제에 저항하여 부산, 마산 등지에서 시위가 일어났다. [56회]
⑩ 국회 해산, 헌법의 일부 효력 정지를 담은 10월 유신이 선포되었다. [61회]

✏ **정답 및 해설**

정답 ④, ⑥, ⑧, ⑨, ⑩
YH 무역 사건이라는 키워드를 통해서 박정희 정부와 유신 정권에 대한 설명임을 알 수 있다.

선지분석
① 전두환 정권 때 있었던 사실이다.
② 전두환 정권 때 있었던 사실이다.
③ 전두환 정권 때 있었던 사실이다.
④ 박정희 정부 때 있었던 사실이다.
⑤ 전두환 정권 때 있었던 사실이다.
⑥ 박정희 정부 때 있었던 사실이다.
⑦ 이승만 정부 때 있었던 사실이다.
⑧ 박정희 정부 때 있었던 사실이다.
⑨ 박정희 정부 때 있었던 사실이다.
⑩ 박정희 정부 때 있었던 사실이다.

03

아래의 연설문을 발표한 정부의 통일 정책으로 옳은 것을 모두 고르시오.

지난 5년 동안 우리 국민은 세계가 놀라워하는 업적을 이룩해냈습니다. 외환 위기를 맞이하자 우리 국민은 '금 모으기'를 전개하여 전 세계를 감동시켰습니다. …… 금융, 기업, 공공, 노사의 4대 개혁을 고통과 희생을 감내하면서 지지하고 적극 협력함으로써 우리 경제는 3년을 앞당겨 IMF 관리 체제에서 벗어날 수 있었습니다. …… 고용 보험, 산재 보험, 건강 보험, 국민연금 등 4대 보험의 틀을 갖추고 국민 기초 생활 보장법을 시행한 것을 비롯해 선진국 수준의 복지 체제를 완비했습니다.

① 7 · 4 남북 공동 성명 발표 [53회]
② 남북 조절 위원회가 구성되었다. [62회]
③ 10 · 4 남북 공동 선언을 발표하였다. [57회]
④ 남북한이 유엔에 동시 가입하였다. [61회]
⑤ 최초의 이산가족 고향 방문 실현 [53회]
⑥ 한반도 비핵화 공동 선언을 채택하였다. [55회]
⑦ 개성 공단 조성 사업을 추진하기로 하였다. [56회]
⑧ 민족 자존과 통일 번영을 위한 7 · 7 선언을 발표하였다. [58회]
⑨ 남북 경제 교류 증진을 위한 경의선 복원 공사가 시작되었다. [55회]
⑩ 남북 정상 회담을 개최하고 6 · 15 남북 공동 선언을 채택하였다. [58회]

04

아래 지역에서 있었던 역사적 사실 또는 탐구 활동으로 옳은 것을 모두 고르시오.

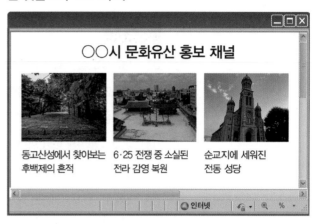

○○시 문화유산 홍보 채널

동고산성에서 찾아보는 후백제의 흔적 / 6·25 전쟁 중 소실된 전라 감영 복원 / 순교지에 세워진 전동 성당

① 인조가 피신하여 청군과 항전하였다. [58회]
② 김만덕의 빈민 구제 활동에 대해 알아본다. [56회]
③ 김헌창이 반란을 일으킨 근거지를 검색한다. [52회]
④ 만적을 비롯한 노비들이 신분 해방을 도모하였다. [53회]
⑤ 김광제 등을 중심으로 국채 보상 운동이 시작되었다. [58회]
⑥ 동학 농민군이 정부와 화약을 체결한 장소를 조사한다. [52회]
⑦ 임진왜란 중 부사 송상현과 첨사 정발이 순절하였다. [53회]
⑧ 태조의 어진을 모신 경기전이 건립된 장소를 조사한다. [60회]
⑨ 신립이 배수의 진을 치고 왜군과 맞선 격전지를 조사한다. [52회]
⑩ 지증왕이 이사부를 보내 부속한 지역과 부속 도서를 찾아본다. [56회]

✎ 정답 및 해설

정답 ⑦, ⑨, ⑩

금 모으기, IMF 관리 체제에서 벗어나~, 4대 보험의 틀 등의 표현을 통해서 김대중 정부의 연설문임을 알 수 있다.

선지분석
① 박정희 정부의 통일 정책이다.
② 박정희 정부의 통일 정책이다.
③ 노무현 정부의 통일 정책이다.
④ 노태우 정부의 통일 정책이다.
⑤ 전두환 정권의 통일 정책이다.
⑥ 노태우 정부의 통일 정책이다.
⑦ 김대중 정부의 통일 정책이다.
⑧ 노태우 정부의 통일 정책이다.
⑨ 김대중 정부의 통일 정책이다.
⑩ 김대중 정부의 통일 정책이다.

✎ 정답 및 해설

정답 ⑥, ⑧

동고산성, 전라 감영, 전동 성당 등의 키워드를 통해서 전라도 전주임을 알 수 있다.

선지분석
① 경기도 남한산성에 대한 설명이다.
② 제주도에 대한 설명이다.
③ 공주(웅천주)에 대한 설명이다.
④ 개경에 대한 설명이다.
⑤ 대구에 대한 설명이다.
⑥ 전주에서 있었던 역사적 사실이다.
⑦ 부산에 대한 설명이다.
⑧ 전주에서 있었던 역사적 사실이다.
⑨ 충주(탄금대)에 대한 설명이다.
⑩ 독도와 울릉도에 대한 설명이다.

테마 59

01 여운형은 좌우 합작 7원칙을 발표하였다. ☐ 56회

02 이승만은 일제의 패망과 광복에 대비하여 조선 건국 동맹을 결성하였다. ☐ 54회

03 김구는 정읍에서 남한만의 단독 정부 수립을 주장하였다. ☐ 54회

04 김구는 분단을 막기 위해 남북 협상에 참석하였다. ☐ 54회

05 김규식은 여운형과 함께 좌우 합작 위원회를 조직하였다. ☐ 33회

06 1차 미·소 공동위원회 개최~2차 미·소 공동위원회 개최 사이에 좌우 합작 위원회가 좌우 합작 7원칙을 발표하였다. ☐ 60회

07 4·3 사건은 희생자들의 명예 회복을 위해 특별법이 제정되었다. ☐ 53회

08 미군정은 귀속 재산 처리를 위해 신한 공사를 설립하였다. ☐ 58회

09 미군정 때 반민족 행위 특별 조사 위원회가 해체되었다. ☐ 59회

10 제헌 국회는 반민족 행위 처벌법이 제정되었다. ☐ 62회

테마 60

01 발췌 개헌은 6·25 전쟁 중 부산에서 공포되었다. ☐ 27회

02 이승만 정부는 평화 통일론을 주장한 진보당의 조봉암을 제거하였다. ☐ 53회

03 이승만 정부 때 대통령의 임기를 7년 단임제로 정하였다. ☐ 60회

04 이승만 정부 때 정부에 비판적이던 경향신문이 폐간되었다. ☐ 61회

05 이승만 정부 때 한미 상호 방위 조약이 체결되었다. ☐ 59회

06 4·19 혁명은 3·15 부정 선거에 항의하는 시위에서 비롯되었다. ☐ 37회

07 장면 내각은 민의원과 참의원의 양원제 국회를 운영하였다. ☐ 60회

08 장면 내각 때 내각 책임제를 채택하였다. ☐ 60회

테마 59

01 O
02 X (여운형)
03 X (이승만)
04 O
05 O
06 O
07 O
08 O
09 X (이승만 정부 때 해체)
10 O

테마 60

01 O
02 O
03 X (전두환 정부)
04 O
05 O
06 O
07 O
08 O

테마 61

01 박정희 정부 때 언론의 통폐합이 단행되고 언론 기본법을 제정하였다. ☐ 56회

02 박정희 정부 때 굴욕적인 대일 외교에 반대하는 6·3 시위가 일어났다. ☐ 54회

03 박정희 정부 때 평화 통일론을 주장한 진보당의 조봉암이 구속되었다. ☐ 45회

04 유신 정권 때 긴급 조치 철폐를 요구하는 3·1 민주 구국 선언이 발표되었다. ☐ 54회

05 유신헌법은 대통령에게 국회 해산권을 부여하였다. ☐ 60회

06 5·18 민주화 운동 때 호헌 철폐와 독재 타도 등의 구호를 내세운 시위가 확산되었다. ☐ 58회

07 전두환 정권 때 대통령의 3선 연임을 허용하는 개헌안이 통과되었다. ☐ 55회

08 전두환 정권 때 신민당사에서 YH 무역 노동자들이 농성을 하였다. ☐ 59회

09 6월 민주 항쟁은 신군부의 비상계엄 확대가 원인이 되어 일어났다. ☐ 58회

10 6월 민주 항쟁은 유신 체제가 붕괴되는 계기가 되었다. ☐ 53회

테마 62

01 노태우 정부 때 양성평등의 실현을 위해 호주제가 폐지되었다. ☐ 54회

02 김영삼 정부 때 진실·화해를 위한 과거사 정의 위원회가 처음으로 출범하였다. ☐ 56회

03 김영삼 정부 때 금융 거래의 투명성을 확보하고자 금융 실명제가 실시되었다. ☐ 58회

04 김대중 정부 때 경제적 취약 계층을 위한 국민 기초 생활 보장법이 시행되었다. ☐ 61회

05 노무현 정부 때 친일 반민족 행위 진상 규명 위원회가 출범하였다. ☐ 59회

테마 61

01 X (전두환 정부)
02 O
03 X (이승만 정부)
04 O
05 O
06 X (6월 민주 항쟁)
07 X (박정희 정부)
08 X (박정희 정부)
09 X (5·18 민주화 항쟁)
10 X (6월 민주 항쟁은 유신 체제 붕괴 이후에 발발)

테마 62

01 X (노무현 정부)
02 X (김대중 정부)
03 O
04 O
05 O

PART **8**

테마 63

01 이승만 정부 때 원조 물자를 가공하는 삼백 산업이 발달하였다. ☐ 60회

02 이승만 정부 때 처음으로 수출액 100억 달러가 달성되었다. ☐ 61회

03 박정희 정부 때 베트남 파병에 관한 브라운 각서가 체결되었다. ☐ 58회

04 박정희 정부 때 제1차 경제 개발 5개년 계획이 추진되었다. ☐ 56회

05 1970년대 때 경부 고속 국도를 준공하였다. ☐ 56회

06 1970년대 때 농촌 근대화를 표방한 새마을 운동이 전개되었다. ☐ 60회

07 전두환 정권 때 제3차 경제 개발 5개년 계획이 시작되었다. ☐ 58회

08 김영삼 정부 때 제2차 석유 파동으로 경제의 불황이 심화되었다. ☐ 52회

09 김대중 정부 때 대통령 긴급 명령으로 금융 실명제가 실시되었다. ☐ 52회

10 노무현 정부 때 칠레와 자유 무역 협정(FTA)을 체결하였다. ☐ 54회

테마 64

01 박정희 정부 때 중학교 입시 제도를 폐지하고 무시험 추천제를 실시하였다. ☐ 54회

02 박정희 정부 때 7·4 남북 공동 성명을 발표하였다. ☐ 62회

03 장면 내각 때 남북 조절 위원회가 설치되었다. ☐ 59회

04 전두환 정권 때 남북 이산가족 고향 방문단의 교환 방문을 최초로 실현하였다. ☐ 59회

05 노태우 정부 때 남북한이 한반도 비핵화 공동선언을 채택하였다. ☐ 56회

06 노태우 정부 때 6·15 남북 공동 선언이 발표되었다. ☐ 61회

07 김대중 정부 때 남북 기본 합의서를 교환하였다. ☐ 45회

08 김대중 정부 때 북방 외교를 추진하여 중국 등 사회주의 국가들과 수교하였다. ☐ 60회

09 노무현 정부 때 개성 공단 조성을 추진하기로 하였다. ☐ 56회

10 노무현 정부 때 10·4 남북 공동 선언을 발표하였다. ☐ 57회

테마 63

01 O
02 X (1970년대)
03 O
04 O
05 O
06 O
07 X (1970년대)
08 X (1970년대)
09 X (김영삼 정부)
10 O

테마 64

01 O
02 O
03 X (박정희 정부)
04 O
05 O
06 X (김대중 정부)
07 X (노태우 정부)
08 X (노태우 정부)
09 X (김대중 정부)
10 O

M·E·M·O

IX

최근 3개년
출제비율

2.4%

기타

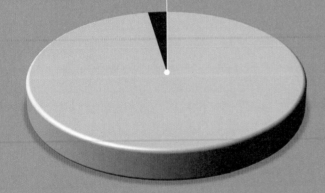

세시 풍속과 지역사 문제들로 구성되어 있다.
매회 많으면 2문제, 적으면 1문제 가량 출제된다.
최근 들어서는 세시 풍속은 거의 출제되지 않는 대신
지역사가 간헐적으로 1~2문제 출제되고 있다.

기타

합격기준 박문각
www.pmg.co.kr

지역사(+ 독도·간도)

1 지역사

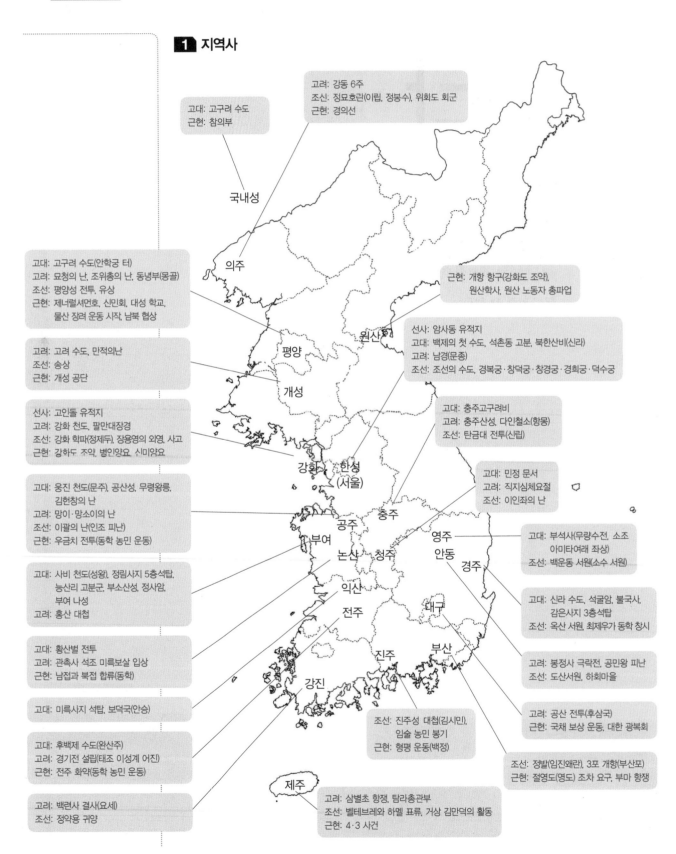

고대: 고구려 수도
근현: 참의부

고려: 강동 6주
조선: 정묘호란(이립, 정봉수), 위화도 회군
근현: 경의선

국내성

의주

고대: 고구려 수도(안학궁 터)
고려: 묘청의 난, 조위총의 난, 동녕부(몽골)
조선: 평양성 전투, 유상
근현: 제너럴셔먼호, 신민회, 대성 학교, 물산 장려 운동 시작, 남북 협상

근현: 개항 항구(강화도 조약), 원산학사, 원산 노동자 총파업

원산

평양

선사: 암사동 유적지
고대: 백제의 첫 수도, 석촌동 고분, 북한산비(신라)
고려: 남경(문종)
조선: 조선의 수도, 경복궁·창덕궁·창경궁·경희궁·덕수궁

고려: 고려 수도, 만적의난
조선: 송상
근현: 개성 공단

개성

선사: 고인돌 유적지
고려: 강화 천도, 팔만대장경
조선: 강화 학파(정제두), 장용영의 외영, 사고
근현: 강화도 조약, 병인양요, 신미양요

고대: 충주고구려비
고려: 충주산성, 다인철소(항몽)
조선: 탄금대 전투(신립)

고대: 민정 문서
고려: 직지심체요절
조선: 이인좌의 난

강화 한성
(서울)

고대: 웅진 천도(문주), 공산성, 무령왕릉, 김헌창의 난
고려: 망이·망소이의 난
조선: 이괄의 난(인조 피난)
근현: 우금치 전투(동학 농민 운동)

공주 충주

부여 논산 청주

영주 안동

경주

고대: 부석사(무량수전, 소조 아미타여래 좌상)
조선: 백운동 서원(소수 서원)

고대: 사비 천도(성왕), 정림사지 5층석탑, 능산리 고분군, 부소산성, 정사암, 부여 나성
고려: 홍산 대첩

익산

대구

고대: 신라 수도, 석굴암, 불국사, 감은사지 3층석탑
조선: 옥산 서원, 최제우가 동학 창시

고대: 황산벌 전투
고려: 관촉사 석조 미륵보살 입상
근현: 남접과 북접 합류(동학)

전주

부산

고려: 봉정사 극락전, 공민왕 피난
조선: 도산서원, 하회마을

고대: 미륵사지 석탑, 보덕국(안승)

진주

고려: 공산 전투(후삼국)
근현: 국채 보상 운동, 대한 광복회

고대: 후백제 수도(완산주)
고려: 경기전 설립(태조 이성계 어진)
근현: 전주 화약(동학 농민 운동)

강진

조선: 진주성 대첩(김시민), 임술 농민 봉기
근현: 형평 운동(백정)

조선: 정발(임진왜란), 3포 개항(부산포)
근현: 절영도(영도) 조차 요구, 부마 항쟁

고려: 백련사 결사(요세)
조선: 정약용 귀양

제주

고려: 삼별초 항쟁, 탐라총관부
조선: 벨테브레와 하멜 표류, 거상 김만덕의 활동
근현: 4·3 사건

2 간도

(1) 청과의 국경 문제

    ① 배경: 청이 자신들의 본거지인 만주 지역에 대해 봉금 정책 실시 ➡ 조선인 일부가 월경하면서 국경 분쟁 발생

    ② 백두산 정계비 건립(1712): **조선 숙종** 때 이 문제를 해결하기 위해 **백두산 정계비 건립**

(2) 간도 귀속 문제

    ① 배경: 백두산 정계비에 건립된 토문강의 위치를 놓고 조선과 청이 서로 다르게 해석[✦]

    ② 정부의 노력

        ㉠ 서북 경략사 파견: 1883년에 어윤중을 청에 보내 국경 문제 협의

        ㉡ 간도 관리사 파견: 1903년에 **이범윤을 간도 관리사**로 임명, 함경도의 영토로 편입

(3) 강탈: 일본이 1909년에 청과 간도 협약을 체결하여 간도를 청의 영토로 인정하고 이권 가져감

(4) 조·중 변계 조약: 북한과 중국이 1962년에 밀약 체결하여 백두산을 분할(북한 55%, 중국 45%)

✦ 3 독도[✦]

(1) 독도의 역사

    ① 고대: 진흥왕 때 신라 **이사부의 우산국 정벌**

    ② 조선: **숙종 때 안용복의 활약**으로 우리 영토임을 입증

    ③ 대한 제국: 대한제국 칙령 제 41호(1900)로 울릉도와 독도를 대한제국이 관할함을 규정

    ④ 일본의 강탈: **러일 전쟁** 중 일본이 무주지론을 내세워 **독도를 일본의 영토로 편입**

    ⑤ 이승만 정부: '인접 해양에 대한 주권에 관한 대통령 선언'을 발표하여 독도가 우리 땅임을 명시

(2) 독도가 우리 영토임을 입증하는 증거 이 외에도 수많은 문헌과 자료들이 있음

『세종실록지리지』	울릉도와 독도를 강원도 울진현 소속으로 규정
팔도총도	『신증동국여지승람』에 수록된 지도, 울릉도와 독도를 별개의 섬으로 그려놓음
『동국문헌비고』와 『만기요람』	울릉도와 독도를 우리나라 영토로 파악, 송도(松島)라고 부름
동국지도	울릉도와 독도를 표기
삼국접양지도[✦]	울릉도와 독도가 조선의 영토인 노란색으로 표시
『태정관 지령문』(1877)	당시 일본 최고 정무 기관인 태정관에서 독도와 울릉도가 자국의 영토와 관련이 없음을 지시
연합국 최고 사령관 각서(1946)	독도가 한국 영토임을 명시

✦ 백두산 정계비 해석

백두산 정계비 원문은 토문강을 기준으로 양국의 국경을 정한다고 되어 있다. 당시의 토문강은 두만강이 아니라 오늘날 만주 내부를 따라 흐르는 송화강 지류에 해당했다. 그런데 토문강으로 정한 당사자가 청나라였기 때문에 이것이 청 측의 실수인지 고의인지 명확하지 않은 상황에서 계속 방치를 해서 이후 논란이 지속되었다.

✦ 독도

✦ 삼국 접양 지도

지역사는 특정 지역에서 일어난 역사적 사실을 물어보는 유형으로 출제되고 있다. 모든 시대를 망라하여 출제되고 있는 것이 특징인데, 앞 페이지의 지도를 활용하여 마무리 공부의 느낌으로 한다면 충분히 대비가 가능할 것이다. 과거부터 지금까지 꾸준하게 출제되고 있으며, 최근 들어 그 비중이 늘어나고 있다.

01

●58회 50번

(가) 섬에 대한 설명으로 옳지 않은 것은?   [1점]

> 1946년 1월에 작성된 연합국 최고 사령부 문서에는 제주도, 울릉도, (가) 이/가 우리 영토로 표시되어 있습니다. (가) 은/는 우리나라 동쪽 끝에 있는 섬입니다.

① 안용복이 일본에 건너가 우리 영토임을 주장하였다.
② 영국군이 러시아를 견제하기 위해 불법 점령하였다.
③ 러일 전쟁 때 일본이 불법으로 자국 영토로 편입하였다.
④ 대한제국이 칙령을 통해 울릉 군수가 관할하도록 하였다.
⑤ 1877년 태정관 문서에 일본과는 무관한 지역임이 명시되었다.

02

●58회 49번

다음 지역에서 있었던 사실로 옳은 것은?   [3점]

> **답사 보고서**
>
> ◈ 주제: 우리 고장의 역사
> ◈ 날짜: 2022년 ○○월 ○○일
> ◈ 개관
>   금성산과 영산강을 끼고 있는 우리 고장은 삼한 시대부터 마한의 주요 지역 가운데 하나로 발전하였고, 후삼국 시대에는 격전지였으며, 임진왜란과 일제 강점기에는 항일의 의기가 드높았던 지역이다. '전라도'라는 이름은 전주와 우리 고장의 앞 글자를 딴 것이다.
> ◈ 목차
>   1. 마한 세력의 성장, 반남면 고분군
>   2. □□목(牧)의 관아 부속 건물
>   3. 광주 학생 항일 운동의 도화선, □□역

① 인조가 피신하여 청군과 항전하였다.
② 유생 출신 유인석이 의병을 일으켰다.
③ 정문부가 왜군에 맞서 북관대첩을 이끌었다.
④ 김광제 등을 중심으로 국채 보상 운동이 시작되었다.
⑤ 왕건이 후백제를 배후에서 견제하기 위해 차지하였다.

문제 및 키워드 분석
우리나라 동쪽 끝에 있는 섬이라는 키워드를 통해서 독도임을 어렵지 않게 유추할 수 있다.

정답 분석
② 거문도에 대한 설명이다.

선지 분석
① 안용복은 스스로 일본에 건너가 울릉도와 독도가 우리의 영토임을 주장했다.
③ 일본은 한일 의정서를 체결하여 1904년에 독도를 강제로 자신들의 영토로 편입하였다.
④ 대한제국은 칙령 제 41호를 발표하여 독도를 대한제국의 영토로 명시하였다.
⑤ 일본 태정관에서 발표한 문서에서는 독도가 자신들의 영토와 무관함을 명시하고 있다.

문제 및 키워드 분석
전라도라는 이름이라는 키워드를 통해서 나주임을 알 수 있다. 전라도라는 명칭은 호남에서 가장 규모가 컸던 도시인 전주와 나주의 이름을 따서 지은 것이다. 이러한 유형의 문제는 지역사를 낼 때 가장 전형적으로 출제되는 패턴이다.

정답 분석
⑤ 나주는 후삼국 시대 때 왕건이 후백제를 견제하기 위해 점령한 지역이다.

선지 분석
① 남한산성에 대한 설명이다.
② 충주에 대한 설명이다.
③ 함경도 길주에 대한 설명이다.
④ 대구에 대한 설명이다.

03

• 45회 17번

(가)~(마)에 대한 설명으로 옳은 것은?

[2점]

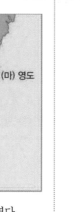

(마) 영도
(라) 거제도
(가) 진도 (나) 완도 (다) 거문도

① (가) – 영국이 러시아의 남하를 구실로 불법 점령하였다.
② (나) – 통일 신라 때 장보고가 청해진을 설치하였다.
③ (다) – 6·25 전쟁 때 포로 수용소가 설치되었다.
④ (라) – 러시아가 저탄소 설치를 명분으로 조차를 요구하였다.
⑤ (마) – 삼별초가 용장성을 쌓고 몽골에 대항하였다.

(가) 지역에서 있었던 사실로 옳은 것은?

[2점]

답사 계획서

■ 주제: [(가)]의 유적과 역사 인물을 찾아서
■ 일시: 2020년 ○○월 ○○일 09:00~17:00
■ 경로: 고구려비 → 탑평리 칠층 석탑(중앙탑)
　　　　→ 창동리 마애 여래상 → 탄금대

고구려비
탑평리 칠층 석탑(중앙탑)
창동리 마애 여래상
탄금대

① 직지심체요절이 금속활자로 간행되었다.
② 오페르트가 남연군 묘 도굴을 시도하였다.
③ 신립이 배수의 진을 치고 왜군에 항전하였다.
④ 명 신종의 제사를 지내는 만동묘가 건립되었다.
⑤ 만적을 비롯한 노비들이 신분 해방을 도모하였다.

문제 및 키워드 분석

주요 섬들에서 일어났던 역사적 사실을 바르게 연결한 것을 찾으면 되는 문제이다. 난이도는 낮았지만 지역사 문제 중에서도 유형이 꽤나 이색적인 것이 특징이다.

정답 분석

② 장보고는 오늘날의 완도에 청해진을 설치하였다.

선지 분석

① 거문도에 대한 설명이다.
③ 거제도에 대한 설명이다.
④ 절영도(오늘날의 영도)에 대한 설명이다.
⑤ 제주도에 대한 설명이다.

문제 및 키워드 분석

고구려비라는 키워드를 통해서 충주임을 알 수 있다. 고구려의 비석은 광개토 대왕릉비와 충주(중원) 고구려비가 있는데, 충주 고구려비는 충주에 위치하고 있다.

정답 분석

③ 임진왜란 당시 신립의 기마 부대가 배수진을 치고 저항한 지역이 충주이다.

선지 분석

① 직지심체요절이 간행된 흥덕사는 청주에 위치해 있다.
② 남연군 묘는 충남 예산에 위치해 있다.
④ 만동묘는 충북 괴산에 위치해 있다.
⑤ 만적의 난은 개경에서 일어났다.

유네스코 세계유산 총 정리

1 유네스코 세계 문화유산

석굴암과 불국사 (1995)	• 경주 토함산에 자리, 통일 신라의 대표적 건축물 • 불국사: **석가탑과 다보탑** 등 다수 문화재 보유 • 석굴암: 화강암을 조립하여 만든 석굴로 높은 수준의 과학·수학 기술	
해인사 장경판전 (1995)	• 경상남도 **합천**에 위치, 조선 전기에 축조된 것으로 추정 • 세계 유일의 대장경판 보관용 건물 ➡ **팔만대장경을 보관**하고 있음 • 원활한 통풍과 방습, 실내 유지 온도 등 뛰어난 과학 기술로 제작	
종묘 (1995)	• 조선 왕조의 **역대 왕과 왕비의 신주**를 모신 사당 • 정전과 영녕전으로 구성되어 제사를 지냄 • 종묘 제례를 거행하고, 종묘 제례악이 연주됨	
창덕궁 (1997)	• 태종 5년에 경복궁의 이궁으로 지어진 궁궐 • 임진왜란 때 경복궁이 소실된 이후부터는 본궁으로 사용 • 정문인 돈화문, 사신을 접견하던 인정전, **규장각** 등이 위치	
수원 화성 (1997)	• 정조 때 수원에 축조한 평산성(평지성과 산성의 절충식) • 군사적 방어 기능과 상업적 기능을 모두 보유 • **정약용이 만든 거중기** 등을 바탕으로 제작	
고인돌유적 (2000)	• 청동기 시대의 돌무덤으로 전국에 약 3만여기가 분포 • 전북 고창, 전남 화순, 인천 강화 지역에 대거 분포	
경주 역사 유적 지구 (2000)	• 신라의 수도인 경주에 위치 • 남산 지구, 월성 지구, 대릉원 지구, 황룡사 지구, 산성 지구 • 포석정·첨성대·황남대총·천마도·황룡사지·분황사 모전 석탑 등 각종 신라의 문화재와 유적지가 분포	
제주 화산섬과 용암 동굴 (2007)	• 한국 최초의 세계 자연 유산 지구	
조선 왕릉 (2009)	• 조선 시대 총 27대 왕과 왕비의 무덤 • 유교의 문화 예법과 풍수지리설을 반영하여 제작	
한국의 역사마을 (하회·양동) (2010)	• 조선 초·중기 이후부터 조성된 집성촌 • 예전의 모습을 그대로 잘 보존하여 유네스코 유산으로 지정	

남한산성 (2014)	• 7세기부터 19세기 까지의 건축 특징이 모두 잘 보존 • 임시 수도로서 기능할 수 있도록 체계적으로 축조 • 병자호란 당시 인조가 피신했던 곳	
백제 역사 유적 지구 (2015)	• 공주, 부여, 익산시 3군데에 분포 • 공주 유적: 공산성, 송산리 고분군 • 부여 유적: 관북리 유적, 부소산성, 정림사지, 능산리 고 분군, 나성 • 익산 유적: 왕궁리 유적, 미륵사지	
산사·한국의 산지 승원 (2018)	• 한국의 산지형 불교 사찰을 대표하는 7개의 사찰 • 통도사·부석사·봉정사·법주사·마곡사·선암사·대흥사 가 문화유산 지정	

한국의 서원
(2019)
	• 16세기 중반부터 사림에 의해 건립된 건축물, 성리학 전파
	  에 기여
	• 소수서원·남계서원·옥산서원·도산서원·필암서원·도통서
	  원·병산서원·무성서원·돈암서원 등 9개 서원이 문화유산
	  으로 지정	

한국의 갯벌
(2021)
	• 서천갯벌, 고창갯벌과 신안갯벌, 보성−순천갯벌 등이 유네
	  스코 세계 자연유산으로 지정
	• 2,150종의 생물이 살아가는 귀한 생물종의 보고로 인정
	  받음	

2 유네스코 세계 기록유산

훈민정음 (1997)	• 세종이 한자를 대신하여 만든 문자 • 해설서로 『훈민정음해례』 간행	

조선왕조실록
(1997)
	• 태조부터 철종까지 25대 472년간의 역사를 편년체로 기록
	  한 책
	• 조선 시대의 모든 분야를 총 망라한 세계적으로 유례가
	  없는 책	

직지심체요절 (2001)	• 현존하는 세계 최고(最古)의 금속활자본 • 개항 이후 서울에 온 주한 프랑스 공사에 의해 프랑스로 넘어가서 현재는 프랑스 국립 도서관에서 보관 중	

승정원일기
(2001)
	• 왕명의 출납을 관장하던 승정원에서 매일 일어나던 사건
	  을 기록
	• 『조선왕조실록』과 마찬가지로 모든 분야를 기록, 현재 원본
	  1부만이 현존	

조선왕조의궤 (2007)	• 왕실의 주요 행사와 문화 활동을 그림으로 남긴 기록물 • 병인양요 때 프랑스에 약탈되었다가 2011년 영구 임대의 형식으로 반환	

고려대장경판 및 제경판 (2007)	•몽골의 침입을 부처의 힘으로 물리치기 위해 만든 81,258개의 대장경판 •아시아에서는 유일하게 완벽한 형태로 보존되어 전해짐 •현재 해인사 장경판전에서 보관 중	
동의보감 (2009)	•1610년 허준이 우리의 전통 한의학을 체계적으로 정리한 의학 백과사전 •세계 최초의 공중 보건 의서로 인정받아 유네스코 기록유산으로 지정	
일성록 (2011)	•영조가 즉위하던 1760년부터 1910년까지의 국정을 기록한 왕의 일기 •정조가 세손 시절부터 자신의 일상생활을 기록 •「일성록」이라는 명칭에는 그날그날을 반성하다는 의미를 담고 있음	
5·18 민주화 운동 기록물 (2011)	광주 민주화 운동의 발발과 진압, 그 이후의 진상 규명 과정과 관련한 거의 모든 자료를 담고 있는 기록물	
난중일기 (2013)	이순신이 임진왜란 기간 동안 군중에서 직접 쓴 친필 일기	
새마을 운동 기록물 (2013)	1970년부터 1979년까지 진행된 새마을 운동 과정에서 생산된 22,000여 건의 자료들을 모두 정리한 기록물	
KBS 특별생방송 '이산가족을 찾습니다' 기록물 (2015)	•KBS에서 1983년 6월 30일부터 11월 14일까지 방영한 비디오 녹화 테잎 463개, 담당PD의 업무수첩, 이산가족 신청서 2만여건 등을 총칭 •TV를 이용한 최대 규모의 이산가족 찾기 프로그램 기획물	
한국의 유교책판 (2015)	조선 시대에서 간행된 718종의 서책을 간행하기 위해 판각한 책판으로, 305개에 달하는 문중과 서원에서 기탁하여 만들어짐	
조선 왕실 어보와 어책(2017)	조선 시대 때 왕이나 왕비, 세자를 책봉하거나 존호 등을 수여할 때 사용한 의례용 인장과 책	
조선통신사 기록물 (2017)	1607년부터 1811년까지 파견된 12차례의 일본 외교 사절단의 여정을 기록한 기록물들을 총칭	
국채보상운동 기록물 (2017)	•1907년에 일어난 국채 보상 운동의 과정을 보여주는 기록물 •약 2,470여건으로 구성	

테마 66 문항별 빅데이터 분석

유네스코 문화유산은 주로 문화재의 특징을 묻는 형태로 출제되기 때문에 각 문화재를 복습한다는 느낌으로 공부하면 된다.

01

● 41회 21번

(가) 문화유산에 대한 설명으로 옳은 것은?

[1점]

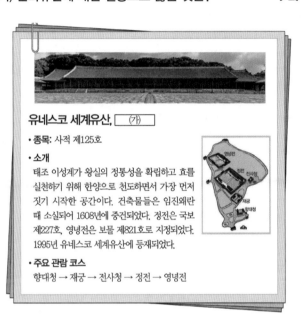

유네스코 세계유산, (가)

- **종목:** 사적 제125호
- **소개**
태조 이성계가 왕실의 정통성을 확립하고 효를 실천하기 위해 한양으로 천도하면서 가장 먼저 짓기 시작한 공간이다. 건축물들은 임진왜란 때 소실되어 1608년에 중건되었다. 정전은 국보 제227호, 영녕전은 보물 제821호로 지정되었다. 1995년 유네스코 세계유산에 등재되었다.
- **주요 관람 코스**
향대청 → 재궁 → 전사청 → 정전 → 영녕전

① 역대 국왕과 왕비의 신주가 모셔져 있다.
② 공자와 여러 성현들의 위패를 모셔 놓았다.
③ 신농씨와 후직씨에게 풍년을 기원하는 곳이다.
④ 토지와 곡식의 신에게 제사를 지내는 공간이다.
⑤ 일제에 의해 경내에 조선 총독부 청사가 세워졌다.

문제 및 키워드 분석

효를 실천하기 위해, 한양으로 천도하면서 가장 먼저 지은 공간, 임진왜란 때 소실, 사적 제 125호 등의 키워드를 통해서 (가)가 종묘임을 알 수 있다.

정답 분석

① 조선 시대에는 종묘에 역대 국왕과 왕비의 신주를 모셔 놓고 제사 지냈다.

선지 분석

② 문묘에 대한 설명이다.
③ 선농단에 대한 설명이다. 신농씨와 후직씨란 고대 중국의 신화적 인물로, 농사를 주관하는 신으로 여겨졌다.
④ 사직에 대한 설명이다.
⑤ 경복궁에 대한 설명이다.

1월	설날(1일)	• 조상님께 차례(茶禮)를 지냄, 어른들께 세배를 올리고 떡국을 먹음(歲饌: 세찬) • 이른 새벽에 조리를 사서 걸면 복이 많다고 믿음 ➡ '복조리'라 부름 • 윷놀이, 널뛰기, 연날리기 같은 민속놀이를 즐김
	정월 대보름 (15일)	• 맨 먼저 보름이 되는 날 • 밤·호두 등을 깨무는 부럼깨기, 귀밝이술(데우지 않은 청주) 먹기, 보름밤 지키기 등의 풍속 • 다리 밟기, 줄다리기, 달맞이, 쥐불놀이, 달집태우기 등 여러 민속놀이 즐김
2월	한식	• 24절기를 기준으로 계산 ➡ 동지로부터 105일 되는 날 • 불을 사용하지 않고 찬 음식(寒食)을 먹음
3월	삼짇날 (3일)	• 3의 양수가 겹치는 날 • 이날 머리를 감으면 머리카락이 아름다워진다 하여 부녀자들이 머리를 감음 • 노랑나비나 호랑나비를 보면 길하다고 여김, 진달래꽃으로 화전(花煎) 부쳐 먹음
4월	초파일(8일)	부처님 오신 날 ➡ 각 절마다 등불을 키고 큰 행사를 개최
5월	단오(5일)	• 수리(戌衣) 또는 중추절(天中節), **수릿날**이라고도 부름 • 여자들은 **창포물에 머리 감고** 비녀 꽂고 그네뛰기·널뛰기 등을 즐김, 남자들은 씨름과 활쏘기 • 임금은 신하들에게 부채 지급, **수리취떡**을 먹음(수레바퀴 모양의 떡), **앵두로 화채** 만듦
6월	유두(15일)	• 맑은 개울을 찾아가 목욕 ➡ 여름에 더위 안 먹는다고 믿음(유두연) • 수전이나 밀전병 같은 떡을 만들어 제사 올리고 해먹음(유두천신)
7월	칠석(7일)	• 1년에 단 한 번 견우와 직녀가 만나는 날 • 각 가정에서는 칠석제를 지냄 ➡ 처녀들이 별을 보며 바느질을 잘 할 수 있기를 기원
	백중(15일)	농민들이 힘든 농사일을 앞두고 쉬는 때 ➡ 머슴들도 돈 주고 쉬게 함
8월	추석(15일)	• **유리왕 때 길쌈 짜기 시합**에서 유래 ➡ 한가위, 가배, 중추절 등으로도 부름 • 햇곡식으로 제사 지내고 성묘를 함, 송편이나 술을 빚어 먹기도 함 • 강강수월래(남도 지방)나 거북놀이 등의 풍속을 즐김
9월	중양절(9일)	9의 양수가 겹치는 날, 국화전이나 국화주 만들어 먹고 단풍놀이 즐김
10월	입동	24절기 중 19번째 절기 ➡ 겨울이 시작된다는 의미
11월	동지	• 1년 중 낮이 가장 짧고, 밤이 가장 긴 날(호랑이 장가가는 날) • **팥죽** 쑤어 먹고 문에 뿌림, 임금이 달력을 하사
12월	제석	• 1년의 마지막 날(섣달 그믐, 제석 등) • 어른을 찾아가 세배·성묘 등을 함, 밤에는 잠을 안잠(해지킴)

테마 대표 기출 풀어보기

테마 67 문항별 빅데이터 분석

세시풍속은 한국사능력검정시험 초기에는 꼭 1문제씩 출제되는 주제였지만, 2018년을 기점으로 출제 비중이 매우 감소했다. 주로 해당 풍속의 특징 또는 명칭을 물어보는 유형으로 출제된다. 시사 상식이라고 생각하고 한 번씩 훑어보면 좋다.

01
●58회 48번

다음 세시 풍속에 대한 탐구 활동으로 가장 적절한 것은? [2점]

이달의 세시 풍속
푸른 새잎을 밟는 날, 답청절(踏靑節)

강남 갔던 제비가 돌아온다는 중삼일(重三日)은 본격적인 봄의 시작을 알리는 날이다. 이날에는 들에 나가 푸른 새잎을 밟는 풍습이 있어 답청절이라고 부른다. 답청의 풍습은 신윤복의 〈연소답청(年少踏靑)〉에 잘 나타나 있다.

◆날짜: 음력 3월 3일
◆음식: 화전, 쑥떡
◆풍속: 노랑나비 날리기, 활쏘기

① 칠석날의 전설을 검색한다.
② 한식날의 의미를 파악한다.
③ 삼진날의 유래를 알아본다.
④ 동짓날에 먹는 음식을 조사한다.
⑤ 단오날에 즐기는 민속놀이를 찾아본다.

02
●45회 30번

(가)에 들어갈 세시 풍속으로 옳은 것은? [2점]

세시풍속

액운 쫓고 더위 쫓는, (가)

(가) 은/는 음력 6월 보름날로 이날 동쪽으로 흐르는 물에 머리를 감으면 나쁜 기운이 날아가고, 더위를 타지 않는다고 합니다. 이날을 앞두고 다채로운 행사를 마련하였으니 시민 여러분의 많은 참여 바랍니다.

일시 - 2019년 ○○월 ○○일 10:00~17:00
장소 - △△문화원 야외 체험장
체험 프로그램
• 탁족 놀이 - 시원한 물에 발 담가 더위 쫓기
• 햇밀로 구슬 모양의 오색면 만들기 - 오색면을 색실에 꿰어서 허리에 매달아 액운 막기
• 수단 만들기 - 찹쌀가루, 밀가루로 경단을 만들어 얼음 꿀물에 넣어 먹기

① 동지　　　　　② 한식
③ 칠석　　　　　④ 유두
⑤ 삼진날

문제 및 키워드 분석
봄의 시작을 알리는 날, 3월 3일이라는 키워드를 통해서 삼진날임을 알 수 있다. 문제에서 노골적으로 날짜를 제시해줬지만 한 번이라도 보지 않았다면 생소한 분야이기 때문에 접근이 어려웠을 수도 있다.

정답 분석
③ 음력 3월 3일은 삼진날이다. 기나긴 겨울을 깨고 봄이 다시 돌아오는 날이다.

선지 분석
① 칠석날은 7월 7일로, 견우와 직녀가 오작교를 건너서 1년에 한 번 만나는 날로 알려져 있다.
② 한식날은 차가운 음식을 먹는 날로, 4월 5일 또는 6일이다.
④ 동짓날은 1년 중 해가 가장 짧은 날로, 12월 21일 또는 22일이다. 동짓날에는 팥죽을 먹는 것으로 유명하다.
⑤ 단오는 음력 5월 5일로, 1년 중 양기가 가장 왕성한 날로 알려져 있다

문제 및 키워드 분석
음력 6월 보름날, 수단 등의 키워드를 통해서 유두임을 알 수 있다.

정답 분석
④ 유두날 목욕을 하면 여름에 더위를 안 먹는다고 믿었기 때문에 이 날 많은 사람들이 목욕을 하였다.

테마 65

01 개성은 조선 형평사 창립총회가 개최된 곳이다. [ ] 57회

02 개성은 장수왕 때 국내성에서 천도하여 도읍으로 삼은 곳이다. [ ] 57회

03 부산에서 박재혁이 경찰서에 폭탄을 투척하는 의거를 일으켰다. [ ] 52회

04 의주에서 만상이 근거지로 삼아 청과의 무역을 전개하였다. [ ] 53회

05 전주에서 동학 농민군이 정부와 화해하는 약조를 맺었다. [ ] 53회

06 전주-유계춘이 백낙신의 수탈에 맞서 봉기한 지역을 검색한다. [ ] 60회

07 강진에서 정약용이 유배 중에 경세유표를 저술하였다. [ ] 45회

08 강화도-대몽 항쟁기에 조성된 왕릉을 조사한다. [ ] 56회

09 제주도-프랑스군이 외규장각 도서를 약탈한 장소를 살펴본다. [ ] 59회

10 독도는 대한제국 칙령 제41호에서 관할 영토로 명시한 곳이다. [ ] 45회

테마 67

01 단오에는 앵두로 화채를 만들어 먹었다. [ ] 33회

02 칠석에는 창포를 삶은 물로 머리를 감았다. [ ] 33회

03 한가위에는 진달래꽃으로 화전 부치기를 했다. [ ] 35회

04 동지에는 햇곡식을 빻아 송편 빚어 먹기를 했다. [ ] 30회

05 삼짇날에는 새알심 넣어 팥죽 만들기를 했다. [ ] 22회

테마 65
01 X (전주)
02 X (평양)
03 O
04 O
05 O
06 X (진주)
07 O
08 O
09 X (강화도)
10 O

테마 67
01 O
02 X (단오)
03 X (삼짇날)
04 X (추석)
05 X (동지)